Die Rechtsprechung

des

Deutschen

Oberhandelsgerichtes

zu Leipzig,

herausgegeben

von

A. Stegemann,

Anwalt am genannten Gerichtshofe, preußischem Justizrath &c.

Fünfter Band.

Berlin.

Verlag von J. Guttentag (D. Collin).

1873.

Inhalt.

Seite

I. Rechtsfälle und Entscheidungen des OHG . . 1 bis 390

(nach der Zeitfolge der mitgetheilten Entscheidungen)

a. aus dem Jahre 1871:

b. aus dem Jahre 1872:

Nr. 1.

II. Senat. — Erkenntniß v. 25. Nov. 71. (B.)

F. W. Moll ·/. Börstinghaus & Co. (Nr. 750 v. 71).

Preußen. **Nichtigkeitsbeschwerde.**

I. Instanz: Kreisgericht Bochum,
II. Instanz: Appellationsgericht Hamm.

Gesellschaftsdomizil, Gerichtsstand.

1. Nach altpreußischem Recht kann für eine Handelsgesellschaft dadurch, daß ihr Vertreter an einem anderen Orte als dem vertragsmäßigen Sitze der Gesellschaft wohnt und von dort aus die Geschäfte der Gesellschaft besorgt, ein zweites Domizil und ein zweiter Gerichtsstand begründet werden.

AGO Th. I Tit. 2 § 11, 15.

2. Die Frage, ob und mit welcher Wirkung ein solches (zweites) Domizil für die Gesellschaft begründet worden, ist nach dem Recht des betreffenden Ortes zu beurtheilen.

3. Die §§ 11 und 15 AGO I. 2 geben nur Beispiele der Domizilirung; sie erschöpfen nicht die Frage, wie ein beständiger Wohnsitz genommen werden kann.

Die beklagte Bergwerksgesellschaft hat statutenmäßig ihren Sitz in Düsseldorf und ihr Gerant (Vertreter) wohnt zu Hordel (im Kreisgerichtsbezirk Bochum), von wo aus er den gesammten Geschäftsbetrieb besorgt. Sie wird beim Kreisgericht Bochum auf Zahlung von Zinsen für ausgegebene Prioritätsobligationen belangt und erhebt den

Einwand, daß sie nur in Düsseldorf Recht zu nehmen habe. Diese Inkompetenzeinrede wird in zwei Instanzen verworfen. Die NktBschw. der Bekl. machte namentlich geltend, daß nach dem für ihre Verhältnisse maaßgebenden rheinischen Recht Niemand gleichzeitig zwei Domizile haben könne (Code civil Art. 102).

Entscheidung des OHG:

Die Frage, ob neben dem im Gesellschaftsvertrage bestimmten Domizil der Gesellschaft zu Düsseldorf nach rheinischem Recht noch ein anderes Domizil existiren und die Gesellschaft in demselben belangt werden könnte, würde in Betracht kommen, wenn die Existenz eines solchen zweiten Domizils innerhalb des Geltungsgebiets des rheinischen Rechts behauptet und der Versuch, die Gesellschaft im Forum desselben zu belangen, gemacht werden wollte. Dagegen ist das rheinische Recht in vorliegendem Falle nicht maaßgebend, wo es sich um ein Domizil handelt, das die Gesellschaft im Bereich der altländischen Gesetze erworben haben soll. Die Zulässigkeit dieser Domizilerwerbung und die rechtlichen Folgen derselben, insbesondere also auch die Kompetenz des mit Rücksicht darauf angegangenen Richters, sind lediglich nach den Grundsätzen der preußischen Gesetze zu beurtheilen. Mit Unrecht wird daher dem Appellrichter Verletzung der, hier überall nicht maaßgebenden, Bestimmungen des rheinischen Rechts vorgeworfen.

Ebenso hinfällig ist auch der auf Verletzung der (vom vorigen Richter zur Anwendung gebrachten) §§ 11, 15 AGO I. 2 gestützte Angriff der NktBschw.

Wenn der Appellrichter thatsächlich feststellt,

daß der beklagte Gerant der Gesellschaft in Hordel wohnt, von dort aus die Geschäfte der Gesellschaft betreibt, und die Geschäftsbureaus, sowie deren sämmtliche Anlagen dort befindlich sind:

so sind damit die Voraussetzungen gegeben, von welchen

der angezogene § 15 die Möglichkeit eines zwiefachen persönlichen Gerichtsstandes abhängig macht. Es ist dabei von der Betrachtung auszugehen, daß die in jenen §§ 11 und 15 aufgezählten Bedingungen der Erwerbung eines Wohnsitzes überhaupt oder eines doppelten Wohnsitzes die Sache nicht erschöpfen, sondern nur als Beispiele dienen sollen. Mit Unrecht urgirt daher die NktBschw. den im § 15 gebrauchten Ausdruck „vollständig eingerichtete Wirthschaft," dessen buchstäbliche Anwendung in einem Falle, wie der vorliegende, nicht zur Sprache kommt, wo es sich nicht um den eigentlichen Mittelpunkt der häuslichen oder wirthschaftlichen Existenz des. Einzelnen, sondern um den Sitz einer durch den Geranten vertretenen gewerblichen Unternehmung, deren Geschäftsbetrieb und die damit verbundene äußere Einrichtung handelt. Ist hienach die Inkompetenz-Einrede auf Grund richtiger Anwendung der angeführten Vorschriften der AGO mit Recht verworfen, so erledigt sich von selbst die Bezugnahme auf § 5 Nr. 8 der Verordnung v. 14. Dez. 33.

Nr. 2.

I. Senat. — Erkenntniß v. 28. Nov. 71 (B.)

P. Ollendorff ·/. C. Habermann (Nr. 470 v. 71).

Preußen. **Nichtigkeitsbeschwerde.**

I. Instanz: Kommerz- und Admiralitäts-Kollegium Danzig,
II. Instanz: Appellationsgericht Marienwerder.

Stromschifffahrt, Distanzfracht.

1. Die Rechtsregel, daß wer mit einem Bevollmächtigten kontrahirt hat, sich blos an den Machtgeber halten kann, besteht nach ALR sowie nach HGB nur da, wo der Bevollmächtigte im Namen des Machtgebers oder doch erkennbar für diesen als dessen Stellvertreter den Vertrag geschlossen hat.

ALR I. 13 § 153.
HGB Art. 52, 114, 298; 360, 379, 387.

2. Art 394 HGB begreift, indem er beim Frachtvertrag dem Absender ein Rücktrittsrecht gewährt, einerseits nicht Fälle einer ganz geringfügigen Verzögerung der Reise, andererseits nicht solche Hinderung, welche nach Lage des Einzelfalles die konkreten Vertragszwecke völlig vereiteln würde und daher einem dauernden Hinderniß gleich zu achten ist.

Vgl. v. Hahn Komm. § 5 zu Art. 394, B. II S. 426.

3. Für die durch Art. 394 nicht vorgesehenen Fälle einer Hinderung der Reise hat das HGB keine Bestimmung getroffen, dieselben sind daher für das Binnenfrachtgeschäft* nach bürgerlichem Recht zu entscheiden.

HGB Art. 1, 394.

Beurtheilung eines solchen Falles nach ALR.

4. Der (in mehrfachen Entscheidungen des preuß. Obertribunals sowohl nach ALR wie nach gemeinem Recht ausgesprochene) Grundsatz,

> daß die Frachtbeförderung schlechthin als eine untheilbare Leistung aufzufassen, bezüglich welcher die einzelnen vom Frachtführer zum Zweck der Ablieferung des Frachtguts am Bestimmungsorte vorgenommenen Handlungen und Bemühungen, solange das Endziel nicht erreicht ist, als für den Absender werthlose Handlungen, nicht aber als theilweise Kontraktserfüllung gelten können,

ist in dieser Allgemeinheit weder für das gemeine, noch für das preußische Recht als richtig anzuerkennen. Nach den Verhältnissen des Einzelfalles und dem erkennbaren Willen der Betheiligten hat der Richter den Anspruch auf Distanzfracht zu beurtheilen.

Laut Ladeschein v. 19. Mai 70 hat Kläger übernommen, eine Ladung Viehsalz von Danzig die Weichsel auf-

* Für das Seerecht vgl. HGB Art. 636 Abs. 1 bis 5, Art. 631 bis 633.

wärts zu transportiren, und zwar zu 3 Thlrn. per Last bis Thorn, zu $4^1/_2$ bis Plock und zu 5 Thlrn. bis Warschau. Zwischen Thorn und Plock wurde die Ladung zu Nieszawa angehalten und auf das zollamtliche Lagerhaus gebracht, weil die russischen Grenzbeamten das Salz für Kochsalz ansahen, dessen Einfuhr in Rußland verboten ist.

Während die angerufene Entscheidung der Petersburger Oberbehörde über die Begründetheit dieser Beschlagnahme des Salzes noch aussteht, klagt der Kahnschiffer auf $4^1/_2$ Thlr. Fracht (per Last), mindestens auf 3 Thlr. 13 Sgr. 10 Pf. als verhältnißmäßige Theilfracht bis Nieszawa. Der I. Richter hat dem Kläger diese Theilfracht zugesprochen, der II. auf Berufung des Bekl. bestätigend erkannt. Die NktBschw. des Bekl. wird zurückgewiesen.

Gründe:

1) Der I. Richter, auf dessen Sachdarstellung das Appellurtel Bezug nimmt, giebt den Thatbestand dahin: in Nieszawa wurde das Salz vom Grenzzollamt am 6. Juni 70 mit Beschlag belegt, aus dem Kahn ausgeladen und, wie Kläger angiebt, konfiszirt, nach Angabe des Bekl. nur einstweilen — bis zur Entscheidung der oberen Behörde in Petersburg — festgehalten. Der Appellrichter erachtet die Parteien darüber thatsächlich einig, daß das Salz von den russischen Zollbeamten in Nieszawa angehalten worden sei und noch in Nieszawa auf dem Zollamte lagere . . .

War durch zollamtliche Beschlagnahme des Salzes Kläger außer Stand gesetzt, sowohl das Salz weiter zu transportiren, als an den Bekl. wieder auszuliefern: so kann der Appellrichter, indem er gleichwohl den Anspruch des Klägers auf Theilfracht für begründet erachtete, nicht wider § 271 ALR I. 5 verstoßen haben, da selbstverständlich der Einwand des nicht erfüllten Vertrages gegen den ohne Erlöschen der ganzen beiderseitigen Obligatio durch

Zufall von seiner Verpflichtung befreiten Kontrahenten nicht Platz greift.

2. Den Einwand mangelnder Passivlegitimation hat der Appellrichter verworfen, weil nach dem Ladeschein Kläger das Salz vom Beklagten empfangen, auch Beklagter nirgend behauptet habe, daß er dem Kläger erklärt, er kontrahire nicht in eigenem Namen, sondern nur als Bevollmächtigter des L., seine Beziehungen zu L. aber und die etwaige Wissenschaft des Klägers davon erschienen unerheblich. Die thatsächliche Feststellung des Appellrichters, welche prozessualisch nicht angefochten worden, rechtfertigt die ergangene Entscheidung. Der als verletzt behauptete Rechtssatz, für welchen Implorant sich auf den (übrigens enger gefaßten) § 153 ALR I. 13 bezogen hat, daß wer mit einem Bevollmächtigten kontrahire, sich hauptsächlich nur an den Machtgeber halten könne, besteht nach bürgerlichem wie nach Handelsrecht nur da, wo der Bevollmächtigte im Namen des Machtgebers oder doch sonst erkennbar für diesen — als dessen Stellvertreter — den Vertrag geschlossen hat, während im Uebrigen das innere Verhältniß zwischen Machtgeber und Bevollmächtigtem, mag es dem dritten Kontrahenten auch bekannt sein, weder zwischen dem Machtgeber und dem Dritten direkte Rechtsbeziehungen zu erzeugen, noch die kontraktlich entstandenen direkten Rechtsbeziehungen zwischen dem Dritten und dem Bevollmächtigten zu alteriren vermag.

ALR Th. I Tit. 13 § 154; HGB Art. 360, 379, 387, 298, 52, 114.

3. Anlangend endlich die für die Entscheidung des Streitfalls vornehmlich wichtigen Grundsätze von der kasuellen Verhinderung des Weitertransports, so geht der Appellrichter, in Uebereinstimmung mit der ausführlichen Motivirung des I. Richters, davon aus, daß nach Lage des Falles eine nur zeitweilige Verhinderung der Fortsetzung

der Reise nicht vorliege, demgemäß Art. 394 HGB keine Anwendung finde, vielmehr die Grundsätze des bürgerlichen Rechts von der Unmöglichkeit der Erfüllung maaßgebend seien und daß diese den Anspruch auf die geforderte Theilfracht rechtfertigen. Sollen nun, wie Implorant rügt, einestheils Art. 394 HGB, anderntheils ALR Th. I Tit. 5 § 364, 365; Th. I Tit. 11 § 885, 886 verletzt sein: so muß hinsichtlich der Voraussetzungen des HGB Art. 394 der Appellrichter geirrt und die Prinzipien des bürgerlichen Rechts verkannt haben. Beide Vorwürfe sind grundlos.

Art. 394 HGB gewährt dem Absender ein Rücktrittsrecht, sofern der Antritt oder die Fortsetzung der Reise durch Naturereignisse oder sonstige Zufälle zeitweilig verhindert wird. Nur für diesen Fall hat das Gesetz eine Bestimmung getroffen, und die Anträge, alle oder doch auch andere Fälle zufälliger Verhinderung zu regeln, sind wiederholt abgelehnt worden. Unter „zeitweilig verhindert" aber begreift das Gesetz, wie auch im Gange der Berathung mehrfach erklärt worden ist, einerseits nicht die ganz geringfügige Zögerung, andererseits nicht solche Hinderung, welche nach Lage der Sache die konkreten Vertragszwecke völlig vereiteln würde und daher dem dauernden Hinderniß gleichzuachten ist. Wie zeitweilige (vorübergehende) und dauernde Unmöglichkeit oder Hinderung verständigerweise überall nicht als absolute, sondern nur als relative Gegensätze aufzufassen sind, und Natur und Zweck des konkreten Vertragsverhältnisses darüber entscheiden müssen, ob das, objektiv aufgefaßt, nur zeitweilige Hinderniß als ein dauerndes zu behandeln sei: so soll auch beim Frachtvertrage die verständige Würdigung des einzelnen Falles hierüber entscheiden. Diesem Gedanken hat der Gesetzgeber mit den Worten „zeitweilig verhindert" Ausdruck geben wollen und gegeben.

Vgl. — gegen den nicht unterscheidenden preußischen Entwurf Art. 309 Abs. 2 und Motive S. 118 — Prot.

S. 789—793, 858; Entwurf I. Lesung Art. 334 Abs. 3; Entwurf II. Lesung Art. 370; Monita 432 und 435 zur dritten Lesung; Prot. S. 4686—4689, 5093, 5094.

Für die hienach durch Art. 394 nicht entschiedenen Fälle enthält das HGB keine Lösung, somit auch nicht etwa argumento e contrario die Bestimmung, daß in diesen Fällen dem Frachtführer ein Recht auf Rücktritt und theilweise Frachtvergütung nicht zustehe, vielmehr sind dieselben ausschließlich den Grundsätzen des bürgerlichen Rechts unterworfen.

Dies wird auch in Doktrin und Praxis gleichmäßig anerkannt.

z. B. v. Hahn Komm. B. II S. 426.
W. Koch Ztschr. für HR VIII S. 420.
Ober-Tribunal zu Berlin, Strieth. Arch. B. 71 S. 66 ff., vgl. B. 54 S. 76 ff. und Centralorgan II S. 120, Neue Folge I S. 67—69, II S. 47.

Kämen auf einen Fall, wie den vorliegenden, — wo nach Antritt der Reise durch eine Verfügung von hoher Hand der Weitertransport des Gutes verhindert wird und dieses Hinderniß nicht voraussichtlich von nur unerheblicher Dauer ist — die Vorschriften des Seerechts zur Anwendung: so stände jedem Theile, wenn auch erst nach Ablauf einer Wartefrist von 3 oder 5 Monaten, der Rücktritt zu, und der Schiffer dürfte für den zurückgelegten Theil der Reise Distanzfracht nach richterlichem Ermessen beanspruchen.

HGB Art. 636 Abs. 1 bis 5, vgl. Art. 631—633.

Zu dem gleichen Ergebniß (nur ohne die in den eigenthümlichen Verhältnissen der Seeschifffahrt begründete lange Wartefrist) führen die Vorschriften des preußischen bürgerlichen Rechts.

Nach der thatsächlichen Feststellung des Appellrichters, welche mit Erfolg prozessualisch nicht angegriffen ist, hat die Beschlagnahme des Salzes Seitens der russischen Zoll-behörde nach Lage der Sache eine dauernde Unmöglichkeit der Vertragserfüllung herbeigeführt. Ob dieser Unmöglichkeit ein Verschulden des Absenders zu Grunde liegt, berührt der Appellrichter nicht, wie auch der I. Richter es dahingestellt sein läßt; daß ihr nicht ein Verschulden des Frachtführers zu Grunde liege, stellt der Appellrichter (in Uebereinstimmung mit dem I. Richter) fest; denn er bezeichnet als Ursache der Unmöglichkeit „einen Zufall in der Ladung oder auf Seiten des Beklagten," mindestens einen „bloßen Zufall."

Nach den allgemeinen Grundsätzen des preußischen Rechts wird, sofern die Unmöglichkeit der Vertragserfüllung durch einen Zufall oder durch unabwendbare Gewalt und Uebermacht herbeigeführt ist, der Vertrag für aufgehoben erachtet. Kein Theil ist dem anderen zur Entschädigung sondern nur zur Restitution, bzw. zur Vergütung des Geleisteten, verbunden. Dabei gilt jedoch, daß kein Theil durch solchen Zufall mit dem Schaden des Anderen etwas gewinnen kann: daher zwar der Restituent einer empfangenen Sache nur die Verbindlichkeiten eines redlichen Besitzers hat, aber doch — anders als dieser, ALR Th. I Tit. 7 § 189, 190 — dem anderen Theile so viel vergüten muß, als er aus der Sache in seinen Nutzen verwendet hat:

ALR Th. I Tit. 5 § 364—368.

Es mag dahin gestellt bleiben, inwiefern schon hienach ein Anspruch auf Distanzfracht nach glücklicher Zurücklegung eines Theils der verfrachteten Reise bei kasueller Hinderung ihrer Fortsetzung begründet erscheint.

Denn zu einem für den Kläger prinzipiell günstigeren Ergebniß führen die vom Frachtvertrag insbesondere, als einer Art der „Verträge über Handlungen", geltenden Grundsätze. Wird ein solcher Vertrag wegen Unmöglichkeit der Erfüllung rückgängig, so darf derjenige Kontrahent, welcher bereits theilweise geleistet hatte, mindestens insoweit Vergütung fordern, als der Andere sich mit seinem Schaden bereichern würde. Dies gilt, falls die fernere Leistung durch einen in seiner Person eintretenden Zufall oder gar durch seine eigene Schuld unmöglich wird. In allen anderen Fällen sind die Ansprüche des Leistenden umfassender. Ist die Unmöglichkeit durch bloßen Zufall herbeigeführt, so darf der Leistende gewöhnliche Vergütung nach dem Gutachten Sachverständiger fordern; wird sie durch einen Zufall von Seiten des anderen Kontrahenten herbeigeführt, so darf der Leistende kontraktmäßige, ev. gewöhnliche Theilvergütung fordern; hat sie endlich ihren Grund in einem Verschulden des anderen Kontrahenten, so gehen die Ersatzforderungen des Leistenden noch weiter.

ALR Th. I Tit. 11 § 883—889.

Nun ist soviel gewiß, daß die Beschlagnahme der Ladung nicht als ein in der Person des Schiffers eingetretener Zufall erachtet werden darf, und da die geforderte Theilfracht nicht allein die verhältnißmäßige Kontraktsfracht ist, sondern auch, nach der insoweit nicht angefochtenen Entscheidung des Appellrichters, als die gewöhnliche Fracht von Danzig bis Nieszawa gelten muß: so ist es gleichgiltig, ob ein bloßer Zufall oder ein Zufall von Seiten des Beklagten die Weiterbeförderung verhindert hat, und es bedarf keiner Prüfung, ob durch Vorenthaltung der Distanzfracht sich Beklagter mit dem Schaden des Klägers bereichern würde. Inwiefern bei einem Untergange des Schiffes oder der Ladung vor beendigter Reise nach den Grundsätzen des preußischen und gemeinen bürgerlichen Rechts ein Anspruch auf Theilfracht besteht, braucht hier nicht untersucht zu werden, da in vorliegendem Falle die Reise bis Nieszawa glücklich zurückgelegt war und in Nieszawa nicht Schiff oder Ladung verloren gegangen sind, sondern nur die glücklich angekommene Ladung angehalten worden ist. Der in mehreren Entscheidungen des preuß. Obertribunals nach gemeinem und preußischem Recht ausgesprochene Grundsatz aber, daß die Frachtbeförderung schlechthin als eine untheilbare Leistung aufzufassen sei, bezüglich welcher die einzelnen vom Frachtführer zum Zweck der Ablieferung des Frachtguts am Bestimmungsort vorgenommenen Handlungen und Bemühungen, so lange das Endziel nicht erreicht sei, als für den Absender werthlose Handlungen, nicht aber als theilweise Kontraktserfüllung gelten könnten,

Strieth. Archiv B. 66 S. 246 ff., B. 71 S. 71, 72,

kann in dieser Allgemeinheit weder für das gemeine, noch für das preußische Recht als richtig anerkannt werden. Denn, wie auch die angeführten Entscheidungen unterstellen, gilt nur für das untheilbare opus nach gemeinem Recht der Grundsatz, daß ein Zufall, welcher die Vollendung ausschließt, den Anspruch auf Vergütung der Theilleistungen entzieht, und selbst dieser Satz ist dem erkennbaren Willen der Betheiligten untergeordnet:

L. 14 pr. Dig. 14, 2: immo quaeritur, quid actum est.

Nicht jedes opus aber ist untheilbar:

L. 36 Dig. 19, 2 — quod vero ita conductum sit, ut in pedes mensurasve praestetur, eatenus conductoris periculo est, quatenus admensum non sit. — L. 51 § 1 Dig. 19, 2;

und für ein theilbares opus bleibt es bei der Regel der locatio conductio (rei wie operarum), daß theilweise Leistung, sofern sie für sich in Betracht kommen kann, mindestens theilweise zu vergüten sei:

Mommsen Beiträge zum Obligationenrecht I S. 185 n. 34, S. 364 ff., 385, 386; III S. 423 ff.

v. Vangerow Pandekten, 7. Auflage, III S. 214.
Windscheid Pandekten, § 401 n. 8—10 und die dort Citirten.
Goldschmidt Ztschr. für HR XVI S. 362.

Als untheilbare Leistung aber kann die Frachtbeförderung sicherlich da nicht aufgefaßt werden, wo, wie in vorliegendem Falle, verschiedene, je nach der geringeren oder größeren Wegstrecke, welche der Frachtführer zurücklegen soll, bemessene Frachtsätze bedungen sind. Es kann daher unerörtert bleiben, ob dem preußischen Recht — welches einen engeren, den Frachtvertrag nicht umfassenden Begriff von „Verträgen über ein verdungenes Werk" als das gemeine Recht aufstellt,

ALR Th. I Tit. 11 § 925 ff.,

übrigens auch diese, bis auf Eine, der analogen Anwendung unfähige Bestimmung, § 960 daselbst, den allgemeinen Grundsätzen von den Verträgen über Handlungen unterwirft, § 925 daselbst — die Unterscheidung zwischen theilbaren und untheilbaren Leistungen in der hier vorliegenden Beziehung gemäß ist.

Nr. 3.

I. Senat. — Erkenntniß v. 28. Nov. 71. (Ref.)

G. E. Thiel ./. R. Kloß (Nr. 611 v. 71).

Preußen. **Revision.**

I. Instanz: Kommerz- und Admiralitäts-Kollegium Danzig,
II. Instanz: Appellationsgericht Marienwerder.

Handelskauf, Fixgeschäft. Verschuldete Unmöglichkeit der Erfüllung.

1. Die vertragsmäßige Festsetzung einer in sich bestimmten Lieferungsfrist macht einen Handelskauf nicht ohne Weiteres zu einem sogen. Fixgeschäft im Sinne des Art. 357 HGB.

Feste Praxis des OHG, vgl. Rspr. I. S. 397, II. S. 79, IV. S. 177

2. Der Verpflichtete wird durch eine von ihm selbst durch Verabsäumung der Sorgfalt eines ordentlichen Kaufmanns herbeigeführte Unmöglichkeit rechtzeitiger Vertragserfüllung nicht entlastet.

HGB Art. 282, 355.

Beklagter hat am 21. Juni 70 dem Kläger 100 Lasten Newcastler Steamkohlen verkauft, von England nach Elbing zu liefern pro zweite Hälfte Juli. Bereits am 23. Juli fragte Kläger brieflich an, ob die Kohlen noch nicht angelangt seien; Beklagter antwortete, das Schiff „Präsident Blumenthal" habe die Kohlen in Newcastle laden sollen, ob dies geschehen und das Schiff abgegangen sei, wisse man wegen der Kriegsereignisse nicht. — Unterm 28. Juli forderte Kläger abermals schleunige Vertragserfüllung, unter Androhung von Schadenersatzansprüchen; Beklagter erbat Geduld, baldmögliche Lieferung zusagend. Mittelst Briefes v. 4. August stellte Kläger eine 14tägige Erfüllungsnachfrist. Die Lieferung ist nicht erfolgt, Kläger fordert deshalb vertragsmäßige Lieferung nebst Schadenersatz wegen nicht rechtzeitger Erfüllung.

Die Richter I. und II. Instanz nahmen ein Fixgeschäft als vorliegend an, der I. Richter verurtheilte den Bekl., der Appellrichter aber wies den Kläger ab, weil derselbe die fragliche Lieferung nicht rechtzeitig gefordert habe.

Entscheidung des OHG:

Der angefochtenen Entscheidung liegt die Ansicht zu Grunde, daß das in Frage stehende Lieferungsgeschäft ein Fixgeschäft im Sinne des Art. 357 HGB sei.

Diese Ansicht wird vom Revidenten als unrichtig bezeichnet, und mit Recht.

Art. 357 HGB spricht vom Falle, wo die Waare genau zu einer festbestimmten Zeit oder binnen einer festbestimmten Frist geliefert werden soll.

Die Ausdrucksweise des Gesetzes giebt klar zu erkennen,

daß es nicht alle Fälle, wo eine Frist für die Erfüllung bestimmt ist, treffen wollte, und es geht aus Natur und Zweck der getroffenen Bestimmung, sowie aus den das HGB betreffenden Nürnberger Konferenzprotokollen hervor, daß man nur jene Fälle im Auge hatte, bei welchen nach der Absicht der Kontrahenten die Leistung weder früher noch später als zu der verabredeten Zeit gefordert oder gemacht werden darf, wo die Zeitbestimmung also eine wesentliche Bedingung des Geschäfts ist und der Säumige auf Abnahme der verspäteten Leistung nicht weiter mit Sicherheit rechnen kann.

Konf.-Prot. S. 678 und 1411.

Ob die Absicht der Kontrahenten darauf gerichtet war, ein derartiges Geschäft abzuschließen, muß aus den Worten des Vertrages oder, falls diese keinen Aufschluß geben, wenigstens aus den Umständen bestimmt hervorgehen.

In vorliegendem Falle besagt der Vertrag, wie er durch Brief v. 21. Juni 70 fixirt ist, einfach, daß Beklagter sich verpflichte, die fraglichen Kohlen „in der zweiten Hälfte Juli" nach Elbing zu liefern; daß aber die Einhaltung dieser Lieferungszeit wesentliche Bedingung in obigem Sinne sein sollte, ergiebt weder der Vertrag selbst, noch geht es aus den Umständen, namentlich aus Natur und Bestimmung der Waare hervor; im Gegentheil läßt sich aus der Korrespondenz der Parteien . . . folgern, daß beide Theile von der Unterstellung ausgingen, es könne die Lieferung auch noch später geschehen.

Bei dieser Sachlage erscheint es nicht nöthig, auf die Frage, ob die am 4. August erfolgte Aufforderung zur Erfüllung im Sinne des Art. 357 als eine unverzügliche angesehen werden könnte, einzugehen.

Nachdem nun der Grund, aus welchem der Appellrichter die Klage abwies, nicht haltbar erscheint, ist weiter zu prüfen, ob etwa der Einwand des Bekl., daß er wegen

Unmöglichkeit der Erfüllung berechtigt sei, die Abweisung der Klage zu begehren, begründet sei.

Die Klage enthält zwei Begehren, indem sie 1) Vertragserfüllung und 2) Entschädigung wegen Verspätung der Erfüllung verlangt, und ist dem erhobenen Einwande gegenüber jedes dieser Begehren gesondert ins Auge zu fassen.

Was die Vertragserfüllung anlangt, so geht aus den Aufstellungen des Bekl. höchstens soviel hervor, daß ihm die Erfüllung eine Zeit lang unmöglich gewesen sei, nämlich solange die Blokade der Ostseehäfen dauerte; hieraus würde nun aber offenbar nicht folgen, daß das Vertragsverhältniß aufgelöst und die Vertragspflicht getilgt sei, vielmehr bestand diese Pflicht fort und würde wirksam, sobald das Hinderniß, welches der Erfüllung im Wege stand, beseitigt war.

Da nun außer Zweifel steht, daß dieses Hinderniß schon längst nicht mehr vorhanden ist, Beklagter auch von vorn herein und im ganzen Verlauf des Prozesses seine Pflicht zur Erfüllung gänzlich in Abrede gestellt hat: so mußte die Klage, soweit sie Erfüllung des Vertrages verlangte, ohne Weiteres als begründet erklärt werden.

Was die Entschädigungspflicht betrifft, so hat Beklagter jedenfalls dafür zu haften, daß er nicht sofort, nachdem die Hindernisse der Erfüllung weggefallen waren, seiner Vertragspflicht genügte, und kann es sich nur um den Zeitpunkt des Beginns seiner Entschädigungspflicht, insbesondere um die Frage handeln, ob ihm eine Verschuldung deshalb zur Last falle, weil er nicht zur vertragsmäßig bestimmten Zeit erfüllt hat.

Auch in dieser Beziehung steht jetzt schon, und ohne daß eine Beweiserhebung nöthig wäre, fest, daß eine Unmöglichkeit der Erfüllung von der Art, daß sie den Bekl. entlasten und die Verzögerung der Erfüllung nicht als verschuldet erscheinen lassen könnte, nicht vorliegt.

Beklagter hatte in der zweiten Hälfte des Juli die Kohlen in Elbing zu liefern, und wenn er als umsichtiger Kaufmann handeln wollte, so war er verpflichtet, dafür Sorge zu tragen, daß er unter gewöhnlichen Umständen die Waare zur bestimmten Zeit sicher liefern könne.

Er giebt nun an, ein Schiff könne bei gutem Winde in 6 bis 8 Tagen von Newcastle nach Danzig fahren, während bei schlechtem Wetter die Fahrt allerdings auch 6 Wochen dauern könne; in Danzig aber lasse sich ein Kahn zu 30 bis 35 Last in einem Tage leicht laden und bei günstigem Winde von dort in 3 Tagen nach Elbing bringen. Hieraus ergiebt sich, daß bei besonders günstigen Umständen die Kohlen binnen 12 Tagen von Newcastle nach Elbing geschafft werden konnten, daß es also bei dieser Voraussetzung genügte, wenn das Schiff am 19. Juli von Newcastle abging.

Offenbar konnte aber Beklagter nicht darauf rechnen, daß gerade solche besonders günstige Umstände eintreten würden, und da er, wenn er als sorgsamer Kaufmann handeln wollte, darauf bedacht sein mußte, seine Vertragspflichten sicher zu erfüllen, so hatte er einen mittleren Maaßstab zur Richtschnur zu nehmen und die Kohlen so zeitig in Newcastle abgehen zu lassen, daß sie ohne besonders ungünstige Umstände sicher am 31. Juli in Elbing eintreffen konnten.

Würde er dies gethan haben, so wäre das Schiff bereits aus England abgesegelt gewesen, als am 15. Juli die drohende Kriegsgefahr und am 19. Juli die Kriegserklärung eintrat, und wäre beides auf die rechtzeitige Vertragserfüllung ohne Einfluß geblieben.

Beklagter ist daher für die Folgen der Kriegsgefahr und des Krieges, insoweit dieselben die Vertragserfüllung zur Zeit verhindert haben mögen, aus dem Grunde verantwortlich, weil diese Folgen durch die Verletzung der Sorgfalt eines ordentlichen Kaufmanns verursacht worden sind.

Uebrigens ist noch weiter in Betracht zu ziehen, daß Beklagter nicht einmal behauptet und unter Beweis gestellt hat, daß sein Schiff am 15. oder 19. Juli bereits segelfertig und zur Abfahrt bereit gewesen sei.

In I. Instanz hat sich Beklagter noch auf die Vorschriften in § 377 ff. ALR I. 5, betreffend die Aufhebung eines Vertrages wegen veränderter Umstände, berufen; diese Berufung ist jedoch völlig verfehlt, denn es erhellt auch nicht entfernt, wie die Behauptung sich rechtfertigen lasse, durch die vom Bekl. in Bezug genommenen Thatsachen sei die Erreichung des Endzwecks des Vertrages unmöglich geworden.

Nr. 4.

I. Senat. — Erkenntniß v. 28. Nov. 71. (V.)

Geiß ·/. Gebr. Friedländer (Nr. 613 v. 71).

Preußen. **Nichtigkeitsbeschwerde.**

I. Instanz: Kreisgericht Bromberg,
II. Instanz: Appellationsgericht daselbst.

Kommissionär als Selbstverkäufer, Zeitpunkt der Lieferung.

Der Kommissionär, welcher in das ihm aufgetragene Geschäft als Selbstkontrahent eintritt, kann dies erst mit dem Zeitpunkt geltend machen, wann er seinen diesfälligen Entschluß in einer ihn bindenden Weise dem Kommittenten gegenüber kundgegeben hat.

Für die Berechnung des Börsenpreises, zu welchem der Kommissionär kurshabende Papiere als Selbstverkäufer geliefert haben will, ist regelmäßig der Zeitpunkt der dem Kommittenten erstatteten Anzeige maaßgebend.

HGB Art. 361, 376.

Kläger hat die beklagte Banquierfirma mit Anschaffung von westpreußischen, theils $3^1/_2$procentigen, theils 4procentigen Pfandbriefen beauftragt, deren er zur Bewirkung einer Umschreibung der auf seinem Rittergute S. haftenden Pfandbriefe bedurfte. Beklagte hat die gedachte Umschreibung am 14. Mai 69 besorgt und will die dazu erforderlichen Pfandbriefe aus eigenem Vorrath hergegeben haben. Als Selbstverkäufer auftretend, berechnet sie dem Kläger den Börsenpreis der betreffenden Stücke vom 8. Februar, bzw. 3. März 69, weil sie von diesen Tagen an die Pfandbriefe habe in Bereitschaft halten müssen. Kläger will nur den geringeren Kurs v. 14. Mai, als dem Tage der wirklichen Verwendung der Pfandbriefe, bezahlen.

Entscheidung des OHG:

Die NktBschw. richtet sich nur gegen die Entscheidung, welche der Appellrichter über den vom beklagten Bankhause zu berechnenden Kurswerth der $3\frac{1}{2}$- und 4procentigen Pfandbriefe erlassen hat.

Dem Appellrichter wird vorgeworfen, es seien durch die diesfällige Entscheidung die Art. 361 und 376 HGB sowie der Rechtsgrundsatz verletzt:

> „Bei der Einkaufskommission von Werthpapieren, welche einen Börsenpreis haben, gilt die Anzeige des Kommissionärs über die Ausführung des Auftrags als das, das Propregeschäft nach Inhalt und Zeit definitiv fixirende Moment dergestalt, daß auch für die Bestimmung des Börsenpreises als Kaufpreises der Zeitpunkt dieser Anzeige allein maaßgebend ist."

Der Vorwurf muß für begründet erachtet werden.

Das Sachverhältniß, von welchem der Appellrichter . . . ausgeht, ist folgendes:

Nachdem die beklagte Handlung in einem Cirkular v. 13. August 68 zur Ausführung der Umwandlung von Pfandbriefen besagter Art sich erboten und dabei bemerkt hatte, durch ihren Vorrath in westpreußischen Pfandbriefen sei sie in der Lage, jede Umwandlung aufs Schleunigste auszuführen, ertheilte Kläger der Bekl. am 18. Januar 69 den Auftrag zur Besorgung der Umwandlung von $3^1/_2$procentigen Pfandbriefen und demnächst am 3. März 69 den gleichen Auftrag in Ansehung der 4procentigen Pandbriefe.

Am 7. Febr. 69 erfuhr Beklagte aus einem Schreiben der Landschaftsdirektion, welche Appoints und wie viele Stücke $3^1/_2$procentiger Pfandbriefe einzuliefern seien, während sie die gleiche Kenntniß in Betreff der 4procentigen Pfandbriefe spätestens am 3. März 69 erlangt hat.

Die Einlieferung der Pfandbriefe, welche die Beklagte selbst als Verkäufer beschaffte, erfolgte sodann am 14. Mai 69.

Zur Rechtfertigung der Ansicht, es sei nicht der Börsenpreis v. 14. Mai, sondern derjenige v. 8. Febr. bzw. 3. März 69 entscheidend, führen nun beide Instanzrichter aus: die Beklagte sei verpflichtet gewesen, das ihr übertragene Geschäft sofort auszuführen, sie habe daher die Pfandbriefe anschaffen müssen, sobald sie die Appoints und Zahl der einzuliefernden Stücke erfahren habe. Der Appellrichter setzt hinzu: Beklagte sei verbunden gewesen, sich zeitig in den Besitz der erforderlichen Pfandbriefe zu setzen, um sie bei der bevorstehenden Umwandlung gleich bereit zu halten.

Beide Richter folgern die Berechtigung der Bekl., die Pfandbriefe als Selbstverkäufer zu liefern, aus Art. 376 HGB, wobei der Appellrichter noch darauf hinweist, daß dieselbe im Cirkular v. 13. Aug. 68 ihres Vorraths an Pfandbriefen erwähnt habe.

Weiter nimmt der Appellrichter den Art. 361 HGB in Bezug, welcher die Pflicht des Kommissionärs außer Zweifel stelle, mit der Sorgfalt eines ordentlichen Kaufmanns im Interesse des Kommittenten den Auftrag auszuführen.

In der NktBschw. wird anerkannt, daß der Appellrichter die Art. 361 und 376 insofern richtig angewendet habe, als darin die Rechtssätze enthalten seien, welche der Richter unmittelbar daraus herleitet. Wenn gleichwohl eine Verletzung jener Artikel behauptet wird, so geschieht es auf Grund der Voraussetzung, der Appellrichter erkläre entgegen den Vorschriften der angeführten Artikel, in den Fällen, in welchen der Einkaufskommissionär als Selbstverkäufer eintrete, sei für Berechnung des Börsenpreises der Zeitpunkt maaßgebend, wo der Auftrag ausgeführt werden durfte und konnte, obschon durch das Gesetz klar und bestimmt der Zeitpunkt der wirklichen Ausführung als entscheidend bezeichnet sei.

Diese Voraussetzung der RktBschw. erscheint nun allerdings nicht haltbar; denn aus dem Umstande, daß der Appellrichter den Börsenpreis v. 8. Febr., bzw. 3. März seiner Entscheidung zu Grunde legt, sowie aus der Bezugnahme auf Art. 376 läßt sich entnehmen, daß er annimmt, mit diesen Tagen sei der auf Beschaffung der Pfandbriefe gerichtete Auftrag als erfüllt zu betrachten, es sei also die Ausführung dieses Auftrages nicht blos möglich gewesen, sondern wirklich erfolgt.

Ob derselbe nun Recht hatte, wenn er erklärte, die Beklagte sei schon deshalb, weil sie mit dem Umtauschgeschäft im Ganzen beauftragt war, auch befugt oder gar verpflichtet gewesen, die vorbereitende Maaßregel der Anschaffung der Pfandbriefe sofort vorzunehmen, sowie weiter, ob er die Thatsache der Bereithaltung der Pfandbriefe, ohne weiteren Beweis, blos auf Grund einer Vermuthung annehmen durfte, muß hier auf sich beruhen, weil in dieser Richtung die Entscheidung nicht angefochten ist.

Bei dieser Sachlage kann von einer Verletzung der Art. 361 und 376 nur insofern die Rede sein, als aus diesen Artikeln sich der Eingangs erwähnte Rechtsgrundsatz folgern läßt, und ist daher blos zu prüfen, ob und inwiefern der letztere als richtig gelten könne.

Ist nun auch anzuerkennen, daß besagte Artikel diesen Grundsatz nicht ausdrücklich enthalten, so ist er doch nach Zweck und Geist des Gesetzes offenbar begründet.

Wenn Art. 376 Abs. 2 für die Berechnung des Börsenpreises die Ausführung des Auftrages für maaßgebend erklärt: so meint er offenbar nicht, daß irgend ein Willensakt, der einseitig wieder geändert werden kann, diese Ausführung begründen könne, sondern setzt eine Handlung voraus, welche im Hinblick auf das in Kommissionen fraglicher Art kraft Gesetzes liegende Anerbieten, den Kommissionär als Selbst-Verkäufer oder Käufer anzunehmen, geeignet ist ein festes Rechtsverhältniß zu begründen, und diese Handlung kann der Regel nach keine andere sein, als eine dem Kommittenten gegenüber abgegebene Erklärung. Vgl. Erk. des Obertribunals zu Berlin v. 20. Nov. 66. (Strieth. Arch. B. 64 S. 301; sowie Entsch. B. 54 S. 230.)

Wenn schon die Vorschrift des Art. 361, welche dem Kommissionär sofortige Anzeige von Ausführung seines Auftrags zur Pflicht macht, auf diese Auslegung des Gesetzes hinleitet: so tritt der Wille des Gesetzgebers noch entschiedener hervor in der Bestimmung des Art. 377, indem dieselbe klar zu erkennen giebt, daß sie ein bindendes Vertragsverhältniß erst in dem Augenblick für gegeben erachtet, wo der Kommissionär die Anzeige von seinem Eintritt als Selbstkontrahent an den Kommittenten abgesendet hat.

Offenbar würde es auch mit den Prinzipien der Billigkeit und des guten Glaubens, wie sie den kaufmännischen Verkehr beherrschen, in grellem Widerspruch stehen, wenn es dem Kommissionär frei stünde, aus dem Zeitraum, welcher ihm zur Besorgung gegönnt ist, einen beliebigen Zeitpunkt herauszugreifen und nachträglich zu erklären, daß er als in diesem Zeitpunkt verkaufend oder kaufend betrachtet sein wolle.

Der Kommittent wäre hiermit der Willkür des Kommissionärs preisgegeben und dieser wäre viel besser gestellt, wenn er der Vorschrift des Art. 361, welche ihn zu sofortiger Anzeige verpflichtet, zuwiderhandelte, als wenn er sie befolgte.

Faßt man z. B. den vorliegenden Fall ins Auge, so hätte die Beklagte, welcher eine etwa dreimonatige Frist zur Anschaffung der fraglichen Pfandbriefe gegeben war, ebensogut die Mitte oder das Ende dieser Frist, als den Anfang für maaßgebend erklären können, und würde dies vielleicht auch gethan haben, wenn die Kurse damals höher gestanden hätten. Offenbar hatte sie den Einwand, es sei ihre Pflicht gewesen, die Papiere sofort anzuschaffen, nicht zu fürchten; denn sie durfte mit Recht erwidern, daß kein Grund vorlag, sie anzuschaffen bevor sie nöthig waren, und daß es im Interesse des Kommittenten gelegen habe, die Anschaffung möglichst zu verzögern.

Allerdings ist jedoch nicht zu verkennen, daß dem in Frage stehenden Rechtsgrundsatz eine unbedingte Geltung nur für die vom Gesetzgeber zunächst behandelten Fälle einer einfachen, für sich bestehenden, ohne besondere Nebenabrede eingegangenen Verkaufs- oder Einkaufskommission zukomme, während er dort, wo diese Voraussetzung fehlt, je nach Umständen gewissen Ausnahmen und Beschränkungen unterliegen kann.

So erleidet er eine Modifikation für die Fälle, in welchen die Einkaufskommission nur einen Theil eines weiter gehenden Auftrags bildet, indem der Kommissionär zugleich beauftragt ist, die angeschafften Waaren 2c. im Interesse des Kommittenten zu einem bestimmten Zwecke zu verwenden. In solchem Falle erscheint es der Natur der Sache und der muthmaaßlichen Absicht der Kontrahenten gemäß, mit der auftragsmäßigen, nicht mehr rückgängig zu machenden Verwendung auch die Einkaufskommission als erfüllt anzusehen und diese Erfüllung nicht erst mit dem Zeitpunkt der späteren Anzeige als geschehen zu betrachten.

Der wirklichen Verwendung läßt sich aber keineswegs eine bloße Einleitung derselben gleichstellen, sofern diese Einleitung blos in einer Entschließung, Bestimmung oder Anordnung des Kommissionärs besteht, welche sich nach außen nicht bekundet, an welche derselbe nicht gebunden ist und von welcher er willkürlich wieder abgehen kann. Auf Vorgänge dieser Art finden vielmehr obige Erwägungen volle Anwendung.

In vorliegendem Falle nun ist die vertragsmäßige Verwendung der in Frage stehenden Werthpapiere erst am 14. Mai 69 erfolgt, vorher aber ist, gemäß der Feststellung des Appellrichters, nichts weiter geschehen, als daß Beklagte von ihrem Vorrath an solchen Werthpapieren eine gewisse Zahl zu jener Verwendung bestimmte und bereit hielt.

Indem der Appellrichter in dieser Bestimmung und Bereithaltung, welche nur einen inneren, die Beklagte in keiner Weise bindenden Vorgang bildete, die Ausführung der Einkaufskommission fand, hat er sich mit dem besagten Rechtsgrundsatz bzw. mit Art. 361 und 376 in Widerspruch gesetzt und seine Entscheidung unterliegt daher der Vernichtung.

Was nun die Entscheidung der Sache selbst betrifft, so ist klar, daß nach vorstehenden Erörterungen und da keine Thatsache angeführt wurde, welche auch nur entfernt berechtigte, einen früheren Zeitpunkt als maaßgebend zu erachten, für die Berechnung des Börsenpreises der $3^1/_2$- und 4procentigen Pfandbriefe nur der Tag der Einlieferung an die Landschaftsdirektion, also der 14. Mai 69, maaßgebend sein kann. Ueber diesen Börsenpreis ist unter den Parteien noch Streit, ohne daß die erbotenen Beweise erhoben wären; es war daher die Sache zur anderweiten Verhandlung und Entscheidung in die II. Instanz zurück zu weisen.

Nr. 5.

II. Senat. — Erkenntniß v. 29. Nov. 71. (B.)

v. Kapff & Gen. ./. Heynig (Nr. 503 v. 71).

Königreich Sachsen. **Weitere Berufung.**

I. Instanz: Handelsgericht im Bezirksgericht Chemnitz.
II. Instanz: Appellationsgericht Zwickau.

Handlungsreisender, Höhe der Reisespesen, Entlassung.

1. Art. 64 HGB giebt nur beispielsweise einzelne Fälle, um dem richterlichen Ermessen einen Anhalt zu bieten; das Gesetz will hier dem erkennenden Richter keine absolut fixirten Grenzen setzen. Leitend bleibt im Einzelfalle stets das im Art. 62 Abs. 2 aufgestellte Prinzip, daß die Beurtheilung der Wichtigkeit des geltend gemachten Entlassungsgrundes dem richterlichen Ermessen anheimgegeben ist.

HGB Art. 62, 64.
Vgl. Rspr. III S. 45, 223.

2. Wie bestimmt sich die Höhe der einem Handlungsreisenden zustehenden Reisespesen?

(Beispiel der Vertragsauslegung).

Kläger haben den Beklagten, welcher von ihnen als Handlungsreisender angenommen worden war, vorzeitig entlassen, weil derselbe während einer fast dreijährigen Dienstzeit theils die für sie eingezogenen Gelder nicht immer prompt eingesendet, theils die ihm obliegenden Anzeigen über die Erhebung von Geschäftsausständen mehrfach unterlassen hat. Im Ganzen handelt es sich dabei um einen Betrag von etwa 4000 Thlrn. Auf Ausantwortung dieser Summe belangt, macht Beklagter als Gegenforderungen geltend:

1) etwa 2000 Thlr. als Reisespesen, welche er über den vorläufig und versuchsweise vereinbarten, auch ihm bereits gutgeschriebenen Betrag von 6½ Thlrn. pro Tag aufgewendet haben will,

2) Fortgewährung seines Gehalts bis zum Ablauf der vertragsmäßigen Kündigungsfrist.

Die Gegenansprüche des Bekl. werden verworfen, vom OHG aus folgenden

Gründen:

1) Wenn die Parteien beim Abschluß des Dienstvertrags in der behaupteten Maaße betreffs der Höhe der Reisespesen übereingekommen sind: so haben Kläger damit gewiß nicht beabsichtigt, der künftigen Entschließung darüber sich zu begeben, ob und inwieweit sie dem Bekl., dafern er mit dem Normalsatze von 6½ Thlrn. pro Tag nicht auskommen sollte, dasjenige, was dieser ihnen als wirklichen Bedarf aufgeben werde, bewilligen wollten oder nicht. Der Satz von 6½ Thlrn. sollte zunächst maaßgebend sein und nur im Fall der Unzulänglichkeit desselben etwas Anderes eintreten — selbstverständlich unter anderweitiger Einigung der Kontrahenten über diesen, offenbar einen wesentlichen und erheblichen Bestandtheil des Vertrages bildenden Punkt. Die angebliche Aeußerung der Kläger: „selbstverständlich werde das Haus vergüten, was Beklagter auf Reisen gebrauche, doch solle er den Versuch machen, mit 6½ Thlr. pro Tag auszukommen", spricht dies deutlich aus, rechtfertigt zum Mindesten nicht den Schluß, daß Kläger die Gewährung des etwaigen Mehrbedarfs des Bekl. im Voraus und ohne Weiteres als ihre vertragsgemäße Gegenleistung anerkennen wollten. Kommt es doch bei der Bemessung der fraglichen Spesen, wie Beklagter selbst zugiebt, wesentlich auf das Ermessen der Betheiligten und auf den Gesichtspunkt an, von welchem aus der Reisende und der Prinzipal die Frage: welcher Aufwand ist angemessen

und dem Zweck der Reise entsprechend? beantworten; und daß hierbei eine erhebliche Divergenz der Betheiligten entstehen kann, ist für sich klar. Zur Anwendung dieses Ermessens und überhaupt zu der Erwägung: ob und inwieweit sie es in ihrem Interesse fänden, das Vertrags-Verhältniß mit dem Bekl. auf Grund eines bedeutend erhöhten Spesensatzes fortzusetzen bzw. anderweit zu ordnen? ist aber den Klägern gar keine Gelegenheit gegeben gewesen. Beklagter hat ihnen während des Jahres 63 vierteljährlich, in den Jahren 64 und 65 aber halbjährlich Abrechnungen zugestellt unter der Bezeichnung „Reiseconto von Heynig," in welchem die einkassirten Gelder speziell im Debet, die Reisespesen und die betreffenden Gehaltsraten aber im Credit (in Totalsummen) aufgeführt sind und welche mit einem, im Lauf der Vertragszeit immer höher steigenden Saldo zu Gunsten der Kläger schließen. Kläger haben dieselben — bis Ende 64 ist dies eingeräumt — regelmäßig mit der Erklärung beantwortet, daß sie die Abrechnung richtig befunden und den Bekl. mit dem berechneten Saldo belastet hätten. Nach kaufmännischem Gebrauch war damit die Sache — bis auf etwaige Irrthümer in der Rechnung — geordnet. In den gedachten Abrechnungen sind nun die fraglichen Spesen, wie schon gedacht, in solle mitberechnet und zwar, soweit sich ohne genauere Angabe der wirklichen Reisetage (die blos in der Abrechnung pro IV. Quartal 63 und in der pro I. Semester 65 spezifizirt sind) übersehen läßt, nach ungefährer Höhe von $6^1/_2$ Thlrn. pro Tag; auch giebt Beklagter selbst zu, daß die berechneten Spesen diesem Satze ziemlich entsprechen. Erst in der Rechnung pro I. Semester 65 ist ein Betrag berechnet, der den Satz von 8 Thlrn. pro Tag übersteigt; ein Anerkenntniß dieser Abrechnung seitens der Kläger ist aus den Akten nicht liquid, andererseits jedoch auch gegen die hierunter berechneten Beträge keine Ausstellung erhoben. Kläger waren hienach zu der Annahme berechtigt, daß Beklagter den Versuch mit $6^{1}/_{2}$ Thlrn. pro Tag auszukommen, mit Erfolg gemacht, keinenfalls mehr, als er in den Abrechnungen als wirklich verausgabt verschrieben, aufgewendet habe; sie konnten unter solchen Umständen nicht erwarten, am Schluß der Dienstzeit des Bekl. von diesem noch nachträglich eine Mehrforderung von etwa 2000 Thlrn. erhoben zu sehen, die in dem abgeschlossenen Vertrage keine rechtliche Basis fand, und gegen deren Entstehung sich zu wahren sie, nach Lage der Sache und dem ganzen Verhalten des Bekl., bisher gar nicht veranlaßt gewesen waren ...

2) Bezüglich des aus vorzeitiger, widerrechtlicher Dienstentlassung abgeleiteten Schädenanspruchs haben bereits die vorigen Instanzen nachgewiesen, daß dem Bekl. in seinem Gebahren mit dem Incasso, bzw. in der Anzeige des Eingangs der von ihm eingehobenen Gelder eine Verletzung seiner Dienstpflicht in solchem Umfange zur Last fällt, daß von einem entschuldbaren Versehen nicht die Rede sein kann. Beklagter hat dagegen in thatsächlicher Beziehung nichts eingewendet, sondern nur bestritten, daß darin — mit den vorigen Instanzen — eine Untreue im Dienste oder eine derselben gleichzustellende schwere Pflichtvernachlässigung erblickt werden dürfe, welche nach Art. 64 Nr. 1 HGB den Prinzipal zur Aufhebung des Dienstverhältnisses berechtige. Ob dazu der Nachweis des offenbaren Dolus, wie Beklagter meint, unerläßlich sei, kann unter den vorliegenden Umständen füglich dahin gestellt bleiben. Die im angezogenen Art. 64 unter Nr. 1 bis 6 angegebenen Gründe sind, wie die einleitenden Worte ergeben, nur einzelne beispielsweise Fälle, dazu bestimmt, dem richterlichen Ermessen einen Anhalt zu bieten, nicht aber eine absolut feste Grenze zu setzen. Leitend bleibt dabei allenthalben das im Art. 62 Abs. 2 aufge-

stellte Prinzip, daß die Beurtheilung der Wichtigkeit des im konkreten Falle einschlagenden Grundes der Dienstaufhebung dem Ermessen des Richters überlassen ist. Nun enthält aber das erwiesene Verhalten des Bekl., objektiv betrachtet, eine so unverantwortliche Verletzung der Dienstpflicht und der Verdacht einer ihr zu Grunde liegenden wirklichen Unredlichkeit liegt so nahe, daß es — auch nach dem Ermessen jetziger Instanz — nicht als eine unberechtigte, rein subjektive Anschauung der Kläger gelten kann, wenn sie, von jenem Verdacht ausgehend, dem Bekl. die Wahrung der ihm anvertrauten wichtigen Interessen ihres Geschäfts nicht ferner überlassen zu können glaubten und folgerecht ihn seines Dienstes ohne die (angeblich) bedungene halbjährige Kündigung entließen.

Nr. 6.

II. Senat. — Erkenntniß v. 29. Nov. 71. (Ref.)

Leinberger ·/. Buderus (Nr. 549 v. 71).

Hessen. **Ober-Appellation.**

I. Instanz: Landgericht Ortenberg,
II. Instanz: Hofgericht Gießen.

Handelskauf, Verjährung der Rüge von Sachmängeln, Arglist des Verkäufers.

1. Bei Auslegung des Art. 349 HGB ist davon auszugehen, daß es beabsichtigt worden, eine die betreffende Materie allgemein und erschöpfend regelnde Bestimmung zu treffen.

Absatz 2 und 3 des Artikels betreffen dieselben Fälle und unterscheiden sich nur dadurch, daß der Gesetzgeber für die Erhaltung der Einreden eine einfachere, leichtere Form, als für die Erhaltung des Klagerechts festzusetzen für nöthig befunden hat.

HGB Art. 1, 349.

2. Art. 349 HGB bezieht sich auch auf die Fälle, in denen der Käufer die ihm zugegangene Waare rechtzeitig als mangelhaft und vertragswidrig beanstandet hat; insofern ergänzen die Art. 347 und 349 einander.

3. Der im Art. 350 HGB vorgesehene Betrugsfall ist nicht auf einen strafrechtlichen Betrug (Reichsstrafgesetzbuch § 263) beschränkt, begreift vielmehr auch jeden civilrechtlichen dolus.

So: Rspr. III S. 6, 9.
Makower Komm. n. 33 zu Art. 350.
v. Hahn Komm. § 1 zu Art. 350. B. II S. 256.

Kläger hatte der Stadt Herbstein (im Großherzogthum Hessen) Röhren für eine anzulegende Brunnenleitung zu liefern übernommen. Durch Vertrag v. 10. Juli 67 verpflichtete sich die Beklagte, ihm 2800 Fuß gußeiserne Röhren zu liefern, welche stehend gegossen sein und eine Wandstärke von vier Linien haben sollten. Beklagte hat am 20. Sept. 67 geliefert, nach Behauptung des Klägers jedoch nicht vertragsmäßig; insbesondere sollen die aus Lehm geformten Gußmodelle nicht ordnungsmäßig angefertigt, der cylinderförmige Kern krumm gewesen sein und deshalb nicht richtig in die Hälse gefaßt haben. Auch soll der Guß nicht stehend erfolgt, die Wandstärke der Röhren nicht durchweg gleich und an vielen Stellen nicht von der bedungenen Dicke gewesen sein. Diese nicht sofort erkennbaren Mängel hat Kläger erst nach einigen Tagen entdeckt, als der Stadtbaumeister von Herbstein behufs Uebernahme der Röhren 3 Stück durchsägen ließ. Kläger beanstandete nun die Lieferung der Bekl. (nach Annahme des OHG rechtzeitig), gab die in seiner Gewahrsam verbliebenen Röhren im Dezbr. 68 an die Beklagte zurück und klagte im Okt. 69 auf Schadenersatz.

Beklagte erhob die Einrede der Verjährung aus Art. 349 HGB; Kläger entgegnete, daß Beklagte die gerügten Mängel wohl gekannt und arglistig gegen ihn gehandelt habe. Der Appellrichter wies den Klageanspruch als verjährt, ev. soweit derselbe auf dolus der Bekl. gestützt worden, als nicht substantiirt angebrachter Maaßen ab. Das OHG verstattete abändernd den Kläger noch zum Beweise des arglistigen Verfahrens der Bekl.

Entscheidungsgründe des OHG:

1) Was die Natur der angestellten Klage betrifft, so ist dieselbe zweifellos als die Kontraktsklage (actio emti), auf Leistung des Interesse wegen Nicht-Erfüllung des Vertrages v. 10. Juli 67 gerichtet, aufzufassen. Daraus, daß in der Klage bemerkt ist, den Grund der Klage bilde zunächst die vertragswidrige Beschaffenheit der Röhren, läßt sich nicht etwa folgern, daß eine ädilitische Klage habe angestellt werden sollen, wovon, abgesehen vom Klage-Petitum, schon deshalb nicht die Rede sein kann, weil nicht ein Species-Kauf, sondern ein Genus-Kauf vorliegt; vgl. Windscheid Pandekten B. II §. 394 Nr. 5. Kläger fordert vielmehr, nachdem er die Röhren, durch deren Ablieferung Beklagte den Vertrag zu erfüllen versuchte, zurückgewiesen hat, mit der actio emti das Interesse wegen verschuldeter Nichterfüllung des Vertrages. Es läßt sich ferner daraus, daß Kläger in der Klage „zu aller Vorsorge" einen dolus der Bekl. behauptet, nicht entnehmen, daß Kläger beabsichtigt habe, die ganz subsidiäre actio doli (welche beiläufig auch nicht der ordentlichen dreißigjährigen, sondern einer kurzen, bei Anstellung der vorliegenden Klage bereits abgelaufenen Verjährung unterliegen würde; Windscheid Pandekten §. 451 Nr. 2) anzustellen; der angebliche dolus des Bekl. hat vielmehr offenbar nur als ein die erhobene Kontraktsklage noch verstärkendes Moment geltend gemacht werden sollen. Es beruht also auf einer Verkennung des Klagefundaments, wenn im Dispositiv des angefochtenen Urtels „die erhobene Klage aus dem Kon-

trakt als verjährt, die ev. angestellte actio doli aber wie angebracht abgewiesen" ist. Es ist eben nur die Kontraktsklage erhoben und der behauptete dolus kommt, soweit er blos zu besserer Begründung der Kontraktsklage geltend gemacht ist, auch bezüglich der Verjährungsfrage nicht weiter besonders in Betracht. Die zu entscheidende Frage ist vielmehr die:

> ob die vorliegende Kontraktsklage unter die Bestimmung des Art. 349 Abs. 2 HGB zu subsumiren ist.

Kläger will diese Frage verneint wissen und führt aus

Nach römischem Recht fänden wegen solcher Mängel, welche erst nach Empfang der Sache entdeckt oder welche zwar sofort nach der Ablieferung entdeckt worden: den Käufer aber nicht veranlaßt hätten, die Empfangnahme zu verweigern, die actio emti auf Redhibition, außerdem die ädilitischen Klagen auf Redhibition und Preis-Minderung statt. An Stelle der kürzeren Fristen von verschiedener Dauer, welche das römische Recht für diese, den Empfang der Waare voraussetzenden Klagen statuire, habe Art. 349 HGB eine gleichmäßige Verjährungsfrist von 6 Monaten festgesetzt. Art. 349 finde also nur auf die Fälle Anwendung, wo der Käufer die Waare empfangen, angenommen habe, und erst nachher Mängel entdecke, welche bei der ihm nach Art. 347 sofort nach der Ablieferung obliegenden Untersuchung nicht erkennbar gewesen seien. Wenn dagegen, wie in vorliegendem Falle, die Waare nicht empfangen, vielmehr gemäß Art. 347 rechtzeitig beanstandet und der Empfang verweigert sei, dann sei die Sache so aufzufassen, als ob gar nicht geliefert worden. Es werde dann nicht wegen Mängel der Sache geklagt, sondern es werde gemäß Art. 355 HGB wegen Nichterfüllung des Kontrakts auf das Interesse geklagt, und diese Klage könne nicht der kurzen Verjährung des Art. 349, sondern nur der 30jährigen Verjährung unterliegen.

Diese Ausführung kann indeß für zutreffend nicht erachtet werden. Der Argumentation, daß das HGB nur statt der betreffenden römischrechtlichen Verjährungsfristen von verschiedener Dauer eine gleichmäßige sechsmonatige Frist habe einführen sollen, ist zunächst entgegenzusetzen, daß Art. 349 nicht blos für gemeinrechtliche Gebiete, sondern für alle deutschen Länder, in welchen bezüglich der Verjährung sehr verschiedene Gesetze gelten, erlassen worden ist. Mag auch die Fassung des Artikels zu Zweifeln Veranlassung geben, so ist doch bei der Auslegung desselben davon auszugehen, daß es beabsichtigt worden ist, eine die vorliegende Materie generell und erschöpfend regelnde Bestimmung zu treffen. Als ratio der kürzeren Verjährung ist festzuhalten, daß die Ermittelung und Feststellung von Qualitäts-Mängeln gelieferter Waare nach Verlauf längerer Zeit völlig unthunlich ist, daß also die betreffenden Rechtsstreitigkeiten, um eine, die richtige Entscheidung derselben unmöglich machende Verdunkelung des Sachverhalts zu verhüten, in kurzer Frist zum Austrag gebracht werden müssen. Wenn nun schon die verschiedenen Gesetzgebungen, namentlich auch das römische Recht, es für nöthig gehalten haben, beim Species-Kauf die Geltendmachung von Qualitäts-Mängeln auf kurze Fristen zu beschränken: so waltet dasselbe Bedürfniß mindestens in gleichem Maaße beim Genus-Kauf ob, auf welchen, wie bereits bemerkt, die ädilitischen Klagen überall nicht zu beziehen sind. Es ist auch einleuchtend, daß die angegebene ratio des Gesetzes nicht nur dann, wenn die Kontrakts-Klage auf die vertragswidrige Qualität der Waare gegründet wird, sondern in gleichem Maaße dann zutrifft, wenn Kläger in der Klage den bereits vorher entstandenen Streitpunkt über die Vertragsmäßigkeit der gelieferten Waare verschweigt oder übergeht und einfach auf Vertrags-Erfüllung (oder das Interesse wegen Nichterfüllung) klagt und auf die Einrede des Bekl., daß er vertragsmäßig erfüllt habe, replizirt, daß die Waare, durch deren Lieferung die Erfüllung versucht worden, nicht vertragsmäßig und deshalb zurückgewiesen sei. Das Wesentliche ist, daß der Kern des obwaltenden Streits darin liegt, ob vertragsmäßig oder aber der Qualität noch mangelhaft geliefert worden? Hiervon ausgegangen erscheint die Unterscheidung, welche Kläger machen will, als eine willkürliche. Die Fassung des Gesetzes steht derselben nicht zur Seite, sondern entschieden entgegen. Wenngleich Art. 349 nur im Abs. 3, nicht im Abs. 2, ausdrücklich auf Art. 347 verweist: so ist doch unmöglich anzunehmen, daß der Gesetzgeber durch die Bestimmung im Abs. 3 andere Fälle habe treffen wollen, als durch die Bestimmung im Abs. 2; beide Bestimmungen betreffen vielmehr zweifellos dieselben Fälle und unterscheiden sich eben nur dadurch, daß der Gesetzgeber für die Erhaltung der Einreden eine einfachere, leichtere Form, als für die Erhaltung der Klagen zu statuiren für nöthig befunden hat. Art. 349 Abs. 2 ist also auch auf die Fälle zu beziehen, in welchen nach Art. 347 der Käufer die Waare sofort nach der Ablieferung beanstandet hat. Die Bestimmungen in den Art. 347 und 349 schließen sich überhaupt nicht wechselseitig aus, sondern ergänzen sich vielmehr. Der Sinn derselben ist im Zusammenhange folgender: „Damit der Verkäufer alsbald Gewißheit darüber erlange, ob das Geschäft in Ordnung gegangen sei, muß der Käufer nach Art. 347 ohne Verzug nach der Ablieferung die Waare untersuchen und von den entdeckten Mängeln sofort, von den nicht sofort erkennbaren unverzüglich nach der späteren Entdeckung, dem Verkäufer Anzeige machen; sonst gilt die Waare als genehmigt, und es kann dann von weiteren Ansprüchen des Käufers keine Rede sein*). Abgesehen von der Vorschrift des Art. 347, bestimmt der Gesetzgeber aber noch einen äußersten Präklusiv-Termin von 6 Monaten nach der Ablieferung für die Geltendmachung von Mängeln dergestalt, daß die innerhalb 6 Monaten erfolgende außergerichtliche Anzeige die Einrede erhält, die Klage aber — bei Vermeidung des Verlustes durch Verjährung — innerhalb sechs Monaten bei Gericht erhoben bzw. zugestellt sein muß." Dies gilt der Ordnung des Verkehrs wegen selbst von solchen Mängeln, welche erst nach Ablauf von sechs Monaten entdeckt sind, auch nach ordentlichem Geschäftsgange nicht früher entdeckt werden konnten, obwohl der Käufer in diesem Falle einen unverschuldeten Verlust erleidet. Dasselbe gilt aber auch von solchen Mängeln, welche sofort nach der Ablieferung oder doch vor Ablauf von 6 Monaten entdeckt und nach Art. 347 angezeigt sind. Diese Anzeige wahrt nur die Rechte des Käufers; sie enthält einen Protest des Käufers gegen die Annahme, daß er die Waare empfangen habe. Die durch die Beanstandung herbeigeführte Streitfrage, ob rite erfüllt sei, kann aber nicht eine dauernd schwebende bleiben; vielmehr muß der Käufer, welcher Ansprüche an den Verkäufer wegen der mangelhaften Erfüllung erheben will, dieselben in Ermangelung gütlicher Einigung zum rechtlichen Austrag bringen; eben dafür bestimmt Art. 349 Abs. 2 eine sechsmonatige Frist. Art. 349 Abs. 2 umfaßt alle Fälle mangelhafter, vertragswidriger Leistung, auf welche Art. 347 zu beziehen ist; eine Unterscheidung, eine restriktive Auslegung, wie solche Kläger versucht, würde, der Absicht des Gesetzgebers zuwider, dahin führen, daß Abs. 2 des Art. 349 nur in einer sehr geringen Minderzahl von Fällen zur Anwendung kommen könnte.

* Vgl. Rspr. I S. 157, 370; II S. 21, 137; III S. 4, 79, 97 Nr. 2.

2) Zur Begründung der Replik des dolus der Bekl., deren Erheblichkeit (ungeachtet des §. 31 des großherzoglich hessischen Verjährungs-Gesetzes vom Jahre 1833) nach dem, für handelsrechtliche Streitigkeiten zunächst maaßgebenden, Art. 350 HGB keinem Zweifel unterliegt, bedarf es nicht der Darlegung der Requisite des strafrechtlichen Betrugs, vielmehr genügt, wie die Protokolle über die Berathung der Kommission in Nürnberg klar ergeben, die Darlegung eines civilrechtlichen Dolus. Eines solchen soll sich, nach Behauptung des Klägers, Beklagte in dreifacher Beziehung schuldig gemacht haben.

a) Wie in der Klage und in der Replik ausführlich auseinandergesetzt wird, soll Beklagte, obwohl sie selbst die Röhren in der gerügten fehlerhaften Art habe anfertigen lassen und von dieser vertragswidrigen Herstellung Kenntniß gehabt, dieselben dem Kläger als vertragsmäßig hergestellt geliefert und so in demselben den Irrthum erregt haben, als ob die Röhren stehend in gehörig gefertigten Modellen gegossen wären und die vertragsmäßige Wandstärke gehabt hätten; dieser dolus sei um so weniger zu entschuldigen, da Kläger sich in dieser Beziehung ganz auf die Solidität der Bekl., welcher als einem Techniker die vertragsmäßige Fertigung ohne Kontrolle des Kläger obgelegen, habe verlassen müssen, sich nicht davon, ob die Modelle ordnungsmäßig gefertigt und die Röhren stehend gegossen worden, habe überzeugen, auch die (erst bei einer durch einen Sachverständigen erfolgten Untersuchung mittelst Zerschlagens und Zersägens entdeckten) Mängel äußerlich nicht habe wahrnehmen können, die Beklagte also darauf gerechnet, daß Kläger die vertragswidrige Beschaffenheit nicht entdecken würde, und den Kläger hinter das Licht geführt habe. Durch diese Behauptungen ist der dolus genügend substantiirt, um zum Beweise verstellt zu werden. In einem früheren Urtel des Gerichtshofs (Rspr. III S. 7 ff.) ist zwar ausgeführt, daß die bloße Kenntniß des Verkäufers von der vertragswidrigen Beschaffenheit der Waare nicht nothwendig einen dolus enthalte, weil jene Kenntniß in gewissen, dort näher bezeichneten, Fällen mit der bona fides wohl vereinbar sei. Solche dort bezeichneten Ausnahme-Fälle liegen hier aber nicht nur nicht vor, sondern es würde ein ganz evidenter dolus vorliegen, wenn der Verkäufer, obwohl er Kenntniß von Fehlern hat, welche bei einer äußerlichen Besichtigung nicht sofort erkennbar, sondern erst mittelst genauer sachverständiger Untersuchung zu entdecken sind, die Waare an den Käufer in der Erwartung abliefert, daß derselbe die kontraktwidrige Beschaffenheit nicht bemerken, die Waare vielmehr ungeachtet dieser ihm unbekannt bleibenden Beschaffenheit empfangen werde. So würde aber der vorliegende Fall liegen, wenn Kläger die behauptete Kenntniß der Bekl. von den angeblichen Mängeln nachweist, da ohne weiteren Beweis anzunehmen ist, daß die Mängel für Kläger nicht sofort erkennbar waren. Daß unter solchen besonderen Umständen die Kenntniß des Verkäufers von den Mängeln einen dolus enthalte, ist bereits in den Gründen des erwähnten früheren Urtels [Rspr. III S. 10] ausgeführt worden. Dem Kläger mußten daher die betreffenden Behauptungen zum Beweise verstellt werden . . .

b) In den vom Kläger behaupteten Vergleichs-Verhandlungen sind keine genügenden thatsächlichen Momente für einen dolus der Bekl. zu erkennen. Es ist einleuchtend, daß die Vergleichs-Verhandlungen als solche keinen dolus der Bekl. enthalten. Kläger durfte sich durch dieselben von der Anstellung der Klage innerhalb der Verjährungsfrist nicht abhalten lassen. Nur unter ganz besonderen Umständen würde ein dolus der Bekl. anzunehmen sein, wenn nämlich Beklagte den Kläger böslicher Weise durch Unterhandlungen hingehalten und zur Verzögerung der Klage bis nach Ablauf der Verjährungsfrist induzirt hätte, um sich nach Ablauf der Frist hinter die Verjährungs-Einrede verstecken zu können ...

c) Kläger will endlich noch einen dolus der Bekl. darin finden, daß Beklagte den Hergang bei Rückgabe der Röhren wider besseres Wissen ausbeute, um sich durch Erhebung der Einrede der Aufhebung des Vertrages durch mutuus dissensus von ihrer Schadenersatz-Pflicht loszumachen. Dies würde aber höchstens einen dolus in agendo oder vielmehr in excipiendo enthalten können, welcher zum Ablauf der Verjährung in keiner Kausalbeziehung steht. Vgl. das allegirte frühere Urtel [Rspr. III S. 9].

Nr. 7.

I. Senat. — Erkenntniß v. 1. Dezbr. 71. (B.)

H. Pontoppidan ./. S. Egholdt (Nr. 700 v. 71).

Hamburg. **Ober-Appellation.**

I. Instanz: Handelsgericht Hamburg,
II. Instanz: Obergericht daselbst.

Verkaufskommission, auftragswidriges Handeln des Kommissionärs, Schadenanspruch des Kommittenten.

1. Wie bestimmt sich bei steigenden Preisen einer marktgängigen Waare die dem Kommittenten für auftragswidrigen Verkauf seitens des Kommissionärs gebührende Entschädigung, falls der Kommittent mit seiner Mißbilligung des gemeldeten Verkaufs ungebührlich gezögert hat?

HGB Art. 283, 361, 362.

2. Aus der von Kontrahenten gegen einander zu beobachtenden guten Treue kann sich unter Umständen die Pflicht ergeben, das Interesse auch des im Verzuge befindlichen Gegenkontrahenten schützend zu berücksichtigen.

L. 1 § 3 Dig. 18, 6.

3. Wer Schadenersatz fordern will, hat Sorge zu tragen, daß schädliche Folgen des fremden Versehens möglichst abgewendet, bzw. gemindert werden.

L. 30, L. 52 Dig. 9, 2; L. 21 § 3 Dig. 19, 1.

4. Besteht im kaufmännischen Geschäftsverkehr eine Verpflichtung, bei schleunig zu machenden Mittheilungen sich des Telegraphen zu bedienen.

In dem Rspr. B. II Nr. 17 S. 75ff mitgetheilten Rechtsfalle entstand, nach Erledigung des damaligen Streitpunkts, eine neue durch drei Instanzen gehende Erörterung über das Maaß des vom Bekl. zu leistenden Schadenersatzes. Nunmehr gab das OHG folgende

Entscheidung:

Bis zum Ende des ersten Abschnitts dieses Prozesses war bezüglich des Schadenanspruchs nur das negative Ergebniß herbeigeführt, daß Kläger seines Schadenanspruchs sich nicht verlustig gemacht habe. Dies schloß nicht aus, und im früheren Erkenntniß der gegenwärtigen Instanz ist besonders darauf hingewiesen worden, (Rspr. II S. 78: selbstverständlich ist der Kommittent nicht berechtigt, durch beliebige Wahl des Zeitpunkts seiner Erklärung das Evaluationsmaaß der Schadenaufstellung willkürlich zu bestimmen), daß die Wahl eines um wenig oder mehr späteren Zeitpunkts für die Erklärung des Klägers, ob er den auftragswidrigen Verkauf anerkennen oder ihn nicht gelten lassen wolle, auf die Faktoren der Schadenberechnung Einfluß ausüben könne, — und es läßt sich nicht bezweifeln, daß ein solcher Einfluß unter Umständen angenommen werden muß. Freilich nicht, weil das Quantum des anzunehmenden Schaden dadurch ein größeres oder geringeres werden könnte, sondern deshalb, weil eine vom Kommittenten dem Kommissionär auf Grund kontraktlicher bona fides geschuldete Rücksicht anzunehmen ist, diese aber dadurch verletzt werden und dann zur Ermäßigung der Schadenvergütung führen kann, wenn unter Umständen, wie solche hier vorliegen, der Kommittent seine Entscheidung längere Zeit in suspenso läßt.

Der Schadenanspruch des Kommittenten, dessen Waare gegen seinen Willen vom Kommissionär verkauft wird, unterliegt den Prinzipien der actio mandati directa. Diese führen dahin, daß der Kommissionär dem Kommittenten das Interesse zu ersetzen hat. Das Interesse besteht aber hier in demjenigen, was der Kommittent erlangt haben würde, wenn das Konsignations-Unternehmen durchgeführt worden wäre. — Die Liquidirung dieses Interesses wird nicht selten Schwierigkeiten darbieten. Denn es kommt nicht allein auf die meistens zu keinen Zweifeln Veranlassung gebende Frage an, welchen Gang die Preise in der dem eigenmächtigen Eingriff des Kommissionärs in das Unternehmen des Auftraggebers folgenden Zeit genommen haben; sondern es handelt sich auch um die Fixirung des Zeitpunkts, zu welchem ohne jenen Eingriff der Verkauf stattgefunden haben würde. Es kann hier dahin gestellt bleiben, in welcher Weise diese Schwierigkeit zu lösen ist; denn in gegenwärtigem Falle erledigt sich der fragliche Punkt durch die Anwendung desjenigen, was oben über die aus dem Verhältniß des Kommittenten zum Kommissionär abzuleitenden Folgen bemerkt worden ist.

Schon das Civilrecht weiset den Kontrahenten darauf hin, das Interesse selbst seines in mora befindlichen Kontrahenten zu berücksichtigen,

L. 1 § 3 Dig. 18, 6,

und erkennt außerdem — sowohl in Kontrakt-Verhältnissen, als außerhalb derselben — die Pflicht an, daß derjenige die Folgen eines fremden Versehens möglichst abzuwenden sich befleißigen muß, welcher darauf einen Schadenersatz gründen will,

L. 30 am Ende, L. 52 Dig. 9, 2;
L. 21 § 3 Dig. 19, 1;

eine Auffassung, welche namentlich in der hanseatischen Rechtsprechung Anerkennung gefunden hat.

Lübecker O.App.Ger.-Erk., Hamburger Sammlung B. I S. 276.

Jedenfalls ist ihr unbedenklich im Handelsverkehr Wirksamkeit einzuräumen, in welchem auf Beobachtung guter Treue unter Kontrahenten gehalten und es als präjudizirlich behandelt wird, wenn unter denselben Erklärungen oder Mittheilungen unterlassen oder zu spät gemacht werden, die auf das fernere Verhalten des zu Benachrichtigenden, um ihn vor Nachtheilen zu sichern, von Erheblichkeit sind.

Lübecker O.App.Ger. Erk. a. a. O. B. III S. 77 und Erk. des OHG i. S. Mieses c. Bodek, Rspr. I S. 136, 321.

Wann die Voraussetzungen eines in dieser Richtung anzunehmenden Präjudizes vorhanden sind, hängt immer von den Umständen des besonderen Falles ab. In vorliegendem Falle macht Beklagter nicht ohne Grund geltend, daß, da die Preise des Hafers kurze Zeit nach dem in Rede stehenden Verkaufsabschluß eine steigende Tendenz angenommen hätten, Westenholz Brothers [das Londoner Haus, welchem der Hafer in Konsignation gegeben worden war] für den Fall, daß Kläger den Verkauf nicht genehmigte, sich in der Lage befunden haben würden, durch Ankauf eines entsprechenden Quantums Hafer gegen den ihnen wegen ihrer Verantwortlichkeit drohenden Verlust sich, wenn nicht ganz, doch zum Theil zu sichern. Kläger meint, er habe nicht genöthigt werden können, seinen verkauften und weggegebenen Hafer durch beliebig seitens der Westenholz Brothers anzukaufenden anderen Hafer ersetzen zu lassen. Allein dieser Einwand beruht auf einem Mißverstehen des in Rede stehenden Punkts. Eine Substituirung des anzukaufenden Hafers an die Stelle des verkauften Hafers steht nicht in Frage. Wären Westenholz Brothers zum Ankauf von Hafer geschritten, so wäre dies ein den Kläger nicht berührendes eigenes Geschäft derselben gewesen, — wie bemerkt, unternommen, um durch dasselbe mittelbar sich gegen Verlust zu decken.

Wenn Beklagter die Ansicht aufstellt, daß Kläger ohne allen Verzug seine Erklärung, den Verkauf nicht genehmigen zu wollen, hätte abgeben müssen: so kommt er unzulässiger Weise auf das schon früher rechtskräftig verworfene Verlangen analoger Anwendung des Art. 364 HGB zurück. Indessen kann dem Bekl. auch darin nicht beigetreten werden, daß, wenn die Erklärung nicht sofort erfolgen müsse, dann doch dem Kommittenten nur eine Frist kürzester Art einzuräumen sei. Jedenfalls muß dem Letzteren für alle Fälle ein modicum tempus zur Feststellung seines Entschlusses freigelassen werden. Willkürlich hatten Westenholz Brothers in die Geschäftsabsichten des Kommittenten eingegriffen; eine mäßige Frist zur Abwägung dessen, was der Kommittent für rathsam zu halten habe, kann diesem bei solcher Sachlage in keinem Falle versagt werden.

Die in Betracht kommenden speziellen Umstände sind hier die folgenden:

Am 4. Juli hatten Westenholz Brothers dem Kläger den auf Besicht geschehenen Verkauf des Hafers, und daß am 6. Juli der Käufer über den Empfang der Waare sich zu entscheiden haben werde, gemeldet. An demselben 6. Juli empfing Kläger diesen Brief, nachdem er noch am Tage vorher (am 5.) von Neuem nachdrücklich darüber sich ausgesprochen hatte, daß er keinen festen Kontraktsabschluß wolle. In den nächstfolgenden Tagen lag nichts vor, was auf Seiten einer der Parteien die Erledigung der Sache dringlich hätte erscheinen lassen; denn die Haferpreise blieben unverändert, und Westenholz Brothers selbst stellten die Nicht-Dringlichkeit dadurch außer Zweifel, daß sie nach dem 4. Juli mit einer ferneren Zuschrift an den Kläger bis zum 13. Juli warteten. An letztgedachtem Tage sendeten sie Verkaufsrechnung ein, und erst durch die begleitende Zuschrift erhielt Kläger die bestimmte Nachricht, daß der Verkauf zur Ausführung gekommen sei. Daß damals Westenholz Brothers ein dringliches Interesse hatten, sofort vom Entschluß des Klägers benachrichtigt zu werden, war nach vorgedachtem Schreiben, welches dem Kläger am 15: zukam, wiederum nicht anzunehmen. Denn nichts Derartiges war in demselben ausgesprochen, und der Marktbericht lautete, „es sei stille mit allen Getreidesorten und Hafer sei um 3 pence per Quarter gewichen." — Inzwischen hatte Kläger die Westenholz Brothers am 12. Juli — in einem Briefe, welcher sich mit dem der Letzteren v. 13. Juli kreuzte — aufgefordert, darüber, wie sie ihr Verfahren in Betreff des Hafer-Verkaufs rechtfertigen zu können vermeinten, sich zu erklären. Dieses Schreiben, welches Westenholz Brothers am 14. Juli erhielten, blieb von ihnen unbeantwortet bis zum 18. Juli, und dieser neue viertägige Verzug steht von Neuem mit der Auffassung des Bekl. im Widerspruch, daß Kläger seinerseits im Interesse der Westenholz Brothers mit der in Rede stehenden definitiven Erklärung sich zu beeilen gehabt hätte. Auf das Schreiben des Londoner Hauses v. 15. Juli, welches an einem Sonntag (17. Juli) in Hamburg eintraf, konnte ordentlicher Weise erst am Montag, dem 18. Juli geantwortet werden. Wenn Kläger in dem an diesem Tage abgesendeten Schreiben, statt sich nunmehr bestimmt über Genehmigung oder Ablehnung des Verkaufs zu erklären, diese Erklärung bis auf unbestimmte Zeit verschob, und zwar dies, nachdem in Folge des nicht mehr zweifelhaften nahen Kriegsausbruchs die

Getreide- und insbesondere die Hafer-Preise bedeutend gestiegen waren, auch eine fernere Steigerung erwartet werden konnte: so ist hierin eine präjudizirliche Verletzung der Rücksichten zu erblicken, welche zufolge des Obigen vom Kläger den Westenholz Brothers geschuldet wurden.

Daß, wenn Kläger am 18. Juli seine ablehnende Erklärung dem Londoner Hause zugängig gemacht hätte, dieses am 22. Juli durch einen Hafer-Ankauf gegen fernere Nachtheile sich hätten sichern **können**, ist den Umständen nach ohne Bedenken anzunehmen und folglich der Marktpreis dieses Tages als für die Schadenberechnung maaßgebend zu behandeln.

Beklagter hat die Meinung aufgestellt, daß Kläger für die an Westenholz Brothers zu machenden Mittheilungen sich des **Telegraphen** hätte bedienen müssen. Zum Verlassen des **ordentlicher** Weise benutzten Korrespondenz-Modus bestand für den Kläger kein Nöthigungsgrund. Um so weniger, da, wie aus Obigem sich ergiebt, Westenholz Brothers selbst nur brieflich sich äußerten, auch in keiner Weise zu erkennen gaben, daß ihr Interesse eine Beschleunigung der zu machenden Mittheilungen erheische.

Nr. 8.

II. Senat. — Erkenntniß v. 2. Dezbr. 71. (V.)

S. A. Eppenstein ·/. M. Cohn (Nr. 589 v. 71).

Preußen. **Nichtigkeitsbeschwerde.**

Vor-Instanz: Kreisgericht **Königsberg** i. Nm.

Purifizirung eines bedingten Urtels, res iudicata, Stellung des preuß. Nichtigkeitsrichters.

1. Das auf Purifikation eines bedingten Haupterkenntnisses abzielende Nachtragsverfahren (§ 377 AGO I. 10) gewährt keinen Raum für eine Beurtheilung der Sachlage selbst; für den Purifikations-Bescheid ist nur der

dispositive, rechtskräftig gewordene Theil des Erkenntnisses maaßgebend. Der mit der Urtelspurifizirung befaßte Richter verletzt daher die Grundsätze von der Rechtskraft, wenn er bei einer Abweichung des geschwornen Eides von der rechtskräftig festgestellten Norm das Urtel in Gemäßheit der für den Fall der Eidesleistung getroffenen Bestimmung purifizirt, obwohl er, als purifizirender Richter, die Erheblichkeit jener Abweichung der Eidesnorm gar nicht zu beurtheilen hat.

Feste Praxis des preuß. OTr. und des OHG, vgl. Rspr. II S. 160, 343.

2. Der preußische Nichtigkeitsrichter hat, wenn die Verletzung eines (materiellen) Rechtsgrundsatzes gerügt worden, den angegriffenen Entscheidungsgrund in der Richtung, ob darin jene Rechtsverletzung liegt, frei zu prüfen und dem Angriff auch dann Erfolg zu geben, falls die Motivirung des erhobenen Angriffs fehl geht.

Preuß. Verordnung v. 14. Dez. 33 § 4 Nr. 1, Deklaration v. 6. April 39 Art. 8.

So . B. Erk. des OHG v. 4. April 71 in Sachen 125 v 71.

Der auf Berichtigung eines Kaufpreises belangte Beklagte ist durch Erk. v. 11. Mai 69 rechtskräftig zur Zahlung von 88 Thlrn ꝛc. verurtheilt worden, falls Kläger noch schwört,

daß Beklagter die von ihm unterm 22. Mai 67 gekaufte Kahnladung Kartoffeln auch übergeben erhalten hat.

Um Abnahme dieses Eides ersucht, hat das russische Gericht zu Bialystock den jetzt dort wohnenden Kläger (nach der dem betr. Protokoll beigefügten amtlichen Uebersetzung) beschwören lassen,

daß die bei ihm seitens des Bekl. S. A. E. gekaufte Bootladung Kartoffeln dem E. auch übergeben worden ist.

Der preußische Prozeßrichter hat die dem russischen Gerichtsgebrauch entsprechenden Förmlichkeiten der Eidesleistung für genügend angenommen und sachlich den entscheidenden Eid für geleistet erachtet, weil eine wesentliche Abweichung von der rechtskräftig festgestellten Eidesnorm nicht vorliege, namentlich die (aus der Verschiedenheit des deutschen und des russischen Kalenders*) sich erklärende) Weglassung der Zeitbestimmung bedeutungslos sei, da im Prozeß immer nur von einer dem Bekl. durch den Kläger gemachten Kartoffellieferung die Rede gewesen. Dieser Purifikationsbescheid ist, auf NktBschw. des Bekl., vom OHG vernichtet worden aus folgenden

Gründen:

1) Von einer Verletzung des § 102 ALR I. 4 — wonach

> der unter einer aufschiebenden Bedingung Berechtigte die Wirklichkeit des Ereignisses abwarten muß, ehe er das Recht ausüben kann,

kann schon deshalb nicht die Rede sein, weil die angefochtene Entscheidung von der Annahme ausgeht, daß Beklagter durch das Erk. v. 11. Mai 69 nur unter der Bedingung der Ableistung des, darin dem Kläger auferlegten, Eides verurtheilt worden und daß diese Bedingung wirklich eingetreten ist.

2) Ebenso unbegründet erscheint der dem Richter gemachte Vorwurf einer Verletzung der Grundsätze von der Rechtskraft insofern, als er darauf fußt, daß nicht jenes Erkenntniß in Gemäßheit der, in demselben für den Fall der Eidesweigerung enthaltenen, Bestimmung purifizirt, nämlich Kläger abgewiesen worden ist. Denn Kläger hat die Eidesleistung nicht verweigert. Er hat weder erklärt, den Eid in der festgestellten Norm nicht leisten zu können, noch ist er im Termin zur Eidesleistung ausge-

*) Vgl. v. Savigny, System B. IV § 179 am Ende.

blieben. Es liegt nichts, als die Thatsache vor, daß in der beschworenen Eidesnorm die Worte „unterm 22. Mai 67" fehlen. Ueber den Grund davon ergeben die Akten nichts. Keinenfalls konnte daher der Richter das Erk. v. 11. Mai 69 nach Maaßgabe der von demselben für den Fall der Eidesweigerung getroffenen Bestimmung purifiziren; sondern er mußte, wenn er an der Verschiedenheit zwischen der beschworenen und der festgestellten Eidesnorm einen Anstoß nahm oder hätte nehmen sollen, den Eid als geschworen anzusehen, sich der Purifizirung überhaupt enthalten und den Zweifel durch förmliches Erkenntniß erledigen. Diese Obliegenheit ist vom höchsten Gerichtshof Preußens in konstanter Praxis und auch bereits vom unterzeichneten Gerichtshof wiederholt — z. B. durch Urtel v. 2. Mai 71 [Rspr. II S. 160, vgl. daselbst S. 343] — anerkannt, folgt auch aus dem, in der NktBschw. selbst aufgestellten, Grundsatz*) insofern, als dieser, nach seinem wesentlichen Inhalt, das Prinzip ausdrückt: daß, wenn die Leistung eines auferlegten Eides weder verweigert noch in der festgesetzten Norm erfolgt ist, der Fall der Abfassung einer Purifikations-Resolution nicht vorliegt, sondern anderweit in der Sache salvis remediis erkannt werden muß.

3) Kann aber auch dem fraglichen Angriff, aus der Verletzung der Grundsätze von der Rechtskraft, in der Richtung, in welcher er in der NktBschw. erhoben ist, hienach kein Erfolg gegeben werden: so ist derselbe damit noch nicht als beseitigt zu erachten, vielmehr bleibt, wegen seiner materiellen Natur, noch zu prüfen: ob er nicht insofern für begründet angesehen werden muß, als das Erk. v.

*) Die Beschwerdeschrift rügte Verletzung des Rechtsgrundsatzes: „wenn der einer Partei in einem rechtskräftigen Erk. auferlegte Eid von derselben in einer anderen, als der im Erk. festgesetzten, Norm abgeleistet ist, so darf das Erk. nicht durch Resolution so, wie für den Fall der Eidesleistung in demselben festgesetzt worden, purifizirt werden, sondern es muß über die Wirkung der geschehenen Eidesleistung durch förmliches Erk. entschieden werden."

11. Mai 69, trotz der Abweichung der beschworenen Eidesnorm von der festgestellten, zu Gunsten des Eidesleisters purifizirt worden ist; vgl. Urtel v. 4. April 71, in Sachen Koehler c/a Brunner und Sohn, Nr. 125 v. 71*). Zu solcher Prüfung ist zugleich durch den auf Verletzung des obgedachten, in der NktBschw. formulirten Rechtsgrundsatzes gestützten Angriff, da dieser Rechtsgrundsatz auf der Wirkung der res judicata beruht, Veranlassung gegeben. Und in der That führt diese Prüfung zur Vernichtung der Vorentscheidung.

Wie bereits in dem citirten Erk. v. 2. Mai 71 ausgeführt worden, geht die Bestimmung der Purificatoria nur dahin, das voraufgegangene hypothetische Urtel, jenachdem der darin auferlegte Eid geleistet worden ist oder nicht, als nunmehr unbedingtes hinzustellen. Die Purificatoria gewährt daher keinen Raum für die Beurtheilung der Sachlage selbst, also auch, wenn der erkannte Eid in anderer

*) In jener altpreuß. Sache (aus Berlin, vgl. Rspr. II S. 88) hatte Implorant die Verletzung des vom Appellrichter analog angewendeten Art. 113 HGB nur in Verbindung mit der (vom OHG als hinfällig befundenen) Behauptung, daß das Appellurtel die Grundsätze von der res iudicata verletze, gerügt und überdies erklärt, daß die Richtigkeit jener Analogie auf sich beruhen könne. Gleichwohl wurde das Appellurtel vernichtet wegen Verletzung des Art. 113. Denn (so erwog das OHG) zur Substantiirung eines materiellen Angriffs genügt die Bezeichnung des Rechtsprinzips, bzw. Gesetzes, welches verletzt sein soll, und des Entscheidungsgrundes, gegen welchen der Angriff gerichtet wird; Art. 8 der Deklaration v. 6. April 39. In Ansehung des zweiten Erfordernisses, welches allein in gegenwärtigem Falle zu einem Bedenken Anlaß geben kann, muß die Ausführung, welche den angegriffenen Entscheidungsgrund bildet, in der Richtung, ob darin eine Rechtsverletzung liegt, geprüft werden; woraus folgt, daß wenn diese Frage zu bejahen, dem Angriff auch dann Erfolg zu geben ist, falls die ihm in der NktBschw. unterstellten Motive als richtig nicht anerkannt werden können. Implorant beschwert sich nun darüber, daß ihm gegenüber gewissen Judikaten Wirksamkeit beigelegt worden. Dieser Entscheidungsgrund beruht aber wesentlich auf der Annahme des Appellrichters, daß Art. 113 HGB analog zur Anwendung komme. Demgemäß muß auf Grund des Angriffs aus Art. 113 HGB, dessen analoge Anwendbarkeit der Beurtheilung unterworfen werden, obgleich diese vom Imploranten nicht bekämpft ist.

Fassung, als in dem hypothetischen Urtel vorgeschrieben, geleistet worden ist, nicht für die Erwägung und Entscheidung der Frage: ob diese Fassungsänderung nach Lage der Sache für erheblich oder unerheblich zu erachten.

Enthält die beschworene Eidesnorm eine Abweichung, die möglicherweise in Rücksicht auf die für den Fall der Eidesleistung festgesetzten Folgen von Erheblichkeit erscheinen kann: so muß — worauf schon oben hingedeutet ist — der Richter von der Purifizirung Abstand nehmen und, von der Obliegenheit, den Rechtsstreit durch Erlaß der Purifikations-Resolution zu erledigen, sich als entbunden betrachtend, in die Stellung des erkennenden Richters eintreten. Hierin ändert es auch nichts, wenn er selbst das zu purifizirende Erkenntniß erlassen hat und daher in der Lage sich befindet, die Eidesnorm authentisch zu interpretiren. Denn für die Purificatoria ist nur der dispositive, rechtskräftig gewordene Theil des Erkenntnisses maaßgebend. Jede Interpretation desselben erfordert aber ein Zurückgehen auf das zu Grunde liegende Sach- und Rechtsverhältniß. Das Ergebniß hiervon stellt sich als neue Entscheidung in der Sache selbst dar. Dasselbe darf sonach nur in der Form, die seine Anfechtung im Instanzenzuge gestattet, Ausdruck erhalten, das ist in der Form eines anderweiten Erkenntnisses. Die Purificatoria trägt die Bezeichnung und den Charakter einer bloßen Resolution und ist nur mit der Richtigkeitsbeschwerde, also in wesentlich beschränktem Maaße, angreifbar.

Hieraus folgt, daß der, mit Purifizirung eines Urtels befaßte, Richter die Grundsätze von der Rechtskraft verletzt, wenn er, bei einer Abweichung der Norm des geschworenen Eides von der rechtskräftig festgestellten, das Urtel in Gemäßheit der für den Fall der Eidesleistung darin rechtskräftig getroffenen Bestimmung purifizirt, obwohl er, als purifizirender Richter, zu einer

Beurtheilung der Erheblichkeit jener Abweichung der Eidesnorm nicht berufen und befugt ist.

Ein Fall der in Rede stehenden Art liegt hier vor.

Wie bemerkt, fehlen in der vom Kläger beschworenen Eidesformel die Worte „unterm 22. Mai 67." In den „Erwägungsgründen" der angefochtenen Purificatoria wird die Auslassung dieser Worte für unerheblich erklärt, weil es sich in gegenwärtigem Prozeß nur um eine Kahnladung Kartoffeln handle, also ein Zweifel darüber nicht obwalten könne, daß der abgeleistete Eid sich nur auf diese beziehe. Hienach beruht diese Purificatoria nicht blos auf der rechtskräftigen Disposition des zu purifizirenden Urtels, sondern außerdem auf Beurtheilung der Sachlage, nämlich auf Interpretation der Eidesnorm nach Maaßgabe des dem purifizirten Erkenntniß zu Grunde gelegenen Sachverhältnisses. Ueber das Ergebniß hiervon ist Beklagter noch nicht gehört und das Nichtigkeits-Beschwerde-Verfahren bietet ihm keine Gelegenheit zu Erklärung.

Demgemäß wird Beklagter durch die Purifikations-Resolution des Vorderrichters in den, ihm durch die Rechtskraft des purifizirten Erkenntnisses zugesicherten, Rechten verkürzt. Ihm gegenüber verletzt daher die Purificatoria die Grundsätze von den Wirkungen der Rechtskraft richterlicher Entscheidungen und mußte deshalb vernichtet werden. § 4 Nr. 1 der Verordnung v. 14. Dez. 33.

Aus dem Vorbemerkten ergiebt sich zugleich in der Sache selbst, daß dem Richter I. Instanz die Verhandlung und anderweite, förmliche Entscheidung darüber: ob die, von der Ableistung des fraglichen Eides im Erk. v. 11. Mai 69 abhängig gemachte, Verurtheilung, obwohl der Eid nicht in der Fassung, in welcher er auferlegt ist, geleistet worden, auszusprechen oder die nochmalige Eidesabnahme zu veranlassen sei? überwiesen und die Theilung, bzw. Kompensation der Kosten des Nichtigkeits-Beschwerde-Verfahrens bestimmt werden mußte. § 17 der citirten Verordnung.

Nr. 9.

II. Senat. — Erkenntniß v. 2. Dezbr. 71. (B.)

Leon Magis ./. Karl Wüstenfeld (Nr. 656 v. 71).

Preußen. (Hessen-Nassau). **Revision.**

I. Instanz: Kreisgericht Cassel,
II. Instanz: Appellationsgericht daselbst.

Schaden aus Nichtlieferung einer Sache, Konventionalstrafe.

Wer wegen Nichterfüllung eines Vertrages seinem Gläubiger das Interesse zu gewähren schuldig ist, hat gemeinrechtlich den Nachtheil auszugleichen, welchen der Gläubiger nach seinen individuellen Verhältnissen erleidet. Es soll geleistet werden, quod creditoris interest, moram factam non esse.

Dazu gehört auch Ersatz einer vom Gläubiger zu zahlenden Konventionalstrafe.

Windscheid Pandekten § 258 Nr. 2 und n. 12, B. II S. 32.

Mommsen Lehre von der Mora § 25.

Einer Kaufpreisforderung stellt Beklagter Ansprüche aus verspäteter Lieferung entgegen. Er hatte der Bergisch-Märkischen Bahn 100 bedeckte Güterwagen binnen festbestimmter Frist, bei Vermeidung einer Konventionalstrafe von einem Thaler pro Tag und Wagen, zu liefern übernommen und die dazu erforderlichen Bekleidungsbleche beim Kläger bestellt, welcher solche vom 5. März 69 ab in gewissen Wochenraten bis zum 30. Juli zu liefern versprach. Kläger war in der Vertragserfüllung säumig, Beklagter fordert deshalb als Entschädigung 500 Thlr., die er als (herabgeminderte) Konventionalstrafe der genannten Bahn entrichtet haben will.

Der nach gemeinem Recht zu entscheidende Fall fand in den Instanzen eine verschiedene Beurtheilung; das im Wesentlichen bestätigende Revisions-Urtel des OHG gab als

Gründe:

Der vom Revidenten zur Begründung seines ersten Beschwerdepunkts aus L. 21 § 3 Dig. 19, 1 hergeleitete angeblich gemeinrechtliche Grundsatz,

> daß bei versäumter oder verspäteter Lieferung nur der aus der Sache selbst mit Nothwendigkeit sich ergebende Schade (damnum quod circa ipsam rem consistit) ersetzt zu werden braucht, nicht aber der außerhalb der Sache liegende Schade, das damnum extra rem datum,

kann in dem vom Revidenten behaupteten Sinne als richtig nicht anerkannt werden, läßt sich insonderheit durch jene L. 21 nicht begründen. Richtig verstanden, besagt dieselbe nur, daß der verursachte Schade und der entbehrte Gewinn mit der vom Schuldner zu vertretenden Thatsache im Kausalzusammenhang*) stehen müsse. Daß wenn der nöthige Kausalzusammenhang vorhanden ist, der Verzug des Schuldners zum Ersatz einer vom Gläubiger zu zahlenden Konventionalstrafe führt, beweist geradezu die L. 2 § 8 Dig. 13, 4. Es ist dabei nicht einmal als unerläßliche Voraussetzung anzusehen, daß der Schuldner von dem Gläubiger davon in Kenntniß gesetzt werde, daß der Gläubiger bei nicht rechtzeitiger Erfüllung in eine Konventionalstrafe verfällt. Denn das Interesse prästiren, heißt gerade, den Nachtheil ausgleichen, welchen der Gläubiger nach seinen individuellen Verhältnissen erleidet. Es soll geleistet werden, quod creditoris interest, moram factam non esse.

In vorliegendem Falle fehlt es nun an jenem Kausalzusammenhang nicht, zumal zugleich feststeht, daß Kläger

*) Vgl. Rspr. III S. 351 Nr. 3.

von der eventuell den Bekl. treffenden Konventionalstrafe genügend in Kenntniß gesetzt worden.

Im Schreiben v. 18. April 69 verlangt Beklagter vom Kläger umgehend Mittheilung, ob derselbe den eingegangenen Verpflichtungen nachkommen könne und wolle oder nicht, da letzteren Falles Kläger gezwungen sei, andere Hilfe in Anspruch zu nehmen, denn er müsse unbedingt rechtzeitig abliefern oder Konventionalstrafe zahlen. Kläger hat darauf im Schreiben v. 23. April und auf die später erneuten Erinnerungen des Bekl. Lieferung versprochen. Kläger war daher mit den Folgen etwaiger Verzögerungen der versprochenen Lieferungen genügend bekannt gemacht, und wenn ihm auch bei Eingehung des Vertrages mit dem Bekl. wegen Lieferung der Bekleidungsbleche noch nicht mitgetheilt wäre, welche Folgen eine Verzögerung der Lieferung haben würde: so ist er damit doch zu einer Zeit bekannt gemacht, als es noch möglich war, die Lieferung zu bewirken und die angedeuteten Folgen zu vermeiden. Er hat dagegen keinen Widerspruch erhoben, insbesondere nicht die Erfüllung unter dieser Warnung geweigert — wie ihm doch freigestellt war —, vielmehr die versprochene Erfüllung zugesagt. Es muß daher auch angenommen werden, daß er jenen angedeuteten Folgen eines Verzuges sich unterworfen hat. Zwar ist in jenem Schreiben vom 18. April nicht angegeben, wozu die Bleche verwendet werden sollten, an wen Beklagter die angedeutete Ablieferung zu bewirken habe und in welcher Höhe eine Konventionalstrafe zu entrichten sei; theils kommt es darauf indeß nicht wesentlich an, theils aber war es Schuld des Klägers, wenn er sich — was vielleicht von Erheblichkeit — über die Höhe der zu zahlenden Konventionalstrafe keine Auskunft erbat, vielmehr sich den Folgen ohne Rücksicht auf den Betrag der Strafe unterwarf. Diese Folge — die Konventionalstrafe — traf zunächst freilich blos den Beklagten, sodann aber auch den Kläger, insofern Letzterem im erwähnten Schreiben v. 18. April die Strafe als der Nachtheil angedeutet wurde, welchen seine Schuld für Beklagten nach sich ziehen würde.

Kläger kann sich gegen diesen Ersatzanspruch auch durch den Einwand nicht schützen, daß Beklagter, — wie er im Schreiben v. 18. April und dann am 6. Juli andeutet — Blech anderweitig auf Kosten des Klägers sich anschaffen werde, dieses auch theilweise gethan habe; denn es läßt sich nicht vermuthen, ist auch vom Kläger bestimmt nicht, einmal behauptet, daß Beklagter überhaupt im Stande war, so große Quantitäten verschiedener Bleche und sofort anderswoher anzuschaffen.

An sich erscheint somit der Anspruch des Bekl. auf Ersatz der Konventionalstrafe, die er wegen verspäteter Ablieferung der Güterwagen hat bezahlen müssen, insofern letztere durch die verzögerte Lieferung der Bekleidungsbleche seitens des Klägers herbeigeführt worden ist, wohlbegründet, und kommt es somit nur noch auf den Nachweis des Kausalzusammenhangs an zwischen der zugestandenen verzögerten Lieferung der Bekleidungsbleche seitens des Klägers an Beklagten und der verspäteten Anfertigung und Ablieferung der Güterwagen seitens des Bekl. an die Eisenbahn. Erstere ist zugestanden. Es sollte v. 5. März 69 ab allwöchentlich $^1/_2$ Wagenladung Blech abgesendet werden, so daß bis zum August die ganze Lieferung bewirkt sein mußte, es sind die letzten Lieferungen aber erst im Oktober und November erfolgt. Daß Beklagter die Anfertigung von 100 bedeckten Güterwagen in 4 Terminen (am 18. Juli, August, September, Oktober) bei Vermeidung der erwähnten Konventionalstrafe übernommen, aber die Termine — namentlich die beiden letzten — nicht eingehalten und in eine Strafe von 500 Thlr. verfallen ist, soll durch Relateid des Bekl. festgestellt werden.

Nicht mit Unrecht monirt dagegen Kläger in der Revisionsschrift, daß damit der Kausalzusammenhang zwischen jener Verspätung und der Konventionalstrafe noch nicht vollständig nachgewiesen wird. Zwar kommt es, wie oben schon ausgeführt worden, nicht wesentlich darauf an, ob dem Kläger schon bei Abschluß des Vertrages bekannt gemacht ist, daß die Bleche zur Bekleidung der Güterwagen bestimmt waren; es genügte die ausdrückliche Mittheilung, daß Beklagter rechtzeitig abliefern, andernfalls Konventionalstrafe zahlen müsse — insbesondere mit Rücksicht auf die Eigenschaft des Bekl. als Fabrikanten.

Letzterer hatte aber auch behauptet, daß die der Eisenbahn zu liefernden Güterwagen 4 Wochen vor den stipulirten Ablieferungsterminen — bis auf die Bekleidung mit dem vom Kläger zu liefernden Blech — fertig gewesen. Kläger hat den ihm hierüber zugeschobenen Eid dem Bekl. zurückgegeben. Die Thatsache ist, selbst nach der eigenen Ansicht des Bekl., erheblich, denn wären die Wagen nicht rechtzeitig soweit fertig gewesen, dann würde noch keineswegs anzunehmen sein, daß der Mangel an Bekleidungsblechen Ursache der verspäteten Ablieferung der Wagen gewesen, zumal Beklagter selbst angiebt, daß die Bekleidung — anscheinend der letzte wesentliche Theil — etwa 4 Wochen in Anspruch nimmt*) . . .

Dagegen findet die weitere Ansicht des Revidenten in den Gesetzen keinen Anhalt, daß Beklagter sich wegen Bezahlung der Konventionalstrafe von der Eisenbahn noch erst hätte verklagen lassen müssen, und ebenso unbegründet ist die Behauptung, daß Beklagter seines Schadenanspruchs verlustig gegangen, weil er die Beträge für die aus diesem Geschäft gelieferten Bleche bezahlt habe. Erstlich ergiebt sich nicht, daß die betr. Lieferungen bezahlt sind . . .

*) Demgemäß ist die Norm des vom Bekl. zu leistenden Eides vom OHG verbessernd bestimmt worden.

Sodann aber ist nicht ersichtlich, weshalb Beklagter durch die Bezahlung seines Anspruchs auf Schadenersatz wegen verspäteter Lieferung verlustig gegangen sein sollte. Eine Entsagung läßt sich aus der Zahlung allein noch nicht schließen. Es war daher das Appell-Erkenntniß in der Hauptsache zu bestätigen und nur bezüglich des Eides in der angedeuteten Beziehung zu ändern.

Nr. 10.

II. Senat. — Erkenntniß v. 2. Dezbr. 71. (Ref.)

Cron ./. Kolb (Nr. 709 v. 71).

Preußen. Wechselsache. Revision.

I. Instanz: Kreisgericht Wiesbaden,
II. Instanz: Appellationsgericht daselbst.

Klage des Indossatars, Einwand bloßer Procura.

Auf Klage des durch volles (auch Blanco-) Indossament legitimirten Wechselgläubigers ist im Wechselverfahren die Einrede, daß bei Begebung des Wechsels an den Kläger nur ein Procuragiro beabsichtigt worden sei, schlechthin unstatthaft.

DWO Art. 10, 12, 17, 82.
Rspr. I S. 99 ff., 264; II S. 219 Nr. 3, 373.

Auf Grund eines Blancogiros des Remittenten beansprucht Kläger vom Aussteller eines Eigenwechsels die verschriebene Summe. Beklagter wendete u. A. ein, die Girirung des Wechsels an den Kläger sei nur zum Schein und zu dem zwischen demselben und dem Remittenten verabredeten Zweck erfolgt, um dem Bekl. die Geltendmachung von Einreden abzuschneiden. In II. Instanz wurde noch bestimmt behauptet, es sei nur ein Indossament zur Einkassirung beabsichtigt worden.

Diese Einrede ward in I. Instanz verworfen, der Appellrichter aber erkannte auf den bezüglichen Schiedseid.

Auf Revision des Klägers hat das OHG das I. Erk. hergestellt, und zwar

in Erwägung:

daß die Einrede der Simulation, daß nämlich nur ein Procura-Indossament beabsichtigt worden, im Wechselverfahren schlechthin unstatthaft ist [vgl. die oben angezogenen Entscheidungen], daß die [streitige] Einrede ... in sofern völlig unsubstantiirt ist, als nicht ersichtlich ist, welche Einreden dem Bekl. hätten abgeschnitten werden sollen, da Beklagter — außer den im Prozeß geltend gemachten, theils berücksichtigten, theils von den Vorrichtern verworfenen Einreden — gar keine anderen Einreden geltend gemacht hat, welche er dem Remittenten gegenüber noch hätte vorschützen können, und welche ihm durch das Indossament hätten entzogen werden sollen, daß es daher dem vom Appellrichter erkannten Eide an einer genügenden thatsächlichen Unterlage fehlt.

Nr. 11.

I. Senat. — Erkenntniß v. 5. Dezbr. 71. (B.)

Gebr. Guttmann ./. Theodor Kloß & Co. und W. Fischer (Nr. 523 v. 71).

Preußen. **Nichtigkeitsbeschwerde.**

I. Instanz: Kreisgericht Posen,
II. Instanz: Appellationsgericht daselbst.

Mandatsüberschreitung. Haftung des Machtgebers.

Wenn ein Bevollmächtigter quantitativ mehr zu leisten verspricht, als der ihm ertheilte Auftrag gestattet: so ist, falls die Leistung theilbar, der Machtgeber soweit gebunden, wie der Auftrag reicht.

ALR Th. I Tit. 13 § 85, 90.
§ 8 Inst. 3, 26; L. 3 § 2, 4 L. 33 Dig. 17, 1.
Vgl. HGB Art. 52, 55, 363, 364 Abs. 1, 369 Abs. 3.

Als Agent der Beklagten hat der Adcitat Fischer an Klägerin fest verschlossen: „5 Faß Sprit Oktoberabladung 1869 zu 36 Thlrn. pro Faß, 5 Faß Novemberabladung zu 35 Thlrn. und 5 Faß Dezemberabladung zu 35 Thlrn." Beklagte will dieses Geschäft als sie verbindend nicht anerkennen, weil Fischer nur Auftrag und Ermächtigung gehabt, zehn Faß zu offeriren und abzugeben.

Klägerin beansprucht Lieferung von 10 Faß (5 Oktober-Abladung und 5 Novemberabladung) und dringt damit in II. Instanz durch, indem nicht angenommen wurde, daß sie über die gesammten 15 Faß als Ganzes kontrahirt habe. Die NktBschw. der Bekl. ward zurückgewiesen.

Gründe:

Der Appellrichter führt aus, Fischer sei befugt gewesen, zehn Faß Sprit zum Verkauf zu offeriren, und mehr als 10 Faß fordere Klägerin nicht. Habe Fischer 15 Faß an die Klägerin verschlossen, so folge daraus nur, daß Beklagte an den Verkauf nicht gebunden sei, soweit dieser über 10 Faß hinausgehe; eine Ungiltigkeit des ganzen Geschäfts sei daraus nicht herzuleiten, der Verkauf von 10 Faß sei innerhalb der Grenzen des Auftrags erfolgt, mithin dem Willen der Bekl. gemäß, zumal Letztere nicht behaupten könne, daß die Lieferung von nur 10 Faß sie benachtheilige.

Hierdurch soll der Appellrichter ... [Rechtsgrundsätze verletzt haben, weil eine auch nur quantitative Ueberschreitung der Vollmacht die Folge habe, daß der Auftraggeber gegen Dritte nicht verpflichtet werde ...

Die angefochtene Entscheidung steht aber mit den Grundsätzen sowohl des preuß. bürgerlichen Rechts, wie des Handelsrechts in vollem Einklang.

§ 90 ALR I. 13 bestimmt:

„Soweit der Bevollmächtigte die Grenzen seines Auftrags überschreitet, wird der Machtgeber durch seine Handlungen dem Dritten in der Regel nicht verpflichtet.

Die in dieser Gesetzesstelle selbst (unter Allegation der §§ 51, 67 a. a. O.) angedeuteten Ausnahmen betreffen den nicht hierher gehörigen Fall, daß der Machtgeber sich den Vortheil aus dem auftragswidrig geschlossenen Geschäft zuwendet; vgl. auch § 144 daselbst. Andere Ausnahmen bestehen zu Gunsten des Dritten, welcher den beschränkten Auftrag nicht kannte, noch zu kennen brauchte; § 91 ff. Auch diese Ausnahmen kommen hier nicht in Betracht, da Fischer als bloßer Agent der Beklagten zum Abschluß von Kaufgeschäften nur insoweit ermächtigt war, als sein Auftrag reichte*), und Dritte keinen Grund hatten, einen weitergehenden Auftrag vorauszusetzen.

Anlangend dagegen die Regel, so läßt freilich der Ausdruck „Soweit" die doppelte Auslegung zu: „insofern" und „insoweit". Bei der ersten Auslegung würde jede Ueberschreitung der Vollmacht die Verpflichtung des Machtgebers ganz ausschließen, bei der zweiten Auslegung würde der Machtgeber trotz Ueberschreitung des Auftrags insoweit gebunden sein, als der Auftrag reicht, vorausgesetzt, daß solche Theilung durch die Natur des Geschäfts oder seines Objekts nicht ausgeschlossen ist und keinerlei Interesse des Machtgebers durch die Theilung verletzt wird. Entspricht die erste Auffassung (so z. B. Gaius III. 161; L. 3 § 2 Dig. 17, 1) einer anscheinend streng logischen Behandlung des Auftrags: so spricht für die zweite, mildere Auffassung nicht allein das Wort „soweit", welches auf die Möglichkeit einer quantitativen Beschränkung des Geschäfts hindeutet, sondern auch die Natur des Mandats als eines nach Treue und Glauben zu behandelnden Vertrages. Das rechtliche Interesse des Machtgebers geht nur dahin, daß er über

*) Vgl. Rspr. II S. 207, 341.

seinen erklärten Willen hinaus quantitativ und qualitativ nicht gebunden sei, weder dem Beauftragten noch dem dritten Kontrahenten; keineswegs aber dahin, daß sein Wille innerhalb der erklärten Grenzen nicht zu Verwirklichung gelange. Der anscheinenden Logik der ersten Auffassung wird mit richtigerer Logik entgegnet, daß soweit der Auftrag reicht, die Handlung des Mandatars auftragsgemäß, somit nicht die ganze Handlung auftragswidrig (contra mandatum) sei, sondern nur theilweise außerhalb des Mandats (praeter mandatum) liege. So wird nach der im späteren römischen Recht durchgedrungenen Auffassung entschieden, daß der Mandatar, welcher statt (wie beauftragt) zu 100 für 150 gekauft, oder statt auf 100 sich auf 150 verbürgt hat, allerdings 100 vom Mandanten ersetzt verlangen darf,

§ 8 Inst. 3, 26; L. 3 § 2, 4, L. 33 Dig. 17, 1; L. 22 Cod. 8, 41;

und umgekehrt, daß wer zu 150 verkaufen soll, giltig zu 100 verkauft, sofern er die Differenz von 50 aus eigener Tasche dem Mandanten zahlt,

Paulus Receptae sententiae II. 15 § 3; L. 5 § 3, 4; vgl. L. 22 pr., L. 10 § 10 Dig. 17, 1;

endlich daß der Machtgeber, sofern der Mandatar mit dem Willen des Machtgebers in dessen Namen gehandelt hat, dem dritten Kontrahenten mindestens insoweit verpflichtet wird, als er dem Mandatar gegenüber gebunden ist,

L. 7 pr. Dig. 14, 1: non debere in solidum adversus dominum navis actionem dari;

Glück, Pandektenkommentar XV S. 279 ff.

In diesem Sinne ist auch im § 90 ALR I. 13 der Ausdruck „soweit" zu verstehen.

C. F. Koch Lehrbuch des preuß. Privatrechts II § 657 n. 7 und Komm. zum ALR I. 13 § 150, vgl. Förster Theorie und Praxis des preuß. Privatrechts II § 141 n. 132,

womit auch die Vorschriften des HGB hinsichtlich des Kommissionsgeschäfts (Art. 363, 364 Abs. 1, Art. 369 Abs. 3) übereinstimmen.

Den hier und in den römischen Quellen ausdrücklich entschiedenen Fällen steht aber der vorliegende rechtlich vollkommen gleich. Ob der Mandant, dessen Auftrag auf Zahlung von 100 geht, 100 leisten muß, obwohl der Mandatar 150 versprochen hat, oder ob der Mandant, dessen Auftrag auf Verkauf von 10 Faß geht, diese 10 Faß leisten muß, obwohl der Mandatar 15 Faß verkauft hat, macht juristisch keinen Unterschied. Für den Mandanten ist es völlig irrelevant, ob der Mandatar 10 oder 15 Faß verkauft hat, sofern er nur 10 Faß zu leisten hat, und es kümmert ihn nicht, ob der Mandatar die übrigen 5 Faß selber leistet oder etwa das Geschäft über dieselben rückgängig gemacht hat. Endlich tritt hinzu, und schon dieser Grund für sich wäre durchschlagend, daß in vorliegendem Falle der Mandatar verschiedene Geschäfte für verschiedene Zeiten und Preise geschlossen hat, und selbstverständlich die Wirksamkeit des einen Geschäfts durch die Unwirksamkeit des anderen nicht beeinträchtigt wird. Von den drei mit der Klägerin durch Fischer fest abgeschlossenen Geschäften über je 5 Faß Sprit . . . sind die beiden ersten [über Oktoberabladung und Novemberabladung] auftragsgemäß, und der Mandant ist nicht befugt, dem dritten Kontrahenten eine Einheit der verschiedenen Geschäfte wider dessen Willen aufzudrängen.

Dieser Auffassung stehen auch die Art. 298, 52, 55 HGB nicht entgegen, sondern nach Wortlaut und Entstehungsgeschichte zur Seite; wie schon daraus sich ergiebt, daß entgegengesetzten Falles das Gesetzbuch in der Lehre vom Kommissionsgeschäft ohne zwingenden Grund andere Prinzipien befolgen würde, als in der Lehre von Auftrag und Vollmacht. Der hier zunächst maaßgebende Art. 298 verweist hinsichtlich der Folgen einer Vollmachtsüberschreitung auf Art. 55. Dieser hatte in erster und zweiter Lesung der Nürnberger Konferenz die Fassung erhalten:

> ein Handlungsbevollmächtigter, welcher bei Abschluß eines Geschäfts seine Vollmacht überschreitet, ist insoweit dem Dritten persönlich nach Handelsrecht verpflichtet" — (Art. 53 erster, Art. 54 zweiter Lesung; vgl. Art. 45 des preuß. Entwurfs).

Damit sollte gesagt werden, daß das Geschäft, insoweit es dem Auftrage entspreche, gegen den Machtgeber wirke.

> Prot. der Nürnberger Konferenz S. 78, 83 (Antrag D) 84, 92, 959—963, 975, 1322, 1331 und Note der Redaktionskommission zu Art. 53 erster Lesung.

Gegen diese Fassung hatte Schliemann (kritische Bemerkungen zum Entwurf eines DHGB, Schwerin 1858 S. 27 ff.; vgl. auch Goldschmidt, Gutachten über den Entwurf eines DHGB S. 40) das gewichtige Bedenken erhoben, es werde dadurch anscheinend eine Theilung der Obligatio herbeigeführt, indem der Mandatar wider seinen Willen vom Mandanten, oder je nach Umständen vom dritten Kontrahenten gezwungen werden könne, denjenigen Theil des Geschäfts zu übernehmen, welcher dem Auftrage nicht entspreche, somit der Mandant befugt sei, sich theilweise an den dritten Kontrahenten, theilweise an den Mandatar und der dritte Kontrahent befugt sei, sich theilweise an den Mandanten, theilweise an den Mandatar zu halten. Das auf Grund dieser Bedenken zur dritten Lesung gestellte Monitum 82 (von Mecklenburg), welches eine Revision des Art. verlangte, veranlaßte die Streichung des Wortes „insoweit.“ Es wurde geltend gemacht: die Absicht der Konferenz sei nicht dahin gegangen, schlechthin eine Theilung der Obligation in der Weise eintreten zu lassen, daß der dritte Kontrahent, soweit das Geschäft der Vollmacht entspreche, den Prinzipal, und soweit es derselben nicht entspreche, den Bevollmächtigten im Anspruch nehmen dürfe; vielmehr sei dabei die Theilbarkeit des Rechtsgeschäfts vorausgesetzt worden. Es sei gewiß die Meinung der Versammlung gewesen, die Frage, wann der Mandant das Geschäft theilweise gegen den Willen des Mandatars genehmigen könne, bzw. (was damit identisch sei) wann der Dritte theilweise das Geschäft gegen den Mandanten und theilweise gegen den Mandatar geltend machen könne, der Beurtheilung nach allgemeinen Grundsätzen zu überlassen. Nach allgemeinen Grundsätzen aber komme es darauf an, ob nur ein Geschäft vorliege, oder ob in dem Geschäft eigentlich mehrere Geschäfte enthalten seien. In ersterem Falle sei eine Theilung unzulässig, im zweiten Falle zulässig. Kaufe der Mandatar, welcher nur 6 Stück kaufen sollte, 12 Stück: so sei eine Theilung zulässig, sofern nicht die Waare nur dutzendweise verkäuflich gewesen. Habe der Mandatar das Preislimitum beim Einkauf überschritten, so sei eine Theilung ohne Konsens des Mandatars unstatthaft. Alle Bedenken seien gehoben, wenn man einfach das Wort „insoweit“ streiche; Prot. S. 4662, 4663.

Während sonach die Konferenz die Frage offen lassen wollte, inwiefern gegen den Willen des Mandatars oder des Dritten eine Theilung der Obligatio statthaft sei, nahm sie doch als durchaus selbstverständlich an, was auch Schliemann ausführlich entwickelt: daß falls mehr verkauft ist, als verkauft werden sollte (oder zu geringerem Preise als aufgetragen war), der Dritte das Geschäft insoweit aufrecht erhalten kann, daß er in das geringere auftragsgemäße Quantum (bzw. den Preis) konsentirt, und daß der Mandatar das ganze Geschäft aufrecht erhalten kann, indem er dem Dritten (bzw. dem Mandanten) die Differenz ersetzt; sowie umgekehrt, daß wenn zu höherem Preise eingekauft ist, als beauftragt war, der Mandant von dem Dritten Erfüllung annehmen muß, sofern der Dritte oder der Mandatar die Differenz vergütet. Nur in diesem Sinne war, wie auch der Referent der Nürnberger Kommission in seiner „Darstellung des Verhältnisses der Erinnerungen 2c. zu den bisherigen Verhandlungen bei der Konferenz" S. 16 bemerkt, der Ausdruck „insoweit" von der Konferenz verstanden, und durch die Streichung des Wortes hat man diesen Punkt keineswegs in Frage stellen wollen.

Vgl. auch v. Hahn, Komm. zu Art. 55 § 6.
Anschütz und v. Völderndorff, Komm. I. S. 408, 409.
(Nürnberger) Sammlung handelsgerichtlicher Entsch. B. II S. 157.

Nr. 12.

I. Senat. — Erkenntniß v. 5. Dez. 71. (B. Ref.)

Vorschußverein zu Herborn ./. Wittwe Thielmann (Nr. 574 v. 71).

Preußen. **Revision.**

I. Instanz: Kreisgericht Dillenburg,
II. Instanz: Appellationsgericht Wiesbaden.

Rechtsmittel im preuß. Prozeß. Deutschrechtliche Genossenschaften. Expromission ohne Zuthun des Schuldners.

1) Das Rechtsmittel der Revision steht, wenn dem Streitgegenstand nach überhaupt zulässig, nur derjenigen Partei zu, zu deren Nachtheil die erstrichterliche Entscheidung vom Appellrichter abgeändert worden ist.

Preuß. Verordnung v. 14. Dez. 33 § 21;
preuß. Verordnung v. 24. Juni 67 § 59 Nr. 2.

Feste Praxis des OHG, vgl. Erk. des I. Sen. v. 15. März 72, unten S. 73.

2. Nach dem gemeinen, im ehemaligen Herzogthum Nassau geltenden Recht können Vorschuß- und Kredit-Vereine mit Solidarhaft der Genossen sich als (nicht eingetragene) Genossenschaft unter einem Gesammtnamen konstituiren und dann als Gesammtheit unter dem Genossenschaftsnamen, vertreten durch ihre statutenmäßigen Organe, vor Gericht und sonst auftreten.

Stobbe, Deutsches Privatrecht I S. 414.
Vgl. Rspr. III S. 385.

3. Wechsel mit Kündigungsklausel; vgl. Rspr. II S. 286 ff.

4. Fall einer nur auf Jahresfrist geleisteten, dann der Erneuerung bedürfenden Bürgschaft, erledigt durch Eintreten eines neuen Bürgen.

5) Der Schuldner wird (wie durch Zahlung oder Angabe an Zahlungs Statt von Seiten eines Dritten) auch durch Novation (sogen. Expromission) eines Dritten, selbst ohne sein Wissen, liberirt, sofern nur die betreffende Leistung, bzw. das Versprechen in der Absicht geschieht und vom Gläubiger angenommen wird, dadurch die ursprüngliche Schuld zu tilgen.

L. 23, 91 Dig. 46, 3; L. 8 § 5 Dig. 46, 2.

Dem J. Heinrich Thielmann war vom Vorschußverein zu Herborn ein Kredit in laufender Rechnung bewilligt worden, nachdem für denselben der Bürgermeister J. Georg Thielmann unterm 1. Januar 67 durch ein Wechselaccept über 3210 Gulden und weiter am 2. Januar 68 durch einen Bürgschein bis auf einen gewissen Betrag sich verbürgt hatte. Aus beiden Urkunden wird jetzt die Wittwe des Bürgen, als Leibzüchterin seines Nachlasses, auf Zahlung von 3500 Gulden nebst Zinsen belangt.

In den ersten beiden Instanzen wurde die Wechselklage abgewiesen und nur die Klage aus dem Bürgschein zugelassen. Dem Betrage nach verurtheilte, für den Fall einer Eidesleistung des Klägers, der I. Richter die Bekl. zu einer geringen Summe, der Appellrichter aber zu 3000 Gulden nebst Zinsen. Eine Wiederklage auf Herausgabe des Wechsels und des Bürgscheins, deren Echtheit Beklagte bestritten hatte, wurde in beiden Instanzen abgewiesen. Auf Anrufen beider Theile erkannte das OHG als Revisionsrichter auf gänzliche Abweisung des klagenden Vorschußvereins, hinsichtlich der Wiederklage aber bestätigend.

Gründe:

I. Beklagte hat die Nichtigkeitsbeschwerde und „jedes zuläßige Rechtsmittel" angezeigt und das Rechtsmittel als Revision event. als Nichtigkeitsbeschwerde gerechtfertigt. Da die Revision zuläßig erscheint, so ist das Rechtsmittel durchweg, auch hinsichtlich der an sich nicht revisiblen Theile des Appellurtels als Revision zu behandeln, da die insoweit statthafte Nichtigkeitsbeschwerde durch die Revision absorbirt wird.

[preuß.] Verordnung v. 24. Juni 67 § 59, 79, 82; Urtel des O.App.Ger. zu Berlin v. 15. Oktbr. 69 (Fenner und Mecke, Civilrechtliche Entscheidungen der obersten Gerichtshöfe Preußens B. I S. 55).

Kläger hat die Revision und die Nichtigkeitbeschwerde eingelegt, zugleich aber dem Rechtsmittel der Bekl. adhärirt. Diese Adhäsivbeschwerde ist statthaft.

Verordnung v. 24. Juni 67 § 48 Abs. 2, vgl. Nassauische Civilprozeßordnung v. 23. April 22 § 111.

Rspr. I S. 271 ff.

Ungeachtet daher das als Revision bezeichnete selbständige Rechtsmittel des Klägers unstatthaft erscheint, da das zweite Erkenntniß lediglich zu Gunsten des Klägers von dem ersten abweicht*),

Verordnung v. 24. Juni 67 § 59 Nr. 2:

so zieht doch die Revision der Beklagten sowohl die Adhäsivbeschwerde wie die statthafte Nichtigkeitsbeschwerde des Klägers nach sich, der Art, daß die Rechtsmittel beider Theile als das das ganze Streitobjekt umfassende Rechtsmittel der Revision zu behandeln sind.

Verordnung v. 24. Juni 67 § 79.

II. In der Sache selbst war zunächst die Sachlegitimation des Klägers, bzw. der für denselben auftretenden drei Vorstandsmitglieder, und die Prozeßlegitimation des klägerischen Anwalts zu prüfen.

Letzterer hat eine Prozeßvollmacht produzirt, unterzeichnet:

„Der Vorstand des Vorschußvereins zu Herborn.
Fr. D. Treupel, E. Ströhmann, W. Remy,
Vorsitzender. Kassenmeister. Schriftführer."

und ein Attest des Bürgermeister-Stellvertreters von Herborn, dahin lautend:

Es wird bescheinigt, daß die Herren 1) Fr. D. Treupel, 2) Ehrhardt Ströhmann, 3) Wilhelm Remy, alle dahier, den Vorstand des hiesigen Vorschußvereins bilden und nach den Statuten berechtigt sind, den Verein in allen seinen Rechtssachen zu vertreten und Andere zu bevollmächtigen.

* Ebenso sagt der II. Senat des OHG im Erk. v. 20. Jan. 72 (in S. Meyer ·/. Zwicker, Nr. 778 v. 71): Beklagter — welcher in I. Instanz pure nach dem Klageantrage verurtheilt ist und in II. Instanz auf seine Appellation insofern ein günstigeres Urtel erlangt hat, als die Entscheidung noch von einem den Klägern aufgelegten Delateid abhängig gemacht ist — will mittelst der zunächst eingelegten Revision ein noch günstigeres Urtel, nämlich die gänzliche Abweisung der Klage erwirken. Für solchen Fall ist aber das Rechtsmittel der Revision nicht gegeben; dieses steht nach § 59 der preuß. Verordnung v. 24. Juni 67 nur derjenigen Partei zu, zu deren Nachtheil ein günstigeres Urtel I. Instanz in der Appellinstanz abgeändert ist, und welche in III. Instanz diese ihr nachtheilige Abänderung wieder rückgängig machen will.

Beklagte hat bereits in der Klagebeantwortung den Einwand der mangelnden Legitimation erhoben, weil der Vorschußverein zu Herborn nicht eine eingetragene Genossenschaft, das Attest des Bürgermeister-Stellvertreters von Herborn aber rechtlich bedeutungslos sei, nämlich außerhalb der Kompetenz des Bürgermeisters liegend und eventuell andere als bei ihm zu vermuthende und vorhandene Rechtskenntnisse erheischend. In zweiter und gegenwärtiger Instanz hat sie diesen, von den Vorderrichtern verworfenen Einwand, unter Berufung auf § 8 der Prozeßnovelle v. 15. März 69 (Ges.-Sammlung S. 485 ff.) wiederholt . . .

Zunächst nun ist dem Appellrichter darin beizutreten, daß die im ehemaligen Herzogthum Nassau bestehenden auch nicht eingetragenen Genossenschaften befugt sind, als Genossenschaften vor Gericht aufzutreten und sich daselbst durch ihre statutenmäßigen Vorsteher vertreten zu lassen. Das preußische Gesetz, betreffend die privatrechtliche Stellung der Erwerbs- und Wirthschaftsgenossenschaften v. 27. März 67, eingeführt im ehemaligen Herzogthum Nassau durch kgl. Verordnung v. 12. August 67 (Ges.-Sammlung Nr. 88), läßt die Rechtsstellung aller derjenigen Gesellschaften, welche von der Befugniß der Eintragung in das Genossenschaftsregister keinen Gebrauch machen, völlig unberührt, und das an dessen Stelle getretene Gesetz des norddeutschen Bundes v. 4. Juli 68 (Bd.-Ges.-Bl. S. 415 ff.) bestimmt § 71 Abs. 2 ausdrücklich:

> Auf nicht eingetragene Genossenschaften kommen die Bestimmungen dieses Gesetzes nicht zur Anwendung.

Hieraus darf aber nicht gefolgert werden, weder daß uneingetragene Genossenschaften, welche nicht unter die vom HGB genannten Kategorien der Handelsgesellschaften fallen, rechtlich gar nicht existiren, noch auch nur, daß sie des Rechts entbehren, als Gesammtheit unter dem Genossenschaftsnamen ohne Nennung der einzelnen Mitglieder, vertreten durch ihr statutenmäßiges Organ, vor Gericht und sonst aufzutreten. Denn wollte man auch Bedenken tragen, derartigen Genossenschaften (Vorschuß- und Kredit-Vereinen mit Solidarhaft der Genossen), in Ermangelung besonderer Staatsgenehmigung, den Charakter korporativer Vereine mit solidarischer Verbürgung der einzelnen Genossenschafter für die Vereinsschulden zuzugestehen: so ist doch nach gemeinem, im ehemaligen Herzogthum Nassau geltendem Recht auch außerhalb des Handelsverkehrs die Vergesellschaftung unter einem Gesammtnamen durchaus statthaft, und es darf unter diesem Gesammtnamen die Gesellschaft, das heißt die Gesammtheit der Mitglieder, im Verkehr und vor Gericht nicht allein unmittelbar, sondern auch vertreten durch einen Vorstand, Ausschuß oder anderweitigen Bevollmächtigten auftreten. Im Gebiet des App.Ger. Wiesbaden besteht hierfür hinsichtlich der sogenannten Kredit- und Vorschußvereine eine, auch von den Vorderrichtern bezeugte, konstante Gerichtspraxis*).

Ztschr. für HR VII S. 585, XI S. 608, XV S. 279 ff.
Stobbe Handbuch des Deutschen Privatrechts I S. 414.

Nun bestimmt § 15 der „Satzung des Vorschuß-Vereins zu Herborn, revidirt am 6. März 64":

„Der Vorsitzende, Kassenmeister und Schriftführer bilden zusammen den Vereinsvorstand ... Außerdem ist jedes Vorstandsmitglied für sich allein ermächtigt, Namens und in Vollmacht des Vereins Klagen anzustellen, sich auf solche einzulassen ... und zu allen diesen Handlungen einen Dritten zu bevollmächtigen."

Die „Berechtigung" des Vereinsvorstands zur Klageerhebung für den Vorschußverein und zur Ertheilung einer Prozeßvollmacht unterliegt hienach keinem Zweifel und be-

* Vgl. Rspr. III S. 385 ff.

durfte der Attestirung des Bürgermeister-Stellvertreters zu Herborn nicht; nur das konnte thatsächlich in Frage stehen, ob die als „Vorstand“ nämlich als „Vorsitzender“, „Kassenmeister“ und „Schriftführer“ unter der Prozeßvollmacht bezeichneten Personen diese Funktionen bekleiden, und ob dieselben die Prozeßvollmacht wirklich unterzeichnet haben. Letzteres aber ist von der Bekl. gar nicht in Abrede gestellt worden, so wenig es vom Bürgermeister-Stellvertreter zu Herborn bezeugt ist. Zur Anwendung des § 8 der Prozeßnovelle v. 15. März 69 (Ges.-Sammlung S. 485 ff.), welche vorschreibt, daß auf Verlangen des Gegners der Rechtsanwalt die Unterschrift seines Vollmachtgebers auf der Prozeßvollmacht durch eine öffentliche Urkunde darlege, ist hienach in vorliegendem Falle kein Raum, und darf somit dahingestellt bleiben, ob das Attest eines Bürgermeisters im Gebiet des ehemaligen Herzogthums Nassau als „öffentliche“ Urkunde im Sinne der Prozeßnovelle erachtet werden darf.

Vgl. übrigens preuß. Verordnung über die Gerichtsverfassung im Herzogthum Nassau v. 26. Juni 67 § 3 (Ges.-Sammlung S. 1094) und

Stenographische Berichte über die Verhandlungen des Hauses der Abgeordneten, Sitzung v. 25. Febr. 69 (S. 1907, 1910).

Anlangend hingegen die erste Frage, so unterliegt die Glaubwürdigkeit eines von der Ortsbehörde darüber ausgestellten Zeugnisses, daß gewisse Personen den „Vorstand“ eines Vereins bilden, nämlich diejenigen Funktionen bekleiden, welche nach den Statuten des Vereins die Eigenschaft von Vorstandsmitgliedern verleihen, keinerlei Bedenken . . .

Demgemäß ist die Sachlegitimation des Klägers und die Prozeßlegitimation des klägerischen Anwalts für erbracht anzusehen. Gleichwohl mußte auf die Adhäsivbeschwerde und die als Revision zu behandelnde Nichtigkeitsbeschwerde des Klägers das Appellurtel bestätigt, auf die Revision der Bekl. hingegen das letztere und auf deren Appellation gegen das I. Urtel dieses dahin abgeändert werden, daß Kläger mit seinem ganzen Anspruch abgewiesen wurde, wohingegen es hinsichtlich der Wiederklage bei dem Appellurtel zu belassen war.

III. Von den beiden Klagefundamenten ist das angebliche Wechselaccept des J. G. Thielmann — gesetzt auf einen Wechsel, welcher dahin lautet:

„Am 1. Januar 1868 oder 30 Tage nach Kündigung zahlen Sie ꝛc." —

aus den vom OHG in Sachen des Vorschußvereins zu Herborn wider Theodor und Gustav Thielmann, Urtel v. 6. Juni 71, ausführlich dargelegten Gründen,

[Rspr. II S. 286 ff].

hinfällig, und bedarf es einer nochmaligen Prüfung der... für die gegentheilige Annahme angeführten Argumente nicht.

IV. Das zweite Klagefundament bildet folgender, angeblich von dem verstorbenen Ehemann der Bekl. ausgestellter Bürgschein:

„Der Unterzeichnete übernimmt hiermit unter solidarischer Haftbarkeit für den Herrn J. Heinrich Thielmann von Bicken die Bürgschaft für einen Kredit in laufender Rechnung von dreitausend Gulden, bis zur gänzlichen Rückzahlung der innerhalb obiger Summe aus der Vereinskasse entnommenen Gelder nebst Zinsen, Gebühren und Kosten.

Herborn, 2. Januar 68."

Einer Prüfung des ganzen umfassenden Streitmaterials (dessen verschiedenartige Beurtheilung zu wesentlich abweichenden Erkenntnissen der beiden Vorinstanzen geführt hat) bedurfte es nicht, da der von den Vorderrichtern verworfene, aber, wie Beklagte mit Recht bemerkt, nicht gehörig gewürdigte Einwand, daß die Verpflichtung der Bekl. aus dem Bürgschein erloschen sei, durchgreift und zur völligen Abweisung der Klage führt.

Zunächst kann es keinem Zweifel unterliegen, daß bei Ausstellung des Bürgscheins v. 2. Januar 68 die Intention sowohl des Ausstellers, Bürgermeisters J. G. Thielmann, wie des Vorstands des Vorschußvereins dahin gerichtet war, es solle die Bürgschaft mit Ablauf des Jahres 68 erneuert werden, d. h. es solle, sofern der Verein es verlange, der Hauptschuldner einen neuen Bürgen stellen, widrigenfalls ihm der Kredit gekündigt würde; natürlich konnte der neue Bürge auch der alte sein, sofern dieser und der Verein damit einverstanden waren. Dies ergiebt sich u. a. . . . aus § 29 der Satzung des Vorschußvereins zu Herborn, revidirt am 6. März 64:

> „Hinsichtlich der Rückzahlungsfristen werden die Vorschüsse nicht auf länger als ein Halbjahr bewilligt . . . Diese Rückzahlungsfristen können nur mit Zustimmung des Bürgen mehrmals auf dieselbe Zeit, indessen nie weiter, als daß der Vorschuß im Ganzen sechs Monate aussteht, verlängert werden. Vorschüsse in laufender Rechnung werden auf die Dauer Eines Jahres bewilligt."

Somit beginnt mit Ablauf eines Jahres eine neue Kreditperiode, und es folgt hieraus anscheinend, daß der dem Schuldner belassene Vorschuß den rechtlichen Charakter eines neuen Vorschusses trägt, demgemäß die für die frühere Kreditperiode geleistete Bürgschaft sich nicht auch auf die neue Kreditperiode überträgt, vielmehr bei Nichterneuerung von selber mit Ablauf des Jahres erlischt oder daß doch mindestens der alte Bürge ein Recht auf Erneuerung der Bürgschaft hat. Indessen haben in ähnlichen Fällen die nassauischen Gerichte und das kgl.

O.App.Ger. zu Berlin die entsprechende Bestimmung der Statuten dahin aufgefaßt, daß sie nur eine Instruktion der Vereinsbeamten enthalte, nur das Verhältniß zwischen Verein und Hauptschuldner berühre und dem Bürgen nicht zu Statten komme,

Ztschr. für HR B. XI S. 608, B. XV S. 279 ff., und es kann diese Frage um so mehr auf sich beruhen, als in vorliegendem Falle in der That eine Erneuerung der Bürgschaft durch einen Dritten (Theodor Thielmann) stattgefunden hat. Es ist daher auch unerheblich, ob bei Eingehung der Bürgschaft J. G. Thielmann mit dem dazu ermächtigten Kassenmeister Ströhmann ausdrücklich übereingekommen ist, daß mit Ablauf des Jahres 1868 die Bürgschaft erneuert werden solle . . .

Denn indem — wie die Beweisaufnahme und die Umstände ergeben — einerseits Theodor Thielmann am 1. Januar 69 den Wechsel seines Vaters, J. Heinrich Thielmann, in der dem Vorschußverein klar erkennbaren, wenn auch vielleicht nicht ausgesprochenen Absicht mitunterzeichnet hat, dadurch für seinen Vater statt des bisherigen Bürgen die Bürgschaft für die Contocurrentschuld seines Vaters zu übernehmen, der Art, daß diese Mitunterzeichnung den Bürgschein des Ehemanns der Beklagten ersetzen sollte, andererseits der Vorschußverein bzw. dessen Ausschuß diesen Wechsel annahm, mit dem Vereinsstempel versah und eine anderweitige Erneuerung der Bürgschaft nicht begehrte, hat er an Stelle des J. Georg Thielmann den Theodor Thielmann zum Bürgen für die bestehende Contocurrentschuld des Heinrich Thielmann angenommen*. Einer Mitwirkung des ursprünglichen Bürgen bzw. der Beklagten oder auch nur deren . . . nicht einmal üblicher Benachrichtigung hat es zu diesem Zweck nicht bedurft, ebensowenig als der gleichfalls nach Aussage der Zeugen nicht üblichen Rück-

* Vgl. Rspr. II S. 291 ff.

gabe der älteren Bürgscheine. Denn wie durch Zahlung und Angabe an Zahlungsstatt eines Dritten, so wird auch durch Novation (sogen. Expromission) eines Dritten der Schuldner sogar ohne sein Wissen liberirt, sofern nur die Leistung bzw. das Versprechen in der Absicht geschieht und angenommen wird, dadurch die ursprüngliche Schuld zu tilgen.

Pr. Inst. 3, 29;
L. 23, 91 Dig. 46, 3;
L. 8 § 5 Dig. 46, 2;
L. 39 Dig. 3, 5.
Vgl. L. 40, 53 Dig. 40, 2; L. 19 § 4 Dig. 39, 5.

V. Was hingegen die Widerklage auf Herausgabe des Wechsels v. 1. Januar 67 und des Bürgscheins v. 2. Januar 68 anlangt, so war dieselbe mit den Vorderrichtern abzuweisen, da Beklagte die Echtheit beider Urkunden bestritten hat, und daß dieselben von dem verstorbenen Ehemann der Bekl. herrühren, bisher nicht oder doch nicht vollständig dargethan ist, ein Recht auf Herausgabe aber wegen Ungiltigkeit des Wechsels und wegen Erlöschens der Bürgschaft der Beklagten nur in dem Falle zukäme, wenn diese Urkunden von ihrem verstorbenen Ehemann wirklich ausgestellt wären.

Nachtrag.

In der Wiesbadener Wechselsache G. W. Siegfried ·/. J. Rosenthal (Nr. 168 v. 71) hat der I. Senat des OHG das vom Kläger ergriffene Rechtsmittel der Revision durch Erk. v. 15. März 72 „als unzulässig" zurückgewiesen aus folgenden

Gründen:

Im § 59 Nr. 2 der Verordnung v. 24. Juni 67 (Ges.-Sammlung S. 901) ist fast — wörtlich übereinstimmend mit § 2 der [preuß.] Verordnung über das Rechtsmittel der Revision und Nichtigkeitsbeschwerde v. 14. Dez. 33 — vorgeschrieben, daß bei lediglich das Vermögen betreffenden Prozessen die Revision nur dann zulässig ist, wenn die beiden ersten Erkenntnisse ganz oder zum Theil verschiedenen Inhalts sind und zugleich der dieser Verschiedenheit unterliegende Gegenstand der Beschwerde fünf Hundert Thaler beträgt. Es wird also vorausgesetzt, daß das anzufechtende zweite Urtel dem Revidenten bezüglich eines solchen Betrages ungünstiger ist als das erste. In vorliegendem Falle ist aber Beklagter in I. Instanz pure nach dem Klageantrage verurtheilt, in II. Instanz dagegen nur unter dem Vorbehalt, wenn Kläger einen ihm auferlegten Eid leistet, für dessen Nichtleistungsfall Kläger abgewiesen ist. Insoweit ist also dem Bekl. das II. Urtel günstiger als das erste; es steht ihm also nicht die Revision, sondern nur die Nichtigkeitsbeschwerde zu, welche letztere in vorliegendem Fall nicht eingelegt ist.*

Nun schreibt zwar § 44 der Verordnung v. 24. Juni 67 vor: daß es bei der Anmeldung des Rechtsmittels auf den Namen, womit dasselbe bezeichnet wird, nicht ankommt. Die Vorschriften § 49 ff. a. a. O. ergeben aber für die Appellation, daß und wie dieses Rechtsmittel eingeführt werden muß, die diesfälligen Vorschriften finden nach § 61 a. a. O. auch für die Revision statt, und für Wechselsachen schreibt § 87 Nr. 5 vor: daß die Appellation in der für die Appellationsrechtfertigung vorgeschriebenen Form eingereicht werden muß, und dieselben Vorschriften hinsichts der Form, in welcher die Erklärungen anzubringen sind, sollen nach § 87 Nr. 6 a. a. O. auch für die Revision eintreten. Demgemäß kann, falls nur die Revision ausdrücklich angemeldet und eingeführt ist, die Nichtigkeitsbeschwerde nicht für eingeführt gelten.

* Vgl Rspr. II S. 234.

Wollte man aber auch, hiervon absehend, die Anfechtungsschrift als Nichtigkeitsbeschwerde betrachten: so wäre das Rechtsmittel gleichwohl zu verwerfen, da in dem Schriftsatz weder ein Rechtsgrundsatz als durch unterlassene oder unrichtige Anwendung, noch eine wesentliche Prozeßvorschrift als verletzt bezeichnet wird. § 63 a. a. O. [Vgl. Deklaration v. 6. April 39 Art. 8].

Nr. 13.

II. Senat. — Erkenntniß v. 6. Dezbr. 71. (B.)

Schmiedel ./. Uhlmann (Nr. 654 v. 71.)

Königreich Sachsen. **Weitere Berufung.**

I. Instanz: Gerichtsamt Chemnitz,
II. Instanz: Appellationsgericht Zwickau.

Zuständigkeit des OHG. Bäcker als Kaufmann.

1. Das Oberhandelsgericht hat, wenn ihm die Sache nicht durch den obersten Landesgerichtshof gemäß § 21 des Reichsgesetzes v. 12. Juni 69 überwiesen worden ist, seine Zuständigkeit von Amts wegen zu prüfen.

Gesetz v. 12. Juni 69 § 12, 17, 18.
Vgl. Rspr. I S. 19.

2. Ein Bäckermeister, welcher Mehl zur Verwendung in seinem Geschäfte ankauft, macht ein Handelsgeschäft und ist in Bezug auf dasselbe als Kaufmann anzusehen.

HGB Art. 4, 271 Nr. 1, 273.

In einer sächsischen Sache vom OHG angenommen aus folgenden

Gründen:

Die Zuständigkeit des OHG in der vorliegenden Sache ist, da nach den kgl. sächsischen Prozeßgesetzen das Rechtsmittel nicht bei dem obersten Landesgerichtshofe instruirt ist und ein Beschluß desselben nach § 21 des Bd.-Ges. v. 12. Juni 69 nicht vorliegt, von Amts wegen zu prüfen, kann aber nach § 12 und 13 Nr. 1 dieses Gesetzes einem

Zweifel nicht unterliegen. Denn Kläger macht einen Anspruch für Mehl geltend, welches Beklagter zum Verbacken in dem von ihm als Bäckermeister betriebenen Geschäfte und mithin zum Zweck der Weiterveräußerung gekauft haben soll, also aus einem Kauf, welcher nach Art. 271 Nr. 1 HGB ein Handelsgeschäft sein würde. In Bezug auf solche Mehlankäufe für das von ihm betriebene Bäckereigeschäft ist Beklagter aber nach Art. 4 HGB als Kaufmann anzusehen, da er dieselben offenbar gewerbsmäßig betreibt; wobei es unerheblich ist, ob die vom Bekl. betriebene Bäckerei und der Verkauf von Brod und sonstigen Backwaaren über den Umfang des Handwerksbetriebs hinausgeht oder solche Weiterveräußerungen seitens des Bekl. nach Art. 273 Abs. 3 HGB nicht als Handelsgeschäfte zu betrachten sein würden. Die entgegengesetzte Ansicht der I. Instanz und die auf Grund derselben, ohne daß Kläger dawider remedirt hatte, erfolgte Ablehnung des in I. Instanz gestellten klägerischen Antrags, die Akten zum Verspruch an das Handelsgericht abzugeben, kann hiergegen nicht in Betracht kommen.

Nr. 14.

I. Senat. — Erkenntniß v. 8. Dezbr. 71. (Ref.)

Meyer ·/. Röder (Nr. 661 v. 71).

Königreich Sachsen. **Weitere Berufung.**

I. Instanz: Handelsgericht im Bezirksgericht Leipzig,
II. Instanz: Appellationsgericht daselbst.

Haftung des Prinzipals für den Gehilfen.

Wenn bei Bestellung eines Werks nach dem Vertragswillen der Betheiligten die Tüchtigkeit und bewährte Sorgfalt des Uebernehmers bestimmend gewesen, so darf (nach den im Handelsverkehr geltenden Gewohnheiten) angenommen werden, daß der Uebernehmer bei Herstellung des

Werks persönlich (sei es auch nur durch sorgfältige Ueberwachung seiner Gehilfen) mitzuwirken und für seine zur Ausführung des Werks benutzten Arbeitsorgane Garantie zu leisten sich verpflichte. In solchem Falle genügt der Uebernehmer seiner Vertragspflicht nicht durch Auswahl eines geeigneten Gehilfen.

HGB Art. 278, 279.
Kgl. sächs. bürgerl. GB § 1243 ff.

Beklagter hatte den Druck gewisser Landkarten übernommen und dazu von dem jetzt klagenden Besteller einen gravirten Stein erhalten. Der Stein zersprang in des Bekl. Druckerei, angeblich unter den Händen des mit einem Umdruck beauftragten Faktors. Auf die Schadenersatzklage erkannte das Handelsgericht, daß Kläger die Höhe des geforderten Schaden nachzuweisen habe, dem Bekl. aber die Ausführung der Einrede freistehe, daß der Stein durch Zufall (wegen einer äußerlich nicht sofort wahrnehmbaren Unebenheit) zersprungen sei. Der Appellrichter gestattete dem Bekl. außerdem den Nachweis, daß der Stein bei einem vom Druckereifaktor bewirkten Umdruck zersprungen sei und von diesem Faktor (nach früheren ähnlichen Arbeiten) eine sorgfältige Ausführung des Druckgeschäfts zu erwarten gewesen sei.

Auf Berufung des Klägers hat das OHG das erstrichterliche Erk. hergestellt.

Gründe:

Der Entscheidung des Appellgerichts liegt die Rechtsauffassung zu Grunde, daß der Uebernehmer eines Werks im Sinne des § 1243 des kgl. sächs. bürgerl. GB für den Schaden, welchen seine Gehilfen bei Ausrichtung des Werks angerichtet haben, nicht schlechthin, sondern nur dann hafte, wenn ihm persönlich eine Verschuldung zur Last falle. Diese Auffassung berührt eine Frage, die sowohl nach gemeinem wie nach sächsischem Recht kontrovers ist (vgl. Goldschmidt Ztschr. B. 16 S. 287 ff. und Wochenblatt für merkwürdige Rechtsfälle, 1871 S. 165 ff.*).

Von einem tieferen Eingehen auf diese Rechtsfrage kann jedoch hier abgesehen werden. Denn selbst wenn man mit den vorigen Richtern die unbedingte Haftpflicht des Prinzipals für seine Gehilfen grundsätzlich verneint, greift diese Haftpflicht unbestrittener Maaßen doch dann Platz, wenn der Uebernehmer persönliche Mitwirkung bei Herstellung des Werks versprochen und die Garantie für seine Gehilfen übernommen hat (vgl. Goldschmidt a. a. O. S. 298 ff., 320, 324). Auch die II. Instanz verkennt den Eintritt der Haftpflicht in Fällen der zuletzt erwähnten Art nicht, sie giebt demselben jedoch in der praktischen Anwendung eine zu enge Bedeutung. Nicht der Wortlaut ausdrücklicher Stipulationen ist dabei entscheidend, sondern der aus den begleitenden Umständen unter Berücksichtigung der Verkehrssitte (Art. 279 HGB) zu entnehmende Vertragswille der Betheiligten. Es kommt hienach im Einzelfalle alles darauf an, worin die Intention bestanden, welcher nach den im Handelsverkehr geltenden Gewohnheiten der Besteller durch Uebertragung des Werks, der Uebernehmer durch Annahme der Bestellung Ausdruck gegeben hat. Als unbestreitbar darf angesehen werden, daß der Besteller häufig, ohne sich darüber besonders auszusprechen, nur mit Rücksicht auf die besondere Arbeitstüchtigkeit und bewährte Sorgfalt des Uebernehmers diesen mit der Ausführung des Werks betraut. Die Richtung dieses Vertragswillens wird regelmäßig aus der Art der Bestellung und der Natur der zu bewirkenden Leistung erkennbar. Wo aber diese Voraussetzung zutrifft, erwartet der Besteller vom Uebernehmer bei Eingehung des Vertrages offenbar ein Mehreres, als die bloße Auswahl eines geeigneten Gehilfen. Er er-

* Vgl. Rspr. II S. 40.

wartet, und zwar mit vollem Recht, eine eigene Mitwirkung des Prinzipals, mag dieselbe auch nach den — im Allgemeinen geltenden, von dem einzelnen Besteller nicht zu ignorirenden — Anforderungen fabrikmäßiger Arbeitstheilung nur in sorgfältiger Ueberwachung der beigezogenen Gehilfen sich äußern. Durch vorbehaltlose Uebernahme einer derartigen Bestellung giebt der Prinzipal thatsächlich die Zusage besonderer Aufsichtsführung über die Arbeitsleistung, bzw. sorgsamster Obhut über das zu diesem Zweck anvertraute Gut, — wodurch er zwar nicht schlechthin jede Gefahr, wohl aber die Verpflichtung zur Anwendung aller, wenn auch an sich außergewöhnlicher Maßregeln zur Abwendung einer Beschädigung übernimmt (Goldschmidt a. a. O. S. 324 ff.). Er übernimmt aber dadurch zugleich mit innerer Nothwendigkeit die Gewähr für die Verschuldung seiner Leute innerhalb der Grenzen der Werkausführung (Goldschmidt a. a. O.), dies um so gewisser, als überhaupt hier die Gehilfen nicht als wirkliche Substituten des Werkübernehmers, sondern nur als Arbeitsorgane — gleich physischen Werkzeugen — dazu bestimmt, ohne Eintritt in den Vertragsnexus die Vertragserfüllung des Prinzipals anzubahnen — zu betrachten sind. So offenbar auch in gegenwärtigem Falle. Beklagter ist seiner eigenen Angabe zufolge Inhaber eines umfassenden gewerblichen Etablissements. Kläger hat ihm den Druck von Landkarten übertragen. Bei dem Umdruck eines dem Bekl. zu diesem Behuf übergebenen Steins ist dieser zersprungen, nach des Bekl. Angabe unter den Händen des von ihm zugezogenen, bewährten Arbeitsgehilfen. Ob Letzteren persönlich ein Verschulden dabei trifft, ist zweifelhaft und hängt von dem Ergebniß des in I. Instanz erkannten Beweises ab. Trifft ihn aber — wie bis zum Beweise des Gegentheils anzunehmen, — ein solches Verschulden, so hat es zweifellos Beklagter zu vertreten. Mit Recht hat die

I. Instanz darauf hingewiesen, daß die in Frage stehende Werkausrichtung besondere Gewissenhaftigkeit, Sachkenntniß und Sorgfalt voraussetzte, und es daher offenbar ein in des Bekl. persönliche Eigenschaften — seine Kenntniß und Umsicht — gesetztes Vertrauen gewesen, welches den Kläger zur Uebertragung des Kartendrucks veranlaßt hat. Die Besonderheit dieser Werkbestellung erscheint nach den angegebenen Verhältnissen als so selbstverständlich, daß es eines besonderen Hinweises des Klägers darauf beim Vertragsabschluß nicht bedurfte. Dem in des Bekl. persönliche Eigenschaften gesetzten Vertrauen hatte folglich dieser, sofern er einen Gehilfen zuzog, durch sachgemäße Ueberwachung der von demselben besorgten Arbeit zu entsprechen. Was der Gehilfe versah, konnte Beklagter voraussetzlich und mußte es nach dem zu vermuthenden Vertragswillen der Betheiligten abwehren. Geschah dies nicht, so liegt liquid vor, daß er entweder vertragswidrig die Ueberwachung unterlassen — und dies scheint nach seiner eigener Angabe in der That der Fall gewesen zu sein —, oder daß dieselbe, was im Erfolg gleich, eine mangelhafte gewesen ist. Aber nicht allein deshalb, weil Beklagter verpflichtet war, die beschädigende Handlung durch Anwendung erforderlicher Aufmerksamkeit in der Ueberwachung abzuwenden, haftet er für die neglecta des Gehilfen, sondern auch . . . deshalb, weil die angegebenen Thatumstände nach den obigen Ausführungen mit zulänglicher Bestimmtheit den übereinstimmenden Willen der Betheiligten manifestiren, daß Beklagter die Garantie für seine zur Ausführung des übertragenen Werks benutzten Arbeitsorgane zu übernehmen hatte, eine Garantie, der sich Beklagter einseitig nicht wieder entschlagen konnte.

Dieser, durch die Verkehrsverhältnisse gebotenen Auffassung gegenüber vermag sich Beklagter nicht, wie die II. Instanz meint, von der Vertretung des durch das Zerbrechen des Steins dem Kläger zugefügten Schaden durch den Nachweis der Thatsache zu liberiren, daß ihn, den Bekl., in der Wahl des Gehilfen, bei dessen aktuellem Eingreifen der Schade stattgefunden, persönlich eine Verschuldung nicht treffe. Das hierauf gestützte exceptivische Vorbringen des Bekl. erscheint nach Obigem offenbar irrelevant. Der diesfalls in II. Instanz erkannte Exceptionsbeweis war demnach zu beseitigen.

Nr. 15.

II. Senat. — Erkenntniß v. 9. Dezbr. 71. (B.)

Baron J. J. Huppmann-Valbella ./. Friedländer, in Firma: La Ferme (Nr 595 v. 71).

Preußen. **Revision.**

I. Instanz: Stadtgericht Berlin,
II. Instanz: Kammergericht daselbst.

Klage wegen unbefugten Gebrauchs einer Firma.

1. Art. 27 HGB verleiht sowohl ein Recht auf Inhibirung der fernerweiten Führung einer unbefugten Firma, als auch ein Recht auf Schadenersatz wegen der bisherigen Führung dieser Firma. Die Ausübung des ersteren Rechts setzt weder unbedingt voraus, daß Kläger einen Vermögensschaden geltend macht oder überhaupt erlitten hat, noch daß er dieselbe Firma führt oder zu führen beabsichtigt, wohl aber, daß er durch den unbefugten Firmagebrauch des Gegners in seinen Rechten wirklich verletzt worden ist. Letztere Rechtsverletzung kann, abgesehen von einer Vermögensschädigung, nur ein Verbietungsrecht zum Gegenstand haben, welchem Anspruch nunmehr eine Klagbarkeit nach handelsrechtlichen Prinzipien verliehen ist.

HGB Art. 1, 27.

2. Als Gebrauch einer Handelsfirma (im Sinne des

Art. 27 HGB) ist es nicht anzusehen, wenn Waaren mit der Firma eines Anderen bezeichnet oder dergleichen Etiquetten verwendet werden.

Vgl. Rspr. I S. 85.

3. **Bei eingetragenen Handelsfirmen entscheidet der Wortlaut der Eintragung über die Firma und diese ist als ein untrennbares Ganze anzusehen. Der Firmeninhaber kann daraus, daß er im Geschäftsverkehr thatsächlich anders sich nennt oder firmirt, kein Recht herleiten, auch die in solcher Weise veränderte Firma zu führen.**

HGB Art. 15, 25, 26, 27.

Diese Grundsätze hat das OHG in einer Berliner Revisionssache, bei Darlegung des Sachverhalts, ausgesprochen in folgenden

Entscheidungsgründen:

Beklagter treibt seit dem Juni 69 zu Berlin ein Cigarettenfabrikations- und Verkaufs-Geschäft unter der Firma „Laferme", signirt auch demgemäß seine Fabrikate. Kläger behauptet, daß er seit längerer Zeit (sowohl in Petersburg, Moskau und Warschau, als auch in Dresden) die Cigarettenfabrikation unter ebenderselben Firma betreibe und gleichfalls seine Waaren mit der Etiquette „Laferme" in den Handel bringe. Es ist jedoch sein Antrag: eine von ihm in Berlin gegründete Zweigniederlassung unter dem Namen „Laferme" in das Handelsregister des dortigen Stadtgerichts einzutragen, von diesem mittelst Verfügung v. 22. März 70 deshalb zurückgewiesen worden, weil die Firma „Laferme" bereits für den Beklagten im Handelsregister vermerkt stehe.

Der deshalb erhobene Klageanspruch (soweit er nicht schon in I. Instanz rechtskräftig zurückgewiesen ist) geht dahin

den Bekl. zu verurtheilen: die Firma „Laferme" nicht fernerweit zu führen und deren Löschung zu bewirken.

Auf Art. 27 HGB sich berufend, hat Kläger zur Begründung dieses Antrages unter Beweis gestellt:

1) daß die Firma „Laferme" für ihn im Firmenregister des Handelsgerichts Dresden eingetragen sei und von ihm thatsächlich bei seinem Geschäftsbetrieb im In- und Auslande geführt worden,

2) daß Beklagter zum Gebrauch dieser Firma keine Befugniß habe und nur durch Simulationen die Eintragung der Firma zu erschleichen gewußt.

Zu 2 haben beide Vorderrichter den Beweis für vollständig geführt erklärt. Zu 1 dagegen hat der Appellrichter, im Widerspruch mit dem Richter I. Instanz, auf Grund des erhobenen Urkunden-Beweises angenommen, daß Kläger „thatsächlich — nicht nur inhalts der im Handelsregister zu Dresden erfolgten Firma-Eintragung, sondern auch inhalts seiner eigenen, dieser Eintragung zu Grunde liegenden Erklärungen v. 15. Nov. 62 und 8. Juni 63 — als seine Geschäftsfirma keineswegs blos die Bezeichnung „Laferme," sondern die Bezeichnung „J. Huppmann, Firma LaFerme" führt, welche letztere sich auf den ersten Blick von ersterer unterscheide."

Auf dieser Annahme beruht die Abänderung des I. Urtels und die gänzliche Zurückweisung der Klage in II. Instanz.

Dagegen macht Kläger jetzt hauptsächlich geltend, daß, da Beklagter zur Führung der Firma „Laferme" nicht befugt sei und dennoch sich bei seiner Korrespondenz, sowie bei Signirung seiner Waaren dieser Firma bediene, hierdurch aber dem Kläger beträchtlichen Schaden zufüge, es gar nicht darauf ankomme, ob die vom Kläger geführte Firma mit dieser Firma identisch sei.

Hierin kann jedoch dem Kläger, nach Lage der Sache und bei richtiger Auffassung des Gesetzes, nicht beigetreten werden.

Art. 27 HGB verordnet im Absatz 1:

Wer durch unbefugten Gebrauch einer Firma in seinen Rechten verletzt ist, kann den Unberechtigten auf Unterlassung der weiteren Führung der Firma und auf Schadenersatz belangen.

Die Rechtsverletzung, durch welche die Anwendbarkeit dieses Gesetzes bedingt ist, braucht nicht nothwendig das Vermögen zu betreffen.

Vgl. v. Hahn Komm. zu Art. 27 § 1, B. I S. 78, 79; Anschütz und v. Völderndorff Komm. S. 210, Nr. 2.

Denn es wird vom Gesetz unbestimmt gelassen, worin die Verletzung bestehen müsse. Namentlich also ist es nicht nothwendig, daß die Nichtbefugniß zum Gebrauch der Firma darin ihren Grund hat, daß dieselbe Firma von demjenigen, welcher sich auf das Gesetz beruft, befugter Weise geführt wird, oder daß von ihm die Führung dieser Firma beabsichtigt wird.

Im preußischen Entwurf Art. 28 (Absatz 1 und 2) lautete die Vorschrift:

Wer sich einer Firma bedient, welche ihm nicht zusteht, ist nach den gesetzlichen Bestimmungen über die Führung eines falschen Namens zu bestrafen.

Auch kann gegen denselben vom Handelsgericht auf den Antrag eines Jeden, welcher dadurch in seinen Rechten verletzt worden ist, auf Untersagung der weiteren Führung der Firma und auf Schadenersatz erkannt werden.

Die Nürnberger Berathungs-Protokolle — welche nur mit wenigen Worten sich über diesen Gesetzes-Vorschlag auslassen (Prot. 42 ff., 923 ff.) — enthalten keine Andeutung dafür, daß die Legitimation zur Ausübung des in demselben gewährten Rechts durch die Fassungsänderung, zu welcher die Berathung geführt, hat eingeschränkt werden sollen.

Hienach muß Art. 27 HGB — indem er sowohl ein Recht auf Inhibirung der fernerweiten Führung einer unbefugten Firma, als auch ein Recht auf Schadenersatz wegen der bisherigen Führung dieser Firma verleiht — dahin aufgefaßt werden, daß wenn der Kläger vom Recht auf Schadenersatz keinen Gebrauch machen kann oder will, ihm doch die Ausübung des erstgedachten Rechts zusteht, und daß er dabei einen Beweis, Schaden erlitten zu haben, nicht anzutreten braucht. Immerhin aber gehört es zu den unbedingten Voraussetzungen der Anwendung des Gesetzes, daß Provokant durch den unbefugten Firma-Gebrauch des Anderen in seinen Rechten wirklich verletzt worden. Und solche Rechtsverletzung kann, wenn sie keinen Vermögens-Schaden zur Folge gehabt hat, nur ein Verbietungsrecht zum Gegenstand haben; sie setzt daher einen Anspruch darauf voraus, daß der Andere sich der von ihm gebrauchten Firma nicht ferner bediene. In diesem Falle kann die rechtliche Bedeutung der fraglichen Bestimmung nur darin gefunden werden, daß dieselbe einem derartigen Anspruch Klagbarkeit, und zwar nach handelsrechtlichen Prinzipien, verleiht.

Nun ist zwar in vorliegender Klage behauptet: Kläger leide dadurch, daß Beklagter die Firma Laferme führe, sowohl insofern, als schlechte Fabrikate unter dieser Firma verbreitet würden und dadurch das Renomme des Klägers erschüttert werde, als auch dadurch Schaden, daß Kauflustige, welche die Fabrikate des Klägers begehrten, die des Beklagten erwürben. Kläger hat jedoch hiefür keine Beweismittel angegeben. — Im Revisionsbericht hebt er besonders hervor: Beklagter beute die Firma Laferme in einer Weise aus, welche zur Verwechselung seiner Waaren und Fabrikate mit den vom Kläger herrührenden führe, indem derselbe die Cigarretten-Verpackung des Klägers in Schachteln und Päckchen täuschend nachahme; auf den

Etiquetten die Adressen: „Petersburg, Moskau, Odessa und Warschau" als seine Verkaufsplätze bezeichne, sogar den russischen Adler und die dem Kläger verliehenen Medaillen nachmache. Kläger selbst erkennt zwar zugleich ausdrücklich an, daß diese Bezeichnung der Waaren und Etiquetten nicht im Civilprozeß gerügt werden könne. Wenn er aber trotzdem auf das gerügte Verfahren des Bekl. um deshalb, weil daraus hervorgehe, daß ihn die Führung der Firma Laferme durch den Bekl. in hohem Grade beeinträchtige und beschädige, Gewicht gelegt wissen will: so verkennt er, daß eben deswegen das fragliche Verfahren nicht im Civilprozeß (Art. 27 HGB) gerügt werden kann, weil in ihm kein Firma-Gebrauch liegt.

Vgl. Prot. S. 924 am Ende; Anschütz und v. Völderndorff Komm. I S. 208, Nr. 1; v. Hahn Komm. I S. 60 § 16; Schilling das Handelsgesetzbuch, S. 7, Note 2; Krug Schutz der Fabriken- und Waarenzeichen; Goldschmidt Ztschr. B. X S. 608; Klostermann das geistige Eigenthum II S. 389 ff.; Endemann DHR § 19 S. 98 ff.; Erk. des Handels-App.-Ger. Nürnberg v. 15. März 66 in Busch's Archiv IX S. 297; Erk. des Handelsger. Elberfeld v. 29. Juni 64 und des App.-Ger. Köln v. 30. Nov. 64, daselbst VI S. 18 und Central-Organ, Neue Folge I S. 560; Zusammenstellung von Judikaten S. 220 ebendaselbst. — Vgl. auch Erk. des OHG v. 29. Novbr. 70 [Rspr. I S. 84 ff.].

Ein durch solches Verfahren entstandener Schade steht daher nicht in dem, vom Art. 27 ausdrücklich erforderten, Kausalzusammenhang mit dem unbefugten Gebrauch der Firma.

Wenn endlich Kläger seine Beschädigung daraus herleitet, daß sein Antrag: die von ihm zu Berlin errichtete

Zweigniederlassung in das dortige Handelsregister unter der Firma Laferme einzutragen, deshalb abgelehnt worden ist, weil in diesem Handelsregister die gedachte Firma bereits für den Beklagten vermerkt steht: so kann dem Kläger zwar zugegeben werden, daß es in dieser Rücksicht eines besonderen Schaden-Nachweises zur Begründung seines Anspruchs (auf Verurtheilung des Bekl. zur Unterlassung des ferneren Gebrauchs der Firma Laferme und auf Löschungsbewirkung der letzteren) nicht bedarf; in der fraglichen Schadenzufügung ist aber nur dann eine Rechtsverletzung zu erblicken, wenn Kläger seinerseits ein Recht auf die Firma Laferme hat. Daß die Verletzung eines anderen, als des angeblichen Firma-Rechts des Klägers, dadurch, daß Beklagter die Eintragung der oftenwähnten Firma erschlichen haben soll, und daß zufolge dieser Eintragung der Kläger verhindert worden, für sich die Firma einregistriren zu lassen, herbeigeführt worden, ist nicht indizirt. Wird also auch dem Appellrichter in der Annahme beigetreten, daß die Nichtbefugniß des Bekl. zum Gebrauch der fraglichen Firma für erwiesen zu erachten: so ist doch, nach den vorausgeschickten Erwägungen, zugleich anzunehmen, daß dem Kläger der Beweis seiner Befugniß zur Führung dieser Firma oblag, um seinen Klageanspruch — insoweit derselbe noch im Streit befangen ist — als begründet darzuthun.

Demgemäß kommt es allerdings auf Prüfung des bezüglichen Beweisresultats an.

Mit Unrecht legt der Appellrichter besonderes Gewicht darauf: ob Kläger thatsächlich die Firma Laferme geführt habe? Zwar ist das Firma-Recht weder in seiner Entstehung noch in seiner Wirkung durch die Eintragung der Firma bedingt; Art. 15 HGB*). Wenn aber die Ein-

* Vgl. Rspr. IV S. 225.

tragung stattgefunden hat, so ist hierdurch der Wortlaut der Firma zur Feststellung gebracht und dem Firmaträger die Verpflichtung auferlegt, sich lediglich dieser Firma in seinem Geschäftsbetrieb zu bedienen. Es folgt dies zweifellos aus den Art. 25 und 26 HGB. Hienach ist obgedachte Prüfung auf den Inhalt der Eintragung, welche Kläger in Betreff seiner Firma beim Handelsgericht Dresden bewirkt hat, zu beschränken und von dem in der Schlußaudienz seitens des Klägers noch angetretenen Beweise dafür, daß er die einfache Firma „Laferme" führe abzusehen.

Der Eintrag der klägerischen Firma im Handelsregister des vorgenannten Gerichts, soweit er hier von Interesse ist, lautet in der Rubrik „Firma" unter Nr. 1:

> „23. Juli 63. J. Huppmann (mit dem Zusatze) La Ferme."

Unter Nr. 2 ist sodann vermerkt:

> „10. Mai 70. Der Eintrag Nr. 1 muß richtiger so lauten: J. Huppmann (mit dem Zusatze) Firma: La Ferme."

Die Vermerke unterscheiden sich also nur darin, daß im zweiten das Wort „Firma" vor „La Ferme" eingeschaltet ist.

Es erscheint nicht von Erheblichkeit, daß der zweite Vermerk aus der Zeit nach Anstellung der Klage datirt. Denn er beruht auf der Eintragungsverfügung v. 9. Juli 63 und ist als bloße Berichtigung des früheren Eintrags bezeichnet. Ebenso ist davon abzusehen, daß in beiden Vermerken „La Ferme" in zwei Worten und das zweite davon mit großem Anfangs-Buchstaben geschrieben ist, während die vom Beklagten gebrauchte Firma „Laferme" nur als ein Wort geschrieben ist. Entscheidend ist, daß, auch wenn man den Vermerk unter 2 als maaßgebend betrachtet, doch die ganze Firma des Klägers „J. Huppmann, Firma La Ferme“ — nicht blos „La Ferme“ — lautet, und daß sonach Kläger seinerseits (wie der Appellrichter richtig angenommen hat) nicht als berechtigt angesehen werden kann, die Firma „La Ferme“ oder „Laferme“ zu gebrauchen. Denn das „J. Huppmann“ kann nur als ein Theil der Firma, wie sie eingetragen ist, aufgefaßt werden, so daß die Worte „Firma La Ferme“ als der übrige Theil zu betrachten sind, und diese beiden Bestandtheile zusammen die Firma bilden. Es mag dahin gestellt bleiben: ob und welcher der beiden Firma-Theile sich zu dem anderen Theile als ein bloßer Zusatz (Art. 16, 20 HGB) verhält. Die Worte des Eintrags bezeichnen übrigens als solchen Zusatz gerade den Theil „Firma La Ferme.“ Keinenfalls darf ein Theil der Firma, als solche, geführt werden, da kein bloßer Theil der Firma dieselbe repräsentirt, die Firma vielmehr als untrennbares Ganze angesehen werden muß. Noch sei hervorgehoben, daß auf dem obgedachten Folium des Handelsregisters in der Rubrik „Inhaber“ eingetragen steht:

„23. Juli 63. Joseph Michael Huppmann in Dresden und Petersburg ist Inhaber der Firma.“

Mit diesem Namen ist die Person des Klägers — seiner eigenen Behauptung gemäß — bezeichnet; und hierdurch wird jeder etwa mögliche Zweifel daran beseitigt daß mit dem „J. Huppmann“ in den Einträgen der Firma-Rubrik nicht der persönliche Name des Firmaträgers genannt sein soll.

Da nun Kläger, nach dem Vorausbemerkten, nur unter der Voraussetzung, daß er für seine Person zur Führung der Firma Laferme befugt ist, dadurch Schaden erlitten haben kann, daß Beklagter unbefugter Weise diese Firma führt und hat eintragen lassen, Kläger aber die fragliche Befugniß nicht besitzt: so hatte er keinen Grund, sich über seine Zurückweisung mit dem fraglichen Klageanspruch zu beschweren, und es mußte das demungeachtet von ihm angefochtene App.-Erk. lediglich bestätigt werden.

Nr. 16.

II. Senat. — Erkenntniß v. 9. Dezbr. 71. (V.)

D. u. J. Davidsohn ./. Stantien & Becker (Nr. 597 v. 71.)

Preußen. **Nichtigkeitsbeschwerde.**

I. Instanz: Kommerz- u. Admiralitäts-Kollegium Königsberg i/Pr.
II. Instanz: Ostpreußisches Tribunal daselbst.

Gesellschaftsvertrag. Veränderte Umstände. Reformatio in peius. Vergleich.

1. Wesentlich für den Gesellschaftsvertrag ist die Vereinigung mehrerer Personen (mit Vermögensbeiträgen, Leistungen oder Bemühungen) zu einem gemeinschaftlichen Endzweck und demzufolge eine Gemeinsamkeit des zu erzielenden Gewinns.

ALR I. 17 § 169, 241 ff.

Im Falle unbedingter Vereinbarung eines Bezugsfixums für einen Vertragsgenossen kann deshalb das Verhältniß der Kontrahenten nicht als eine Societät gelten.

2. Der im § 378 ALR I. 5 wegen veränderter Umstände gestattete Rücktritt vom Vertrage ist durch eine Aenderung in den thatsächlichen Verhältnissen, wie solche zur Zeit der Vertragsschließung bestanden, bedingt, und nicht zulässig, wenn ein beiderseits erwartetes Ereigniß ausbleibt.

§ 145, 149 ALR I. 4; § 378 daselbst I. 5.

3. Darf der „zur Zeit“ abgewiesene Kläger auf ein nur von ihm eingelegtes Rechtsmittel „angebrachter Maaßen“ abgewiesen werden?

Vgl. Rspr. II S. 220, 226.

4. Welches sind nach ALR die Voraussetzungen eines Vergleichs?

Am 25. August 69 sind die Parteien übereingekommen, daß Klägerin auf die Dauer von fünf Jahren ihren Grundbesitz im Samlande (zu Sassau, Warnicken 2c.) zum Zweck der Bernsteingewinnung hergeben und sich des Bernsteinerwerbs ganz enthalten solle. Die Beklagte, welche die Bernsteingewinnung im Großen betreibt und von der kgl. Regierung* das Recht zur beabsichtigten Ausbeutung jener sowie anderer benachbarter Ländereien zu erlangen hoffte, sicherte sich hiefür noch eine gewisse Unterstützung seitens der Klägerin und versprach der Letzteren als Entschädigung (rund) 90000 Thlr., in fünf Jahresraten vom 2. Jan. 70 ab zahlbar. Die Bezirksregierung ertheilte, nach Veranstaltung einer Licitation, den Zuschlag (die Erlaubniß zur Ausnutzung des Bernsteinregals auf den von den Grundbesitzern zu diesem Zweck offerirten Ländereien) für Warnicken 2c. der Bekl., für das besonders bernsteinreiche Sassau aber einem Kaufmann Schneider, welcher indessen von der erlangten Berechtigung noch nicht Gebrauch gemacht hat.

Auf Grund jenes Vertrages hat Beklagte die Gräberei zu Warnicken 2c., unter Benutzung der Geräthschaften der Klägerin, wirklich übernommen, Klägerin aber den eigenen Betrieb ganz eingestellt und ihr Land in Sassau hingegeben. Beklagte will gleichwol der Klägerin die erste, bereits fällige Entschädigungsrate nicht zahlen, auch vom Vertrage wegen veränderter Umstände (§ 278 ALR I. 5) ganz abgehen.

Die deshalb erhobene Klage ist, soweit sie **nur** auf den Vertrag v. 25. Aug. 69 gestützt war, vom I. Richter

* In Ostpreußen ist der **Bernstein**, gleichviel wo er gefunden wird, Eigenthum des Staates; ostpreußisches Provinzialrecht Zusatz Nr. 228; vgl. Präjudizien des OTr., Senat für Strafsachen, Nr. 255 v. 28. März 59 und Nr. 270 v. 25. März 61.

als zur Zeit unstatthaft, abgewiesen worden, weil das getroffene Abkommen bezüglich des Hauptgegenstandes (der Ausnutzung der Sassauer Ländereien) unausführbar geworden sei und in eine nach dem Gesetz zu beurtheilende Schadenersatzleistung sich aufgelöst habe, bezüglich welcher nicht zu ersehen, wieviel von der stipulirten Entschädigungssumme auf Warnicken rc. allein zu rechnen sei. Uebrigens (auf Höhe von 15000 Thlrn., über welche Summe Bekl. einen auf sie gezogenen Wechsel acceptirt hatte) ward die Entscheidung von einem dem Mitbekl. Becker anvertrauten Eide darüber, daß bei dem Wechselzuge nicht gewisse Arrangements bezweckt worden, abhängig gemacht. Beide Theile appellirten, und der II. Richter erkannte bestätigend.

Das OHG hat die NktBschw. der Bekl. zurückgewiesen, auf das gleiche Rechtsmittel der Klägerin aber das Appellurtel, soweit dieses auf derzeitige Abweisung lautete, vernichtet und die Klägerin insofern „angebrachter Maaßen" abgewiesen. Es lauten die, den Sachverhalt näher darlegenden und erörternden,

Gründe:

I. Der Appellrichter erklärt den Vertrag v. 25. Aug. 69 für einen Societäts-Vertrag, deshalb aber und aus § 378 ALR I. 5 wegen veränderter Umstände die Beklagte zum Rücktritt von demselben für befugt und demgemäß die Klägerin zum Anspruch auf die bedungenen 18000 Thlr. aus jenem Vertrage nicht für berechtigt.

Es sind darin zwei selbständige Gründe für die Befugniß der Bekl. zum Rücktritt vom Vertrage angegeben, und richtet die Nichtigkeitsbeschwerde ihre Angriffe auch gegen beide. Dieselben erscheinen begründet.

Klägerin wirft dem Appellrichter zunächst vor, die rechtliche Natur und den Charakter des zur Beurtheilung vorliegenden Rechtsgeschäfts verkannt, die §§ 169, 205,

241—44 Th. I Tit. 17, sowie § 869 Th. I Tit. 11 und § 48 Th. I Tit. 5 des ALR verletzt zu haben.

> § 169 a. a. O. bestimmt: Ein Vertrag, durch welchen mehrere Personen ihr Vermögen oder Gewerbe oder auch ihre Arbeiten und Bemühungen ganz oder zum Theil zur Erlangung eines gemeinschaftlichen Endzwecks vereinigen, wird ein Gesellschaftsvertrag genannt.

Wesentlich ist danach die Vereinigung zu einem gemeinschaftlichen Endzweck; darum soll nach § 170 der Zweck der Verbindung und das Verhältniß der Verbundenen bei und zur Erlangung desselben allemal durch schriftlichen Vertrag festgestellt werden. Nutzen und Schaden der Interessenten sind nach diesem Verhältniß gemein, § 205. Alles, was nach Abzug der gemeinschaftlichen Schulden ... an gemeinschaftlichem Vermögen übrig bleibt, gehört zum Gewinn der Gesellschaft, § 241. Der Antheil eines jeden Gesellschafters ... muß hauptsächlich nach dem Inhalt des Vertrages beurtheilt werden, § 244.

Zur Begründung der Annahme eines Gesellschaftsvertrags gehörte daher vor allen Dingen die Feststellung des gemeinschaftlichen Endzwecks und des Theilnahmeverhältnisses der Kontrahenten an demselben und an dem gemeinschaftlichen Gewinn. Darauf, daß der Vertrag im Eingang selbst als Societätsvertrag bezeichnet ist, legt der vorige Richter kein Gewicht, und kommt es darauf auch umsoweniger an, als es zweifelhaft bleibt, ob darin die Absicht der Kontrahenten ausgedrückt oder blos eine Charakterisirung des Vertrages seitens des Notars zu finden ist, die Beklagte auch ausdrücklich bestreitet, daß der Vertrag ein Societätsvertrag sei.

Der Appellrichter sagt nun aber, und zwar ganz in Uebereinstimmung mit § 1 des Vertrages, nur:

> der § 1 bestimmt ausdrücklich als Zweck des Unternehmens die Bernsteingewinnung.

Er sagt nicht, daß dieselbe der **gemeinschaftliche** Zweck gewesen. Er hätte das übrigens auch, ohne mit § 1 und § 5 in direkten Widerspruch zu gerathen, nicht einmal feststellen können; denn § 1 sagt nichts von solcher **Gemeinschaftlichkeit**, und nach § 5 gehört aller Bernstein allein der Beklagten als deren alleiniges Eigenthum ausschließlich.

Der vorige Richter sagt zwar weiter:

> ebenso sind die in der Hergabe von Ländereien und Uebernahme von Arbeiten zu Gunsten des gemeinschaftlichen Zwecks bestehenden Einlagen der Kontrahenten festgestellt, und endlich enthält der Vertrag auch spezielle Bestimmungen über Vertheilung des gemeinschaftlichen Gewinns im § 6, welcher für Klägerin einen jährlichen Antheil von 18000 Thlrn. fixirt und dann fortfährt 2c.

Dadurch wird aber der vorhin gerügte Mangel nicht ersetzt oder ergänzt. Ist weder an jener ersten, gerade den Charakter des vorliegenden Vertrages erörternden Stelle, noch sonst irgendwo in den Erkenntnißgründen aus dem Inhalt des Vertrages festgestellt, daß die Bernsteingewinnung **gemeinschaftlicher** Endzweck beider Kontrahenten gewesen: dann ist es inkorrekt und gleichgiltig, wenn bei Besprechung der beiderseitigen **Leistungen** der Zweck, abweichend von dem Vorhergehenden, als ein gemeinschaftlicher bezeichnet wird. Daraus, daß **beide** Kontrahenten Leistungen übernehmen, folgt noch in keiner Weise eine **Gemeinschaftlichkeit**; es läge darin eine vollständige Verkennung der Natur der im Abschnitt 8 Tit. 11 Th. I des ALR erwähnten Verträge über Handlungen.

Ebenso setzt sich der Appellrichter in Widerspruch mit der Bestimmung des § 241 ALR I. 17, wenn er das der Klägerin im § 6 des Vertrages **ausdrücklich ohne Rück-**

sicht auf einen wirklichen Gewinn ausgesetzte Fixum von 90000 Thlrn. für 5 Jahre als eine Vertheilung des gemeinschaftlichen Gewinns bezeichnet; denn, wie oben bereits bemerkt ist, erklärt § 241 nur das als Gewinn der Gesellschaft, was nach Abzug der gemeinschaftlichen Schulden übrig bleibt, daß aber jenes Fixum irgend eine Quote dieses Ueberschusses bildet, das hat der vorige Richter nicht festgestellt.

Indem der Appellrichter den vorliegenden Vertrag als einen Societätsvertrag bezeichnet, ohne gerade das Wesentliche eines solchen, die Vereinigung zu einem gemeinschaftlichen Endzweck aus den Bestimmungen des Vertrages festzustellen, fehlt er rechtsgrundsätzlich im Sinne der Nr. 9 der Instruktion v. 7. April 39. —

Bezüglich des zweiten Grundes, aus welchem der Appellrichter die Beklagte zum Rücktritt vom Vertrage für befugt erklärt, wirft Klägerin demselben Verletzung des § 378 ALR I. 5 vor. Letzterer bestimmt — als Ausnahme von der im § 377 aufgestellten allgemeinen Regel,

> daß wegen blos veränderter Umstände die Erfüllung eines Vertrages nicht geweigert werden kann —

Folgendes:

> Wird jedoch durch eine solche unvorhergesehene Veränderung die Erreichung des ausdrücklich erklärten oder aus der Natur des Geschäfts sich ergebenden Endzwecks beider Theile unmöglich gemacht, so kann jeder derselben von dem noch nicht erfüllten Vertrage wieder abgehen.

Eine nähere Begründung jener aus dieser Bestimmung hergeleiteten Befugniß der Bekl. zum Rücktritt vom Vertrage ist in dem angefochtenen Erkenntniß nicht zu finden. Es heißt dort nur:

Wenn nun der in Rede stehende Vertrag als Gesellschaftsvertrag aufzufassen ist und es nach dem Vertrage feststeht, daß der eigentliche und ausdrücklich erklärte Endzweck die Bernsteingewinnung namentlich auch auf dem Sassauer Terrain war, die Erreichung dieses Zwecks aber dadurch, daß die kgl. Regierung den Zuschlag bezüglich dieser Ländereien nicht den Parteien, sondern einem Dritten ertheilt hat, unmöglich geworden ist: so folgt aus der Natur des Gesellschaftsvertrages sowohl, als auch aus dem § 378 ALR I. 5 das Recht der Bekl., vom Vertrage zurückzutreten.

Es kann dahin gestellt bleiben, daß nach der eigenen Feststellung des Appellrichters die Bernsteingräberei auf Sassauer Terrain keineswegs der alleinige, ja kaum der Hauptzweck des Vertrags war, der Vertrag auch die Gräberei auf anderen Ländereien betraf, durch denselben ferner der Klägerin der Bernsteingewinn und der Handelsverkehr zu Gunsten der Bekl. ganz entzogen werden sollte, daß dieser Zweck aber durch das von der Regierung in Bezug auf die Sassauer Gräberei eingehaltene Verfahren nicht vereitelt ist, am wenigsten für beide Theile, und daß der Vertrag im Wesentlichen von der Klägerin erfüllt ist. Denn in keinem Falle läßt sich anerkennen — was übrigens auch der Appellrichter nicht ausspricht —, daß die Erreichung des angedeuteten Zwecks durch unvorhergesehene Veränderung der Umstände unmöglich geworden.

Die thatsächlichen Verhältnisse, wie sie bei Abschluß des Vertrages v. 25. August 69 bestanden, haben sich nicht verändert. Es ist nur ein Ereigniß nicht eingetreten, dessen Eintritt die Beklagte und vielleicht auch Klägerin erwartet hatte. Beklagte setzte bei Abschluß des Vertrages voraus, daß bei der Licitation der Bernsteingräberei auf Sassauer Terrain der Zuschlag ihr ertheilt werden würde. Sie will zwar von Mitgliedern der Regierung die Zusicherung erhalten haben, daß der Zuschlag ihr ertheilt werden würde, wenn sie Meistbietende bliebe, und daß von dem sonst üblichen Recht der Auswahl unter den drei Meistbietenden kein Gebrauch gemacht werden solle; auch soll im August 69 die Regierung und das Ministerium noch nicht gegen die Monopolisirung der Bernsteingräberei gewesen sein, diese Abneigung sich vielmehr erst später Bahn gebrochen haben, und sie findet in diesen Umständen eine unvorhergesehene Veränderung der früheren Verhältnisse im Sinne des § 378. Allein das sind überall nur Momente, welche die Beklagte vielleicht zu der Voraussetzung verleitet haben, daß ihr der Zuschlag ertheilt werden würde, keineswegs ist darin eine Veränderung der thatsächlich bei Abschluß des Vertrages bestandenen Verhältnisse zu finden. Es ist das vielmehr der Fall des § 145, 149 ALR I. 4, wonach ein Irrthum im Bewegungsgrund dem Irrenden niemals das Recht giebt, von seiner Erklärung wieder abzugehen, sofern nicht etwa dieser Irrthum vom Gegentheil vorsätzlich veranlaßt worden, was Beklagte selbst nicht behauptet. Beklagte hat sich in ihrer Hoffnung getäuscht, die Folgen dieses Irrthums muß sie allein tragen. Die Bestimmung des § 378 ist somit vom Appellrichter mit Unrecht zur Anwendung gebracht.

Die angefochtene Entscheidung, soweit dadurch Klägerin lediglich um deshalb abgewiesen wird, weil Beklagte aus den angegebenen beiden Gründen zum Rücktritt vom Vertrage berechtigt ist, unterliegt daher der Vernichtung.

Bei freier Beurtheilung kommt zwar, wie Beklagte geltend macht, die Vorschrift des Art. 278 HGB zur Anwendung, daß bei Beurtheilung und Auslegung der Handelsgeschäfte der Wille der Kontrahenten zu erforschen und nicht am buchstäblichen Ausdruck zu haften ist, aber gerade diese Rücksicht führt dahin, daß ein Gesellschafts-Vertrag von den Parteien gar nicht beabsichtigt ist.

Zweck der Beklagten bei Abschluß jenes Vertrages war ganz offenbar, selbst nach der eigenen Darstellung derselben, die Bernsteingewinnung soweit als möglich für sich allein auszubeuten. Dazu war zweierlei erforderlich:

1. die Bewilligung der Grundbesitzer,
2. die Bewilligung des Staats, [preuß.] Ges. v. 22. Febr. 67, Ges.-Sammlung S. 272.

Zu ersterem Zweck wurde der vorliegende Vertrag geschlossen; dadurch erst wurde es möglich, die Lizitation der Bernsteingräberei auf den fraglichen Ländereien seitens der Regierung herbeizuführen. Auch diese zu bewirken, hat Klägerin nicht übernommen, es ist das vielmehr im § 2 ganz allein der Bekl. überlassen. Dadurch beseitigt sich zugleich auch der Einwand der Bekl., daß der Vertrag eine Sache extra commercium betreffe und deshalb unverbindlich sei. Nicht der im Eigenthum des Staats befindliche Bernstein ist Gegenstand des Vertrages, sondern das im Eigenthum der Grundstückbesitzer enthaltene Recht, die Grundstücke zu betreten, auf denselben Anlagen zu machen und nach Bernstein zu suchen. Darin liegt weiter auch eine Bestätigung dessen, was über den Zweck des vorliegenden Vertrages bereits bemerkt ist.

Der Werth der Grundstücke im Samlande ist unbestritten ganz wesentlich von deren Bernsteinreichthum abhängig, mit einer Abnahme des letzteren verringert sich nothwendig auch der Werth der Grundstücke. Eben so unbestritten hatte Klägerin auf ihren Ländereien in Sassau, außerdem auf anderen Ländereien und am Strande die Bernsteingräberei bis Ende 1869 für eigene Rechnung betrieben, zu dem Behuf besondere Anlagen hergestellt und einen unfangreichen Bernsteinhandel betrieben. Alles dessen begiebt sie sich [vertragsmäßig] zu Gunsten der Bekl. . . .

sie stellt ihre Grundstücke zur Lizitation behufs Verpachtung der Bernsteingräberei, um dadurch der Bekl. die Pachtung zu ermöglichen (§ 1); sie verpflichtet sich, die Arbeiten nach den Anweisungen der Bekl. zu leiten (§ 3); aller auf dem Terrain gegrabene und gefundene Bernstein gehört der Beklagten eigenthümlich (§ 5), Klägerin muß derselben sogar sämmtlichen Bernstein, den sie anderweit erwirbt, unentgeltlich ausantworten (§ 10). Andererseits wird der Klägerin als Entschädigung eine Summe von 90000 Thlrn. in fünf Jahresraten pränumerando von der Bekl. versprochen (§ 6) und das unter allen Umständen, ohne Rücksicht darauf, ob die Gräberei betrieben oder aus irgend welchem Grunde nicht betrieben wird (§ 8). Sämmtliche Kosten des Unternehmens trägt Beklagte allein (§ 4).

Es steht das Alles einer Gemeinsamkeit und der Verfolgung eines gemeinschaftlichen Endzwecks unbedingt entgegen. Der Zweck der beiden Kontrahenten war ganz augenscheinlich ein völlig verschiedener, entgegengesetzter. Klägerin hatte — gerade im Gegensatz zur Bekl. — gar kein Interesse dabei, ob überhaupt, in welchem Umfang und in welcher Weise die Bernsteingräberei betrieben wurde; ihre Grundstücke behielten im Gegentheil ihren seitherigen Werth, sobald die Gräberei ganz unterblieb, ihr Zweck war nur, für die zu Gunsten der Bekl. aufgegebenen Rechte eine angemessene Entschädigung zu erlangen.

Beklagte dagegen suchte den Bernstein-Gewinn und Handel in ihre alleinige Hand zu bringen, (sie behauptet selbst unter Beweisantritt, daß die Regierung und das Ministerium erst nach dem vorliegenden Vertrage der Monopolisirung der Bernsteingräberei entgegengearbeitet habe, und findet hierin einen Grund zum Rücktritt vom Vertrage); sie suchte durch den Vertrag die Konkurrenz der Klägerin zu beseitigen und solchergestalt für sich den höchst möglichen Gewinn zu erzielen, an welchem Klägerin nicht partizipirte. Die unabhängig — wenigstens in der Hauptsache unabhängig — vom Bernsteingewinn versprochene Leistung der Bekl. stellt sich somit in der That nur als ein Aequivalent für die Gegenleistungen der Klägerin dar.

Nur eine Bestimmung im Vertrage deutet auf eine gewisse Gemeinsamkeit; es heißt nämlich im § 6:

> daß, wenn der im Lauf eines Jahres an die Beklagte abgelieferte Bernstein (das Pfund zu 4 Thlrn. gerechnet) mehr als 18000 Thlr. betragen sollte, sämmtliche Kosten abgerechnet, dann der Ueberschuß bis zum Betrage von 28000 Thlr. der Klägerin gebühren solle.

Allein auch hier wird der Ueberschuß nicht etwa beiden Theilen gemeinsam, sondern bis 28000 Thlr. gehört er der Klägerin und darüber hinaus der Beklagten allein. An einer Steigerung des Gewinns durch Erhöhung des Bernsteinpreises über 4 Thlr. (nach Behauptung der Klägerin betrug er bis 5 Thlr.) hatte Klägerin wiederum gar keinen Antheil. Es liegt somit in jener, im § 6 bedungenen Erhöhung des Fixums nicht eine Theilung gemeinschaftlichen Gewinns, sondern nur eine Erhöhung der im ersten Absatz ausdrücklich als „Entschädigung" bezeichneten Gegenleistung der Bekl. für den Fall eines höheren Gewinns der Bekl. aus jenem Geschäft.

Liegt hienach ein Societätsvertrag nicht vor, dann ist es auch bezüglich der Ansprüche der Klägerin gleichgiltig, ob Beklagte ihren Zweck nicht vollständig erreicht hat, nämlich nicht hinsichtlich der Bernsteingräberei auf Sassau In ihren übernommenen Verpflichtungen wird dadurch in der Hauptsache nichts geändert, sie ist deshalb wenigstens nicht zum Rücktritt vom Vertrage berechtigt. Sie hat (in der Klagebeantwortung) Erfüllung ihrer übernommenen Verpflichtung zur Zahlung der ersten, am 2. Jan. 70 fällig gewesenen Rate von 18000 Thlrn. hauptsächlich auch nur deshalb geweigert, weil Klägerin ihrerseits den Vertrag noch nicht erfüllt habe. Beklagte gründet diesen Einwand darauf, daß die im § 12 genannten Besitzer P. und Konsorten die von der Klägerin gewährleistete Offerte ihrer Ländereien zur Lizitation der Bernsteingräberei inzwischen zurückgezogen hätten; sie hat aber nicht leugnen können, daß die Offerte geschehen, von der Regierung angenommen ist, die Lizitation sogar auf Grund derselben stattgehabt und ein gewisser Schneider den Zuschlag der Pacht erhalten hat. Damit ist seitens der Klägerin ihrer Verpflichtung Genüge geleistet. Inwiefern nun jene Grundstückbesitzer berechtigt waren, die Offerte mit irgend welcher rechtlichen Wirkung nach erfolgter Annahme zurückzuziehen, ist hier nicht zu erörtern. Erst wenn darüber unter den Betheiligten entschieden wäre, könnte vielleicht der Klägerin entgegengesetzt werden, daß sie in jener Beziehung ihrer Verpflichtung nicht vollständig genügt habe, weil sie für den Erfolg zu stehen übernommen. Der Einwand ist aber um so bedeutungsloser, als jene Ländereien nach § 2 in Sassau belegen sind, Beklagte somit kein Interesse dabei haben kann, wenn die Ländereien von der Pacht etwa ausgeschlossen würden.

Daß Beklagte aber, wie sie in der Klagebeantwortung weiter noch eingewendet hat, aus § 378 ALR I. 5 wegen (angeblich) veränderter Umstände zum Rücktritt berechtigt sein sollte, ist oben bereits widerlegt.

In der Appellationsbeantwortung hat Beklagte neu behauptet, daß die Jahreseinnahme der Klägerin aus dem früher betriebenen Bernsteinhandel, welche von ihr auf 18000 Thlr. angegeben worden, nur 4 bis 5000 Thlr. betragen habe. Sie hält sich deshalb zu dem neuen Einwand der Täuschung berechtigt. Es kann indeß dahin gestellt bleiben, daß nicht genügend klar und bestimmt angegeben ist, ob sie daraus ein Recht zu völligem Rücktritt vom Vertrage oder etwa nur zur Minderung der versprochenen Entschädigung auf jene Summe von 4 bis 5000 Thlrn. herleiten will. Denn der vorige Richter hat diesen Einwand unerörtert gelassen, die Klägerin aus einem ganz anderen Grunde „nur zur Zeit" abgewiesen, und Beklagte ist auf diesen Einwand nicht mehr zurückgekommen. Jedenfalls würde ihr unbenommen sein, diesen Einwand in dem neuen Prozeß zu verfolgen und ausreichender zu begründen, da Klägerin doch in diesem Prozeß mit ihrem Anspruch aus dem Vertrage v. 25. August 69 „angebrachter Maaßen" abgewiesen werden mußte.

Erscheint nämlich der Anspruch der Klägerin nach der gegenwärtigen Sachlage an sich auch nicht unbegründet, so konnte doch eine Verurtheilung der Bekl. zur Zahlung der eingeklagten 18000 Thlr. aus einem anderen Grunde nicht erfolgen. Die geforderte Summe bildet nach § 6 gleichzeitig die Entschädigung für den zur Bernsteingräberei hergegebenen Grund und Boden. Im Vertrage v. 26. Sept. 69 mit der Regierung (über Abtretung des Grund und Bodens zur Lizitation der Bernsteingräberei) ist aber bedungen, daß als solche Entschädigung 20 % des Pachtmeistgebots gezahlt werden sollen. Es ist nicht geleugnet, daß die Lizitation durch die Regierung unter dieser Bedingung bewirkt ist. Klägerin würde sich daher, wie auch im § 6 ausdrücklich bestimmt worden, von der eingeklagten Forderung soviel in Abzug bringen müssen, als sie für Abtretung des Grund und Bodens in Saffau von dem Meistbietenden bzw. der Regierung gezahlt erhält oder zu beanspruchen hat; um so viel vermindert sich nothwendig und von selbst ihr Anspruch an die Beklagte und insoweit ist letzterer nicht begründet; die volle Summe von 18000 Thlrn. hat Klägerin von der Beklagten nicht zu beanspruchen. Ihre Sache war es, ihren Anspruch der — unbestritten ihrem Klagevortrage nicht entsprechenden — Sachlage anzupassen.

Zwar herrscht darüber Einverständniß, daß die Pacht der Bernsteingräberei auf Sassauer Terrain dem Schneider für 16500 Thlr. zugeschlagen ist, die Entschädigung für Grund und Boden daher 3300 Thlr. betragen würde, wie Beklagte sie in ihrer Appellationsrechtfertigung berechnet; dagegen läßt sich aber aus den Parteivorträgen nicht mit Zuverlässigkeit entnehmen, wieviel Ländereien die Klägerin und wieviel die anderen Grundbesitzer in Sassau zur Bernsteingräberei hergegeben haben, wieviel daher von jener Entschädigung (von 20 % der Pachtsumme) auf Klägerin und wieviel auf die Anderen fallen wird. Hat Beklagte auch einen speziell hierauf gerichteten Einwand nicht erhoben; so hat sie doch die Thatsachen angeführt, auf die er gegründet ist.

Soweit also der Anspruch der Klägerin auf den Vertrag v. 25. Aug. 69 allein gestützt ist: war er, bei freier Beurtheilung, in der angebrachten Art nicht begründet. Diese Aenderung des I. und bzw. auch des II. Erk. ist eine nicht unwesentliche zu Gunsten der Klägerin. Denn die Vorderrichter erklären den Anspruch der Klägerin für unbegründet, weisen ihn aber gleichwohl nur zur Zeit ab, weil sie es für möglich halten, daß die Regierung noch der Beklagten den Zuschlag der Bernstein-Pacht ertheilen könnte, weil damit aber der Grund zum Rücktritt der Bekl. vom Vertrage fortfallen würde. Der Grund der gegenwärtig erkannten Abweisung ist ein wesentlich verschiedener.

II. Nach Beseitigung des Anspruchs der Klägerin auf 18000 Thlr aus dem Vertrage v. 25. Aug. 69 haben die Vorderrichter in Betreff des in jener Summe enthaltenen Betrages von 15000 Thlr. in der Klage ein zweites Fundament gefunden, der I. Richter ein Anerkenntniß, der Appellrichter einen Vergleich. Sie haben dann zur Beseitigung der dieses Fundament begründenden thatsächlichen Behauptungen der Klägerin auf einen Reinigungseid für Beklagte erkannt. Gegen diesen Theil der Entscheidung ist — wie in II. Instanz die Appellation, so — jetzt die Nichtigkeitsbeschwerde von beiden Theilen eingelegt.

1. Die der Bekl. wirft dem Appellrichter vor,
Natur und wesentlichen Charakter des zur Beurtheilung vorliegenden Rechtsgeschäfts, insbesondere des Vergleichs verkannt und § 405 ALR I. 16 verletzt zu haben.

§ 405 bezeichnet Vergleiche als Verträge, durch welche die Parteien die bisher unter ihnen streitig oder zweifelhaft gewesenen Rechte dergestalt bestimmen, daß wechselseitig etwas gegeben oder nachgelassen wird. Beklagte ist nun der Meinung, daß es an allen Erfordernissen eines Vergleichs mangele, insbesondere eine Streitigkeit oder Ungewißheit nicht vorgelegen habe.* Der Appellrichter beruft sich auf die vom I. Richter entwickelten Thatsachen und auf die Thatsachen, welche noch durch den Eid festgestellt werden sollen. Der I. Richter hat nun bemerkt, daß zur Zeit der Verhandlung über Ausstellung des Wechsels über 15000 Thlr. bereits bekannt war, daß Beklagte den Zuschlag der Pacht von Saffau nicht erhalten hatte, worauf sie gerade den Rücktritt vom Vertrage gründet und weshalb sie jetzt auch das Recht der Klägerin auf die 18000 Thlr. bestreitet. Der I. Richter hat ferner bemerkt, daß Klägerin damals bereits verschiedene Leistungen gewährt und Beklagte daraus Verpflichtungen überkommen hatte. Es ist auch gar nicht bestritten, daß Klägerin die Zahlung der ersten Jahresrate verlangt, Beklagte sie verweigert hatte, und daß schließlich das fragliche Wechsel-

* Für die Vergleichsschließung über eine Forderung genügt, daß vom Schuldner noch Einwendungen erhoben werden können; § 408 ALR I. 16, Erk. des OTr. IV Sen. v. 10. März 63, Striethorst Arch. B. 49 S. 114.

geschäft zu Stande gekommen ist. Wenngleich der Appellrichter sich darüber nicht speziell ausläßt, aus welcher jener Thatsachen er auf das Vorhandensein eines Streits und auf einen gegenseitigen Nachlaß schließt: so kann darüber doch irgend ein Zweifel nicht wohl obwalten. Ueber das Recht der Klägerin auf die Zahlung der ersten Rate am 2. Januar 70 bestand zur Zeit der Ausstellung des Wechsels (am 5. Januar 70) zwischen den Parteien allerdings Streit. Ebenso wenig kann ein Zweifel darüber obwalten, daß in der Ausstellung des erst nach zwei Monaten (am 4. März) fälligen Wechsels über 15000 Thlr., statt sofortiger Zahlung von 18000 Thlrn., vom Appellrichter ein gegenseitiger Nachlaß gefunden ist.

Es sind damit alle wesentlichen Erfordernisse des Vergleichs nach § 405 a. a. O. festgestellt, und ist nicht erfindlich, wodurch gegen diesen § verstoßen sein soll.

Wenn Beklagte schließlich noch behauptet, daß durch jenes Arrangement der Parteien nicht eine neue Verpflichtung begründet, sondern darin nur ein modus solvendi zu finden sei: so übersieht sie — abgesehen davon, daß die Verletzung eines Gesetzes nicht behauptet ist —, daß nach ALR Vergleiche gerade als eine Art der Aufhebung von Verbindlichkeiten behandelt werden und im § 409 sogar noch besonders bestimmt wird, daß Parteien sich auch über die Art der Erfüllung eines rechtskräftigen Erkenntnisses vergleichen können. Die NktBschw. der Bekl. ist somit unbegründet.

2. Die Beschwerde der Klägerin ist bezüglich dieses Punkts gegen die Verstattung der Bekl. zu dem fraglichen Eide und gegen die Folgen im Falle der Eidesweigerung nicht gerichtet. Klägerin hatte in dieser Beziehung schon über das Erkenntniß I. Instanz nicht Beschwerde geführt; nur dadurch fühlte sie sich beschwert, daß sie im Falle der Ableistung des Eides seitens der Bekl. mit dem Anspruch

von 15000 Thlrn. zur Zeit abgewiesen worden. Nur dieser Theil der Entscheidung II. Instanz kann jetzt Gegenstand der NktBschw. geworden sein.

In dieser Beziehung ergiebt sich aber die Entscheidung mit voller Nothwendigkeit aus dem, was oben bezüglich des Hauptanspruchs der Klägerin ausgeführt ist.

Durch Ableistung des Eides wird nur das zweite Fundament bezüglich der 15000 Thlr. beseitigt, als ein Theil der ganzen eingeklagten 18000 Thlr. gilt von jenen dann dasselbe, was in Betreff dieses Anspruchs aus dem ersten Fundament oben ausgeführt ist. Eben so wie von den Vorderrichtern in diesem Falle die 15000 Thlr. nur zur Zeit abgewiesen worden, mußte jetzt die Abweisung in angebrachter Art ausgesprochen werden.

Nr. 17.

II. Senat. — Erkenntniß v. 9. Dezbr. 71. (Ref.)

Wittwe H. Strauß ./. S. Jacoby (Nr. 711 v. 71).

Preußen. **Wechselsache.** **Revision.**

I. Instanz: Kreisgericht Wiesbaden,
II. Instanz: Appellationsgericht daselbst.

Wechselklage, Einrede der Zahlung.

Eine auf dem Wechsel selbst nicht vermerkte Bezahlung der Wechselsumme an einen (durch Blanko-Indossament) legitimirten Wechselinhaber schließt die Weiterbegebung des Wechsels an gutgläubige Dritte nicht aus. Einem späteren Wechseleigenthümer gegenüber hat jene Zahlung nur im Falle arglistiger Erwerbung des Wechsels Geltung.

DWO Art. 10, 23, 39, 48, 81, 82, 98.

Beklagter wird, als Aussteller eines Eigenwechsels, von der Wittwe des Remittenten H. Strauß, welcher statutarisch die Leibzucht an dessen Nachlaß zusteht, in Anspruch genommen. Er wendet ein, daß der Klagewechsel durch

Blankoindossament des Strauß auf einen Dritten (J. Levy) übertragen und Letzterem bei Verfall bezahlt worden sei. Der Wechsel ist nicht quittirt, hat aber ein jetzt durchstrichenes Blankoindossament von Strauß. — Bezüglich dieser Zahlungseinrede entscheidet das, als Revisionsrichter mit der Sache befaßte, OHG etwas abweichend vom Appellrichter.

Gründe:

Es unterliegt an sich keinem Bedenken, daß J. Levy durch Blankoindossament des H. Strauß zur Erhebung der Wechselsumme vom Beklagten legitimirt war. Da aber die vom Bekl. behauptete Berichtigung des Klagewechsels auf dem Wechsel nicht quittirt ist, so kann Klägerin (Rechtsnachfolgerin des H. Strauß) als Inhaberin des Wechsels nicht ohne Weiteres für verbunden erachtet werden, die (angebliche) Berichtigung des Wechsels an J. Levy gegen sich gelten zu lassen.

Es steht fest, daß das auf dem Wechsel befindliche Blanko-Indossament des H. Strauß noch nicht durchstrichen war, als Klägerin die Gewahrsam des Wechsels erlangte, vielmehr erst nachher durchstrichen worden ist. Beklagter muß daher — ebenso, wie er aus dem Blanko-Indossament die Legitimation des J. Levy zur Erhebung der Wechselsumme herleitet, auch — die zu Gunsten der Klägerin, welche die Gewahrsam des Wechsels mit dem unversehrten Blanko-Indossament erlangt hat, sprechende Vermuthung, daß sie (oder ihr verstorbener Ehemann) durch giltiges Blanko-Giro berechtigte Inhaberin des Wechsels und zur Einklagung der Wechselsumme berechtigt worden sei, solange gegen sich gelten lassen, als er nicht im Wege einer von ihm zu beweisenden Einrede jene Vermuthung widerlegt und darthut, daß Klägerin die Berichtigung der Wechselsumme an J. Levy, obwohl solche nicht auf dem Wechsel quittirt ist, doch gegen sich gelten lassen müsse. Es ergiebt sich hieraus, daß es, um die vom Appellrichter erkannte Abweisung der Klage zu rechtfertigen, nicht ausreicht, daß der fragliche Wechsel mittelst Blankogiro des H. Strauß auf J. Levy übertragen war, und daß Beklagter dann zur Verfallzeit die Wechselsumme an Levy berichtigt hat. Denn wenn auch Levy zur Empfangnahme der Wechselsumme durch das Blanko-Indossament legitimirt war: so war doch durch die (angebliche) Berichtigung der Wechselsumme an Levy, da diese auf dem Wechsel nicht vermerkt ist, die Benutzung des Wechsels zu weiteren Wechselgeschäften mit gutgläubigen Dritten keineswegs ausgeschlossen. Der vorliegende Wechsel konnte daher füglich nicht nur von Levy auf Grund des darauf befindlichen Blankogiro auf H. Strauß oder dessen Wittwe übertragen werden; sondern es konnte dies auch füglich, wenn der Wechsel an Levy berichtigt und in Folge dessen dem Bekl. zurückgegeben worden war, seitens des Bekl. selbst oder eines Dritten, welchem Beklagter den Wechsel mit dem Blankogiro übergeben, geschehen. Klägerin hat zwar ein Begebungsgeschäft dieser Art nicht speziell behauptet, das lag ihr aber auch nicht ob; zu ihrer Legitimation genügt der Besitz des Wechsels sowohl in seiner vorliegenden Gestalt, als auch wenn man das darauf befindliche, jetzt durchstrichene Indossament als noch in Kraft bestehend denkt, und Beklagter kann sich der Klägerin gegenüber mit der (angeblich) an Levy geleisteten Zahlung nach Art. 82 DWO nur, wenn er einen dolus der Klägerin (oder des verstorbenen Ehemanns derselben) darlegen und nachweisen kann, schützen.

Ein solcher dolus ist nun auch bis zum Erfüllungseid dargethan. Aus dem Zeugniß des J. Levy ergiebt sich nämlich, daß bei Verfall die Wechselschuld an Levy zwar nicht durch Baarzahlung, aber durch Hingabe zweier neuer, vom Beklagten an die Ordre von H. Strauß ausgestellter und von Letzterem in blanco indossirter Wechsel berichtigt wurde, daß H. Strauß hiervon Kenntniß gehabt und selbst den einen der neuen Wechsel an Levy bezahlt hat. Bei diesem Sachverhalt ist klar, daß H. Strauß, ohne daß ihn der Vorwurf des dolus träfe, die Wechselsumme gegen den Bekl. nicht einklagen konnte.

Ein dolus der Klägerin selbst ist zwar nicht erwiesen, aber der dolus ihres Ehemanns steht auch ihr entgegen, da sie als dessen Rechtsnachfolgerin keine Klage erheben kann, zu deren Anstellung ihr verstorbener Ehemann selbst nicht berechtigt gewesen wäre.

Demgemäß ist der vom Appellrichter dem Bekl. auferlegte Erfüllungseid in der Art ergänzt und vervollständigt, daß er nicht nur genau und aktengemäß die Art, wie die Berichtigung des eingeklagten Wechsels erfolgt sein soll, sondern auch die Wissenschaft des H. Strauß von der gemäß einer unter seiner Theilnahme getroffenen Vereinbarung erfolgten Berichtigung der Wechselsumme, also dessen dolus [sofern aus seinem Recht geklagt wird] ausdrückt. Die Folgen der Leistung, bzw. Ablehnung dieses vervollständigten Eides sind dieselben, welche der Appellrichter bereits festgesetzt hat [nämlich die Abweisung der Klägerin, bzw. Verurtheilung des Bekl.].

Nr. 18.

I. Senat. — Erkenntniß v. 13. Dezbr. 71. (B.)

Versicherungsgesellschaft Royal ./. Schlomann und Reuter (Nr. 492 v. 71).

Preußen. **Richtigkeitsbeschwerde.**

I. Instanz: Stadtgericht Königsberg i. Pr.,
II. Instanz: Ostpreußisches Tribunal daselbst.

Brandversicherungssumme. Ihre Uebertragung auf den Ersteher des Grundstücks. Vergleich.

1. Wenn bei gerichtlicher Subhastation einer Brandstätte in den „Verkaufsbedingungen" ohne Widerspruch des

Versicherten festgesetzt worden, daß der Anspruch auf die (noch ausstehenden) Feuerkassengelder mit übertragen werden soll, und wenn das Grundstück demgemäß einem Bieter durch Adjudikationsbescheid zugeschlagen ist: so kann dieser Grundstücks-Erwerber die festgestellte Brandentschädigungssumme einklagen.

(Nach altpreußischem Recht; HGB Art. 1, 271 Nr. 3).

2. Beispiel der Festsetzung einer Brandentschädigungssumme im Vergleichswege.

Ein bei der beklagten Gesellschaft versichertes Wohnhaus des Gutsbesitzers Sz. ist am 7. Febr. 66 abgebrannt. Durch Zuschlagsbescheid vom 21. Juni 67 haben, nach dem Tode des Sz., Kläger das betreffende Grundstück in nothwendiger Subhastation erworben. Die (im Zuschlagsbescheid wiederholten) Subhastationsbedingungen lauteten u. A.: „Das Wohnhaus des Grundstücks ist 1866 abgebrannt, die noch rückständigen Feuerkassengelder sollen dem Ersteher des Grundstücks zufallen."

Demnach beanspruchen Kläger jetzt die auf 1364 Thlr. festgestellte Brandentschädigungssumme. In erster Instanz aus § 14 der Police wegen Nichteinhaltung der sechsmonatigen Klagefrist abgewiesen (vgl. Rspr. II S. 100, 355, IV S. 377), erstreiten sie in II. Instanz die Verurtheilung der Beklagten. Eine NktBschw. der Letzteren bleibt erfolglos.

Gründe des OHG:

I. Das Zuschlagsurtel hat den Klägern das Bauergut des August Sz. unter 6 besonders aufgeführten „Bedingungen" adjudizirt. Die letzte derselben bestimmt, daß die noch rückständigen Feuerkassengelder für das abgebrannte Wohnhaus dem Ersteher zufallen sollen. Wäre die Klausel nicht vorhanden, so würde der Anspruch auf die Brandentschädigung den Klägern nicht zustehen, wenn es richtig, daß dieser Anspruch nach preußischem Recht persönlicher Natur ist;

vgl. Plenar-Beschluß des Ober-Tribunals v. 5. Dez. 53 (Entscheidungen B. 27 S. 1 und Justiz-Ministerial-blatt v. 1854 S. 63, auch v. 1855 S. 312).
Förster Theorie und Praxis, 2. Auflage Th. II S. 398.

Dies hat auch der Appellrichter hervorgehoben. Aber er ist der Meinung, daß „durch den Zuschlagsbescheid das Recht des Sz. auf jene Gelder vermöge Zwangszession in derselben Weise auf die Kläger übergegangen sei, wie wenn Sz. sie in einem freiwilligen Verkauf mit abgetreten hätte," und zwar um so mehr, als Sz. „den Zuschlag unter dieser Bedingung" nicht angefochten habe.

Der Appellrichter geht also davon aus, daß es sich um einen Zwangsverkauf des Sz.'schen Guts gehandelt habe, daß hiebei (auf nicht ermittelte Weise) die Klausel wegen der Brandgelder festgestellt und den Verkaufsbedingungen inserirt sei, daß möglicher Weise Sz. — wenn er jener Klausel nicht zugestimmt hätte —, aber auch nur er jene Klausel und den solchergestalt erfolgten Zuschlag hätte anfechten können, daß aber, weil er die Anfechtung unterlassen, der Feuerentschädigungsanspruch vermöge Zwangszession auf die Kläger übergegangen sei, und ein Legitimationsmangel (§ 10 der Police-Bedingungen) auf Seiten der Letzteren nicht bestehe.

Dieser Gedankengang entnimmt keinerlei Argument aus der vermeintlichen Qualität der Adjudicatoria als eines rechtskräftig gewordenen Erkenntnisses. Er bleibt bestehen, auch wenn vom Appellrichter angenommen wäre, daß die Verkaufsbedingungen „unter Zuziehung des Subhastaten regulirt," also vereinbart seien — was im Urtel I. Instanz ausdrücklich ausgesprochen ist —, oder daß sie doch für konsentirt gelten müßten, weil der Subhastat den Zuschlag unangefochten gelassen habe. Und dieser Auffassung würde die Bezeichnung der Uebertragung der Feuerkassengelder als Zwangszession nicht entgegen stehen, weil diese Uebertragung einen Bestandtheil des ausweislich der Adjudicatoria im Wege der Exekution, also zwangsweise bewirkten Verkaufs bildete.

Von dieser Seite aus hat also die Rüge der Verletzung der Rechtsregeln über res judicata keinen Grund.

Sie erweist sich aber auch als unberechtigt, wenn man voraussetzt, der Appellrichter habe angenommen, durch die Adjudicatoria sei der Uebergang der Brandentschädigung zwischen dem Subhastaten und den Erstehern wie durch ein rechtskräftiges Erkenntniß festgestellt.

Es ist nämlich gesetzlich zulässig, bei einer nothwendigen Subhastation — außer den regelmäßigen, aus der Natur dieser Veräußerung resultirenden Klauseln (§ 342 ff. ALR I. 11) — spezielle Bedingungen festzusetzen, welche durch „besondere Umstände des zu subhastirenden Grundstücks" veranlaßt und rathsam sind.

§ 28 AGO I. 52.

Es gilt dies namentlich von Verpflichtungen und Berechtigungen des Grundstücksbesitzers, die zwar nur persönlicher Natur, aber doch in thatsächlicher Beziehung zum Besitz des Grundstücks stehen, oder deren dinglicher Charakter nicht unzweifelhaft ist. — Nicht selten wird daher bei der Subhastation von Brandstätten der Anspruch auf die Brandentschädigung durch eine besondere „Verkaufsbedingung," sei es dem Ersteher, sei es den Hypotheken-Gläubigern gesichert; und dieses Verfahren ist namentlich dann rechtlich zulässig, wenn in den Policen, bzw. Bedingungen der betheiligten Versicherungsgesellschaft — wie auch in vorliegendem Falle (§ 15 der allgemeinen Bedingungen) — eine besondere Bestimmung zu Gunsten der Hypothekengläubiger die Annahme einer dinglichen Verbindung der Versicherungsgelder mit dem Grundstück zuläßt.

Vgl. Erk. des OTr. v. 18. Febr. 48 (Rechtsfälle rc. B. 3 S. 360) und v. 25. Nov. 52 (Entsch. B. 25 S. 409), überhaupt Justiz-Ministerialblatt v. 1855, S. 313, 314.

Will alsdann der Subhastat die Entziehung der Brandgelder durch solche Klausel nicht gestatten, so muß er sie entweder bei Regulirung der Bedingungen durch Einspruch oder nach ergangener Adjudicatoria durch das ordentliche Rechtsmittel anfechten. Unterläßt er dies, so bleibt sie gegen ihn als rechtskräftige Entscheidung bestehen, und keinen Falls kann ein Dritter, dem durch solche Festsetzung nicht zu nahe getreten ist, die durch sie bewirkte Uebertragung auf den Ersteher anfechten.

Vgl. Erk. des OTr. v. 11. Febr. 53 unter 3 (Strieth. Arch. B. 8 S. 305), siehe auch Justiz-Ministerialblatt v. 1853 S. 116 Nr. 59.

Ist sonach vom Appellrichter die Uebertragung des Entschädigungsanspruchs auf die Kläger nicht mit Unrecht als Zwangszession qualifizirt: so kann er auch nicht den § 2280 ALR Th. II. 8 verletzt haben; denn dieser § bestimmt nur daß die Zahlung an den Versicherten oder seinen Cessionar geschehen müsse.

II. Nicht minder haltlos sind die ferneren Angriffe der NktBschw. § 14 der Police-Bedingungen erfordert zur Begründung der Zahlungspflicht der Bekl. u. a.

> daß der Gesammtbetrag der Entschädigungssumme und die Verbindlichkeit der Gesellschaft zu ihrer Zahlung durch Anerkenntniß beider Theile oder durch Vergleich oder rechtskräftiges Urtel festgestellt sei.

Nun entstanden schon kurze Zeit nach dem Brande Differenzen zwischen Sz. einerseits und den Beamten der Bekl. andererseits. Jener berechnete einen weit höheren Schaden als diese, und wegen einer Unrichtigkeit in der Deklaration achtete sich die Gesellschaft zum Ersatz wenigstens des

Mobiliarschaden überhaupt nicht verpflichtet. — Man trat deshalb in Vergleichsunterhandlungen. Der Vergleich kam am 23. Febr. 66 dahin zu Stande, daß — was die Immobiliar-Entschädigung angeht — der Anspruch des Sz. auf 1364 Thlr. vereinbart wurde, — vorbehaltlich der Genehmigung des Generalbevollmächtigten. Nach Feststellung des Appellrichters hat der Generalbevollmächtigte diese „Genehmigung des Vergleichs" bereits am 28. Febr. 66 in einem Schreiben an den Generalagenten D. ausgesprochen und nach eingetroffener polizeilicher Genehmigung zur Auszahlung den D. ermächtigt, „die schon am 23. Febr. 66 festgestellte Entschädigungssumme" an das Vormundschaftsgericht zu zahlen, weil der Beschädigte inzwischen gestorben sei; D. aber hat kraft dieser Ermächtigung bereits am folgenden Tage jene Summe mit der schriftlichen Erklärung offerirt, daß sie dem inmittelst verstorbenen Sz. bei der Brandregulirungsverhandlung als Entschädigung „zuerkannt" sei. Und ferner hat nach derselben Feststellung der Generalbevollmächtigte selber den Klägern auf ihr Ersuchen um Auszahlung der Entschädigungssumme erwidert, der Generalagent sei von ihm mit der Zahlung an den Nachlaßrichter beauftragt. Endlich hat auch der Generalagent D. gegen den klägerischen Anwalt vor der Klage „ein deutliches Anerkenntniß" der Schuld der Implorantin abgegeben.

Diesem Thatbestand gegenüber behauptet Beklagte mit Unrecht, es handle sich um einen Anerkenntniß-Vertrag; folglich müsse das Anerkenntniß, um verpflichtend zu sein, dem Berechtigten gegenüber erklärt werden, der Appellrichter aber lege das Hauptgewicht auf die wechselseitige Korrespondenz der Beamten der Gesellschaft, also auf Interna der Letzteren.

Der Appellrichter hat zwar wiederholt von einem „Anerkenntniß" gesprochen; aber er ist davon ausgegangen, daß zwischen Sz. und den Beamten der Gesellschaft ein Vergleich geschlossen, die dem Generalbevollmächtigten vorbehaltene Genehmigung desselben ertheilt, in Folge dieser Genehmigung und kraft der Ermächtigung des Generalbevollmächtigten dem Vertreter „der Rechtsnachfolger" des Sz. vom General-Agenten Zahlung offerirt, und sogar von diesen beiden Beamten den Klägern bzw. ihrem Anwalt gegenüber die Existenz der Schuld und die Zahlungspflicht anerkannt sei. Offenbar ist auf dieses Anerkenntniß vom Appellrichter deshalb Gewicht gelegt, um festzustellen, daß durch dasselbe auch den Rechtsnachfolgern des Sz. gegenüber die Genehmigung des Vergleichs von den hierzu Befugten kund gethan worden. — Bei dieser Sachlage bedurfte es weder einer Acceptation des diese Genehmigung konstatirenden Anerkenntnisses, noch fehlt „die Erklärung dem Berechtigten gegenüber." Die Rüge der Verletzung der §§ 1, 4 und 185 ALR I. 5 ist sonach ohne Grund.

Nr. 19.

I. Senat. — Erkenntniß v. 13. Dezbr. 71. (V.)

Alexander Söhne ·/. Deppe (Nr. 659 v. 71).

Preußen. Wechselsache. Nichtigkeitsbeschwerde.

I. Instanz: Gerichtsdeputation Büren,
II. Instanz: Appellationsgericht Paderborn.

Domizilirter Eigenwechsel, zahlbar hier und aller Orten.

1. Der — einem Domizilvermerk oder dem Zahlungsversprechen eines Eigenwechsels beigefügte (auch bei trassirt eigenen Wechseln vorkommende) — Zusatz: „zahlbar aller Orten" oder „hier und aller Orten zahlbar" hat — nach Handelsgebrauch, Doktrin und deutscher Rechtsprechung — nur eine prozessuale Bedeutung. Er begründet die Ver-

pflichtung des Ausstellers, sich auf Zahlung vor dem Gericht belangen zu lassen, in dessen Bezirk er betroffen wird.

Hartmann DWR § 65 S. 168;
Borchardt ADWO Zus. 792, 793, 794 S. 605 ff.

2. Neben einem bestimmten Zahlungsort ist vorgedachter Zusatz für die Frage, wo die Wechselzahlung zu erfolgen hat, bedeutungslos.

DWO Art. 4 Nr. 8, Art. 7, 96 Nr. 6, 97, 98 Nr. 1.

Der vom Beklagten an die Ordre eines Dritten in Hammergrund ausgestellte Eigenwechsel hat die Adresse:

Auf mich selbst,
zahlbar bei Karl H.
in
Büren.

Vor den Worten: „in Büren" hat das benutzte Wechselformular den gedruckten, undurchstrichenen Vermerk: „hier und aller Orten."

Nach Verfall ist der Wechsel beim Domiziliaten Mangels Zahlung rechtzeitig protestirt, dann durch den Remittenten eingelöst und von diesem dem Kläger cedirt worden.

Kläger wird in zwei Instanzen abgewiesen, weil dem Wechsel ein bestimmter Zahlungsort fehle. Das OHG hat anders entschieden.

Gründe:

Der Appellrichter hat nicht in Zweifel gezogen, daß der in der Adresse des Klagewechsels angegebene Ort „Büren" der Wohnort des Domiziliaten ist; er sagt ausdrücklich: die Worte der Adresse ließen zweifelhaft, ob „der Zahlungsort hier, also der Ausstellungsort Hammergrund, oder Büren wegen des Domiziliaten H., oder ob an allen Orten — das heißt: überall, wo der Aussteller anzutreffen — sein solle." — Er erkennt auch an, daß blos der Ausdruck

„zahlbar aller Orten"

die Giltigkeit des Wechsels nicht aufhebt, sondern nur den Schuldner (Aussteller) den Gerichten, in deren Bezirk er betroffen wird, unterwirft. Allein vermöge der Kombination aller drei Ortsangaben:

hier — und aller Orten — in Büren

vermißt er die nothwendige Bestimmtheit darüber, „wo der Wechsel zu präsentiren ꝛc. ist," und er verneint deshalb auf Grund des Art. 7 DWO die Existenz einer wechselmäßigen Verbindlichkeit.

Mit Recht achtet die RktBschw. durch diese Entscheidung den Art. 4 Nr. 8, Art. 7, Art. 97 DWO verletzt.

Zunächst ist nicht zweifelhaft, daß der Ausdruck „aller Orten" auch den Ausstellungsort umfaßt; denn wäre dieser ausgeschlossen, so wäre der Wechsel nicht aller Orten zahlbar. Die Klausel „hier und aller Orten" besagt also nicht mehr als der Ausdruck „aller Orten" oder das Wort „überall."

Der Ausdruck „zahlbar aller Orten" oder „hier und aller Orten" ist oder war hauptsächlich bei eigenen Wechseln nicht selten. Er findet sich sogar häufig gedruckt auf den Formularen für trassirt eigene Wechsel. Der Handelsgebrauch hat ihm aber stets nur einen prozessualen Sinn beigelegt. Er bestimmt nicht beliebige Zahlungsorte für den so adressirten Wechsel, sondern er begründet die Verpflichtung des Ausstellers, sich vor dem Gericht auf Zahlung belangen zu lassen, in dessen Bezirk er getroffen wird. — Nur in dieser, den Gerichtsstand prorogirenden Bedeutung wird er auch von der Doktrin verstanden.

Vgl. Thöl (2. Auflage) S. 173 und 757;
Renaud S. 264;
Hartmann DWR S. 168;
Hoffmann Erläuterung der ADWO, 2. Ausgabe S. 648;

Platner in Siebenhaar's Archiv 16 S. 314 und 17 S. 257;

O. Wächter WR des nordd. Bundes S. 203;

Vgl. auch Prot. der Leipziger Konferenz Nr. 25 (Hirschfeld's Ausgabe S. 167).

Und dieselbe Bedeutung hat überwiegend die deutsche Rechtsprechung in ihm gefunden.

Erk. des OTr. zu Stuttgart v. 6. Febr. 52 (Archiv für WR III S. 225).

„ des H.App.Ger. München v. 28. Dezbr. 57 (daselbst 10 S. 46).

„ des O.App.Ger. Celle v. 3. Januar 61 (Entscheidungen des Tribunals von Celle 5 S. 50).

„ des OTr. zu Berlin v. 11. Mai 58 (Strieth. Arch. B. 29 S. 291 und Archiv für WR 8 S. 224).

Vgl. endlich Strieth. Arch. B. 47 S. 344.

Wird sie festgehalten — wie dies somit nach Handelsgebrauch, Doktrin und Judikatur nothwendig —: so folgt, daß jene Klausel „zahlbar aller Orten" oder eine gleichbedeutende unzureichend ist, für einen Wechsel, welchem ein ausgedrückter oder gesetzlicher (Art. 4 Nr. 8, Art 97 DWO) bestimmter Zahlungsort fehlt, die nothwendige Ortsbestimmung zu ersetzen.

Vgl. Thöl und Hartmann a. a. O.

Es folgt aber ferner, daß diese Klausel, einem bestimmten Zahlungsort hinzugefügt, diese Ortsbestimmung nicht entkräftet, den Wechsel also nicht zu einem, der Angabe eines bestimmten Zahlungsorts ermangelnden macht. Mithin bleibt ein eigener Wechsel, der außer dem Ausstellungsort keine besondere Ortsangabe, wohl aber jene Klausel enthält, im Ausstellungsort zahlbar; und ein eigener domizilirter Wechsel behält ungeachtet der Klausel „zahlbar aller Orten" das Domizil als Zahlungsort. — Wenn bisweilen entschieden ist, daß diese dem Domizilvermerk hinzugefügte Klausel dem eigenen Wechsel die Eigenschaft eines domizilirten benehme,

Erk. des O.App.Ger. Dresden v. 6. Sept. 59 (Arch. für WR 10 S. 96, Annalen des OAG I S. 435; Ztschr. für Rechtspflege und Verwaltung 18 S. 285) und v. 4. April 61 (Annalen 3 S. 515 und Ztschr. 2c. 18 S. 285) und

Erk. des H.Ger. Wiesbaden von 1863 (Nassau'sche Sammlung 7 S. 106):

so richtet sich doch diese Ansicht nur gegen die Nothwendigkeit der Präsentirung und Protestirung im Domizil; nicht aber leugnet sie, daß ungeachtet jener Klausel das Domizil vorzugsweise bestimmter Zahlungsort verbleibe; auch sie erkennt vielmehr die Rechtsbeständigkeit eines solchen Wechsels an.

Der Appellrichter hat also dem Zusatz „hier und aller Orten" neben dem Domizil Büren rechtsirrthümlich die Bedeutung gegeben, daß dadurch die Bestimmtheit des Zahlungsorts aufgehoben werde. Seine Entscheidung war daher, namentlich wegen unrichtiger Anwendung des Art. 7 (u. 98) DWO, zu vernichten.

Nr. 20.

I. Senat. — Erkenntniß v. 13. Dezbr. 71. (V.)

R. Wenzel ./. Frau Kuhn (Nr. 664 v. 71).

Preußen. **Wechselsache.** **Nichtigkeitsbeschwerde.**

I. Instanz: Kreisgericht Creutzburg,
II. Instanz: Appellationsgericht Ratibor.

Wechselfähigkeit und wesentliche Erfordernisse des Wechsels. Wechselverpflichtung Minderjähriger.

1. Die Wechselfähigkeit (im Sinne der Art. 1 bis 3 DWO) gehört nicht zu den (formellen) „wesentlichen Erfordernissen des Wechsels", über welche der zweite und

der dritte Abschnitt der DWO (in den Art. 4, 7, 96, 98) Bestimmungen treffen.

2. Ein Minderjähriger kann

a) durch seinen Vormund,

b) unter Mitwirkung des Vormunds, auch (wo solches nach bürgerlichem Recht für Verträge der Minderjährigen prinzipiell statthaft)

c) allein

Wechselverpflichtungen eingehen. Der Konsens des Vormunds braucht dabei aus dem Wechsel selbst nur insoweit zu erhellen, als dies nach Landesrecht entweder speziell für Wechselerklärungen vorgeschrieben ist oder allgemein für verpflichtende Verträge Minderjähriger erfordert wird.

3. Nach gemeinem und nach preußischem Recht braucht die zur Wechselerklärung eines Minderjährigen erforderliche Zustimmung des Vormunds nicht aus dem Wechsel ersichtlich zu sein.

Der Klagewechsel ist von Frau Kuhn ausgestellt, auf deren Ehemann gezogen und von diesem, welcher den Wechselzug genehmigt hat, acceptirt. Beide werden, nebst einem Indossanten, auf Zahlung der fälligen Wechsel summe nebst Zinsen ꝛc. belangt. Die Verbindlichkeit der Frau Kuhn ward bestritten, weil sie minderjährig ist und ihr noch lebender Vater die Wechselausstellung nicht auf dem Wechsel selbst, auch (anscheinend) erst nachträglich gutgeheißen hatte. Die Klage wurde deshalb, soweit sie gegen die Wechselausstellerin gerichtet, in zwei Instanzen abgewiesen. Das OHG hat das Appellurtel vernichtet und unter Aenderung des I. Erk. auch die Frau Kuhn solidarisch, gleich beiden Mitbeklagten, verurtheilt.

Gründe:

Die verehelichte Kuhn, geb. Z. verwittwete B., war unstreitig am Tage der Ausstellung und Girirung des von ihr an eigene Ordre gezogenen und girirten Wechsels noch minderjährig und stand zufolge ALR II. 2 § 229 unter der Vormundschaft ihres Vaters, des Lehrers Z. Ausstellungs- und Giro-Akt sind mit einem Genehmigungsvermerk ihres Ehemanns, nicht dagegen ihres Vaters versehen, wohl aber hat Letzterer in einer am gleichen Tage (16. Mai 70) vollzogenen Notariatsurkunde das von seiner Tochter geschlossene Wechselgeschäft ausdrücklich genehmigt. Ob diese Genehmigung vor, bei oder nach Ausstellung, bzw. Girirung des Wechsels erfolgt sei, ist unter den Parteien streitig. Der Appellrichter hat den über die Zeit der Genehmigung angetretenen Beweis nicht erhoben, vielmehr die Wechselklage — unter Berufung auf Art. 1, 4, 7 DWO — lediglich aus dem, in ähnlichen Fällen auch von anderen Gerichtshöfen aufgestellten (vgl. Borchardt ADWO S. 18 Zusatz 24) Grunde abgewiesen, weil die gesetzlichen Erfordernisse des Wechselvertrages, somit bei Wechselerklärungen Minderjähriger auch die Genehmigung des Vormunds oder Vaters, sich aus dem Wechsel selber ergeben müßten, und eine Unterscheidung zwischen eigentlichen Wechselerklärungen und solchen, aus denen nicht unmittelbar Wechselansprüche hergeleitet würden, unstatthaft sei.

Implorant behauptet, daß der Appellrichter durch diese Entscheidung die Art. 1, 4, 7 DWO, bzw. den Rechtsgrundsatz verletzt habe, daß der Kläger befugt sei, den aus dem Wechsel selbst nicht hervorgehenden Einwand der Wechselunfähigkeit aus Gründen, welche außerhalb des Wechsels liegen, zu widerlegen.

Daß der Entscheidungsgrund des Appellrichters in dieser Allgemeinheit nicht als richtig anzuerkennen sei, ist bereits vom OHG [Rspr. II S. 84] ausgesprochen. In Bezug auf die hier allein in Frage stehenden Wechselerklärungen Minderjähriger trifft er nicht zu.

Art. 4 DWO zählt die „wesentlichen Erfordernisse," das heißt: die nothwendigerweise in der Wechselurkunde enthaltenen Bestandtheile eines gezogenen Wechsels auf. Sie gehören sämmtlich zu den Formerfordernissen der Wechselurkunde und fixiren zugleich ihrer Mehrzahl nach (Nr. 2, 3, 4, 7, 8) den wesentlichen Inhalt der Wechselverpflichtung. Art. 7 DWO bestimmt:

> Aus einer Schrift, welcher eines der wesentlichen Erfordernisse eines Wechsels (Art. 4) fehlt, entsteht keine wechselmäßige Verbindlichkeit. Auch haben die auf eine solche Schrift gesetzten Erklärungen (Indossament, Accept, Aval) keine Wechselkraft.

Diese Vorschriften stehen im zweiten Abschnitt der DWO „von gezogenen Wechseln," unter I. „Erfordernisse eines gezogenen Wechsels," wie die korrespondirenden Vorschriften der Art. 96, 97, 98 Nr. 1 im Dritten Abschnitt „von eigenen Wechseln."

Neben diesen formellen Erfordernissen der Wechselurkunde, welche für gezogene und eigene Wechsel nicht völlig identisch sind, steht das allen Wechselerklärungen gemeinsame materielle Erforderniß der Wechselfähigkeit, von welcher der Erste Abschnitt der DWO, Art. 1—3, handelt. Diese fällt nach Art. 1 DWO mit der Fähigkeit zusammen, sich durch Verträge verpflichten zu können. Während nun die formellen Erfordernisse der Wechsel im ganzen Herrschaftsgebiet der DWO die gleichen sind, verhält sich dies mit dem materiellen Erforderniß der Wechselfähigkeit anders — es haben hier die Verschiedenheiten der bürgerlichen Rechtssysteme über die (allgemeine) Vertragsfähigkeit nach Alter, Geschlecht und anderweitigen Zuständen volle Geltung bewahrt. Während ferner der Mangel auch nur eines formellen Erfordernisses des Grundwechsels allen auf denselben gesetzten Wechselerklärungen die Wechselkraft benimmt — Art. 7 —, entkräftet der Mangel der Wechselfähigkeit nur die einzelne Wechselerklärung — Art. 3. Während endlich die „wesentlichen Erfordernisse" des Wechsels, weil sie Formerfordernisse sind, aus der Wechselurkunde selbst*) erhellen müssen, demgemäß auch alle modifizirenden oder ergänzenden Vereinbarungen der Betheiligten, welche nicht in die Wechselurkunde aufgenommen worden sind, für den Inhalt der Wechselverpflichtung einflußlos erscheinen: ist ein gleicher Rechtssatz für das materielle Erforderniß der Wechselfähigkeit völlig undenkbar. Ob Jemand großjährig oder dafür erklärt, ob der väterlichen Gewalt entlassen, ob von ehemännlicher Vogtschaft frei, ob giltig Handelsfrau ist ꝛc., kann aus dem Wechsel gar nicht erhellen, so wenig sich das Gegentheil aus dem Wechsel in der Regel ergeben wird. Der Grundsatz des Appellrichters, daß alle wesentlichen Erfordernisse des Wechselvertrags sich aus dem Wechsel selbst ergeben müssen, ist somit, auf die Wechselfähigkeit angewendet, offenbar irrig.

Anscheinend richtiger ist folgende engere Auffassung:

Wird die Giltigkeit der Wechselverpflichtung wegen Wechselunfähigkeit bestritten, so kann nur mit und aus dem Wechsel der Beweis für die Giltigkeit der Wechselverpflichtung geführt werden. So gefaßt, würde es sich um eine Regel nicht des materiellen, sondern des Wechselprozeß-Rechts, nicht um den Wechsel als Verpflichtungs-, sondern als Beweis-Urkunde handeln. Allein über das Wechselprozeßrecht und über den Wechsel als Beweisurkunde enthält die DWO keine Vorschriften; es fiele somit der Vorwurf, daß der Appellrichter die Art. 1, 4 und 7 DWO unrichtig angewendet habe. Ueberdies aber gelangte man von diesem Standpunkt der Beweisurkunde und des Wechselprozeßrechts höchstens zu der Annahme, daß, falls aus dem Wechsel selbst die beschränkte Vertragsfähigkeit des Wechselzeichners erhellt, auch aus dem Wechsel selbst erhellen müsse, daß im konkreten Falle das Hinder-

* Vgl. Rspr. I S. 49, 63, 79; II S. 377; IV S. 40, 852.

niß gehoben sei. Und sogar diese Annahme wäre theils zu eng, theils zu weit. Zu eng, theils weil der Wechselprozeß, als eine Art des Exekutivprozesses, zwar urkundliche Bescheinigung des ganzen Klagegrundes, aber — mindestens nach preußischem Recht — nicht schlechthin auch der Repliken (vgl. Borchardt ADWO S. 5 Zus. 5) erfordert, theils weil der erforderliche Urkundenbeweis nicht lediglich durch die Wechselurkunde, sondern neben ihr auch durch andere Urkunden geführt werden darf:

Thöl Wechselrecht § 334,

Renaud Archiv für WR VIII S. 281,

Voigt Neues Archiv für Handelsrecht II S. 144ff.

Zu weit, weil der Wechsel selber nicht immer den gesammten, nach Lage des Falles erforderlichen Urkundenbeweis enthalten kann, weil z. B. daneben Proteste, Retourrechnungen, Kurszettel, Erb- und Vormundschafts-Atteste, Auszüge aus dem Handelsregister, Prokuren beigebracht werden müssen.

So unterscheidet auch die [preuß.] Allgemeine Gerichts-Ordnung Th. I Tit. 27.

Nach § 1 findet der Wechselprozeß nur aus Wechseln statt, welche mit den gesetzmäßigen Erfordernissen versehen (somit den Art. 4, bzw. Art. 96, 97, 98 Nr. 1 DWO entsprechend) und von solchen Personen ausgestellt sind, denen die Gesetze die Fähigkeit, sich wechselmäßig zu verpflichten, beilegen (jetzt Art. 1 DWO). Nach § 4 hat Kläger bei Anstellung der Klage den Originalwechsel nebst den dazu gehörigen Protesten und übrigen zur Begründung der Klage nach Beschaffenheit des Falles etwa erforderlichen Dokumenten sogleich beizubringen. Zum Klagegrund gehört, nach dem landrechtlichen System der beschränkten Wechselfähigkeit auch die Behauptung der Wechselfähigkeit des Beklagten. Daher § 5 a. a. O. vorschreibt: „Gehört der Beklagte nicht zu den Kaufleuten oder denjenigen Personen, welche diesen nach den Gesetzen gleichzuachten sind (ALR II. 8 § 718 bis 724): so muß die Fähigkeit desselben, sich **wechselmäßig** zu verpflichten, sogleich bei Anstellung der Klage nachgewiesen werden (ALR a. a. O. § 726, 727, 731—747); und nach § 6 muß, wenn die Fähigkeit des Bekl. auf einem dazu erhaltenen gerichtlichen **Certifikat** beruht, Kläger seiner Klage entweder eine beglaubte Abschrift dieses Certifikats oder doch ein gerichtliches Attest darüber beilegen. Die AGO verlangt somit nicht einmal schlechthin den **urkundlichen** Beweis der Wechselfähigkeit, noch weniger deren Beweis durch den Wechsel selbst. Vgl. auch § 8 daselbst: „sowohl in Ansehung der zur Begründuug der Wechselklage beigebrachten Dokumente, als in Ansehung der persönlichen Fähigkeit des Bekl., sich wechselmäßig zu verpflichten"; § 9: „aus Mangel der gesetzmäßigen Erfordernisse, entweder bei den Instrumenten **oder** in der Person des Bekl."

Man könnte endlich versuchen, und dies ist allerdings in ähnlichen Fällen geschehen — vgl. Archiv für Civil- und Criminalrecht der Rheinprovinz, B. 61 S. 215; **Hartmann** DWR S. 138, 139, 143; Motive zum württembergischen Entwurf eines Handelsgesetzbuchs S. 451 —, die Nothwendigkeit der Mitunterschrift des Vormunds **unmittelbar aus der** DWO in folgender Weise herzuleiten: Art. 4 Nr. 5 der DWO erfordert „die Unterschrift des Ausstellers," Art. 12 die des Giranten, Art. 21 die des Acceptanten, Art. 81 die des Avalgebers. Bedürfe nun der Zeichnende zur Ergänzung seiner Persönlichkeit im Rechtssinne der Mitwirkung einer anderen Person, so müsse die Zeichnung selbst ergänzt werden. Träfe dieses Argument zu, so würde der Grundsatz **absolut** gelten, und käme es nicht darauf an, ob die Wechselunfähigkeit des Zeichners sich aus dem Wechsel selber ergiebt. Allein dasselbe ist **nach der** DWO, sowie nach den Prinzipien des **gemeinen** und des preußischen bürgerlichen Rechts, soweit die hier allein in Frage stehenden Wechselverpflichtungen Minderjähriger angeht, ungegründet.

Nach dem vor der DWO bestehenden gemeinen deutschen Wechselrecht wurden Minderjährige jedenfalls durch die unter Zustimmung ihres Curators von ihnen selber eingegangenen Wechselverpflichtungen wechselmäßig obligirt. Daß diese Zustimmung durch Mitunterschrift auf dem Wechsel erfolgen müsse, war weder gesetzlich noch gewohnheitsrechtlich bestimmt, und es blieb daher bei der Regel des gemeinen Rechts, daß der consensus curatoris — in scharfem Gegensatz zur auctoritas tutoris (§ 2 Inst. 1, 21) — kein nothwendiger Bestandtheil des Verpflichtungsakts sei, vielmehr der Kontrakt auch vom Minderjährigen allein geschlossen, die vormundschaftliche Zustimmung aber vorher wie nachher, ausdrücklich wie stillschweigend, wirksam ertheilt werden könne.

Puchta Pandekten § 50, 51, 334,
Windscheid Pandekten § 442, n. 3,
Arndts Pandekten § 452,
Kraut die Vormundschaft nach den Grundsätzen des deutschen Rechts, B. II S. 108 ff.
v. Gerber deutsches Privatrecht § 244 u. A. m.

Vgl. Franck instit. jur. cambialis, lib. I sect. I tit. 9 § 11,
Heineccius elem. juris camb. cap. V § 1, 3,
Ludovici introd. in proc. camb. cap. I § 14,
Riccius exercit. jur. camb. exerc. V sect. I § 17, 18,
Scheerer Handbuch des Wechselrechts II S. 259, III S. 381,
Heise Handelsrecht S. 138 ff.,
Thöl Wechselrecht § 163, n. 13.

Freilich steht gemeinrechtlich, trotz der Zustimmung des Vormunds und sogar der obervormundschaftlichen Genehmigung, dem lädirten Minderjährigen die Wiedereinsetzung in den vorigen Stand schlechthin zu, so daß praktisch seine Wechselfähigkeit nicht leicht wirksam wird. Daher denn zahlreiche Wechselgesetze, obwohl sie vom Prinzip der allgemeinen Wechselfähigkeit ausgingen, theils um die mißliche in integrum restitutio entbehrlich zu machen, theils um den Minderjährigen noch wirksamer zu schützen, alle, auch konsentirten Wechselverpflichtungen derselben, mitunter sogar die von ihren Vormündern für sie eingegangenen Wechselverpflichtungen, für schlechthin ungiltig erklärt haben. Ja es wurde z. B. im Chursächsischen Recht die allgemein mit dem vollendeten 21. Lebensjahre eintretende Großjährigkeit für Wechselgeschäfte auf das vollendete 25. Lebensjahr hinausgeschoben.

Vgl. Riccius exerc. jur. camb. exerc. V sect. I,
Siegel corpus juris camb. II S. 383 ff.,
Scheerer Handbuch des Wechselrechts II S. 253 ff.,
Treitschke Encyclopädie des Wechselrechts s. v. Wechselfähigkeit.

Näher kamen dem gemeinen Recht einzelne Wechselordnungen, welche zwar Wechselerklärungen Minderjähriger zuließen, aber die Mitunterschrift des Vormunds erforderten, z. B. württembergische Wechsel-Ordnung cap. II § 9, Hessen-Hanauische § 2, Onolzbach'sche cap. I Art. 2.

Eine Ausnahme machte man allgemein nur zu Gunsten minderjähriger Kaufleute, sofern deren Handelsbetrieb unter ausdrücklicher oder stillschweigender Ermächtigung der Obrigkeit stattfand. So noch der code de commerce Art. 114: les lettres de change souscrites par des mineurs non-négocians sont nulles à leur égard; vorbehaltlich der Bereicherungsklage, Code civil Art. 1312.

Das preußische Wechselrecht erkannte ursprünglich, gleich dem gemeinen, konsentirte Wechselverpflichtungen der Minderjährigen als giltig an:

Wechsel-Ordnung von 1751 Art. III;

die Wechselordnung des ALR dagegen erachtete die Wechselfähigkeit für ein Privileg der Kaufleute (Th. II Tit. 8 § 718 bis 728) und derjenigen Personen, für welche das gleiche Bedürfniß wie die gleiche Zuträglichkeit der Wechselverpflichtung anzuerkennen sei. Wenn daher im ALR II. 8 § 715 bestimmt wird:

„wer überhaupt unfähig ist, Verträge zu schließen, kann sich nicht wechselmäßig verbinden," und

wenn § 717 daselbst sogar in den Fällen, da die von dergleichen Personen geschlossenen Verträge unter gewissen Umständen giltig werden, wechselmäßiges Verfahren und Wechselexekution gegen dieselben ausschließt, sodann § 477 a. a. O. vorschreibt, daß ein Minderjähriger zur Treibung kaufmännischer Geschäfte erst nach erhaltener Großjährigkeitserklärung gelassen werden soll (vgl. § 729, 730), wenn endlich den Wechselunfähigen das Privileg der Wechselfähigkeit nur nach causae cognitio des ordentlichen Richters ertheilt ist (§ 731 ff.): so war es nur konsequent, wenn man die von Minderjährigen unter Mitwirkung ihrer Vormünder — sogar die von den Letzteren für sie — eingegangenen Wechselerklärungen für unwirksam erachtete, zumal die in integrum restitutio minorum beseitigt war;

Crelinger und Gräff, preußisches Wechselrecht S. 12.

In den die Grundlage der DWO bildenden preußischen Entwürfen wurde die Auffassung der Wechselfähigkeit als eines Privilegs aufgegeben, und die Wechselfähigkeit an die „allgemeine Dispositionsfähigkeit" oder doch (in den letzten Entwürfen von 1846 und 1847) an die Fähigkeit, sich durch Darlehnsverträge giltig zu verpflichten, geknüpft. Hinsichtlich der Minderjährigen enthielt der Entwurf von 1845 § 5, 6 die Bestimmung, daß Wechselverpflichtungen durch deren Vormünder hinsichtlich einer für sie betriebenen Handlung oder Fabrikunternehmung giltig seien, jedoch nur das Vermögen der Minderjährigen auf diese Weise verhaftet werden solle. (Vgl. Motive zum Entwurf von 1845 S. 7 und Protokolle der Sachverständigen-Kommission S. 10). In dem an den Staatsrath 1846 erstatteten Bericht wird S. 16 hervorgehoben, daß die Vorschriften des Entwurfs zu enge seien, und daß die Bestimmungen, ob und unter welchen Bedingungen der Vertreter eines Nichtdispositionsfähigen für diesen Wechselverpflichtungen zu übernehmen befugt sein solle, nicht in die Wechselordnung, sondern in das allgemeine Civilrecht gehörten. Dabei wurde hervorgehoben: „daß Nichtdispositionsfähige nicht durch eigene Erklärung eine Wechselverbindlichkeit übernehmen können, versteht sich freilich von selbst." Demgemäß bestimmte § 2 des Entwurfs von 1846 nur:

„Der Wechsel-Personal-Arrest ist nicht zulässig:

3) gegen Vormünder, Kuratoren und Vorsteher, welche Personen, die zu eigener Vermögensverwaltung unfähig sind, vertreten und für dieselben Wechselverpflichtungen übernehmen";

und ebenso schließt § 2 Nr. 4 des preußischen Entwurfs von 1847 den Wechselarrest aus solchen Wechselerklärungen aus, welche in Angelegenheiten solcher Personen, die zur eigenen Vermögensverwaltung unfähig sind, von den zur Vertretung bestellten Personen ausgestellt sind; § 86 dieses Entwurfs aber enthält den gegenwärtig durch Art. 95 DWO normirten Grundsatz unter besonderer Erwähnung der Vormünder. Die Motive bemerken hinsichtlich der Minderjährigen nur, daß sie der Regel unterliegen (das heißt: „wechselfähig sind alle Personen, welche sich durch Darlehnsverträge giltig verpflichten können") S. XXVIII, XXIX, LXXVI.

Der Standpunkt der gleichzeitigen Wechselgesetze und Entwürfe war ein sehr verschiedener.

Der sächsische Entwurf (von Einert) Tit. XV wollte Personen unter 25 Jahren nur hinsichtlich der von ihnen mit obrigkeitlicher Genehmigung betriebenen Handlung für wechselfähig gelten lassen. Die bremer Wechsel-Ordnung von 1844 dagegen erklärte (Art. 7) für wechselfähig ohne Unterschied des Geschlechts alle Personen, welche sich rechtsbeständig verpflichten können, somit, wie in Note 3 vom Redaktor (Albers) hinzugefügt ist, unter Umständen auch Minderjährige. Und während der mecklenburgsche Entwurf (von Thöl) § 3 erklärt:

> Ein Wechselversprechen können geben alle Personen, welche verpflichtungsfähig sind. Ausgenommen sind Minderjährige unter allen Umständen, auch wenn die Vormundschaft das Wechselversprechen genehmigt oder giebt. Minderjährige können durch eine spezielle Konzession wechselfähig werden.

und in den Motiven S. 64, 65 diese Ausnahme aus der den Minderjährigen allgemein zustehenden in integrum restitutio, welche gegen Wechselverpflichtungen als Summenversprechen unmöglich sei, gerechtfertigt wird: so erklärt, im allgemeinen Prinzip einverstanden, aber hinsichtlich der Minderjährigen und dergleichen gerade entgegengesetzt, der braunschweigsche Entwurf (von Liebe) § 1:

> die Fähigkeit zur Uebernahme von Wechselverbindlichkeiten ist an keine anderen Beschränkungen geknüpft, als an diejenigen, welche rücksichtlich der Fähigkeit, vertragsmäßige Dispositionen überhaupt einzugehen, stattfinden,

und zur Beseitigung jedes Zweifels bemerken die Motive S. 56, daß nicht dispositionsfähige Personen nur dann wechselmäßig zu verpflichten sind, wenn z. B. bei Minderjährigen, Korporationen u. s. w. diejenigen Formen und Voraussetzungen eintreffen, unter welchen überhaupt das Entstehen einer Verbindlichkeit für sie möglich ist, und S. 58: „rücksichtlich der Minderjährigen reichen die gemeinrechtlichen Dispositionen über deren Kontraktsfähigkeit vollkommen aus." Ausdrücklich wird sodann § 2 Nr. 4 gegen Personen, welche zu eigener Vermögensverwaltung unfähig sind und durch Vormünder, Kuratoren oder Vorsteher vertreten werden, in Betreff der durch solche Vertreter übernommenen Wechselverbindlichkeiten die persönliche Haft ausgeschlossen.

Die Allgemeine Deutsche Wechselordnung enthält nur folgende Bestimmungen:

Art. 1. Wechselfähig ist ein Jeder, welcher sich durch Verträge verpflichten kann.

Art. 2. Der Wechselschuldner haftet für die Erfüllung der übernommenen Wechselverbindlichkeit mit seiner Person und seinem Vermögen.

Jedoch ist der Wechselarrest nicht zuläsſig: . . .

2. aus Wechselerklärungen, welche für Korporationen oder andere juristische Personen, für Aktiengesellschaften oder in Angelegenheiten solcher Personen, welche zu eigener Vermögensverwaltung unfähig sind, von den Vertretern derselben ausgestellt werden;

Art. 95. Wer eine Wechselerklärung als Bevollmächtigter eines Anderen unterzeichnet, ohne dazu Vollmacht zu haben, haftet persönlich in gleicher Weise, wie der angebliche Machtgeber gehaftet haben würde, wenn die Vollmacht ertheilt gewesen wäre. Dasselbe gilt von Vormündern und anderen Vertretern, welche mit Ueberschreitung ihrer Befugnisse Wechselerklärungen ausstellen.

Aus den Berathungsprotokollen ist hervorzuheben: Es wurde die „allgemeine Dispositionsfähigkeit" als einzige Bedingung der Wechselfähigkeit anerkannt. Der österreichische Abgeordnete erklärte, daß hinsichtlich gewisser Wechsel die

Wechselfähigkeit „allen Personen, welche sich giltig durch Vertrag verpflichten können," einzuräumen sei; um Mißdeutungen zu vermeiden, wurde für räthlich erachtet, den § 1 entweder in der Art und Weise, wie dies im braunschweiger Entwurf geschehen ist, oder mehr positiv nach Maaßgabe der Fassung des Entwurfs für Holstein und Lauenburg zu redigiren.

Prot. Nr. 18, 22, 27 (Thöl's Ausgabe S. 6, 7, 8). Der von der Redaktions-Kommission vorgelegte Entwurf, dessen Fassung mit Art. 1 DWO übereinstimmt, wurde genehmigt.

Prot. 1207 (Thöl's Ausgabe S. 247 und Anhang). Hinsichtlich der Minderjährigen, heißt es in den Protokollen, „bedarf es keiner Erwähnung, daß in Ansehung ihrer wie der übrigen bevormundeten Personen nur die Frage entstehen kann, inwiefern durch die von ihren Vertretern ausgestellten Wechselerklärungen eine wechselmäßige Verpflichtung herbeigeführt werden soll. Die Versammlung war der Ansicht, daß die Minderjährigen in der Wechsel-Ordnung nicht auszuschließen seien, und es den Vormundschafts-Ordnungen der einzelnen Staaten überlassen werden müsse, zu bestimmen, in welchem Umfange die Vormünder zur Ausstellung von Wechseln Namens der von ihnen vertretenen Personen befugt seien."

Prot. 26 (Thöl's Ausgabe S. 8).
Die in Art. 2 Nr. 2 und Art. 95 enthaltenen Bestimmungen wurden, soweit hier interessirt, ohne Bedenken angenommen.

Prot. 33, 802, 1207 (daselbst S. 9, 165, 247). — Es sind nun vier verschiedene Ansichten über die Wechselerklärungen der Minderjährigen aufgestellt:

1. Alle von Minderjährigen, wenngleich unter Zustimmung ihres Vormunds, oder für Minderjährige durch

ihren Vormund abgegebenen Wechselerklärungen sind als solche ungiltig.

Diese schroffste, dem System des älteren preußischen Wechselrechts entsprechende Theorie, welche sich darauf stützt, daß Minderjährigen die für die Wechselfähigkeit erforderliche allgemeine Verpflichtungsfähigkeit fehle, oder darauf, daß die landesgesetzlichen Vormundschaftsordnungen keine Form für die Eingehung der Wechselverbindlichkeiten Minderjähriger enthalten, steht in unvereinbarem Widerspruch mit den ausdrücklichen Bestimmungen der DWO, nach welcher Wechselerklärungen durch Vormünder die Minderjährigen (bis auf die, jetzt ohnehin weggefallene, Personalhaft) verpflichten, und mit der aus den Protokollen ersichtlichen Absicht des Gesetzgebers.

2. Die für Minderjährige durch deren Vormünder abgegebenen Wechselerklärungen sind giltig, dagegen die von Minderjährigen, wenngleich unter Zustimmung ihres Vormunds, abgegebenen Wechselerklärungen ungiltig.

Diese Theorie ist richtig, falls nach dem bürgerlichen Recht Minderjährige nur durch ihre Vormünder verpflichtet werden können, unrichtig, falls Minderjährige auch selber — sei es unter Zustimmung ihres Vormunds, sei es gar ohne diese — allgemein durch Verträge verpflichtet werden können. Der Gesetzgeber hat, wie schon die älteren preußischen Entwürfe, nur den ersten, gegenwärtig häufigsten Fall vorgesehen und ausdrücklich geregelt, ohne den anderen Fall nach Maaßgabe des bürgerlichen Rechts auszuschließen.

3. Auch die von Minderjährigen unter Zustimmung ihres Vormunds abgegebenen Wechselerklärungen sind giltig, nur muß der Vormund die Wechselerklärung mitunterzeichnen.

Allein die DWO enthält über die Mitunterschrift des Vormunds keine Bestimmung; dieselbe kann daher nur da erforderlich sein, wo das bürgerliche Recht solche für die Giltigkeit der von Minderjährigen eingegangenen schriftlichen Verpflichtungen erfordert, wo mithin die Zustimmung des Vormunds den Charakter nicht des consensus curatoris, sondern der tutoris auctoritas trägt.

4. Minderjährige dürfen durch ihre Vormünder und unter Mitwirkung ihrer Vormünder, ja, wo dies nach bürgerlichem Recht für ihre Verträge prinzipiell statthaft sein sollte, auch allein Wechselverpflichtungen eingehen; der Konsens des Vormunds braucht nur insoweit aus dem Wechsel zu erhellen, als dies nach Landesrecht entweder speziell für Wechselerklärungen vorgeschrieben ist oder allgemein für alle verpflichtenden Verträge Minderjähriger erfordert wird.

Diese letzte Ansicht ist die richtige. Die DWO macht die Wechselfähigkeit nicht von der selbständigen Fähigkeit, sich vertragsmäßig zu verpflichten, sondern lediglich von der Verpflichtungsfähigkeit durch Verträge abhängig. Wer sich ohne Mitwirkung Anderer nur durch gewisse Verträge verpflichten kann, ist darum für sich allein nicht wechselfähig; wer sich dagegen allgemein durch Verträge verpflichten kann — sei es allein, sei es unter Mitwirkung eines Vormundes und dergleichen — kann insoweit — somit allein oder unter der gleichen Mitwirkung — sich auch wechselmäßig verpflichten, und die Art dieser Mitwirkung ist für Wechselverträge prinzipiell keine andere, als für alle übrigen Verträge.

Gewährt sonach das Wechselrecht keine Entscheidung, ob die nach bürgerlichem Recht zur Wechselerklärung Minderjähriger erforderliche Zustimmung des Vormunds aus dem Wechsel selber erhellen muß: so ist nach gemeinem und preußischem bürgerlichen Recht diese Frage zu verneinen.

Die thatsächliche Regel des heutigen gemeinen Rechts

ist, daß der Vormund für den Pflegebefohlenen als dessen Vertreter handelt. Doch ist eigenes Handeln des Minderjährigen nicht ausgeschlossen. Bedarf es nun nicht allein zu Veräußerungsgeschäften, sondern, nach gemeiner Praxis, auch zu Verpflichtungsgeschäften der Minderjährigen schlechthin der vormundschaftlichen Zustimmung: so mag zwar gezweifelt werden, ob diese Zustimmung rücksichtlich ihrer Bedeutung und Wirkung mehr der tutoris auctoritas oder dem consensus curatoris entspricht; aber es ist sicher, daß sie rücksichtlich ihrer Form dem consensus gleichsteht. Die gemeinrechtliche Streitfrage, ob noch gegenwärtig es für den Unmündigen eine tutoris auctoritas gebe, schlägt hier nicht ein, da unzweifelhaft es für den Minderjährigen, welcher über die Jahre der Unmündlichkeit hinaus ist, weder im römischen Recht eine tutoris auctoritas gegeben hat, noch solche erweislich durch neueres Gewohnheitsrecht eingeführt worden ist.

Das preußische Recht steht auf dem Boden des neueren gemeinen Rechts. Es verwirft hinsichtlich der Rechtsgeschäfte unter Lebenden den Unterschied zwischen Unmündigen und Minderjährigen, zwischen tutor und curator, zwischen auctoritas und consensus. In der Regel wird das Geschäft für den Pflegebefohlenen durch den Vormund geschlossen.

ALR I. 5 § 10, 14; II. 18 § 249, 250.

Allein es ist statthaft, daß der Minderjährige selber das Verpflichtungsgeschäft abschließt und die Einwilligung des Vormunds vorausgeht oder nachfolgt.

ALR I. 4 § 22 erfordert die Einwilligung, Th. I Tit. 5 § 11 bis 13 die Genehmigung, Th. II Tit. 18 § 247, 248 das Zuthun oder die Beistimmung des Vormunds, und Th. II Tit. 2 § 125 erklärt hinsichtlich der Kinder in väterlicher Gewalt: „wenn mit Vortheilen zugleich Lasten und Verbindlichkeiten übernommen werden, so hängt die Rechtsbeständigkeit der Handlung des Kindes von der vorhergehenden oder hinzukommenden Einwilligung des Vaters ab.“ Verwiesen wird aber auf die allgemeinen, im ALR I. 4 § 21, 22; I. 5 § 11 bis 13 enthaltenen Sätze, welche sich der Ausdrücke „Einwilligung“ und „Genehmigung“ bedienen, wie denn auch die älteren preußischen Gesetze nur den „Konsens“ der Eltern, Vormünder oder Kuratoren verlangten.

Bornemann preußisches Civilrecht Th. II S. 85 ff., 95. Ob diese Einwilligung unter allen Umständen oder doch mindestens bei schriftlich geschlossenen Verträgen in Schriftform zu erfolgen hat, braucht hier nicht untersucht zu werden, weil schriftliche Einwilligung vorliegt. Da somit die Einwilligung oder Genehmigung des Vormunds nicht einen Bestandtheil des Verpflichtungsakts bildet, sondern nur dem statthafterweise auch vom Minderjährigen allein ausgehenden Verpflichtungsakt rechtliche Wirksamkeit verleiht (Entsch. des preuß. OTr. B. 12 S. 340), da ferner unter Umständen sogar ein genereller Konsens des Vormunds genügt (ALR II. 18 § 7, 28 ff., vgl. Th. II Tit. 2 § 127): so liegt kein Grund vor, die Wechselerklärungen der Beklagten Frau Kuhn lediglich um deswillen für ungiltig zu erachten, weil nicht auf dem Wechsel selbst die vormundschaftliche Zustimmung des Vaters ertheilt ist.

Das Urtel des Appellrichters, welches von keinem anderen Grunde getragen wird, war hienach zu vernichten.

In der Sache selbst erscheint der Anspruch des Klägers gegründet. Die Behauptung, daß der Konsens des Lehrers Z. zu der Wechselverpflichtung der Beklagten der gerichtlichen Form gemäß § 198 ALR II. 1 bedurft hätte, ist schon darum ungegründet, weil durch die Wechselausstellung Beklagte sich ihrem Ehemann, dem Bezogenen*), nicht ver-

*) Vgl. Rspr. II S. 86.

bindlich gemacht hat; soweit aber die Wechselausstellung eine Interzession der Bekl. zu Gunsten ihres Ehemanns enthalten haben sollte, jedenfalls nirgend vorgeschrieben ist, daß auch die erforderliche Zustimmung des Vaters oder Vormunds der Frau der gerichtlichen Vollziehung bedürfe. Der Einwand, daß der Lehrer Z. das Wechselgeschäft der Bekl. nicht dem Kläger gegenüber genehmigt habe, ist irrelevant, weil es nur darauf ankommt, daß das Geschäft mit Genehmigung des Vaters der Bekl. geschlossen ist, nicht, wem gegenüber diese Genehmigung ausgesprochen ist.

Nr. 21.

I. Senat. — Erkenntniß v. 13. Dezbr. 71. (Z.)

Gorzelanczyk ./. Tarnowski (Nr. 674 v. 71).

Preußen. **Nichtigkeitsbeschwerde.**

I. Instanz: Kreisgericht Prenzlau,
II. Instanz: Kammergericht zu Berlin.

Handelskauf. Fixgeschäft. Anderweitiger Verkauf bei Nichterfüllung.

Bei einem Fixgeschäft verliert der Verkäufer das Recht zu anderweitigem Verkauf der Waare gemäß Art. 343 HGB dadurch nicht, daß er nach Ablauf der vertragsmäßigen Frist dem Käufer erklärt, auf Erfüllung bestehen zu wollen, zugleich aber, für den Fall der Nichterfüllung einen Verkauf auf Rechnung des Käufers sich vorzubehalten.

HGB Art. 343, 357 Abs. 2.

Sachverhalt und Entscheidung des OHG:

Nach Maaßgabe des angefochtenen Erk. ist thatsächlich als feststehend zu betrachten:

Das in Frage stehende Geschäft war ein Fixgeschäft und Beklagter zur entscheidenden Zeit mit Zahlung des Kaufpreises für die noch nicht übergebene Waare im Verzuge. Unverzüglich nach Ablauf der festbestimmten Frist, am 1. Dezbr. 69, hat Kläger dem Bekl. erklärt, daß er auf Erfüllung bestehe, beifügend, daß für den Fall der Nichtabnahme der Waare er sich während 3 Tagen das Recht vorbehalte, dieselbe öffentlich verkaufen zu lassen. Beklagter entsprach dieser Aufforderung nicht, erklärte vielmehr, er betrachte seine Verpflichtungen als erloschen, und hierauf beantragte Kläger am 7./8. Dezember den öffentlichen Verkauf, welcher im Januar 70 stattfand.

Der Appellrichter nahm an, daß Kläger bei dieser Sachlage dem Gesetz gemäß verfahren habe; während in der NktBschw. geltend gemacht wird, der Verkauf könne, weil er nicht nach Vorschrift des Art. 357 HGB unverzüglich vorgenommen worden sei, nicht als für Rechnung des Käufers geschehen gelten, und deshalb seien die Art. 343, 354, 356 und 357 HGB verletzt.

Diese Beschwerde erscheint unbegründet.

Die fragliche, auf Waaren, welche einen Markt- oder Börsenpreis haben, sich beziehende Bestimmung im Art. 357 Abs. 2 HGB gilt nur für den Fall, daß Verkäufer statt der im Fixgeschäft bedungenen Erfüllung den Verkauf für Rechnung des Käufers wählt. Wenn das Gesetz in solchem Falle den unverzüglichen Verkauf verlangt, so geschieht dies, weil mit Ablauf der festbestimmten Frist dem säumigen Käufer die Möglichkeit nachträglicher Erfüllung entzogen ist, und um zu verhindern, daß der Verkäufer diese Lage zur Spekulation auf Rechnung des Käufers ausbeute, — wobei in Betracht kommt, daß die Waaren, bezüglich deren Fixgeschäfte abgeschlossen zu werden pflegen, in der Regel starken Preisschwankungen ausgesetzt sind.

Anders steht die Sache jedoch, wenn — wie in vorliegendem Falle — Verkäufer den Käufer sofort, mit Vorbehalt des Verkaufsrechts, zu nachträglicher Erfüllung aufgefordert hat; denn nunmehr steht es, wie bei gewöhnlichen Geschäften, in der Macht des Käufers, nachträglich zu erfüllen, und falls er dieser Aufforderung gegenüber von Neuem in Verzug kommt, so kann er sich auf die Thatsache, daß ursprünglich ein Fixgeschäft vorgelegen habe, nicht mehr berufen, vielmehr muß er sich nach den gewöhnlichen Grundsätzen behandeln lassen. Wer Erfüllung verlangen darf, muß auch befugt sein, im Fall der Nichterfüllung Schadenersatz zu begehren; die Geltendmachung dieses letzteren erfolgt aber im kaufmännischen Verkehr gegen den säumigen Käufer gerade dadurch, daß der Verkäufer unter Beobachtung der Vorschriften des Art. 343 HGB die Waare auf Rechnung des Käufers verkaufen läßt, um seinen Schaden zu liquidiren.

Hieraus folgt zugleich, daß wenn Kläger im Schreiben v. 1. Dezbr. 69 beifügte, er behalte sich das Recht des Verkaufs für den Fall der Nichtabnahme der Waare vor, er sich hierdurch mit der vorausgehenden Aufforderung zu erfüllen, durchaus nicht in Widerspruch setzte, sondern sich vollkommen auf gesetzlichem Boden befand.

Wenn Implorant hervorhebt, der Verkauf trete immer nur an Stelle der Erfüllung und bilde insofern einen Gegensatz zu derselben: so kann ihm hierin beigepflichtet werden; doch ist darauf hinzuweisen, daß in vorliegendem Falle die Erfüllung, an deren Stelle der Verkauf trat, zunächst nicht jene ist, welche auf Grund des Fixgeschäfts, sondern jene, welche auf Grund der Aufforderung v. 1. Dez. 69 zu erfolgen hatte.

Nr. 22.

II. Senat. — Bescheid v. 14. Dezbr. 71 (Ref.)

Allg. Versicherungs-Gesellschaft für See-, Fluß- und Landtransport zu Dresden ./. den kgl. sächsischen Staatsfiskus (Nr. 2 v. 72, B).

Königreich Sachsen. **Beschwerdesache.**

I. Instanz: Handelsgericht im Bezirksgericht Dresden,
II. Instanz: Appellationsgericht daselbst.

Staatsbahnfiskus als Kaufmann.

Der Staat, als Unternehmer einer Eisenbahn, betreibt Handelsgeschäfte und hat in Bezug auf diesen Geschäftsbetrieb vor dem betreffenden Handelsgericht Recht zu nehmen.

HGB Art. 4, 5 Abs. 2, 272 Nr. 3.

Ebenso das HandelsApp.Ger. Nürnberg, Sammlung der Entsch. II S. 240 ff.

Erk. des Oberhandelsgerichts Stuttgart v. 13. Juli 66, Centralorgan, Neue Folge, III S. 48 ff.

Klägerin hat den kgl. sächs. Staatsfiskus bei dem Handelsgericht Dresden auf Ersatz des Schaden belangt, welcher ihr durch Verbrennen von Frachtgütern, die der sächs. Staatsbahn zum Transport übergeben worden, entstanden. Die Gerichte I. und II. Instanz wiesen die Klage wegen Inkompetenz des Handelsgerichts von vorn herein ab, weil der Staat, wenn er den Betrieb einer Eisenbahn, als öffentlicher Transportanstalt, selbst in die Hand nehme, dabei zunächst und hauptsächlich nicht den Zweck im Auge habe, durch deren Betrieb für den Staat eine regelmäßige Erwerbsquelle zu eröffnen und zu erhalten, sondern damit im Wesentlichen lediglich in dem (von ihm seiner Bestimmung nach zunächst und zu allermeist zu vertretenden) öffentlichen Interesse seiner Staatsangehörigen, zur Beförderung der allgemeinen Wohlfahrt thätig werde, ohne hauptsächliche Rücksicht darauf, ob dieser Betrieb dem Staate unmittelbar (im Gegensatz zu seinen Angehörigen) einen materiellen Gewinn bringe. Hiervon ausgehend, könne man aber von einer Gewerbmäßigkeit des Bahnbetriebs durch den Staat in dem Sinne, wie ihn das HGB und bzw. die kgl. sächs. Ausführungs-Verordnung dazu — nach deren § 8 Ansprüche gegen Kaufleute (HGB Art. 4) aus Handelsgeschäften (HGB Art. 271 bis 276) vor die Handelsgerichte gehören — voraussetzen, nicht reden.

Auf Berufung der Klägerin hat das OHG diese Entscheidungen aufgehoben und verordnet, daß das angegangene Handelsgericht auf die eingereichte Klage, dem klägerischen Antrag entsprechend, wegen Vorladung der Parteien 2c. die Gebühr Rechtens und das sonst Erforderliche zu verfügen habe; und zwar

in Erwägung:

daß die von der sächsisch-böhmischen Staatsbahn betriebenen Geschäfte in Gemäßheit der Vorschriften im Art. 272 Nr. 3 HGB als Handelsgeschäfte anzusehen sind, wenn sie gewerbmäßig betrieben werden;

daß es bei der Redaktion des HGB vermieden worden ist, den Begriff der Gewerbmäßigkeit näher zu definiren, weil man den Ausdruck für populär genug hielt, um einer richtigen Anwendung in einzelnen Fällen versichert sein zu können, eine zutreffende allgemeine Begriffsbestimmung dagegen für unthunlich erachtete;

daß das wesentliche Kriterium des gewerbmäßigen Betriebs, nämlich der von vornherein nicht auf den Abschluß eines einzelnen oder einzelner Handelsgeschäfte, sondern auf den Abschluß von ganzen Reihen zusammengehöriger Handelsgeschäfte gerichtete Wille, beim Betrieb einer Staatseisenbahn nicht minder, wie beim Betrieb einer Privateisenbahn, zweifellos vorliegt;

daß es dahin gestellt bleiben kann, ob die auf Erlangung eines *unmittelbaren* pekuniären *Gewinns* gerichtete Absicht ein *wesentliches* Kriterium der Gewerbmäßigkeit, ob nicht vielmehr die Absicht, die betreffenden

Geschäfte gegen Entgelt auszuführen, ausreichend sei; daß nämlich die Absicht, einen Erwerb zu machen, wenn man dieselbe als ein wesentliches Kriterium der Gewerbmäßigkeit ansehen wollte, keineswegs dadurch ausgeschlossen wird, daß der Staat bei der Anlegung und dem Betrieb von Staatsbahnen — sei es vorwiegend oder nur nebenbei — Zwecke des öffentlichen Wohls verfolgt, zumal die durch Anlegung einer Eisenbahn nicht selten zunächst bezweckte Förderung des Wohlstands der betreffenden Gegend mittelbar durch Erhöhung der Steuerfähigkeit der Bewohner derselben auch Vortheile für den Staatsfiskus zur Folge hat; daß aber namentlich der Begriff der Gewerbmäßigkeit nicht davon abhängig gemacht werden kann, ob der prinzipale Zweck des Staats auf Förderung des öffentlichen Wohls oder aber auf einen pekuniären Gewinn gerichtet ist, da diese Unterscheidung in Ermangelung jeder äußeren Erkennbarkeit der prinzipalen Intention des Staats den Begriff der Gewerbmäßigkeit den bedenklichsten Schwankungen aussetzen würde;

daß überhaupt bei Beurtheilung der privatrechtlichen Bedeutung und Wirkung des Betriebs der Staatsbahnen die konkurirenden publizistischen Motive überall nicht entscheidend in Betracht kommen, daß auch darauf nichts ankommen kann, ob der Staat die Eisenbahnen ausschließlich betreibt oder eine Konkurrenz von Privatbahnen gestattet;

daß ferner die Absicht des Staats, durch den Betrieb einer Staatsbahn einen Erwerb zu machen, — sofern nicht Momente, welche diese Absicht ausschließen, beigebracht werden — von vornherein als eine selbstverständliche anzusehen ist, da auch bei Anlegung von Staatsbahnen die Rentabilität derselben nicht außer Acht gelassen wird, da ferner, wie auch in der Verordnung des kgl. sächs. Justizministeriums v. 16. August 62 zugegeben wird, der Staat schon zur Deckung unvermeidlicher Verluste auf Erträgnisse Bedacht nehmen muß, und da, wie dem hinzugefügt werden darf, der Staat es nicht in der Hand hat, ein solches Erträgniß, welches nur genau mit dem Betrage des dem Staate erwachsenden Kostenaufwands balanzirte, herbeizuführen, also eben zur Vermeidung von Verlusten auf Ertragsüberschüsse, also auf Gewinn bedacht sein muß, wie denn auch die hier in Rede stehende Staatsbahn notorisch eine nicht unerhebliche Rente abwirft; daß es aber völlig einflußlos ist, daß der Staat die Ueberschüsse wiederum zu öffentlichen Zwecken verwendet;

daß die Verhandlungen der Nürnberger Kommission, auf welche sich die Vertheidiger beider entgegenstehenden Meinungen über die vorliegende bestrittene Frage berufen, etwas Zuverlässiges weder für die eine noch für die andere Meinung ergeben;

daß daraus, daß im Art. 5 Abs. 2 HGB nur die öffentlichen Banken in Bezug auf ihren Handelsbetrieb ausdrücklich den bezüglich der Kaufleute gegebenen Bestimmungen unterstellt worden sind, nicht per argumentum a contrario gefolgert werden darf, daß diese Bestimmungen auf andere Staatsinstitute nicht Anwendung leiden sollen, bei vielen solchen Staatsinstituten vielmehr überall kein Zweifel darüber obwaltet, daß sie als Handelsgewerbe zu behandeln seien, wie dies in der allegirten Verordnung des kgl. sächs. Justizministeriums v. 16. August 62 bezüglich der Meißener Porzellanfabrik ausdrücklich zugegeben, auch in der Entscheidung des O.App.Ger. Dresden [vom Januar 70; vgl. Siebenhaar's Archiv für DWR, Neue Folge B. II S. 61 ff.] bezüglich der kgl. sächs. Hüttenwerke zu Freiberg ausgesprochen ist.

Nr. 23.

II. Senat. — Erkenntniß v. 14. Dezbr. 71. (V.)

Koppatsch ./. Drechsler & Co. (Nr. 649 v. 71).

Preußen. **Nichtigkeitsbeschwerde.**

I. Instanz: Kreisgericht Görlitz,
II. Instanz: Appellationsgericht Glogau.

Zahlungen an Handlungsreisende, Widerruf einer Handlungsbevollmächtigung.

1. Durch den zweiten Satz des Art. 49 HGB hat nur die Befugniß der Handlungsreisenden, den Kaufpreis aus den von ihnen abgeschlossenen Verkäufen einzuziehen ꝛc., außer Zweifel gestellt werden sollen. Es ist daraus nicht die Folgerung zu ziehen, daß ein reisender Handlungsbevollmächtigter (ohne spezielle Ermächtigung) zum Inkasso aus den nicht von ihm selbst abgeschlossenen Verkäufen niemals befugt sei.

HGB Art. **47, 49.** Vgl. Rspr. I S. 172 ff.

2. Im HGB ist die Frage offen gelassen, ob ein Handlungsreisender zum Inkasso bezüglich der von seinem Vorgänger geschlossenen Verkäufe berechtigt sei.

v. Hahn Komm. § 1 zu Art. **49, B.** I S. 133.

Vgl. Rspr. I S. 175 und Makower Komm. S. 73, n. 15 b.

3. Art. 46 HGB findet auf den Widerruf einer Handelsvollmacht nicht Anwendung.

Ob ein Kaufmann die Zurücknahme der einem Handlungsreisenden ertheilten Vollmacht seinen Geschäftsfreunden kund zu thun hat, ist im HGB nicht vorgesehen, daher nach Handelsgewohnheitsrecht, ev. aus dem bürgerlichen Recht zu entscheiden.

Beurtheilung eines solchen Falles nach röm. R., ALR und dem kgl. sächs. bürgerl. GB.

HGB Art. **1, 46.**

Der in Görlitz wohnende Beklagte wird auf Preiszahlung belangt für Cigarren, welche er von Klägerin aus Döbeln (im Königreich Sachsen) geliefert erhalten. Er wendet ein, den geforderten Schuldbetrag bereits an den Reisenden der Klägerin, Carl Br. berichtigt zu haben. Klägerin bestreitet die Ermächtigung dieses Carl Br. zur Zahlungsannahme und setzt in II. Instanz den Klageantrag durch. Auf NktBschw. des Bekl. hat das OHG, unter eingehender Erörterung des Sachverhalts, abweichend entschieden.

Gründe:

Beklagter hat von der klagenden Handlung, mit welcher er seit Jahren in kaufmännischer Geschäftsverbindung gestanden, auf Bestellung bei dem Reisenden der Klägerin, Hugo R. im Juni 69 für 90 Thlr. Cigarren käuflich erhalten. Nachdem R. den Dienst der Klägerin verlassen, ist C. Br. bei der Klägerin als Reisender in Dienst getreten und hat als Nachfolger des R. in dessen früherem Reisebezirk, namentlich im Wohnort des Bekl., die Reisen für Klägerin gemacht. Beklagter hat die 90 Thlr. am 13. Januar 70 an C. Br., als den Reisenden der Klägerin, bezahlt, und es handelt sich jetzt nur darum, ob Br. zum Empfang dieser Zahlung namens der Klägerin legitimirt war, bzw. ob Beklagter durch die Zahlung an Br. von seiner Schuld der Klägerin gegenüber liberirt ist. Thatsächlich ist unbestritten, daß Klägerin dem Bekl. mitgetheilt hat, daß C. Br. ihr Reisender sei; ebenso ist unbestritten, daß Br. im Herbst 69 in seiner Eigenschaft als Reisender der Klägerin mit dem Bekl. Geschäfte gemacht hat. Ein anerkannter Brief der Klägerin an den Bekl. v. 8. Okt. 69 beginnt mit den Worten: „Beim Dortsein unsres Reisenden Herrn Br. aufs Neue gütigst in Nota gegebene . . . Cigarren werden wir . . . effektuiren" 2c. Was insbesondere die Legitimation des Br. zum Inkasso betrifft, so behauptete Beklagter [unter Eideszuschiebung], daß Br. von der Klägerin zu ihrem Reisenden bestellt und zur Abschließung von Handelsgeschäften und Empfangnahme von Geldern beauftragt gewesen ... In der Replik bestritt Klägerin, daß Br. zur Empfangnahme der jetzt eingeklagten Forderung beauftragt gewesen sei, und acceptirte den ihr hierüber deferirten Eid; sie replizirte sodann, daß Br. am 9. Dez. 69 aus dem Dienst der Klägerin entlassen, also im Januar 70 nicht mehr zur Einkassirung von Ausständen der Klägerin legitimirt gewesen sei, daß Beklagter, indem er am 13. Jan. 70 an Br. gezahlt, während dieser eine ihn zum Geldempfang legitimirende Vollmacht nicht vorlegen konnte, eine Unvorsichtigkeit begangen habe, deren Folgen er tragen müsse. Beklagter bestritt diese Gegen-Behauptungen, namentlich daß Br. schon am 9. Dez. 69 aus dem Dienst der Klägerin entlassen worden, hielt dies eventuell auch für unerheblich, da Klägerin verpflichtet gewesen wäre, ihm Anzeige von der Entlassung des Br. zu machen. Im Beweisverfahren erklärte Klägerin noch die Quittung des Br. für wirkungslos, weil dem Br. schon vier Wochen vorher die Vollmacht entzogen gewesen sei.

Der I. Richter deduzirt die Berechtigung des Br. zur Empfangnahme der Zahlung aus Art. 49 HGB und bemerkt dann: „Klägerin erkläre auch die Zahlung an Br. nicht darum ihr gegenüber für ungiltig, weil sie die Befugniß des Br. zur Annahme bestreite; sie habe dies auch nicht gekonnt, weil sie in den Untersuchungs-Akten gegen Br. selbst erklärt habe, daß die dem Br. bei der Entlassung abgenommene Vollmacht auf Einkassirung von Geldern mitgerichtet gewesen sei. Im Brief v. 8. Okt. 69 bezeichne Klägerin den Br. schlechtweg als ihren Reisenden und setze dadurch, auch abgesehen vom Inhalt der dem Br. ertheilten Vollmacht, den Bekl. in die Lage, anzunehmen, daß Br. auch den Betrag der Rechnung über das mit Hugo R. abgeschlossene Geschäft in Empfang zu nehmen berechtigt sei.“ Der I. Richter nimmt dann den Beweis, daß

Br. am 9. Dez. 69 entlassen worden, nicht als erbracht an, führt aber außerdem aus, daß diese Entlassung, wenn sie festgestellt wäre, dem Bekl. nicht entgegenstehen würde. „Die schriftliche Mittheilung seitens der Klägerin von der Eigenschaft des Br. als Reisenden habe nach § 147 ALR I. 13 dem Bekl. das Recht gegeben, bis auf schriftlichen Widerruf den Br. als Reisenden der Klägerin anzusehen, und der Klägerin die Verpflichtung aufgelegt, die Entlassung des Br. dem Bekl. anzuzeigen; da sie dies nicht gethan, so müsse sie die zwischen dem Bekl. und Br. gepflogenen Verhandlungen gegen sich gelten lassen; dem Bekl. gegenüber sei das Auftragsverhältniß zwischen der Klägerin und Br. als fortdauernd zu betrachten."

In der Berufungsschrift suchte Klägerin die Argumentationen des I. Richters aus Art. 49 HGB zu widerlegen und bemerkte, daß notorisch die Reisenden, wenn sie überhaupt das Inkasso besorgten, dazu spezielle Vollmacht erhielten und vorzeigten. „Beklagter könne sich durch die ihm bekannte Qualität des Br., als Handlungs-Reisenden der Klägerin, nicht decken; ebensowenig schütze ihn der Umstand, daß Br. früher zum Inkasso bevollmächtigt gewesen sein solle. Wenn Beklagter mit Rücksicht auf diese Eigenschaft des Br. als Spezial-Bevollmächtigten gezahlt habe, so habe er sich die Vollmacht vorzeigen lassen oder sich sonst vergewissern müssen, daß Br. sich am 13. Januar 70 noch im Besitz der Vollmacht befunden habe."

Beklagter trug nun der Klägerin den (demnächst abgeleisteten) Eid darüber an, daß Klägerin den Br. speziell zur Einkassirung der streitigen Forderung beauftragt habe, und bemerkte: „Beklagter habe an Br., der ihm ausdrücklich und schriftlich als Reisender der Klägerin bezeichnet sei, so lange zahlen dürfen, bis ihm der Widerruf der Vollmacht bekannt geworden; nach § 167, 168 ALR I. 13 habe Klägerin dem Bekl. den Widerruf der Vollmacht anzeigen müssen; da dies nicht geschehen sei, müsse sie die nachher geleistete Zahlung gegen sich gelten lassen."

Der Appellrichter folgert nun aus Art. 49 HGB, daß Br. zum Inkasso aus dem von ihm selbst nicht abgeschlossenen Geschäft nicht berechtigt gewesen, und daß Beklagter, da er sich bei der Zahlung die Vollmacht des Br. nicht habe vorzeigen lassen, auf seine Gefahr gezahlt habe. Falls aber anzunehmen sei, daß Art. 49 HGB die Frage, ob der Reisende zum Inkasso bezüglich der von ihm nicht abgeschlossenen Geschäfte berechtigt sei, offen gelassen habe, nimmt der Appellrichter eventuell auf Grund eines Gutachtens der Handelskammer zu Görlitz an, daß Br. nach dortigem Handelsgebrauch zum Inkasso nicht bevollmächtigt gewesen. Er bemerkt dann, die Behauptung, daß Br. zur Einziehung der streitigen Forderung speziell bevollmächtigt gewesen, sei durch Ableistung des Delat-Eides widerlegt und schließt: „Es sei gleichgiltig, ob Klägerin dem Bekl. von der Entlassung des Br. Mittheilung gemacht habe oder nicht; denn da der Br. zur Empfangnahme der Zahlung eben nicht bevollmächtigt gewesen, so habe von einem Widerruf der Vollmacht nicht die Rede sein können."

Von den gegen diese Entscheidung gerichteten Nichtigkeits-Angriffen ist der, auf Verletzung des § 105 ALR I. 13 gegründete, zweifellos zutreffend. Nach dieser gesetzlichen Bestimmung, mit welcher auch § 1306 des kgl. sächs. bürgerl. GB übereinstimmt, bedarf es einer Spezial-Vollmacht, um den Bevollmächtigten zur Empfangnahme von Geld und zur Quittung darüber zu ermächtigen. Es ist aber niemals Zweifel darüber gewesen, daß eine Vollmacht, welche allgemein und ohne Beifügung einer Einschränkung auf Erhebung von Geld für den Machtgeber lautet, den Bevollmächtigten zu allen Gelderhebungen ohne irgend eine Ausnahme (abgesehen von §§ 116, 117 a. a. O.) legitimirt, und daß eine solche Spezial-Vollmacht nicht speziell auf die Erhebung des Geldbetrages einer bestimmten Forderung zu lauten braucht. Diese Rechtssätze sind vom Appellrichter verletzt. Es steht nach den Erklärungen, welche Klägerin auf die Einrede des Bekl. . . . abgegeben hat, gegen Klägerin fest, daß Br. von der Klägerin eine ihn generell zur Empfangnahme von Geldern ermächtigende Vollmacht erhalten; und durch den von der Klägerin in II. Instanz geleisteten Delat-Eid steht nur fest, daß Klägerin den Br. nicht speziell zur Einkassirung der jetzt streitigen Forderung beauftragt hat. Wenn nun der Appellrichter in der im Eingang seiner Entscheidungsgründe mitgetheilten Prozeßgeschichte die Behauptung des Bekl., daß Br. von der Klägerin zur Empfangnahme von Geldern beauftragt gewesen sei, sowie die darauf bezüglichen Erklärungen der Klägerin mittheilt, dann aber diese generelle Vollmacht zur Empfangnahme von Geldern in seiner rechtlichen Beurtheilung völlig unerwähnt läßt, die Bevollmächtigung des Br. zur Empfangnahme der fraglichen Zahlung vielmehr lediglich deshalb verneint, weil Klägerin den Eid über die Bevollmächtigung zur Einziehung der jetzt streitigen Forderung abgeleistet habe: so kann nur angenommen werden, daß der Appellrichter die generelle Vollmacht (zwar nicht aktenwidrig omitirt, aber*) für rechtlich irrelevant gehalten habe. Hierdurch hat derselbe aber einen rechtsgrundsätzlichen Verstoß begangen, welcher die Vernichtung des angefochtenen Urtels nach sich ziehen muß.

Bei freier Beurtheilung der Sache erhebt sich zunächst die Frage: nach welchem Recht der vorliegende Rechtsfall zu entscheiden sei. Beide Parteien bzw. deren Anwälte sowohl wie die Gerichte der beiden ersten Instanzen haben die Anwendbarkeit des in Görlitz geltenden

* Vgl. Rspr. I S. 97, 396.

Rechts, also — abgesehen von den zunächst maaßgebenden Bestimmungen des HGB — der Bestimmungen der in Görlitz geltenden Handelsgebräuche und ev. des ALR anscheinend als so zweifellos angesehen, daß die Akten so wenig wie die mündlichen Vorträge auch nur die Möglichkeit der Anwendung eines anderen Rechts andeuten. Es liegt aber in der That die Frage nahe, ob nicht vielmehr das in Döbeln, dem Wohnort und dem Sitze des Handelsgeschäfts der Klägerin sowie dem Orte der Ausstellung der von der Klägerin dem Br. ertheilten Vollmacht, geltende Recht, namentlich also — abgesehen von den Bestimmungen des HGB — die in Döbeln geltenden Handelsgebräuche und ev. das kgl. sächs. bürgerl. GB darüber entscheiden, ob und inwieweit Klägerin die an ihren Bevollmächtigten vom Bekl. geleistete Zahlung anzuerkennen habe. Daß die Parteien diese Rechtsfrage nicht angeregt haben, würde den Richter nicht davon entbinden, dieselbe von Amtswegen zu prüfen und zu entscheiden*). Es kann jedoch in vorliegendem Falle von einer solchen Entscheidung um deswillen abgesehen werden, weil das in Görlitz und das in Döbeln geltende Recht zu gleichem Resultat führt.

Nach Art. 49 des zunächst maaßgebenden HGB ist der Umfang der Befugnisse eines Handlungsreisenden nach den, im Art. 47 bezüglich der Handlungsbevollmächtigten getroffenen allgemeinen Bestimmungen zu bemessen; die Vollmacht des Reisenden erstreckt sich also auf alle Geschäfte und Rechtshandlungen, welche die Ausführung derartiger Geschäfte eines Reisenden gewöhnlich mit sich bringt. Durch die Bestimmung im zweiten Satze des Art. 49, wonach die Reisenden ermächtigt sind, den Kaufpreis aus den von ihnen abgeschlossenen Verkäufen einzuziehen, hat nur diese einzelne Befugniß außer Zweifel gestellt werden sollen. Mit Unrecht hat aber der Appell-

* Vgl. Rspr. I S. 281, 317; II. S. 232, IV S. 234.

richter aus dieser gesetzlichen Bestimmung die weitere Folgerung gezogen, daß der Reisende zum Inkasso aus den nicht von ihm selbst abgeschlossenen Verkäufen nicht berechtigt sei. Die Nürnberger Protokolle ergeben zweifellos, daß diese Frage durch das HGB nicht hat entschieden, sondern offen gelassen werden sollen. — Ebenso unrichtig ist es aber anderer Seits, wenn Beklagter auszuführen sucht, daß der zweite Satz des Art. 49 dahin auszulegen sei, daß der Reisende zum Inkasso aus den von ihm selbst und von seinem Reise-Vorgänger geschlossenen Verkäufen berechtigt sei. Vielmehr hat auch die Frage, ob der Reisende zum Inkasso bezüglich der von seinem Vorgänger geschlossenen Verkäufe berechtigt sei, offen gelassen werden sollen. Es kommt also, da ein abweichender Handelsgebrauch nicht festgestellt worden, zunächst allein darauf an, welche Vollmacht Br. von der Klägerin erhalten hat.

Es ist nun bereits ausgeführt worden, daß es nach Lage der Akten als feststehend anzusehen sei, daß Klägerin dem Br. eine denselben zur Empfangnahme von Geldern generell ermächtigende Vollmacht ertheilt habe, und es fragt sich, inwiefern auf Grund dieser Vollmacht Klägerin die am 13. Januar 70 vom Bekl. an Br. geleistete Zahlung gegen sich gelten lassen muß, und welchen Einfluß in dieser Beziehung der Umstand, daß Klägerin angeblich den Br. am 9. Dez. 69 aus ihrem Dienst entlassen, demselben seine Vollmacht entzogen, in Verbindung mit dem weiteren Umstande hat, daß Klägerin gar nicht behauptet hat, daß sie dem Bekl. von der Entlassung des Br. und dem Widerruf der Vollmacht desselben Nachricht gegeben, oder daß Beklagter auch nur anderweit davon Kenntniß erhalten habe. Das wiederum zunächst maaßgebende HGB enthält hierüber eine Entscheidung nicht. Die Bestimmung im Art. 46 — womit im Prinzip die ältere Vorschrift der

§ 530 bis 534 ALR II. 8 übereinstimmte — bezieht sich nur auf Prokuristen und leidet eine unmittelbare Anwendung auf Handlungsbevollmächtigte schon deshalb nicht, weil Letztere nicht gleich den Prokuristen in die Handelsregister eingetragen werden. Ebensowenig leidet der Art. 55 HGB auf den vorliegenden Fall Anwendung, da derselbe nur den Fall vorsieht, wenn ein falsus procurator kontrahirt, sowie wenn der Bevollmächtigte fines mandati überschritten hat. In Ermangelung einer zutreffenden Bestimmung des HGB würden nach Art. 1 zunächst und vor dem allgemeinen bürgerlichen Recht die Handelsgebräuche maaßgebend sein. Es würde daher der Antrag des Bekl . . ., ein Gutachten der Handelskammer in Görlitz darüber einzuholen:

> daß nach (dem in Görlitz und überhaupt in Schlesien bestehenden) Handelsgebrauch ein Kaufmann die Entlassung seines Reisenden seinen Geschäftsfreunden besonders bekannt zu machen habe, und so lange dies nicht geschehen sei, der Widerruf für die Letzteren keine verbindliche Kraft habe,

in Erwägung zu ziehen sein. Allein abgesehen von der bereits berührten Frage, ob die in Görlitz oder aber die in Döbeln geltenden Handelsgebräuche maaßgebend sind, kann von einer näheren Ermittelung des behaupteten Handelsgebrauchs deshalb abgesehen werden, weil das allgemeine bürgerliche Recht zu gleichem Resultat führt. Es ist hierbei von großer Bedeutung, daß Beklagter zweifellos von der dem Br. ertheilten, generell auf Erhebung von Geldern für Klägerin lautenden Vollmacht Kenntniß gehabt hat. Es liegt an sich schon die Vermuthung nahe, daß Beklagter, als er zum ersten Male mit dem Reisenden Br. verhandelte, die diesem von der Klägerin ertheilte Vollmacht eingesehen haben wird; eine solche bloße Vermuthung würde allerdings nicht ausreichen, um daraufhin eine Thatsache der Entscheidung zu Grunde zu legen. Nach der ganzen prozessualen Lage der Sache, nach der Art, wie Klägerin sich auf die Einrede des Bekl. eingelassen hat, ist aber nicht zu bezweifeln, daß beide Parteien darüber einverstanden gewesen sind, daß Beklagter von der Vollmacht des Br. Kenntniß gehabt hat. Klägerin legt nämlich das ganze Gewicht allein darauf, daß dem Br. die Vollmacht am 9. Dez. 69 entzogen worden, und daß Beklagter sich nicht am 13. Jan. 70 durch Vorlegung und Einsicht der Vollmacht überzeugt habe, daß diese damals noch in Kraft gewesen sei. Selbst in der Beantwortung der NktBschw. behauptet Klägerin nur, daß der Appellrichter nicht festgestellt habe, daß dem Bekl. von dem generellen Inkasso-Mandat des Br. Kenntniß gegeben sei; sie leugnet aber auch hier noch nicht, daß Beklagter in Wirklichkeit Kenntniß davon gehabt habe. Verbindet man hiermit den Umstand, daß Klägerin in dem Briefe an den Bekl. v. 8. Okt. 69 den Br. als „ihren Reisenden" bezeichnet hat: so kann es überall keinem Zweifel unterliegen, daß Klägerin, da sie den Widerruf der Vollmacht des Br. dem Beklagten nicht mitgetheilt hat, die nachher vom Bekl. an Br. geleistete Zahlung gegen sich gelten lassen muß. Schon das römische Recht enthält hierüber zum Schutz des gutgläubigen zahlenden Schuldners unzweideutige Bestimmungen: L. 12 § 2, L. 34 § 3 Dig. 46, 3; vgl. Glück Komm. B. 15 S. 356 ff.; Windscheid Pandekten B. II § 342 Nr. 6; Seuffert's Archiv B. 15 Nr. 230; vgl. auch Code civil Art. 2005. Das preuß. ALR stellt im § 200 Th. I Tit. 13 den Grundsatz auf:

> Ein Geschäft, welches mit einem Dritten abgeschlossen worden, ehe derselbe von dem Tode oder von der eingetretenen Unfähigkeit des Machtgebers Wissenschaft erlangt hat, bleibt giltig, wenn auch der Be-

vollmächtigte selbst davon bereits unterrichtet gewesen wäre.

Abweichend hiervon statuirt freilich das ALR für den Fall der Aufhebung der Vollmacht durch Widerruf Seitens des Machtgebers im § 170, 171 a. a. O. den Grundsatz, daß das, was der Bevollmächtigte nach erhaltenem Widerruf mit einem Dritten verhandelt, für den Machtgeber unverbindlich ist, wenngleich der Dritte vom Widerruf keine Kenntniß erhalten hat, und daß der Dritte sich nur an den Bevollmächtigten regressiren kann. Von diesem Grundsatz ist aber in §§ 167, 168 a. a. O. folgende Ausnahme gemacht:

(§ 167). Ist dem Bevollmächtigten die Verhandlung des Geschäfts mit einer gewissen bestimmten Person aufgetragen, oder ist dem Machtgeber sonst bekannt, mit wem der Bevollmächtigte sich in Unterhandlungen darüber eingelassen habe: so ist der Machtgeber schuldig, wenn er die Vollmacht widerruft, diesen Dritten davon zu benachrichtigen.

(§ 168). Hat er dies nicht gethan, so muß er die vom Bevollmächtigten auf Grund der Vollmacht geschlossenen Verhandlungen wider sich gelten lassen, wenn auch der Abschluß derselben erst nach dem Widerruf, welcher aber dem Dritten nicht bekannt geworden, erfolgt wäre.

Bringt man hiemit noch die Bestimmung im § 147 a. a. O. in Verbindung, wonach derjenige, welcher gegen einen Dritten schriftlich erklärt, daß er einem Anderen ein gewisses Geschäft aufgetragen habe, die demgemäß mit dem Dritten gepflogenen Handlungen gegen sich gelten lassen muß, wenn er auch keine wirkliche Vollmacht ertheilt hätte: so kann es keinem Bedenken unterliegen, daß Klägerin die, wenngleich nach Entlassung des Br., an diesen vom Bekl. geleistete Zahlung anerkennen muß. Klägerin, welche unbestritten seit Jahren mit dem Bekl. in einem, durch ihre Reisenden vermittelten Geschäftsverkehr gestanden und den

Br. nach Abgang des Hugo R. mit Fortführung dieses Geschäftsverkehrs beauftragt hat, wußte, daß am 9. Dez. 69, an welchem Tage sie den Br. entlassen haben will, der Geschäftsverkehr mit dem Bekl. noch nicht völlig abgewickelt war, daß vielmehr namentlich das Kaufgeschäft, welches den Gegenstand der vorliegenden Klage bildete, noch unabgewickelt war, im Sinne des angeführten § 167 noch schwebte; Klägerin durfte es daher nicht unterlassen, die Entlassung des Br., den sie nicht nur zu Geschäfts-Abschlüssen mit dem Bekl. beauftragt, sondern auch dem Beklagten brieflich als ihren zu Geschäftsabschlüssen ermächtigten Bevollmächtigten bezeichnet hatte, dem Bekl. mitzutheilen. Da sie dies unterlassen, so muß sie den durch die Untreue ihres Bevollmächtigten herbeigeführten Schaden selbst tragen, und es widerspricht aller bona fides, daß sie diesen Schaden dem Bekl. aufbürden will. [Vgl. Präjudiz des preuß. OTr. IV. Sen. Nr. 2351 v. 29. Jan. 52, Entsch. B. 22 S. 200; Förster preuß. Privatrecht, 2. Auflage B. II S. 320 n. 153].

Zu demselben Ergebniß führt die klare Vorschrift im § 1327 des kgl. sächs. bürgerl. GB:

> Aus Rechtsgeschäften, welche der Beauftragte im Namen des Auftraggebers nach der Zeit schließt, wo er den Widerruf oder den Tod des Auftraggebers erfahren ... hat, können Dritte dem Auftraggeber gegenüber keine Rechte erwerben, selbst wenn sie von der Erlöschung des Auftrags nichts gewußt haben, ausgenommen wenn bei Widerruf des Auftrags der Auftraggeber .... dem Dritten, welchem er den Auftrag angezeigt hatte oder mit welchem der Beauftragte unterhandeln sollte, oder mit Wissen des Auftraggebers in Unterhandlung stand, von der Erlöschung des Auftrags keine Nachricht gegeben

oder die dem Beauftragten ausgestellte Vollmachts-Urkunde in dessen Händen gelassen hat.

Das, die Klage abweisende, Urtel I. Instanz mußte daher bestätigt werden.

Nr. 24.

I. Senat. — Erkenntniß v. 15. Dezbr. 71. (B.)

Versicherungsgesellschaft Oesterreichischer Phönix ·/. Berner (Nr. 414 v. 71).

Mecklenburg. **Appellation.**

I. Instanz: Obergericht der Stadt Rostock.

Eigenthumsübertragung an Seeschiffen oder Schiffsparten.

Kann ohne Tradition (körperliche Uebergabe) das Eigenthum an einem Seeschiff oder an Schiffsparten übertragen werden?

HGB Art. 439.

Vgl. Makower Komm. zu diesem Art. n. 15 S. 326 f.

Bei einer Schiffsversicherung (HGB Art. 783), welche Kläger für eigene Rechnung (Art. 785) genommen hatte, entstand die Frage, ob Kläger dazu befugt gewesen. Der Versicherungsnehmer wollte seine Berechtigung durch eine auf den Namen des Schiffers H. lautende „Eigenthumsakte" über gewisse Schiffsparte nachweisen, welche Akte mit dem (angeblich) v. H. unterschriebenen Vermerk versehen war: „vorstehende Part übertrage und cedire ich mit allen Rechten ohne Vorbehalt an den Böttchermeister Berner zu Rostock [Kläger]. Werth habe baar bezahlt erhalten. Rostock, 20. Juli 66."

Dieser Eigenthumsnachweis wurde vom OHG, wie folgt, beurtheilt.

Entscheidungsgründe:

Im Gegensatz zum preußischen Entwurf, welcher im Art. 389 einen bestimmten modus acquirendi für das Eigenthum an Seeschiffen aufstellte, ist es der Handelsrechts-Konferenz bedenklich erschienen, in der fraglichen Beziehung wesentlich in das bürgerliche Recht der einzelnen

Länder einzugreifen. Die Landesgesetze sollen über die Voraussetzungen für die Giltigkeit einer Veräußerung entscheiden, — freilich mit einer Modifikation. Eine Tradition ist bei einem Seeschiff in seltenen Fällen möglich, und mehrfach hatten Partikularrechte — nach denen es im Uebrigen zum Eigenthumserwerb der Tradition bedarf — bei Seeschiffen von diesem Erforderniß abstrahirt und den übereinstimmend auf das Uebertragen und Annehmen des Eigenthums gerichteten Willen als das Entscheidende hingestellt. Aber die schwerfällige Form der Tradition gewährte einen großen Vorzug, den der Sicherheit; bei ihr konnte kein Zweifel darüber bleiben, ob blos eine obligatorische Verpflichtung vorlag oder die Uebertragung des Eigenthums stattgehabt hatte. Der Rücksicht auf die Leichtigkeit des Verkehrs konnte leicht die Sicherheit geopfert werden, und wenn das preuß. ALR II. 8 im § 1396 vorschrieb, wenn nicht das Gegentheil ausdrücklich bedungen worden, werde angenommen, daß die Uebergabe (des Schiffs) durch Vollziehung des Kontrakts geschehen sei: so mußte dies nur noch bedenklicher erscheinen, wie in den Konferenzprotokollen S. 1700 hervorgehoben ist.

An diese Partikularrechte hat sich Art. 429 HGB angeschlossen, zugleich aber jener Gefahr möglichst vorbeugen wollen. Denn nach ihm geht zwar das Eigenthum am Schiff und an einer Schiffspart auch ohne Tradition über, aber nur dann, wenn vereinbart worden ist, daß das Eigenthum sofort auf den Erwerber übergehen soll.

Dies liegt hier vor; denn die sogenannte Cessionsakte läßt nicht wohl eine andere Deutung zu, als daß das Eigenthum der betreffenden Schiffsparte auf den Kläger übergehen solle. Insoweit ist den vorigen Rationen [Urtelsgründen der Vorinstanz] beizutreten.

Nr. 25.

I. Senat. — Erkenntniß v. 15. Dez. 71. (B.)

Nachtweih ./. Schomäker (Nr. 480 v. 71).

Hamburg. **Ober-Appellation.**

I. Instanz: Handelsgericht Hamburg,
II. Instanz: Obergericht daselbst.

Bürgschaft. Ungiltigkeit wegen Arglist.

Der durch einen Geschäfts-Vermittler über die persönliche Zuverlässigkeit des Schuldners getäuschte Bürge kann die übernommene Bürgschaft wegen Arglist bei deren Erwirkung anfechten.

Windscheid Pandekten I § 78, 101.

W. hatte einen Wechsel fälschlich mit dem Giro des jetzigen Klägers versehen und dann in Umlauf gesetzt. Kläger, hiervon unterrichtet, drohte dem W. mit Anzeige, ließ sich aber dadurch beruhigen, daß W. ihm die Bürgschaft des (mit den Vorgängen unbekannt gebliebenen) Beklagten erbrachte. Aus dieser Garantie belangt, erhebt der Bürge die Einrede, daß man ihm bei Eingehung des Vertrages wesentliche Umstände arglistig verheimlicht habe. Kläger wird deshalb abgewiesen, vom OHG aus folgenden

Gründen:

In Betreff der Einrede des Dolus ist ohne Bedenken davon auszugehen, daß der dem Bekl. nicht kund gemachte Umstand, es handle sich um die Sicherstellung des Klägers gegen die Folgen eines von W. gegen denselben verübten Falsums, von wesentlicher Bedeutung für seinen Entschluß, die Bürgschaft zu übernehmen oder abzulehnen, sein mußte, und daß mithin in jener Nicht-Kundmachung ein die Bürgschaftsübernahme des Bekl. wirkungslos machender Dolus gelegen hat.

Erstens schon deshalb, weil es bei der Erwägung, ob ein in Verhandlung begriffener Kontrakt einzugehen sei oder nicht, den Umständen nach auf die Persönlichkeit der Mitkontrahenten wesentlich ankommen kann, und es hier wirklich darauf ankam. Jedermann wird nämlich — wenn es sich, wie hier, um einen Werthbetrag erheblicher Größe handelt, auf dessen spätere Restitution es ankommt — Scheu tragen, in kontraktliche Beziehungen zu Personen zu treten, von welchen grobe Verletzungen der Treue, ja sogar strafbare Fälschungen, ausgegangen sind, wie dies hier von W., an welchen der Beklagte eventuell Regreß zu nehmen gehabt hätte, galt.

Zweitens aus dem besonderen Grunde, weil dem Indossament des Klägers ein anderes, dasjenige des R. voranging. Begründeter Weise bemerkt Beklagter, daß, wenn ein Indossament als gefälscht ihm kund geworden wäre, die Vermuthung nahe gelegen hätte, daß noch andere Fälschungen vorgekommen sein würden; ohne eine, über die Falschheit des auf den Namen des Klägers lautenden Indossaments ihm gemachte Anzeige hätte er aber annehmen müssen, daß er im Falle der für W. zu leistenden Zahlung einen Rückgriff auf R. haben werde; diese Aussicht würde völlig unsicher geworden sein, wenn er Kunde davon erhalten hätte, daß W. ein Wechselfälscher sei.

Kläger wendet ein, wenn Beklagter durch die Vorenthaltung wesentlicher Mittheilungen zu einer unrichtigen Auffassung der zur Zeit der Bürgschaftsübernahme stattfindenden Umstände veranlaßt worden sein sollte: so sei dies nicht von ihm, sondern von einem Dritten, dem W., ausgegangen, während doch nur der Dolus des Kontrahenten selbst, nicht derjenige eines Dritten, den dolose herbeigeführten Kontrakt unwirksam mache. Dieser Einwand ist unbegründet. W. war kein Dritter im Verhältniß zum Bekl. Der Bürgschafts-Vertrag wurde zwischen dem Bekl. und dem Kläger geschlossen, und die Unterhandlungen zum Zweck der Herbeiführung desselben sind unbestrittenermaaßen mit Wissen und Willen des Klägers von W. geführt worden. W. war also Vermittler zwischen den Parteien und Kläger, welcher auf Grundlage dieser Vermittelung die Bürgschafts-Uebernahme des Bekl. acceptirte, muß mithin die Vermittelung als Grundlage des Kontrakts gelten lassen.

Ob nicht selbst dann, wenn W. im Verhältniß zum Kläger als Dritter angesehen werden müßte, wegen des beim Bekl. erregten wesentlichen Irrthums das Geschäft für nichtig zu erklären sein würde, kann auf sich beruhen.

Nr. 26.

I. Senat. — Erkenntniß v. 15. Dez. 71. (Z.)

Sächsische Hypotheken-Versicherungs-Gesellschaft ./. Richter (Nr. 740 v. 71).

Königreich Sachsen. **Weitere Berufung.**

I. Instanz: Handelsgericht im Bezirksgericht Meißen,
II. Instanz: Appellationsgericht Dresden.

Eintritt der Aktiengesellschaft in die Rechte des Gründungsvereins.

Eine Aktiengesellschaft kann unter Umständen, dem Vertragswillen der Betheiligten gemäß, als Rechtsnachfolgerin des zum Zweck ihrer Konstituirung zusammengetretenen Vereins (des sogen. Gründungscomités) angesehen werden.

HGB Art. 211, 278, 279.

Gründe:

Inhalts der [anerkannten] Klageurkunden hat Beklagter durch Namensunterschrift versprochen, den Betrag von je 150 Thlrn. vier Wochen nach Sicht in Dresden an das Direktorium der Sächsischen Hypotheken-Versicherungs-Gesellschaft oder dessen Ordre nach Wechselrecht zu zahlen. Die Vorlegung der Scheine zur Sicht ist . . . im Febr. 71 erfolgt. Als Inhaberin dieser Schuldscheine hat sich . . . die klagende Versicherungs-Gesellschaft ausgewiesen. Sie ist vertreten durch ihren Direktor, welcher — als alleiniger

Repräsentant des Vorstands — eben so wie die Gesellschaft selbst . . . in das Handelsregister eingetragen ist.

Diese Momente genügen, um die Verpflichtung des Bekl. zur Zahlung der verschriebenen Schuldbeträge an die Klägerin als begründet erscheinen zu lassen. Zwar ist die Zeichnung der erwähnten Schuldscheine bereits unterm 17. Februar 59, die staatliche Bestätigung der Gesellschaft aber, welche unbestritten die Eigenschaft einer Aktiengesellschaft hat, erst mittelst Dekrets des kgl. sächs. Ministeriums des Innern v. 12. Sept. 59 erfolgt. Zur Zeit der Zeichnung fehlte es somit noch an demjenigen Akte der Staatsgewalt, welcher der Gesellschaft die Rechte einer juristischen Person verlieh. Allein dieser Umstand steht der Klagebegründung keineswegs entgegen, weil [mit der vorigen Instanz] davon ausgegangen werden darf, daß die Rechte, welche die Gesellschaft vor Bestätigung ihrer Statuten durch die ihr ausgestellten Schuldscheine erworben, durch den Bestätigungsakt ihr nicht haben entzogen werden sollen. Ohne Grund erachtet sich Beklagter durch diese Rechtsauffassung beschwert. Seine Einwendungen erledigen sich durch Folgendes:

1) Beklagter hat sich, um die Rechtsungiltigkeit der seinerseits erfolgten Zeichnung darzuthun, auf die Bestimmung im Art. 211 des Bd.Ges. v. 11. Juni 70 — wonach vor Eintragung in das Handesregister die Aktiengesellschaft als solche nicht besteht — sowie auf die entsprechende, außerdem noch die staatliche Genehmigung erfordernde ursprüngliche Vorschrift des HGB bezogen. Daß hiedurch für den Bekl. nichts gewonnen wird, liegt schon deshalb auf der Hand, weil es gegenwärtig um Thatsachen sich handelt, die vor jenen Gesetzen liegen. Für die Frage, welcher Rechtserfolg diesen Thatsachen zuzugestehen, ist daher lediglich das ältere, im Königreich Sachsen giltig gewesene Recht entscheidend; damals befolgte die Praxis, in

Ermangelung positiver Gesetzesnormen, die Ansicht, daß die Aktiengesellschaften nicht zu ihrer rechtlichen Existenz an sich, sondern nur zur Erlangung der Rechte der juristischen Persönlichkeit der staatlichen Genehmigung bedurften.

Annalen des O.App.Ger. Dresden, alte Folge IV S. 489;

Haubold Lehrbuch des sächs. Rechts § 289 d, 3. Ausgabe.

2) Das oben erwähnte Ministerial-Dekret hat der Gesellschaft diese juristische Persönlichkeit verliehen, allerdings nur mit Rücksicht auf bestimmte, dem Dekret beigefügte Statuten und ohne spezielle Erwähnung des Rechtsbestands früher begründeter Obligationsverhältnisse. Die Annahme des Bekl. aber, daß hiedurch, zumal in den Statuten selbst ein diesfälliges Anerkenntniß zu vermissen sei, ohne Weiteres den, der zurückliegenden Zeit angehörigen Rechtsverhältnissen die Giltigkeit abgesprochen worden, entbehrt jeder Begründung. Es kann dahin gestellt bleiben, ob das vom Bekl. für erforderlich erachtete Anerkenntniß des rechtlichen Bestands des jetzt streitigen älteren Geschäfts nicht schon zur Genüge im § 4 der Statuten enthalten sei, insofern daselbst der Zeichnung der zur Beschaffung des Grundkapitals erforderlichen 1000 Aktien als einer zurückliegenden Thatsache gedacht und gerade auf diese Thatsache die Konstituirung der Gesellschaft als Aktienverein gestützt wird. Denn die Beziehung jenes älteren Geschäfts auf das mittelst der bestätigten Statuten begründete Unternehmen tritt aus dem Inhalt der in Frage stehenden Schuldscheine selbst klar zu Tage. Sie sind als zu bestimmten Aktien gehörig bezeichnet. Selbstverständlich sind sie demnach in Aussicht künftiger Konstituirung der Aktiengesellschaft vom Bekl. gezeichnet und zur Erreichung eben dieses Zwecks von den damaligen provisorischen Gesellschaftsorganen angenommen worden. Ihre Rechtswir-

kung war daher allerdings von der stillschweigenden Suspensivbedingung späteren Zustandekommens des Unternehmens abhängig. Diese Bedingung ist jedoch in vorliegendem Falle unbestritten und jedenfalls durch Errichtung der vorerwähnten Statuten v. 28. Juli 59 eingetreten. Die vor diesem Zeitpunkt gezeichneten Aktien und bezüglich dieser Aktien übernommenen Schuldverbindlichkeiten erlangten hiedurch definitive Giltigkeit.

3) Freilich läßt eine Zahlungspflicht des Bekl. nur dann sich anerkennen, wenn feststeht, daß die jetzt klagende, mit den Befugnissen einer juristischen Person ausgestattete Gesellschaft sachlich die Rechtsnachfolgerin des ursprünglichen Vereins ist, welchem gegenüber Beklagte die durch die Schuldscheine verbriefte Verbindlichkeit übernommen hat. Eines besonderen Beweises dieser Thatsache bedarf es jedoch nach den Umständen nicht. Beklagter selbst hat . . . die faktische Aufeinanderfolge beider Gesellschaftsformen, mithin die Umwandlung der ursprünglichen Societät in die Gestalt einer juristischen Person, nicht bestritten. Beide Societätsgestaltungen aber standen offenkundigermaaßen in wesentlichem innerem Zusammenhang. Dem ursprünglichen Verein war die Aufgabe gestellt, die spätere Konstituirung der Societät in Form einer staatlich bestätigten Korporation anzubahnen. Die Letztere setzte daher nur den bei den vorbereitenden Verhandlungen intendirten Gesellschaftszweck fort. Sie brachte denselben zu dem von vorn herein von allen Betheiligten gewollten vollständigen Abschluß. Nothwendig mußte, nach diesem Vertragswillen der Betheiligten und zu dessen allseitiger Verwirklichung auf die neugeschaffene juristische Person alles für deren Zwecke früher von der Privatgesellschaft erworbene Vermögen übergehen. Zu einer anderen Auffassung führen auch die Gesellschaftsstatuten nicht.

Wenn es in deren § 2 heißt:

die Gesellschaft besitzt durch die von der kgl. sächs. Staatsregierung erfolgte Bestätigung ihrer Statuten die Eigenschaften und Rechte einer moralischen Person —

so ist ohne Weiteres klar, daß hiedurch nur eine Erweiterung der der zeitherigen Gesellschaft zustehenden Rechte bezweckt, somit thatsächlich der Eintritt der juristischen Person in die durch die Gesellschaft erworbenen Rechte vorausgesetzt und anerkannt wurde. Die ursprünglichen Societätsmitglieder haben demnach, wie keinem Zweifel unterliegt, das ihnen damals bereits zustehende Vermögen auf die neugeschaffene juristische Persönlichkeit, jetzige Klägerin, in rechtlich zulässiger Weise übertragen; vgl. die in Busch's Archiv B. XXII S. 130 ff. allegirten Erkenntnisse des preuß. OTr.

Der von der Ausstellungszeit der in Frage stehenden Schuldurkunden hergenommene Einwand des Bekl. erscheint daher völlig unerheblich.

Nr. 27.

I. Senat — Erkenntniß v. 19. Dez. 71. (Ref.)

v. Behr-Negendank ·/. v. Barner (Nr. 365 v. 71).

Mecklenburg. **Appellation.**

Vor-Instanz: Obergericht Rostock.

Wechselbürgschaft. Verhältniß des Nachbürgen.

Ist bei Uebernahme einer Wechselbürgschaft mit dem Gläubiger (ohne Verhandlung mit dem Mitbürgen) das Abkommen getroffen, daß die Bürgschaft dem Gläubiger gegenüber eine unbeschränkte, dem Mitbürgen gegenüber aber nur eine Nachbürgschaft sein solle: so kann der betreffende Bürge diese vertragsmäßige Beschränkung seiner Haftung auch dem Mitbürgen, welcher später den Gläubiger

befriedigt und Abtretung der Rechte des Letzteren erlangt hat, entgegenhalten.

DWO Art. 81, 82 und L. 27 § 4 Dig. 46, 1;
Seuffert's Archiv XVII Nr. 144.
Vgl. Rspr. I S. 74; II S. 152, 251; III S. 382.

Die Eheleute v. H. verschuldeten dem Advokaten T. aus einem Wechsel 15550 Thlr. Sie erbaten und erhielten zur Verfallzeit Prolongation unter der Bedingung daß zwei sichere Personen Wechselgarantie leisteten. Demzufolge haben die jetzt streitenden Parteien den Wechsel in der Weise mit vollzogen, daß der Unterschrift der Aussteller, Eheleute v. H. zunächst die des jetzigen Klägers v. B. mit dem Zusatz: „als Bürge" und dann die des Bekl. mit gleichem Zusatz gefolgt ist. Vor diesem Akt hat der Schuldner v. H. dem Wechselgläubiger T. angezeigt, daß der zweite Bürge (Beklagter v. B. N.) seine Unterschrift nur nach der des v. B. habe hergeben wollen.

Der Gläubiger T. erstritt demnächst die ganze Wechselschuld gegen den Bürgen v. B., wurde dabei aber verurtheilt, diesem die Wechselforderung gegen den anderen Bürgen zu cediren. Nunmehr trat T., nach erhaltener Befriedigung, „alle seine Rechte aus dem (fraglichen) Wechsel... nebst rückständigen Zinsen ohne Vorbehalt, aber auch ohne Gewähr für Güte und Richtigkeit der Forderung" dem jetzigen Kläger v. B. ab. Letzterer beansprucht auf Grund dessen vom Bekl. die Hälfte der gezahlten Wechselsumme nebst Zinsen, unter dem Erbieten, dem Gegner die Rechte aus dem Wechsel sowie aus einer zur Sicherung bestellten Hypothek abtreten zu wollen. Die Klage im Wechselprozeß ward rechtskräftig abgewiesen, im ordentlichen Verfahren aber Beklagter nach dem Klageantrage verurtheilt. Auf des Bekl. Berufung hat das OHG abändernd entschieden.

Gründe:

Nach dem feststehenden Sachverhalt läßt sich nicht bezweifeln, daß Beklagter dem Gläubiger gegenüber die Haftung für dessen ganze Forderung und zwar in erster Linie übernommen hat, und seine Absicht auch auf die Uebernahme einer solchen umfassenden Haftung gerichtet war, wie dies der Fall gewesen sein würde, wenn ein gezogener Wechsel von ihm indossirt worden wäre, — daß er dagegen dem Kläger gegenüber wie ein Nachindossant nur als Nachbürge haften wollte, daß er diese seine Absicht sowohl dem Hauptschuldner als namentlich auch dem Gläubiger gegenüber ausdrücklich erklärt hat, daß diese Beiden — insbesondere der Gläubiger — die Beschränkung stillschweigend genehmigt haben, daß also Beklagter bei Uebernahme der Bürgschaft, ohne mit dem Mitbürgen in Verhandlung zu treten, mit dem Gläubiger die Uebereinkunft getroffen hat: die Bürgschaft solle zwar dem Gläubiger gegenüber eine unbeschränkte, dem Mitbürgen gegenüber aber nur eine Nachbürgschaft sein. Es fragt sich, ob diese mit dem Gläubiger bei Eingehung der Bürgschaft getroffene Uebereinkunft dem Mitbürgen, welcher den Gläubiger später befriedigt und jura cessa erlangt hat, das Recht entzieht, vom Bekl. den Ersatz der Hälfte des Gezahlten zu verlangen.

Diese Frage muß bejaht werden.

Allerdings hätte Beklagter einer Klage des Gläubigers gegenüber sich der Zahlung der ganzen Wechselsumme nicht entziehen können, daher denn der Gesichtspunkt der cedirten Klage zu keinem für den Bekl. günstigen Ergebniß zu führen scheint. Allein die vollständige Durchführung des Gesichtspunkts eines Kaufs der Forderung:

L. 36 Dig. 46, 1: „quodammodo vendidit“,

unter welchen das römische Recht das beneficium cedendarum actionum stellt, lag nicht im Sinne der römischen Jurisprudenz. Es tritt dies namentlich darin hervor, daß die (cedirte) Forderung in der Hand des Bürgen in Gemäßheit des Zwecks, der mit derselben verfolgt wird, sich zu einer wesentlich anderen gestaltet.

Der Zweck nämlich, zu welchem das beneficium cedendarum actionum dem zahlenden Bürgen ertheilt worden ist und welchem demnach die cedirte Forderung dienen soll, ist kein anderer, als um diejenige Ausgleichung unter den Mitverpflichteten herbeizuführen, welche durch das Rechtsverhältniß, in welches sie durch Eingehung der Obligatio mit dem Gläubiger getreten waren, als geboten erschien. Dem Hauptschuldner gegenüber, der die Valuta baar oder doch in anderer Weise erhalten, steht der Geltendmachung der ganzen cedirten Forderung nichts entgegen, wohingegen von dem Mitbürgen, welcher die gleiche Gefahr mit seinem Mitbürgen übernommen hatte, auch nur der entsprechende Theil mittelst der cedirten Klage beigetrieben werden kann. Dieser doppelten Richtung des beneficium cedendarum actionum entspricht das beneficium excussionis einerseits, das beneficium divisionis andererseits. Die beiden letzteren schieben dem Gläubiger die Mühe der Ausgleichung zu, das beneficium cendendarum actionum dem Schuldner. Regelmäßig stehen daher dem Bürgen zwei Wege, offen, die zur Ausgleichung des Valutaverhältnisses zwischen ihm und seinem Mitbürgen führen: die exceptio divisionis und das beneficium cedendarum actionum. Aber auch nur zur Ausgleichung soll der letztere Weg verhelfen, mit der cedirten Klage wird nur die Ausgleichung des Schaden verfolgt, und dieselbe nach diesem Gesichtspunkt modifizirt. Wie daher der zahlende Mitbürge mit der cedirten Klage von den übrigen Mitbürgen niemals die ganze Schuld beitreiben kann: so versagt dieselbe völlig, sofern unter mehreren Bürgen desselben Gläubigers der in der Mitbürgschaft liegende Rechtsgrund der Ausgleichung fehlt.

Eine Mitbürgschaft liegt vor, wenn zwei (oder

mehrere) Personen sich für einen Hauptschuldner verbürgen, mag eine Beredung unter den Mitbürgen voraufgegangen sein oder nicht, mag der eine von der Existenz des anderen Mitbürgen Kenntniß gehabt haben oder in Unkenntniß darüber gewesen sein. Nur die Thatsache, daß zweien Bürgen ein und derselbe Hauptschuldner gegenüber steht, begründet eine Mitbürgschaft.

Ausgeschlossen ist die Mitbürgschaft aber da, wo der eine von zwei Bürgen sich dem Gläubiger gegenüber nicht für den Hauptschuldner, sondern lediglich für den anderen Bürgen verbürgt hat. In solchem Falle fehlt es an der Identität des Hauptschuldners. Der Gläubiger hat zwar nur einen Hauptschuldner und zwei Bürgen, und deren Rechtsstellung kann dem Gläubiger gegenüber vermöge vertragsmäßigen oder gesetzlichen Ausschlusses der exceptio excussionis im praktischen Erfolge die gleiche sein. Demungeachtet ist der erste Bürge der Hauptbürge, der zweite ein bloßer Nachbürge (fidejussor fidejussoris). Und wie der Gläubiger und der erste Bürge den Hauptschuldner zu ihrem (Haupt-) Schuldner haben, so hat der Nachbürge zu seinem Hauptschuldner lediglich den ersten Bürgen (Hauptbürgen).

L. 27 § 4, vgl. L. 43, L. 51 § 2 Dig. 46, 1.

Hätte der Nachbürge dem Hauptgläubiger dessen Forderung gezahlt, so stände ihm unzweifelhaft gegen den dadurch befreiten Hauptbürgen auch ohne Klagezession ein mittelst der actio mandati oder negotiorum gestorum contraria zu verfolgender Anspruch auf Erstattung des ganzen Betrages zu, und würde ihm selbstverständlich nicht minder die cedirte Klage des Gläubigers auf das Ganze zustehen. Hätte umgekehrt der Hauptbürge den Hauptgläubiger befriedigt, so würde er gegen seinen Nachbürgen keinerlei Regreß haben, auch nicht mit der etwa cedirten Klage des Hauptgläubigers, da diese eben nur zur Ausgleichung des

Valutaverhältnisses dienen soll und demjenigen gegenüber versagt, welcher seinerseits nicht regreßpflichtig, sondern bei eigener Zahlungsleistung auf das Ganze regreßberechtigt ist.

Diese mit innerer Nothwendigkeit aus der Natur der Nachbürgschaft sich ergebende Konsequenz wird vollkommen bestätigt durch L. 27 § 4 Dig. 46, 1:

> Si fidejussor fuerit principalis et fidejussor fidejussoris, non poterit desiderare fidejussor, ut inter se et eum fidejussorem, pro quo fidejussit, dividatur obligatio; ille enim loco rei est nec potest reus desiderare, ut inter se et fidejussorem dividatur obligatio. Proinde si ex duobus fidejussoribus alter fidejussorem dederit, adversus eum quidem non dividitur obligatio, pro quo intervenit: adversus confidejussorem magis est, ut dividatur.

Hienach kann der Hauptbürge den Gläubiger nicht mittelst der exceptio divisionis antheilig an seinen eigenen Nachbürgen verweisen, und eine Ausgleichung zwischen Hauptbürgen und Nachbürgen dem Gläubiger gegenüber auf diesem Wege nicht bewirkt werden. Allerdings folgt aus dem Ausschluß des beneficium divisionis nicht unter allen Umständen, daß die cedirte Klage in der Hand dessen, welchem das beneficium divisionis nicht zusteht, wirkungslos sei. Nicht nur ein Vertrag mit dem Gläubiger kann den Wegfall des beneficium divisionis bewirken, während das beneficium cedendarum actionum in Kraft bleibt; auch das Recht selbst hat in einzelnen Fällen das erstere ausgeschlossen, das letztere hingegen gestattet: L. 12 Dig. 46, 6. Nicht schlechthin der Ausschluß als solcher, sondern der Grund des Ausschlusses entscheidet. Besteht der Grund des Ausschlusses in der Rücksicht auf den Gläubiger, welchem nicht zugemuthet werden soll, gegen verschiedene Personen zu klagen, wie im Falle der angeführten L. 12 Dig. 46, 6: so liegt keine Veranlassung vor, dem beneficium cedendarum actionum, ungeachtet das beneficium divisionis wegfällt, seine Wirksamkeit zu versagen. Anders natürlich, wo der Grund für den Wegfall des beneficii divisionis gerade darin liegt, daß nach dem unterliegenden Valutaverhältniß dem zahlenden Bürgen ein Anspruch versagt wird. Wird nun in L. 27 § 4 Dig. 46, 1 der Grund des Wegfalls darin gesetzt, daß keine Mitbürgschaft vorliegt und um deswillen keine Veranlassung zur Ausgleichung unter den mehreren Bürgen gegenüber dem Gläubiger: so führt eben dieser Grund nothwendig zu dem weiteren Resultat, daß das den gleichen Zweck der Ausgleichung verfolgende beneficium cedendarum actionum und die daran sich knüpfende Klagecession für den Hauptbürgen seinem Nachbürgen gegenüber effektlos ist.

Vgl. auch Seuffert's Archiv B. III Nr. 217, B. XIII Nr. 223.

Für die Beurtheilung der Frage aber, ob Jemand als Mitbürge oder als Nachbürge eintritt, kommt es nur auf die dem Gläubiger abgegebene Erklärung an, wenigstens dann, wenn, wie hier, eine Verhandlung mit dem Bürgen (dem Kläger) von Seiten des Bekl. gar nicht stattgehabt hat. Ob Primus wußte, daß Secundus nur Nachbürge sei, oder ob er den Letzteren gar für seinen Mitbürgen hielt, ist gleichgiltig. Auch die L. 27 § 4 Dig. 46, 1 unterscheidet hierin nicht. Beneficium divisionis, wie beneficium cedendarum actionum sind Rechtswohlthaten aus Billigkeit; sie versagen, wo der Billigkeitsgrund wegfällt, ja das beneficium divisionis schon dann, wenn aus irgend einem Grunde zur Zeit der litiscontestatio der Gläubiger sich an den zweiten Bürgen nicht halten kann. In einem Falle wird allerdings, ungeachtet die Klage gegen den einen Mitbürgen wirkungslos ist, dem zweiten die exceptio divisionis gewährt, aber doch nur, wenn derselbe sich später oder mindestens gleichzeitig verbürgt und guten Grund zu der Annahme hatte, daß der erste neben ihm haften würde, L. 48 Dig. 46, 1.

Girtanner Archiv für civilistische Praxis 43 S. 285 ff.

Von diesen Voraussetzungen liegt hier keine vor, wenngleich möglicher Weise Kläger schon bei der Unterschrift des Wechsels sich darauf Rechnung gemacht hat, daß Beklagter Mitbürge sein werde. Daß gar Beklagter direkt oder durch Andere den Kläger durch eine Anzeige, daß er als Mitbürge eintreten werde, zur Eingehung der Bürgschaft bestimmt hätte, erhellt nirgend. Dem Gläubiger gegenüber ist aber nach dem Obigen vom Beklagten dessen Wille, nach dem Kläger zu haften, also als Nachbürge eintreten zu wollen, bestimmt ausgesprochen, ... wenn auch ihm gegenüber auf die exceptio excussionis verzichtet ist.

Nr. 28.

I. Senat. — Erkenntniß v. 19. Dez. 71. (B.)

Büsche ·/. Glenck (Nr. 626 v. 71).

Baden. **Ober-Berufung.**

I. Instanz: Handelsgericht Mannheim,

II. Instanz: Kreis- u. Hofgericht, App.-Sen. I daselbst.

Arglist bei Handelsgeschäften, Verschweigen.

Auch im Verschweigen erheblicher Thatsachen kann beim Vertragsschluß ein (civilrechtlicher) Betrug liegen. Dieses Verschweigen muß aber ein rechtswidriges und namentlich im Handelsverkehr ein solches sein, daß es eines anständigen Kaufmanns unwürdig erscheint.

Vgl. Rspr. III S. 4 ff., IV S. 56, 259, 338 und oben Fall Nr. 25, S. 158.

Kläger, welcher die Erzeugnisse der badischen Anilin- und Sodafabrik zu Mannheim als Kommissionär in den Handel bringt, fordert den Preis gelieferter calcinirter Soda und wird als Wiederbeklagter wegen anderweitig unterlassener Vertragserfüllung (wegen Nichtlieferung kristallisirter Soda) in Anspruch genommen. Er macht geltend, daß die bestellte Waare vom Käufer nur für den in Mannheim bestehenden, mit der genannten Fabrik geschäftlich konkurrirenden „Verein chemischer Fabriken“ entnommen worden und bestimmt sei. Diese Einrede des (civilrechtlichen) Betrugs wird in allen Instanzen verworfen, vom OHG aus folgenden

Gründen:

Beklagter [und Wiederkläger] soll den in Frage stehenden Kaufvertrag nur zu dem Zweck abgeschlossen haben, um sich vom Gegentheil ein Fabrikat der badischen Anilin- und Sodafabrik zu verschaffen und die so gekaufte Waare an den Verein chemischer Fabriken abzugeben, obwohl dem Bekl. bekannt gewesen, daß zwischen beiden genannten Fabriken damals ein solches Konkurrenz-Verhältniß bestand, welches dem Kläger als alleinigem Verkäufer der Fabrikate der Badischen Anilin- und Sodafabrik zur Pflicht machte, solche nicht an den Verein chemischer Fabriken zu verkaufen. Ueberdies soll der Beklagte den Vertrag wissentlich nur als Werkzeug oder vorgeschobene Person jenes Vereins abgeschlossen haben, obwohl er dabei auf eigenen Namen gehandelt hat.

Dieses ganze Vorbringen läßt sich darauf zurückführen, daß Beklagter bei Abschluß des Vertrages dem anderen Theile verschwiegen hat, entweder er kaufe, um die Waare an das Konkurrenzgeschäft wieder zu verkaufen, oder er kaufe nur scheinbar für sich, aber in Wahrheit als Beauftragter des Konkurrenz-Geschäfts und für dieses Allerdings kann nun ein Betrug — wie nach gemeinem Recht (L. 43 § 2 Dig. 18, 1), so auch nach badischem Landrecht (Code civil) Art. 1116, vgl. Brauer Erläuterungen über den Code Napoléon B. 3 S. 24;

Demolombe Cours d. d. c. B. 24 Nr. 172 — auch durch Verschweigen erheblicher Thatsachen verübt werden. Aber das Verschweigen muß ein rechtswidriges und namentlich im Handelsverkehr ein solches sein, daß es für einen anständigen Kaufmann als unwürdig erscheint. Davon kann aber nicht die Rede sein, wenn es sich nur um die Absicht des Weiterverkaufs an einen Konkurrenten des ersten Verkäufers fragt, da hierin nur eine nicht ungewöhnliche und nicht illoyale Spekulation liegt. Aber auch das Verschweigen der Eigenschaft als Unterhändler eines Konkurrenten enthält keine Verletzung der Pflichten eines anständigen Kaufmanns, weil es sich dabei um ein Kommissionsgeschäft handelt, bei welchem die Nichtbenennung des Kommittenten selbst dem Gesetz (Art. 360 HGB) entspricht.

Sache des Klägers wäre es gewesen, sich — wie er in einem gleichzeitigen Vertrage bezüglich calcinirter Soda*) gethan hat — gegen eine ihm nicht genehme Verwendung der kristallisirten Soda durch eine Vertragsbestimmung zu sichern.

Abgesehen von der Frage, ob gegenüber den bestimmten eidlichen Aussagen der beiden Direktoren des Vereins chemischer Fabriken dem Kläger der Beweis eines Einverständnisses zwischen diesem und dem Bekl. möglich sein würde, erscheint sohin die ganze Einrede als verwerflich.

Da sonach der vom Bekl. mit dem Verein chemischer Fabriken abgeschlossene Vertrag ein redliches und verpflichtendes Geschäft bildet, so lag in der Nichterfüllung desselben für den Bekl. die Nöthigung, sich die ihm vom Gegentheil verweigerte Waare anderwärts zu verschaffen.

*) Hier hatte Kläger ausdrücklich bedungen, daß die Waare nur nach der Schweiz abgesetzt werden dürfe.

Und die vom Bekl. wirklicher und redlicher Weise bezahlten Preise nebst Verzugszinsen daraus bilden den Gegenstand seiner Schadenersatzforderung; HGB Art. 355—357. Der desfalls dem Bekl. obliegende Beweis erscheint auch . . vollständig gelungen.

Nr. 29.

I. Senat. — Erkenntniß v. 19. Dez. 71. (Ref.)

E. Block . Wittwe Winkler (Nr. 663 v. 71).

Preußen. **Wechselsache.** **Revision.**

I. Instanz: Kreisgericht Hagen,
II. Instanz: Appellationsgericht Hamm.

Gerichtsstand der Wechselbeklagten in Preußen. Ausländer.

Der § 6 des preuß. Einführungsgesetzes zur DWO v. 15. Febr. 50 ist auch auf Nichtpreußen anwendbar.

Anders: Hartmann DWR S. 477,
Borchardt ADWO Zusatz 824 S. 626, Zusatz 796 S. 608.

Angenommen vom OHG aus folgenden

Gründen:

Der Klagewechsel ist ein eigener des Eduard R., datirt von Hasperbruch bei Hagen (in Westfalen). Die Beklagte, welche darin als Remittentin benannt ist, hat ihn angeblich an Carl Friedrich R. girirt, und Kläger ist Giratar des Letzteren.

Hasperbruch gilt also für diesen Wechsel als Zahlungsort und zugleich als Wohnort des Ausstellers; Art. 97 DWO*).

Nun bestimmt § 6 des preuß. Einführungs-Gesetzes zur DWO v. 15. Febr. 50, daß für Wechselklagen sowohl das Gericht des Zahlungsorts als das des persönlichen Gerichtsstandes des Beklagten zuständig, und daß bei gleichzeitiger Belangung mehrerer Wechselschuldner für diese außer dem Gericht des Zahlungsorts jedes Gericht kompetent sei, dem Einer der Bekl. persönlich unterstehe.

* Vgl. Rspr. II S. 375 Nr. 2, 376 f.

Ist diese Bestimmung auf Nichtpreußen anwendbar, so ist das Kreisgericht Hagen der [zu Waldheim im Königreich Sachsen wohnenden] Beklagten gegenüber als forum solutionis zuständig — auch abgesehen davon, daß Kläger zugleich mit ihr den Aussteller Eduard R. in diesem Forum als dessen persönlichem Gerichtsstande belangen konnte und belangt hat.

Der Appellrichter hat diese Zuständigkeit rücksichtlich der Bekl. und Revisin verneint, weil das preußische Gesetz selbstverständlich nur die preußischen Staatsangehörigen verbinde. Dieser Grund ist — wörtlich verstanden — zweifellos unhaltbar. Denn in unausweichlicher Konsequenz würde er die, in Theorie und Praxis niemals angefochtene, Befugniß des inländischen Gesetzgebers beseitigen, mit verbindlicher Wirkung für die inländischen Gerichte über die Rechtsverhältnisse — insbesondere über den Gerichtsstand — der Ausländer überhaupt Vorschriften zu erlassen. Muthmaßlich hat der Appellrichter, wie eine zusätzliche Bemerkung über den Gerichtszwang andeutet, mit dem zu allgemein gefaßten Grunde nur aussprechen wollen:

> die Vorschriften des § 6 a. a. O. müßten, obschon sie zwischen In- und Ausländern nicht unterschieden, doch auf Inländer beschränkt werden, weil im Falle ihrer Ausdehnung auf Ausländer sich ein Konflikt mit einem Grundsatze des internationalen Rechts ergäbe — daß es nämlich unstatthaft sei, die Ausländer vor inländische Gerichte zu ziehen, wenn sowohl die Möglichkeit eines Gerichtszwanges als die freiwillige Unterwerfung unter die inländische Jurisdiktion fehle —, und weil nicht vermuthet werden dürfe, daß der Gesetzgeber sich von einem Grundsatz des internationalen Rechts habe lossagen wollen.

Allein diese Argumentation vertritt einen Grundsatz,

dessen Richtigkeit nicht anerkannt werden kann. Wäre sie richtig, so würde dem internationalen Verkehr ein wichtiges Mittel der Rechtsverfolgung und der Rechtsgleichheit fehlen. Früher allerdings hat sie in ausgedehnter Weise die Praxis — namentlich die altpreußische — beherrscht, auch auf die altländische Gesetzgebung in Preußen, wie namentlich die Kabinets-Ordre v. 30. Sept. 35 (Gesetzsammlung S. 216) verräth, eingewirkt. Aber die Bedürfnisse des fortschreitenden Verkehrs haben sie neuerlich, nachdem sie von der französischen Gesetzgebung längst verleugnet war, aus dem internationalen Recht mit immer zunehmender Uebereinstimmung verdrängt. Es ist kaum noch fraglich, daß einem Staate zusteht, auch auf Ausländer im Interesse der Rechtsverfolgung und des Rechtsschutzes die Vorschriften über die besonderen Gerichtsstände ohne Rücksicht auf den Gerichtszwang und die freiwillige Unterwerfung auszudehnen, und die Ausländer in Ansehung dieser Vorschriften den Inländern völlig gleichzustellen. — Namentlich die neueren deutschen Prozeßordnungen und die legislativen Entwürfe zu einer Allg. Deutschen Civil-Prozeßordnung haben diese Befugniß anerkannt.

Badische PO. (1864) § 58; Württembergische Civil-PO. (1868) Art. 55; Bayerische Civil-PO (1869) Art. 19; Hannoversche PO § 8 ff. — Entwurf einer PO für den preuß. Staat (1864) § 15, Motive S. 16; Nordd. PO Entw. (1870) § 73 und S. 688; Darmstädter Entwurf § 48; Entwurf einer Deutschen Civil-PO (1871) S. 253; 255, 256. — Vgl. v. Bar internationales Privatrecht S. 427 ff., 437 ff., 445. — v. Bayer Vorträge, 10. Auflage S. 201. —

Möglicher Weise scheitert im Einzelfalle die Wirksamkeit einer solchen Kompetenz gegen einen Ausländer daran, daß dieser in dem Staate, in welchem er belangt wird, entweder sich nicht betreffen läßt oder exekutionsfähiges Vermögen nicht besitzt, oder daran, daß der Staat, welchem er angehört, die Rechtshilfe versagt; aber diese Umstände berühren nicht die Berechtigung der Zuständigkeit gegen den Fremden, sondern hindern nur ihren Erfolg.

Ist aber von der Berechtigung eines Staats, auch Ausländer den besonderen Gerichtsständen, insbesondere dem forum solutionis zu unterwerfen, auszugehen: so kommt für die Tragweite des § 6 des Ges. v. 15. Febr. 50 in Betracht nicht nur, daß derselbe zwischen Aus- und Inländern nicht unterscheidet, sondern vornehmlich, daß er einen Gerichtsstand für Wechselsachen statuirt, also für einen Verkehr, der vermöge seiner internationalen Bedeutung am Wenigsten die territoriale Abgränzung der Rechtsverfolgung verträgt. Unter diesen Umständen ist anzunehmen, daß die Beachtung gerade des heutigen Wechselverkehrs zum Aufgeben der für ihn nicht mehr passenden Vorschriften der AGO über das forum contractus und die Belangung Fremder bestimmt,

AGO Th. I Tit. 2 § 148 ff., § 119, Anhang § 34; Tit. 29 § 42, 88 ff.,

und in dem genannten § 6 auch die Nichtpreußen den betreffenden besonderen Gerichtsständen unterworfen hat, — zumal dieses Gesetz auch für das Gebiet des rheinischen Rechts erlassen wurde, mit dessen Grundsätzen seine Beschränkung auf Inländer schlechthin unverträglich ist.

Sind hienach die besonderen Gerichtsstände des § 6 a. a. O. auch auf Nichtpreußen anwendbar, so kann unentschieden bleiben, inwieweit Art. 3 der Verfassung des Deutschen Reichs der Beklagten entgegensteht.

Es ergiebt sich, daß der Appellrichter mit Unrecht den Einwand der Inkompetenz gebilligt hat, und daß das I. Erkenntniß herzustellen war.

Nr. 30.

I. Senat. — Erkenntniß v. 22. Dezbr. 71. (B.)

v. d. Linden & Co. ./. Gütschow (Nr. 619 v. 71).

Hamburg. **Ober-Appellation.**

I. Instanz: Handelsgericht Hamburg,
II. Instanz: Obergericht daselbst.

Waarenkonsignation für gemeinschaftliche Rechnung. Mängel der Waare: ihre Rüge, Beweislast.

1. Art. 347 HGB setzt einen Kauf im Distanzhandel*), bzw. eine hierin dem Kauf gleichstehende Einkaufskommission voraus und leidet nicht (analog) Anwendung auf ein nach den Regeln des Gesellschaftsvertrages zu beurtheilendes Unternehmen, welches die Versendung und den Absatz von Waaren für gemeinschaftliche Rechnung bezweckt (HGB Art. 266 ff.).

2. Bei einer auf gemeinschaftliche Rechnung gehenden überseeischen Waaren-Konsignation darf der Geschäftstheilhaber, welcher den Absatz der ihm zugesendeten Waare zu besorgen hat, im Vertrauen auf die Sorgfalt des anderen Socius, welchem die Anschaffung und Verladung der Waare oblag, eine Untersuchung der unbeschädigt angekommenen Waare unterlassen.

HGB Art. 266; L. 63 pr. Dig. 17, 2.

3. Wie regelt sich beim Handelskauf die Beweislast rücksichtlich der vertragsmäßigen Beschaffenheit der gelieferten Waare?

Sachverhalt und Entscheidung des OHG ergeben sich aus folgenden, ein Hamburger überseeisches Konsignationsgeschäft betreffenden

Urtelsgründen:

I. Das zwischen den Parteien zur Ausführung gekommene Geschäft hat in einer Vereinigung derselben zu einzelnen Handelsgeschäften für gemeinschaftliche Rechnung

* Vgl. Rspr. II S. 66.

bestanden (HGB Art. 266 ff.). Die Farbewaaren, deren Aussendung nach Yokohama zum Zweck des dortigen Verkaufs für gemeinschaftliche Rechnung geschah, wurden von den (Wieder-) Beklagten für die Gemeinschaft geliefert. Unerheblich war es dabei, ob die Waaren von ihnen fabrizirt oder anderweitig angeschafft worden waren. — (Wieder-) Kläger hatte die auf ihn kommende Hälfte des Anschaffungspreises den Bekl. gleich Anfangs zu vergüten. Die den Bekl. zugestellten Rechnungen über die Lieferungen entsprechen völlig diesem Inhalt des Geschäfts. Sie lauten im Eingang:

> „Sandten für gemeinschaftliche Rechnung via Overland Mail (bzw. London), um weiter an Ihr Haus in Yokohama befördert zu werden ꝛc."

und schließlich ist in den Rechnungen dem Kläger die Hälfte des Gesammtpreises der Waaren zur Last gebracht. Letzterer hatte die Versendung der Waare, sowie, nach deren Ankunft in Yokohama, durch sein dortiges Haus den Verkauf als Kommissionär der Gemeinschaft in Ausführung zu bringen.

Zweifellos lag es den Beklagten ob, tadellose bzw. solche Waare zu liefern, welche den bezüglichen, aus Yokohama eingegangenen Bestellungen entsprach, dem Kläger, wie ein sorgfältiger Verkaufs-Kommissionär zu verfahren. Der Anwalt der Bekl. sucht das Rechtsverhältniß so darzustellen, als ob zwei separate Unternehmungen neben einander bestanden hätten: das eine der Bekl., in Betreff dessen Kläger deren Verkaufs-Kommissionär für die eine Hälfte der Waare gewesen sei; das andere des Klägers, welcher als Käufer der anderen Hälfte der Waare zu betrachten sei, und folglich im Verhältniß zu den Bekl. alle Pflichten eines Käufers zu erfüllen gehabt habe. Diese Auffassung ist grundlos; das Gemeinschaftsverhältniß allein ist unter den Parteien maaßgebend gewesen und auch geblieben, wie denn die betreffenden Waaren zu allen Zeiten im Mit-Eigenthum beider Parteien sich befunden haben.

Wenn nun die betreffenden Waaren [in verlöthete Blechdosen verpackte Farbestoffe] nach Behauptung des Klägers, als es in Japan zur Lieferung an die dortigen Abnehmer kam, unbrauchbar und folglich unempfangbar befunden worden sind und Kläger für den Bereich seiner Betheiligung Rückvergütung der von ihm eingezahlten Hälfte des Anschaffungswerths (sammt Unkosten und entgangenem Gewinn) gegen Zurücknahme der Waaren von den Bekl. fordert: so machen Letztere ungehöriger Weise die Vorschrift des Art. 347 HGB geltend, insofern sie behaupten, der Kläger hätte die Waaren, wenn nicht schon sofort bei deren Lieferung in Hamburg, doch jedenfalls alsbald nach deren Ankunft in Yokohama untersuchen und, falls ein Mangel daran erfindlich gewesen sein sollte, die Bekl. unverzüglich davon benachrichtigen müssen.

Art. 347 HGB setzt einen Kauf oder eine in Betreff des fraglichen Punkts dem Kaufe gleich stehende Einkaufs-Kommission voraus, während in gegenwärtigem Falle ein nur den Prinzipien des Gesellschaftsvertrages unterliegendes Gemeinschafts-Unternehmen vorliegt. Auch leidet hier Art. 347 nicht etwa eine analoge Anwendung. Bei ihm handelt es sich um eine Waare, welche aus dem Eigenthum und der Verfügung des Absenders (Verkäufers oder Einkaufs-Kommissionärs) in diejenigen des Destinatärs (Käufers oder Einkaufs-Kommittenten) übergehen soll und in Betreff deren es darauf ankommt, daß nicht Ungewißheit bleibe, ob der Destinatär die Waare genehmigen*), folglich das Eigenthum daran und die Verfügung über dieselbe übernehmen, oder ob er dies ablehnen und den Punkt, für wessen Rechnung die Waare gehe, von weiteren Ermittelungen und Verhandlungen abhängig machen wolle. — Völlig ab-

*) Vgl. Rspr I S. 157, 370; II S. 21; IV S. 233.

weichend hiervon lag die Sache bei dem unter den Parteien geschlossenen Gemeinschafts-Unternehmen. Bei diesem sollte nach Vollendung des Transports keine Veränderung des rechtlichen Verhältnisses der Betheiligten zur Waare eintreten; keiner von beiden Theilen sollte ausscheiden; vielmehr sollte die Waare gemeinschaftlich bleiben und auch ferner für Rechnung beider Theile unter der Obhut und Verfügung des mit dem Verkauf beauftragten Theilhabers stehen.

Auch in anderer Beziehung ist die Stellung des Absenders zum Destinatär beim Verkauf (und bei der Einkaufs-Kommission) von derjenigen der Theilhaber eines derartigen Gemeinschaftsgeschäfts zu einander wesentlich verschieden. Während Verkäufer und Käufer, als solche nur in eigenem Interesse handelnd und auf die Ueberwachung der Leistung des anderen Theils hingewiesen, einander gegenüber stehen, verhält es sich hiemit beim Gemeinschaftsverhältniß anders. Die Theilnehmer dieses letzteren sind einander zur Treue verbunden, und es ist in Folge dessen für sie unpräjudizirlich, wenn sie einander Vertrauen schenken. Demgemäß ist es bei einem Gemeinschaftsunternehmen der vorliegenden Art unzulässig, wenn der die Lieferung von Waaren beschaffende Theilhaber sich darüber beschwert, daß sein Genosse die gehörige Beschaffenheit der gelieferten Waaren nicht in Zweifel gezogen habe. Die von den Bekl. hier geltend gemachte Einrede des Präjudizes ist aber nichts Anderes als der von ihnen dem Kläger gemachte Vorwurf, welcher bei dem „fast brüderlichen" Charakter des unter Socien bestehenden Verhältnisses

L. 63 pr. Dig. 17, 2

ganz unpassend ist.

Das Handelsgericht ist auf Grund der von Socien zu präſtirenden „diligentia, quam in suis etc." zu abweichendem Ergebniß gelangt. Es geht davon aus, ein ordentlicher Kaufmann würde damit nicht zu hören sein, daß er in seinen eigenen Angelegenheiten es regelmäßig zu unterlassen pflege, von auswärts eingetroffene Waaren alsbald nach deren Ankunft, so weit wie thunlich, zu prüfen, und folgert dann weiter, daß die hienach in vorliegendem Falle dem Kläger zur Last zu legende Nichtbeachtung des eigenen Interesses zugleich als eine Verletzung der den Bekl. geschuldeten Diligenz angesehen werden müsse. Diese Argumentation würde zutreffend sein, wenn überhaupt in der bezüglichen Richtung eine Diligenzpflicht des betreffenden Socius im Verhältniß zum anderen Theile anzunehmen wäre, welche Pflicht aber zufolge des oben Bemerkten sich nicht konstruiren läßt. — Die Beklagten machen denn auch dem Kläger keinen Vorwurf in der Richtung, daß er, bzw. sein Yokohama-Haus es an einer in ihrem (der Bekl.) Interesse nothwendigen Kontrolle hätte fehlen lassen; sondern sie versuchen, Grundsätze, welche nur für ein wesentlich verschiedenartiges Rechtsverhältniß (den Distanzkauf) Giltigkeit haben, eben den Art. 347 HGB, auf die Beziehungen unter Socien anzuwenden.

II. Das Handelsgericht hat die Bekl., als diejenigen, welche die Waaren für das gemeinschaftliche Geschäft zu liefern hatten, zu dem Beweise verpflichtet, daß die Waaren bei der Absendung in vertragsmäßiger Beschaffenheit sich befunden hätten. Das Obergericht ist zu dem entgegengesetzten Ergebniß gelangt und hat dem Kläger den Beweis aufgelegt, daß die Waaren zur Zeit der Abfertigung nicht kontraktmäßig gewesen seien. Dies deshalb, weil die Klage als eine auf Grund einer den Bekl. beizumessenden culpa angestellte actio pro socio aufzufassen sei, mithin dieser Klagegrund, die culpa, vom Kläger erwiesen werden müsse. — Im Ergebniß gelangte die gegenwärtige Instanz zu dem Erkenntniß des Obergerichts.

Hierauf führt keineswegs, wie die Bekl. vermeinen, die

Parteirolle hin, in welcher Kläger, als der in Betreff des vorliegenden Verhältnisses angreifende Theil, sich befindet, da diese für die Beweislast nicht entscheidet*), wie denn die vom Widerkläger hiefür in Bezug genommene ältere Praxis des Lübecker O.-App.-Ger. von diesem Gerichtshofe selbst verlassen worden ist.

Neues Archiv für Handelsrecht, B. 4 S. 80 und 99 ff.

Indessen kann auch der Annahme nicht beigestimmt werden, daß Kläger deshalb beweispflichtig sei, weil eine von ihm behauptete culpa der Bekl. das Fundament seiner Klage bilde. In Wirklichkeit hat Kläger nur auf Grund der objektiven Mangelhaftigkeit der von den Gegnern für die Gemeinschaft gelieferten Waaren geklagt, ohne seinen Anspruch auf das schwer zu erweisende, auch zur vorliegenden Klagebegründung unnöthige Factum subjektiven Mißverhaltens der Bekl. zu stützen.

Entscheidend ist für die Beweispflicht des Klägers in vorliegendem Falle, in welchem es sich um die Anfechtung einer unter Socien geschehenen Waarenlieferung handelt, dieselbe Erwägung, auf Grund deren unter entsprechenden Umständen dem klagend auftretenden Käufer die Beweislast zugetheilt wird: die Erwägung, daß der mit dem Zurückforderungs- (bzw. Interesse-) Anspruch auftretende Käufer einen in Betreff der Waarenlieferung äußerlich als vollendet geltenden Bestand anficht. Dies liegt nämlich hier vor. Kläger hat die von den Bekl. für den Zweck des Gemeinschaftsunternehmens als in gehöriger Beschaffenheit befindlich gelieferten Waaren ohne Weiteres als solche gelten lassen; er hat sie verschifft und durch sein Yokohama-Haus deren Verkauf versuchen lassen. Er ist also in einer rechtlichen Stellung analog derjenigen, in welcher ein Käufer sich befindet, der eine vom Verkäufer gelieferte Waare nicht etwa nur faktisch entgegengenommen, sondern recht-

* So schon Rspr. II S. 22.

lich angenommen hat. Wie in solchem Falle der mit der actio redhibitoria oder quanti minoris klagend auftretende Käufer den Beweis der Mangelhaftigkeit der Waare führen muß, so liegt dieselbe Verbindlichkeit hier dem Kläger ob.

Das OHG hat in Fällen, in welchen Waaren weder durch ausdrückliche Erklärungen noch durch konkludente Handlungen des Käufers als Gegenstand der Kontrakts-Erfüllung Anerkennung gefunden hatten, z. B. wenn sie verschifft und bei Ankunft zur Disposition gestellt worden waren, dem Verkäufer, wenngleich der Kaufpreis schon gezahlt war, den Beweis der Kontraktmäßigkeit aufgelegt [z. B. Rspr. II S. 90, III S. 59 ff.]; während, wenn die Thatsache der Lieferung und entsprechenden Annahme vollendet gewesen, die entgegengesetzte Behandlung eintrat [Rspr. II S. 21 ff.; vgl. auch Neues Archiv, a. a. O].

Nr. 31.

I. Senat. — Erkenntniß v. 22. Dezbr. 71. (Ref.)

Kessel ·/. Willaumez |(Nr. 791 de. 71).

Königreich Sachsen. **Weitere Berufung.**

I. Instanz: Handelsgericht im Bezirksgericht Leipzig.
II. Instanz: Appellationsgericht daselbst.

Bedingte Kündigung eines Dienstverhältnisses.

1. Die dem Prinzipal, einem Handlungsgehilfen gegenüber, vertragsmäßig oder gesetzlich freistehende Kündigung des Dienstverhältnisses kann giltig nur so erfolgen, daß in Bezug auf das „Ob" und das „Wann" der Vertragslösung eine bestimmte und definitive Entschließung des Prinzipals kundgegeben wird.

2. Beispiel einer bedingten und deshalb unstatthaften Kündigung.

HGB Art. 61.

Kläger fordert als Handlungsgehilfe des Bekl. das

vertragsmäßige Gehalt, indem er eine bedingt erfolgte Kündigung des Dienstverhältnisses nicht gelten lassen will.

Entscheidung des OHG:

Der Dienstvertrag war vom 31. Mai 70 ab auf ein Jahr geschlossen. Dem Bekl. stand jedoch das Recht dreimonatiger Vorauskündigung zu, das heißt: einer Kündigung auch während der erwähnten Kontraktsdauer. Beklagter behauptet eine solche Kündigung und stützt sich dabei vorzugsweise auf den Inhalt seiner Zuschrift v. 14. Okt. 70. In dieser spricht er sich gegen den Kläger, nachdem er über das Ergebniß der geschäftlichen Erfolge desselben sich beklagt, dahin aus:

„Von dieser Sachlage aus werden Sie zugeben müssen, daß ich zu vorstehenden Ausstellungen völlig berechtigt bin, und daß mir keine Wahl bleibt, als für den Fall, daß die Ergebnisse Ihrer Transaktionen auch fernerhin den erforderlichen Gewinn vermissen lassen sollten, unseren Kontrakt nach Ablauf von drei Monaten als gelöst zu betrachten."

Kläger findet in dieser Erklärung nur den „Versuch" einer Kündigung, welchem er der bedingten Fassung halber jede Wirkung abspricht. Dem war [mit der I. Instanz] beizupflichten.

Die Kündigung des Prinzipals in Dienstverhältnissen unterliegt, sofern sie nicht durch zeitliche Schranken limitirt ist, dem freien, seinen inneren Motiven nach nicht kontrollirbaren Ermessen des Dienstgebers. Je weniger aber der Bedienstete selbst einer solchen Entschließung, die in ordnungsmäßiger Weise zu seiner Kenntniß gelangt, erfolgreichen Widerspruch entgegen zu setzen in der Lage sich befindet:*) um so gewisser darf er fordern, daß die ihm mitgetheilte Entschließung in der Richtung auf das „Ob" und „Wann" der Vertragslösung eine bestimmte und

* Vgl. Rspr. III S. 45 Nr. 1, 46.

definitive sei. Gegenwärtig ist dies nicht der Fall. Beklagter macht den Erfolg der Kündigung von Voraussetzungen abhängig, über deren späteren Eintritt der Natur der Sache nach ihm allein die Entscheidung zustand. Mochten diese Voraussetzungen nun im Sinne des Bekl. dem Kläger gegenüber suspensive oder resolutive Wirkung äußern sollen: in einem wie in dem anderen Falle war Kläger bei Empfang der fraglichen Mittheilung außer Stand, über die fernere Dauer seiner geschäftlichen Stellung in des Bekl. Dienst ein bestimmtes Urtheil sich zu bilden. Diese Unsicherheit zieht auf des Dienstleistenden Seite die wichtige praktische Folge nach sich, daß er in Ungewißheit darüber bleibt, ob er Veranstaltungen wegen Eingehung eines anderweiten Engagements 2c. zu treffen habe oder nicht; während der Prinzipal faktisch die Möglichkeit sich sichert, den Vertrag beim Herannahen des gesetzten Termins je nach seinem Vortheil als gelöst oder fortdauernd ansehen zu dürfen. Ein derartiges zweideutiges Verhalten des Prinzipals verstößt gegen die den Handelsverkehr beherrschenden, ganz besonders auch im Verhältniß zwischen Prinzipal und Diener sich geltend machenden Anforderungen von Treue und Glauben und kann deshalb auf rechtliche Anerkennung keinen Anspruch erheben.

Nun hat freilich die II. Instanz das entscheidende Gewicht nicht sowohl auf die Aeußerungen des vorerwähnten Briefs v. 14. Okt. 70 gestellt, als vielmehr vorzugsweise auf dasjenige, was Beklagter zur Erläuterung seiner früheren Erklärungen in einem späteren Briefe v. 17. Okt. dem Kläger eröffnet hat. Wenn Beklagter in diesem Briefe schreibt:

„Uebrigens habe ich meine Kündigung ausdrücklich als eine bedingungsweise bezeichnet. Gelingt es Ihnen, im Laufe der nächsten drei Monate der

Firma Nutzen zu bringen, so wäre damit die Ursache der Lösung geschwunden,"

so ist zwar zuzugeben, daß durch diese Worte jedem, nach den früheren Aeußerungen möglichen, Zweifel über die Absicht des Bekl., eine Kündigung als Dispositionsakt aussprechen zu wollen, vorgebeugt wird. In der Sache selbst wird jedoch dadurch für den Bekl. nichts gewonnen. Denn auch die neuere Erklärung giebt der Kündigung nur einen eventuellen Charakter. Beklagter betont selbst ihre Bedingtheit und hebt hervor, daß sie nur unter Umständen zur Lösung des Vertrages führen solle. Eine solche Kündigung verfehlt dem Gesagten zufolge ihren geschäftlichen Zweck, entbehrt also rechtlicher Wirkung.

Nr. 32.

I. Senat. — Erkenntniß v. 2. Januar 72. (V.)

Neumann und Wallies ·/. Maaß (Nr. 421 v. 71).

Preußen. Wechselseparatum. Nichtigkeitsbeschwerde.

I. Instanz: Stadtgericht Berlin,

II. Instanz: Kammergericht daselbst.

Wechselklage des Indossatars, Wechselseparatum, Procuragiro.

Dem durch eigentliches Indossament legitimirten Wechselgläubiger gegenüber ist (sofern ihm selbst bei Erwerb des Wechsels nicht Arglist zur Last fällt) auch im altpreußischen Wechselseparatverfahren die Ausführung unzulässig, daß nach dem Begebungsvertrage nur ein Procuragiro bezweckt sei.

DWO Art. 10, 12, 82; Rspr. I S. 99 ff., 264; oben S. 55.
AGO Th. I Tit. 27 § 52, 54.

Zum Zweck der Tilgung einer Wechselschuld hat der jetzige Kläger Maaß 1868 einen neuen Wechsel ausgestellt und dagegen vom damaligen Wechselgläubiger Wallies sich die Rückgabe des früheren Wechsels versprechen lassen.

Gleichwohl ist dieser ältere Wechsel von einem Dritten (Neumann) gegen Maaß mit Erfolg geltend gemacht worden. Maaß beschreitet jetzt das durch die AGO zugelassene Wechselseparatum, indem er den siegreichen Wechselkläger als bloßen Bevollmächtigten des Wallies und folglich als an jene Abmachung gebunden bezeichnet. Die ihm günstige Entscheidung des Appellrichters ist vom OHG vernichtet worden aus folgenden

Gründen:

Der Appellrichter führt aus, daß der dem Wechselschuldner [Maaß] aus dem dargelegten Sachverhältniß gegen den ursprünglichen Wechselgläubiger Wallies zustehende Einwand [dessen Begründung und Zuläßigkeit in III. Instanz außer Streit blieb] auch gegen den späteren Erwerber des Wechsels, den jetzt Beklagten Neumann geltend gemacht werden dürfe, weil als festgestellt anzusehen sei, daß Beklagter den Wechsel nur zum Zweck des Inkasso erworben und als Beauftragter des Wallies eingeklagt habe. Der Appellrichter ist also der Ansicht, der durch ein eigentliches Indossament legitimirte Wechselgläubiger müsse die gegen den Indossanten zuläßigen Einreden, ohne Rücksicht auf eine ihm zur Last fallende Arglist, gegen sich gelten lassen, sobald nach dem Begebungsvertrage nur ein Prokura-Indossament bezweckt sei.

Diese Ansicht verstößt — wie bereits in mehrfachen Entscheidungen des OHG dargelegt ist [Rspr. I S. 99, 264; II S. 219 Nr. 3, 373 Nr. 4]*) — gegen Art. 12 und 82 DWO. Die Entscheidung des Appellrichters unterliegt also wegen Verletzung der citirten Vorschriften der Vernichtung.

Unerheblich erscheint es hierbei, daß es sich vorliegend um das wechselrechtliche Separatverfahren handelt. Im Erk. des kgl. preuß. OTr. v. 8. Juni 52 (Entsch. B. 23 S. 291) ist überzeugend dargethan, daß das Separatver-

*) Vgl. auch oben Fall 10 S. 55 und unten Fall 55.

fahren in Wechselsachen nur für solche Fälle zulässig ist, in denen der an sich gegen den Wechsel statthafte Einwand in den Formen des Wechselprozesses*) nicht hat konstatirt werden können, daß das Separatum überhaupt gegen Wechselansprüche keine Rechte giebt, die gegen Wechselansprüche von vorn herein nicht stattfinden.

In der Sache selbst kann noch nicht definitiv erkannt werden, vielmehr wird der Appellrichter ... zu prüfen haben, in welcher Weise der damalige Wechselkläger, jetzige Beklagte N. den in Rede stehenden Wechsel (ob durch Cession oder durch Indossament) erworben hat und ob in letzterem Falle das Indossament erst nach erfolgter Protestaufnahme Mangels Zahlung gegeben ist, ob also dem jetzigen Kläger etwa der Art. 16 Abs. 2 DWO zu statten komme. Erst wenn das Ergebniß dem Kläger nicht günstig sein sollte, wird ferner zu erwägen sein, in wieweit auf des Klägers Beweisantritt darüber einzugehen ist, daß Beklagter beim Erwerb des fragl. Wechsels von seinem Vorbesitzer Wallies davon in Kenntniß gesetzt worden ist, daß der Wechsel bereits vom jetzigen Kläger eingelöst war und demselben zurückgegeben werden müsse, ob also dem Bekl. wegen dieser Wissenschaft die exceptio doli entgegen stehe ... [Vgl. Rspr. III S. 374 und oben S. 106 ff.] ... Demgemäß ist anderweit in II. Instanz zu erkennen.

Nr. 33.

I. Senat. — Erkenntniß v. 2. Januar 72. (B.)

Heyden & Co. ·/. Bruger (Nr. 525 v. 71).

Mecklenburg. **Appellation.**

Vor-Instanz: Obergericht Rostock.

Kommissionär, Propregeschäft.

Der Kommissionär, welcher gegen den Kommittenten aus dem besorgten Kommissionsgeschäft klagt, darf nicht erst

* Vgl. Rspr. II S. 297 ff.

im Prozeß mit der Behauptung auftreten, daß er das Kommissionsgut selbst als Käufer behalten, bzw. als Verkäufer geliefert habe.

HGB Art. 371, 376 Abs. 1.

Zufolge Auftrags des Bekl. haben Kläger an der Hamburger Börse zwanzig Last Weizen für den Gegner zum Börsenpreise erst verkauft und dann angekauft. Sie liquidirten die zu ihren Gunsten gebliebene Preisdifferenz &c. und der I. Richter legte ihnen den Beweis des bewirkten Ver- und Ankaufs auf. Appellirend verlangen sie Beseitigung der Beweisauflage und machen nunmehr geltend, daß sie als Selbstkontrahenten in das Geschäft einzutreten befugt gewesen, ihr Anspruch mithin nur durch die Richtigkeit der angesetzten Börsenpreise bedingt sei. Das OHG verwirft diese Berufung.

Gründe:

Es kann auf sich beruhen, ob der Kommissionär die ihm gesetzlich zustehende Befugniß, bei einer Verkaufskommission selbst als Käufer &c. einzutreten, schon dadurch verliert, daß er die Ausrichtung dem Kommittenten meldet, ohne anzuzeigen, daß er von jener Befugniß Gebrauch gemacht habe; wie das Ober-Tribunal zu Berlin — von der Auffassung der Verkaufskommission als einer eventuellen Offerte zur Eingehung eines Propregeschäfts ausgehend — in mehrfachen Entscheidungen angenommen hat.

Vgl. Busch's Archiv B. 12 S. 340 ff.*).

Denn auch wenn man mit dem O.App.Ger. zu Lübeck —

Seuffert's Archiv B. 24 S. 108 ff. —

dies negirt, die Wahlbefugniß des Kommissionärs unter den Gesichtspunkt alternativer Obligationen stellt und annimmt, daß allgemein gehaltene Aeußerungen über die Ausrichtung des Mandats, ohne Nennung eines Dritten als des Käufers &c., den Kommissionär nicht hindern, sich

* Vgl. oben S. 18 ff. u. Makower Komm. zu Art. 376 n. 26, a.

nachträglich selbst als den Käufer hinzustellen („weil das Gesetz selbst dem Worte „Auftrag" die weitere Bedeutung beilegt, daß darunter die Befugniß zum Eintritt als Selbstkäufer 2c. mitbegriffen ist, daher denn dieses Wort, wenn die Kontrahenten sich seiner bedienen, auch im Zweifel in diesem weiteren Sinne genommmen werden muß"): so dulden doch jedenfalls die Prozeßverhandlungen eine solche Unbestimmtheit nicht. In diesen hat der Kommissionär von vorn herein sich bestimmt zu erklären, ob er die Mandatsklage anstellen oder aus einem Kaufkontrakt klagen will. Ist nun aber in den bisherigen Verhandlungen nur von einem Kommissionsgeschäft die Rede: so haben Kläger auch die Befugniß verloren, aus einem Propregeschäft zu klagen.

Nr. 34.

I. Senat. — Erkenntniß v. 2. Januar 72. (B.)

Crome ./. Reitemeyer (Nr. 759 v. 71).

Preußen. Wechselsache. Nichtigkeitsbeschwerde.

I. Instanz: Kreisgericht Neuhaldensleben,
II. Instanz: Appellationsgericht Magdeburg.

Sichtwechsel. Verjährung der Klage gegen den Acceptanten.

Dem Acceptanten gegenüber beginnt die Wechselverjährung bei einer auf Sicht gestellten Tratte, die nicht zur Zahlung präsentirt worden ist, mit Ablauf der gesetzlichen bzw. der im Wechsel bestimmten Präsentationsfrist.

DWO Art. 31, 77; vgl. Art. 20 Abs. 3.
Vgl. Rspr. IV S. 40 und 86.

Angenommen vom OHG in einer altpreußischen Wechselsache aus folgenden

Gründen:

Die am Tage der Ausstellung acceptirte, v. 21. Juli 68 datirte und bei Sicht zahlbar gewesene Tratte ist dem bekl. Acceptanten erst am 25. Aug. 71, also nach mehr als 3 Jahren, zur Zahlung präsentirt worden. Vom Appellrichter ist dieselbe dennoch für nicht präjudizirt und nicht verjährt erachtet.

Die hiegegen erhobene NktBschw. erscheint nicht begründet. Sie rügt Verletzung der Art. 31 und 77 DWO, des § 545 ALR I. 9, sowie eines so formulirten Rechtsgrundsatzes:

> dem Acceptanten gegenüber fällt der Verfalltag eines Sichtwechsels zusammen mit dem Tage der Acceptation.

Indem die NktBschw. von dem Satze ausgeht: „wenn das Accept auf den Wechsel gesetzt werde, müsse der Wechsel gesehen sein“, identifizirt sie in unzulässiger Weise die Annahme mit der Sicht. Diese Gleichstellung findet zwar Statt bei der befristeten Sichttratte (Art. 19 DWO), nicht aber bei einfachen Sichtwechseln, wenn diese zum Zweck der Begebung oder gar noch vor der Unterschrift des Ausstellers mit dem Accept versehen werden. In diesem Falle — und ein solcher lag dem Appellrichter nach seiner Feststellung des Thatbestands vor — haben Acceptant und Aussteller den Willen, daß erst eine spätere Vorzeigung den Wechsel fällig machen soll; eine so acceptirte Sichttratte ist also noch nicht fällig.

Nun verjährt der wechselmäßige Anspruch gegen den Acceptanten in drei Jahren vom Verfalltage des Wechsels an gerechnet (Art. 77 DWO), und ein auf Sicht gestellter Wechsel ist bei der Vorzeigung fällig (Art. 31 Abs. 1). Daraus folgt, daß die Verjährung einer einfachen, nicht zur Herbeiführung der Fälligkeit acceptirten Sichttratte nicht mit dem Tage dieses Accepts beginnen kann. Denn obschon der Wechselinhaber unmittelbar nach erhaltenem Accept die Sichttratte abermals, nämlich zur Zahlung vorlegen kann, und obschon im § 545 ALR I. 9 vorgeschrieben ist:

Gegen — beliebig ausübbare — Rechte fängt die Verjährung von dem Tage an, wo die Erfüllung der Verbindlichkeit zuerst gefordert werden konnte; wenngleich ferner diese Vorschrift eine Auffassung gefunden hat, welche der neuerlich für das gemeine Recht fast ausnahmslos verworfenen Regel „toties praescribitur actioni nondum natae, quoties nativitas ejus est in potestate creditoris" entspricht,

vgl. Windscheid Pandekten, 3. Auflage, § 107, B. I S. 281, 282;

Unterholzner Verjährungslehre, 2. Auflage, Th. II S. 304 n. 738;

v. Vangerow Pandekten, Th. I § 147;

Arndts Pandekten, 6. Auflage, Th. I S. 155:

so hat doch die DWO den Beginn der Verjährung nicht von der Entstehung der Befugniß des Wechselgläubigers zu beliebiger Herbeiführung der Fälligkeit, sondern vom Verfalltage selbst bestimmt.

Wird dies festgehalten, zugleich aber nur der Wortlaut des Art. 77 und des Art. 31 Abs. 1 DWO befragt: so scheint, da die Präsentation einer acceptirten einfachen Sichttratte dem Acceptanten gegenüber in der DWO ausdrücklich nicht befristet ist, diese Präsentation wirksam zu jeder beliebigen, auch noch so späten Zeit geschehen zu können, die Verjährung einer nicht präsentirten Sichttratte also überhaupt ausgeschlossen.

Vgl. Thöl Wechselrecht (2. Auflage) S. 146;

Altvater in Siebenhaar's Archiv, Neue Folge II S. 136 ff., 144.

Siehe auch Renaud WR S. 212 und Borchardt ADWO, 5. Auflage, Zusatz 327 (n. 244).

Allein dieses Resultat würde den Bedürfnissen des Wechselverkehrs widersprechen. Nicht nur der Wechsel überhaupt, sondern namentlich die Sichttratte ist zu kurzem Umlauf bestimmt; und wie er schleunige Lösung seiner Obligationen voraussetzt, so hat auch die DWO dafür überall eine kurze Verjährung verordnet; Art. 77 bis 80 und 100. Freilich nicht ausdrücklich für die Verjährung der nicht präsentirten einfachen Sichttratte. Aber zwei ihrer Bestimmungen machen erkennbar, daß sie auch für diese einen festen Verfalltag angenommen hat. Diese sind: Art. 20 Abs. 3 und Art. 31 Abs. 2. Letzterer verordnet, daß ein auf Sicht gestellter Wechsel bei Verlust des wechselmäßigen Anspruchs gegen den Aussteller und die Indossanten binnen 2 Jahren nach der Ausstellung zur Zahlung präsentirt werden muß, wenn nicht der Wechsel selbst eine andere Bestimmung enthält; und Art. 20 schreibt vor, daß wenn die befristete Sichttratte zwar innerhalb dieses Zeitraums zur Annahme präsentirt, die Annahme aber oder ihre Datirung verweigert und hierüber gehöriger Protest nicht erhoben ist, die Verfallzeit des Wechsels gegen den Acceptanten vom letzten Tage der Präsentationsfrist an gerechnet werden soll. In beiden Fällen also ist der letzte Tag der zweijährigen Präsentationsfrist entscheidend. Im zweiten Falle ist die Verfallzeit gegen den Acceptanten von diesem Tage an zu rechnen; im ersten ist zwar nur von den Regreßansprüchen gegen Aussteller und Indossanten die Rede, und es ist richtig, daß jene Bestimmung zunächst nur gegeben ist, um nicht „die Ausgeber solcher Wechsel auf unbestimmte Zeit Regreßansprüchen auszusetzen";

Konferenz-Prot. v. 30. Okt. 47 (Leipziger Ausgabe S. 41).

Da aber der Natur der Sache nach nur die Nichtpräsentation am Verfalltage den Verlust des Wechselregresses zur Folge haben kann: so muß angenommen werden, daß auch im Art. 31 die Ueberzeugung von der Nothwendigkeit, „Sichtwechsel durch Bestimmung einer Präsentationsfrist in eine Art von Datowechseln zu verwandeln",

Konf.-Prot. a. a. O. S. 42,

zum Ausdruck gelangt, mithin im Falle unterbliebener früherer Präsentation der letzte Tag des Bienniums auch gegen den Acceptanten der einfachen Sichttratte als Verfalltag anzusehen ist.

So verstanden, gewinnt auch der einfache Sichtwechsel den festen Verfalltag, welchen die DWO namentlich für die Verjährung voraussetzt, und welcher erforderlich ist, um die Dauer der Verpflichtung des Acceptanten eines Sichtwechsels dem Zweck der Wechselverjährung entsprechend zeitlich zu begrenzen. Die letztere beginnt also gegen ihn, falls eine frühere Präsentation zur Zahlung nicht erfolgt ist, mit Ablauf der im Art. 31 Abs. 2 vorgeschriebenen Präsentationsfrist.

Vgl. Siebenhaar's Archiv B. 6 S. 425, B. 8 S. 182;

Hartmann DWR S. 449;

Volkmar und Löwy DWO S. 372;

Hoffmann Erläuterungen der ADWO, 2. Ausgabe, S. 562;

Hinschius Anwalts-Zeitung, 1865 S. 220;

Wächter WR des nordd. Bd. S. 525;

Entsch. des OTr. zu Berlin B. 55 S. 127.

Hienach hat der Appellrichter, indem er den bereits im vierten Jahre nach der Ausstellung eingeklagten und in demselben Jahre auch erst zur Zahlung präsentirten Klagewechsel für nicht verjährt erachtete, die in der Nichtigkeitsbeschwerde hervorgehobenen Gesetze nicht verletzt. Der in der NktBschw. formulirte angebliche Rechtsgrundsatz aber besteht nicht.

Nr. 35.

I. Senat. — Erkenntniß v. 5. Jan. 72 (B.)

Wiese & Brauer ·/. Huch & Co. (Nr. 632 v. 71).

Hamburg. **Ober-Appellation.**

I. Instanz: Handelsgericht Hamburg,
II. Instanz: Obergericht daselbst.

Anerkennung einer Rechnung.

In längerem Behalten eines Berichts über Geschäftsbesorgungen, insbesondere einer Verkaufsrechnung über Kommissionsgut, ist — nach kaufmännischem Brauch — eine stillschweigende Zustimmung und Billigung von Seiten des Kommittenten, Konsignanten 2c. zu finden.

HGB Art. 279.

Kläger hatten dem bekl. Hause Waaren von Hamburg nach Porto Alegre in Konsignation gegeben und darauf am 5. März 66 v. N. Huch, einem Theilhaber der beklagten Firma, eine Verkaufsrechnung über die Waaren zugestellt erhalten. Bis zum 8. Mai 66 erhoben sie keine Einwendungen. Der Appellrichter fand hierin, unter Mitberücksichtigung anderweitiger Umstände, eine Anerkennung jener Rechnung. Das OHG trat dem bei.

Gründe:

Zuvörderst ist im Allgemeinen davon auszugehen, daß im kaufmännischen Verkehr in vielfachen Beziehungen das Bedürfniß maaßgebend ist, den vorkommenden Geschäften, sobald die Leistungen der Betheiligten zur Ausführung gebracht worden sind, baldigst einen definitiven Abschluß zu geben*). Ungeordnete Rechnungsverhältnisse hemmen die erforderliche freie und sichere Bewegung des Kaufmanns, und in Folge dessen widerstreitet späte Erhebung von Reklamationen gegen empfangene Abrechnungen dem

* Vgl. Rspr. I S. 136, 152 Nr. 2, S. 326, 339, 370; II S. 14, 347, 388; IV S. 247.

Interesse des Handelsstandes und folgeweise auch den im Verkehr herrschenden Ansichten über das Verhalten, welches ordentlicher Weise im eigenen Interesse und in demjenigen der Geschäftsverbundenen zu beobachten ist. Verhält sich dies aber so: so ist, da auch durch Unterlassungen Willenserklärungen abgegeben werden können (HGB Art. 279), in dem längeren Behalten eines entgegengenommenen oder zugesendet erhaltenen Berichts über eine Geschäftsführung, insbesondere einer Verkaufsrechnung — ohne daß gleich Anfangs ein Vorbehalt wegen Aufschiebens der darüber zu gebenden Erklärung gemacht worden ist oder binnen einer nicht allzulangen Frist Monita dawider erhoben werden — eine für die Konsensertheilung konkludente Handlung zu finden. Es ist deshalb auch richtig, im Falle einer während längerer Zeit fortgesetzten Unterlassung jedes Widerspruchs gegen eine erhaltene Abrechnung eine bekundete Anerkennung derselben anzunehmen, ohne daß der Gesichtspunkt des „Verzichts" zu Grunde zu legen wäre.

Kläger haben versucht, die Nothwendigkeit eines für jeden in Frage stehenden Fall zu liefernden Nachweises eines besonderen Interesses für den Konsignatär zu behaupten, binnen kurzer Frist über Anerkennung oder Nicht-Anerkennung der Verkaufsrechnung in Kenntniß gesetzt zu werden, falls aus dem Schweigen des Konsignanten die Anerkennung der Abrechnung gefolgert werden solle. Ihnen ist hierin nicht beizutreten. Die Wirksamkeit der oben angegebenen Auffassung ist eine allgemeine. Uebrigens hat der Konsignatär — außer dem allgemeinen Interesse, den Stand seiner Rechnungsverhältnisse, insbesondere den Umfang seiner Verpflichtungen, jeweilig mit Sicherheit übersehen zu können — ohne Zweifel in manchen Richtungen ein besonderes Interesse, daß Reklamationen gegen eine von ihm gelieferte Verkaufsrechnung nicht längere Zeit verzögert werden. Die Schwierigkeit der Rechtfertigung einer

Verkaufsabrechnung nimmt mit dem Zeitverlauf zu, zumal wenn es sich um überseeische Verkäufe handelt, bei denen schon die Korrespondenz zwischen dem Konsignatär und dem Konsignanten mit erheblichem Zeitaufwand verbunden ist.

Die Frage, welchem Zeitraum eines auf Seiten des Konsignanten stattfindenden Schweigens man die Wirkung eines Anerkenntnisses der erhaltenen Abrechnung beizumessen habe, läßt sich allgemein nicht beantworten. Es kommt dabei auf die Umstände der konkreten Fälle an. In der vorliegenden Sache handelt es sich um ein mehr als zweimonatiges Schweigen, welches schon an sich als ein ungewöhnlich lange dauerndes Zurückhalten der Monitur angesehen werden muß. Allein es kommt hinzu, daß die Parteien schon anderweitig in Differenzen verwickelt waren, und zwar über die Beschaffenheit einer Waare derselben Art und desselben Ursprungs, wie diejenige, auf welche die Verkaufsrechnung sich bezog. Unter solchen Umständen war einerseits eine dringliche Veranlassung für die Kläger als bestehend anzunehmen, durch alsbaldige Monitur gegen die Abrechnung die Annahme von sich abzulehnen, daß sie die schlechte Qualität der konsignirten Waare, und dadurch zugleich mittelbar diejenige der dem beklagten Hause verkauften Waare, anerkannten; andrerseits war das Verhältniß zwischen den Parteien schon so sehr getrübt, daß Zweifel darüber, ob etwa eine Störung der Beziehungen zwischen denselben oder ein Aufgeben zu erhebender Monita mit größeren Nachtheilen für die Kläger verbunden sein werde — eine Erwägung, welche das Verzögern der Monitur einigermaßen erklärlich zu machen vermocht hätte — hier nicht aufkommen konnten.

Endlich sind sogar die konsignirten Waaren vor dem 6. Mai 66 zwischen den Parteien zum Gegenstand von Verhandlungen geworden, insofern vor jenem Tage ein Vergleich zwischen denselben dahin abgeschlossen ist, daß auf das Guthaben der Kläger bei den Bekl. aus jener Konsignation zu Gunsten der letzteren BMk. 1000 gekürzt werden sollten. Wenn nicht (was von den Klägern behauptet und ihnen zum Beweise verstellt worden ist) schon früher gegen die Verkaufsrechnung Einwendungen erhoben sein sollten: so hätte es jedenfalls bei jenen Verhandlungen den Klägern obgelegen, dem Huch ihre Nicht-Anerkennung der Abrechnung zu erkennen zu geben. Das Stillschweigen auch bei dieser Gelegenheit leidet unter der vorbemerkten Voraussetzung keine andere Auslegung, als daß Kläger die Verkaufsrechnung als anerkannt gelten lassen wollten.

Hienach war, in Betracht der konkreten Umstände des vorliegenden Falles, unbedenklich dem Obergericht beizutreten.

Nr. 36.

I. Senat. — Erkenntniß v. 5. Jan. 72. (Ref.)

(E. Höritzsch ./. H. C. Plaut (Nr. 20 v. 72).

Königreich Sachsen. **Weitere Berufung.**

I. Instanz: Handelsgericht im Bezirksgericht Leipzig,
II. Instanz: Appellationsgericht Leipzig.

Auslegung. Handelsbrauch. Börsengeschäfte.

1. Im kaufmännischen Geschäftsverkehr ist im Zweifel das Gewöhnliche und Regelmäßige als das von den Kontrahenten Gewollte anzusehen. (Auslegungsregel mit Anwendung).

HGB Art. 278, 279; Rspr. II S. 347.
Vgl. Rspr. II S. 83 Nr. 3, III S. 30 ff., 313; IV S. 61 und unten Fall Nr. 39 S. 210.

2. Leipziger Handelsbrauch beim Verkauf von Wechseln, die auf ausländische Plätze gezogen worden, rücksichtlich der Stempelgebühr.

Im Leipziger Börsenverkehr wird beim Verkauf von Wechseln auf ausländische Plätze die Stempelgebühr regelmäßig dem Käufer nicht vergütet, vielmehr von demjenigen getragen, welcher den Wechsel zuerst an einem Orte des betr. Landes verkauft. Falls jedoch der Leipziger Verkäufer den Käufer verpflichtet, das Accept einzuholen, so hat er demselben den am Zahlungsort üblichen Wechselstempel zu vergüten. Mit Rücksicht auf diese, vom Leipziger Handelsgericht bestätigte Usance hat das OHG folgende den Sachverhalt darlegende Entscheidung erlassen.

Urtelsgründe:

Der Mitinhaber der bekl. Firma, Jacob Pl. hat am 29. Juni 70 auf der Leipziger Börse vom Makler L. 6400 österr. Gulden in drei von M. J. & Co. in Jassy auf Abel F. in Wien per 25. Sept. 70 gezogenen Wechseln gekauft. Nach Abschluß des Kaufs trat des Klägers Prokurist Th. zu Jacob Pl. heran, eröffnete ihm, daß die erkauften Wechsel vom Kläger herrührten, und ersuchte ihn, auf die Wechsel das Accept einzuholen. Hierauf hat Jacob Pl., wie Beklagte den Sachverlauf darstellen, lediglich erwidert:

„Nun, dann schreiben Sie es auf die Rechnung."

Des Klägers Angabe weicht hiervon nur insofern ab, als er behauptet, Jacob Pl. habe mit ausdrücklichen Worten die Accepteinholung zugesichert; obwohl er als möglich zugiebt, daß Jacob Pl., nachdem diese Zusicherung erfolgt, den Prokuristen Th. ersucht habe, ihm die Accepteinholung auf der Rechnung vorzuschreiben . . .

Hat Jacob Pl. auf das Ersuchen des Th., die Accepte einzuholen, die von den Bekl. zugegebene Antwort ertheilt: so ist soviel gewiß, daß er — abgesehen zunächst von etwaigen Restriktionen — seine Zustimmung zur Offerte des Prokuristen Th. zu erklären beabsichtigt und wirklich erklärt hat. Das Anfangswort „nun" läßt, im Zusammenhang der Rede und Gegenrede, darüber keinen Zweifel. Der Schwerpunkt der zwischen den Parteien obschwebenden Differenz beruht lediglich im Verständniß der angeführten Worte: „dann schreiben Sie es auf die Rechnung." Ihrer

Fassung nach können sie freilich (wie die II. Instanz annimmt) bestimmt gewesen sein, die Acceptation der Offerte durch Beifügung einer Bedingung zu beschränken — in der Weise, daß Jacob Pl. dem Bevollmächtigten des Klägers bemerkt hätte, er werde nur ein schriftliches Mandat übernehmen, Kläger solle deshalb die Accepteinholung auf der Rechnung vorschreiben. Eine Vorschreibung in diesem Sinne ist auf der Rechnung nicht erfolgt. — Näher liegt jedoch nach den konkreten Umständen die in I. Instanz befolgte Auslegung, wonach die streitigen Worte lediglich den Ausdruck des Verlangens enthalten, daß die durch die Accepteinholung entstehenden Auslagen an Stempel rc. auf der Rechnung vom Kaufpreise gekürzt, oder auch — was gleichzeitig allerdings beabsichtigt sein kann —, daß zugleich eine schriftliche Form geschaffen werde, welche einem Uebersehen oder Vergessen seitens der bekl. Firma thunlichst vorbeuge.

An sich darf es als eine dem Verkehrsleben fremde, jedenfalls nicht regelmäßige Anforderung betrachtet werden daß Anweisungen über das Gebahren mit der erkauften Sache, überhaupt Contenta eines an den Kauf sich anschließenden selbständigen Rechtsgeschäfts auf der Verkaufsrechnung verlautbart werden. Denn die Verkaufsrechnung hat regelmäßig nur die Bestimmung, die Ergebnisse des abgeschlossenen Kaufgeschäfts mit Rücksicht auf die rechnungsmäßigen Faktoren des Schuldbetrags dem Käufer zur Darstellung zu bringen, nicht aber die Bedeutung einer für die Geltung einer Vertragsberedung maaßgebenden Form. Wollte Jacob Pl. die Bemerkung betreffs der Accepteinholung auf der Rechnung in diesem Sinne zur Bedingung einer den Bekl. obliegenden Verpflichtung erheben, mit anderen Worten also den Abschluß eines bindenden Vertrages insofern von der Beobachtung der erwähnten Schriftform abhängig machen (§ 823 des kgl. sächs. bürgerl. GB.): so mußte er sich deutlicher ausdrücken, als es geschehen.

Denn im Zweifel darf im kaufmännischen geschäftlichen Verkehr das Gewöhnliche und Regelmäßige als das von den Kontrahenten im konkreten Falle Gewollte betrachtet werden (Art. 278, 279 HGB). Von diesem Gesichtspunkt aus ließ die Erklärung des Jacob Pl. auf die vorausgegangene Offerte des Prokuristen Th. nur die Auffassung zu, daß er für die bekl. Firma die Accepteinholung zusichere und, da hienach Kläger den Stempel zu vergüten habe, der sich ergebende Betrag auf der Rechnung vom Kaufgelde abgeschrieben werden möge. Höchstens könnte man mit der I. Instanz der erforderten Bemerkung auf der Rechnung gleichzeitig noch den schon oben berührten Zweck unterlegen, betreffs der von den Bekl. außerhalb ihres Geschläftslokals — an der Börse — übernommenen Verpflichtung ein äußeres, zur Unterstützung ihres Gedächtnisses dienendes Mittel zu beschaffen. In beiderlei Beziehung entspricht der auf der Verkaufsrechnung erfolgte Vermerk der präsumtiven Vertragsintention der Paciscenten. Es hat daselbst Kläger den Stempelbetrag mit 6 Gulden oder 3 Thlrn. 11 Sgr. vom Kaufgeld der Wechsel abgeschrieben, und im I. Urtel ist vom Standpunkt kaufmännischer Erfahrung aus ausdrücklich bestätigt worden, daß dieser Abzug des Stempels von dem vereinbarten Kaufpreise wohl geeignet gewesen wäre, die Bekl. an Erfüllung der mündlich getroffenen Vereinbarung über die Accepteinholung zu erinnern, dafern die Rechnung den Bekl., wie von diesen nirgend bestritten worden, vorgelegt ist. Denn ob solchen Falles, wie der I. Richter ferner voraussetzen zu dürfen glaubt, die Rechnung wirklich dem mit jener mündlichen Verhandlung vertrauten Vertreter der Bekl. (Jacob Pl.) zu Gesicht gekommen, ist deshalb gleichgiltig, weil Kläger ein diesfälliges Versehen der Bekl. nicht zu vertreten haben würde.

Nr. 37.

I. Senat. — Erkenntniß v. 9. Januar 72. (B.)

G. Domscheit ./. R. Meyhöfer (Nr. 650 v. 71.)

Preußen. **Nichtigkeitsbeschwerde.**

I. Instanz: Kreisgericht Wehlau,
II. Instanz: Ostpreuß. Tribunal zu Königsberg.

Ansprüche gegen den Frachtführer, ihre Geltendmachung durch den Empfänger des beförderten Guts.

Der Empfänger beförderter Güter kann gegen den Frachtführer die durch den Frachtvertrag begründeten Anforderungen selbständig, kraft eigenen Rechts, geltend machen. Er handelt hierbei nicht in Vertretung oder zufolge eines (vermutheten) Auftrags des Absenders.

HGB Art. 403, 405.
Makower Komm. zu Art. 405, n. 27, b. und c.
Vgl. Rspr. III S. 65 ff.

In einer altpreußischen Sache angenommen vom OHG aus folgenden

Gründen:

Art. 405 HGB bestimmt:

„Nach Ankunft des Frachtführers am Orte der Ablieferung ist der im Frachtbrief bezeichnete Empfänger berechtigt, die durch den Frachtvertrag begründeten Rechte gegen Erfüllung der Verpflichtungen, wie sie der Frachtbrief ergiebt, in eigenem Namen gegen den Frachtführer geltend zu machen, sei es daß er hierbei in eigenem oder fremdem Interesse handle; er ist insbesondere berechtigt, den Frachtführer auf Uebergabe des Frachtbriefs und Auslieferung des Guts zu belangen, sofern nicht der Absender demselben vor Anstellung der Klage eine nach Maaßgabe des Art. 402 noch zulässige entgegenstehende Anweisung gegeben hat."

Die NktBschw. giebt dieser Bestimmung eine zu enge Auslegung. Sie behauptet: ungeachtet derselben gelte der

Empfänger dem Frachtführer gegenüber nur als Bevollmächtigter des Absenders; folglich könne er im Falle verspäteter Ablieferung des Guts gegen den Frachtführer nicht eigenen Schaden, sondern höchstens nur den des Absenders verfolgen.

Diese Auffassung widerspricht der Entstehungsgeschichte des Art. 405 und dem danach zu bemessenden Sinn seiner Fassung.

Der preußische Entwurf eines HGB (Art. 313) enthielt keine ähnliche Bestimmung. Bei der Berathung eines ADHGB aber wurde geltend gemacht, daß „die Sätze des gemeinen Rechts über die Berechtigung Dritter aus einem Vertrage anderer Personen bei Frachtverträgen" nicht ausreichten; das Verkehrsbedürfniß fordere eine gesetzliche Bestimmung, welche „dem Empfänger gegen den Frachtführer unmittelbare Rechte verleihe". Andrerseits wurde dies bestritten, und zwar unter Hinweis auf die Schwierigkeit der juristischen Konstruktion einer solchen Neuerung und auf die nothwendige Wahrung der Rechte des Absenders; es genüge, wenn man den Empfänger als den Bevollmächtigten des Absenders ansehe. Zu dem Ende wurde gegen den Vorschlag einer Bestimmung,

> daß dem Empfänger zur Geltendmachung der Rechte aus dem Frachtvertrage gegen den Frachtführer ein selbständiges Klagerecht zustehe ꝛc.

die Aufnahme folgender Vorschrift proponirt:

> der Destinatär gilt .... für bevollmächtigt, den Frachtführer .... zur Erfüllung seiner Verbindlichkeiten aus dem Frachtvertrage anzuhalten.

Aber nachdem auf das oft Unzutreffende und Bedenkliche der Unterstellung einer Bevollmächtigung hingewiesen war, wurde in erster Lesung nicht dieser Vorschlag, sondern jene Bestimmung angenommen.

Prot. S. 816, 818—822; I. Entwurf Art. 341 Abs. 1.

Dieselbe schien aber dem Satze zu widersprechen, daß der Frachtführer in gewissem Umfange den Weisungen des Absenders zu folgen habe; andrerseits schien das Wort „selbständiges" in sofern ungeeignet, als daraus möglicher Weise gefolgert werden könne, der Frachtführer habe den Frachtbrief wie ein Konnossement zu vertreten, also ohne das Recht der Berufung auf wesentliche, nicht aus demselben ersichtliche Einreden. Diese Erwägung führte zur Streichung des Wortes „selbständiges"; dagegen drang ein erneuter Antrag, den Empfänger als Präsumtiv-Bevollmächtigten des Absenders zu qualifiziren, nicht durch.

Prot. S. 1234—1236.

Gleiches Unterliegen hatte eine spätere Wiederholung dieses (redaktionell modifizirten) Antrages vor der Erwägung, daß es korrekter, einfacher, den Erklärungen der kaufmännischen Berather entsprechend sei, davon auszugehen: „der Empfänger habe gegenüber dem Frachtführer ein eigenes, wenn auch durch die Einwirkungen des Absenders beinflußtes Recht"; Prot. S. 4734, 4735. An dieser Beschlußfassung ist im Wesentlichen festgehalten; die späteren Berathungen der Fassung betrafen in der Hauptsache nur die Sicherstellung des Umfangs der Rechte des Empfängers — nämlich zur Verfolgung aller durch den Frachtvertrag begründeten Ansprüche nicht blos des Anspruchs auf Herausgabe des Guts — sowie den Zeitpunkt ihres Eintritts, andrerseits die Sicherung des Frachtführers gegen eine unbedingte Haftung aus dem Frachtbrief wie aus „einem Verpflichtungsschein." Und nur um diese Sicherung zu gewähren, nicht aber um das Resultat der bisherigen Beschlußfassung in dieser Beziehung aufzugeben, wurde der Ausdruck „aus eigenem Rechte" durch den anderen „in eigenem Namen" ersetzt.

Prot. S. 4755—4758, 5045—5048, 5099, 5100. Vgl. Zusammenstellung der Erinnerungen, S. 77; übrigens Goldschmidt Handbuch S. 747 ff.

Diese Uebersicht zeigt, daß der Art. 405 verwirft, was Implorant behauptet. Das Gesetz giebt dem Empfänger gegenüber dem Frachtführer eigenes Recht. Der Empfänger wird nicht als bloßer Mandatar oder Vertreter des Absenders angesehen, wenn schon sein selbständiges Recht bis zu einer gewissen Zeit den Einwirkungen des Absenders unterliegt. — Und dieses eigene Recht des Empfängers umfaßt nicht nur den Anspruch auf Herausgabe des Guts, sondern alle die Erfüllung des Frachtvertrags bezielenden Befugnisse. Aus eigenem Recht also fordert der Empfänger vom Frachtführer Entschädigung sowohl wegen überhaupt nicht, als wegen zu spät gelieferten Guts; Art. 397 HGB.

Entscheidend ist folglich nicht, ob die Verspätung dem Absender, sondern ob sie dem Empfänger Schaden gebracht hat. Den Schaden des Absenders voranstellen und an dessen Umfang den Empfänger binden, hieße diesen gegen Wortlaut und Absicht des Gesetzes zum Vertreter des Absenders degradiren und gegen das berechtigte Interesse des Handelsverkehrs dem säumigen Frachtführer in der Mehrzahl der Fälle die Schadenersatzpflicht abnehmen. Vgl. Art. 344 HGB.

Die NktBschw. geht hiernach fehl, indem sie eine Verletzung der Art. 397, 405 HGB und § 75 ALR I. 5 rügt.

Nr. 38.

I. Senat. — Erkenntniß v. 9. Januar. 72. (P.)

C. F. Güldenstein ./. Malachowski & Koppel (Nr. 682 v. 71).

Preußen. **Nichtigkeitsbeschwerde.**

I. Instanz: Stadtgericht Berlin,
II. Instanz: Kammergericht daselbst.

Ungenügende Vertragserfüllung, Schadenanspruch, Beweislast.

1. Die Grundsätze von der Beweislast gehören dem materiellen Recht an, namentlich wenn sie in engstem Zusammenhange mit den Rechtsnormen über kontraktliche Rechte und Pflichten stehen.

Feste Praxis des OHG; vgl. Rspr. II S. 20, 90.

2. Ihre Verletzung begründet daher im altpreußischen Prozeß die Nichtigkeitsbeschwerde gemäß § 4 Nr. 1 der Verordnung v. 14. Dezbr. 33.

So: C. F. Koch Prozeß-Ordnung zu § 16 der Einleitung und S. 476 n. 1, c der 6. Auflage.
Erk. des I. Sen. des preuß. OTr. v. 3. Dez. 66.
Strieth. Arch. B. 64 S. 311.

Anders: Praxis des preuß. OTr. IV. Sen. (Strieth. Arch. B. 61 S. 309, 345 und B. 69 S. 17).

3. Bezüglich ungenügender Vertragserfüllung (bei der exceptio non rite adimpleti contractus) trifft den Empfänger bestellter Waaren, von Frachtgütern ꝛc., welcher deren vertragsmäßige Beschaffenheit bemängelt, die Beweislast jedenfalls dann, wenn er — bei der Unzulässigkeit einer Ergänzung oder Verbesserung der erfolgten Leistung — auf die Fehlerhaftigkeit des Empfangenen nur einen Schadenanspruch stützt.

So: die neuere gemeinrechtliche Doktrin und Praxis; Präjudizien des preuß. OTr. Nr. 657, 978, 1174.

Laut Ladescheins hatte Kläger als Stromschiffer in Bromberg 1200 Centner „guten, gesunden und trockenen" Hafer zur Beförderung nach Berlin übernommen. Die beklagte Firma hat ihm das Frachtgut abgenommen, verweigert aber die Zahlung der bedungenen Fracht, weil der Hafer bei der Ablieferung dumpfig und feucht, deshalb um 200 Thlr. (mehr als die Klageforderung) 'entwerthet gewesen sei.

Entscheidung des OHG:

Der Appellrichter hat die Klage abgewiesen, von der Ansicht ausgehend, Kläger habe zur Begründung seines

Anspruchs zu beweisen, daß er seinerseits den Frachvertrag durch Ablieferung des Frachtguts in der vertragsmäßigen Beschaffenheit erfüllt habe. Er vermißt ein dieser Beweispflicht entsprechendes Beweiserbieten. Bei der Würdigung des Entscheidungsgrundes kommt aber in Betracht, daß nach dem festgestellten Sachverhältniß das Frachtgut vom Kläger abgeliefert und von der beklagten Handlung, wiewohl unter Einbehaltung der Fracht, angenommen ist, daß ferner die Beklagte in gegenwärtigem Prozeß die vertragswidrige Beschaffenheit nicht zu dem Zweck vorgeschützt hat, um eine dem Vertrage genügende Ergänzung oder Verbesserung der Leistung des Klägers zu erreichen, sondern zum Zweck der Durchsetzung eines selbständigen Anspruchs, nämlich des Anspruchs auf Schadenersatz wegen Fehlerhaftigkeit der eine Ergänzung oder Verbesserung nicht mehr zulassenden Leistung.

Bei dieser Sachlage erscheint der Entscheiduugsgrund des II. Richters als ein rechtsirrthümlicher, und rügt die NktBschw. mit Recht eine Verletzung der Grundsätze über die Beweislast.

Sichtbar steht hier die Beweispflicht bezüglich der sogen. exceptio non rite adimpleti contractus, im Gegensatze zur exceptio non adimpleti contractus, in Frage. So bestritten und zweifelhaft die Frage sein mag, wie es mit der Beweislast sich verhalte, wenn die gedachte Einrede erhoben wird, das heißt: wenn der auf die Gegenleistung in Anspruch genommene Empfänger der Leistung nicht die Unvollständigkeit der Vertragserfüllung, sondern nur eine insofern ungenügende Erfüllung rügt, als der Leistung die vertragsmäßige Beschaffenheit gefehlt habe, dieselbe also eine fehlerhafte gewesen sein soll: so bringen es doch die allgemeinen Rechtsgrundsätze, insbesondere die Grundsätze über Gewährleistung, nothwendig mit sich, dem Empfänger die Beweislast jeden=

falls dann aufzulegen, wenn er wie in vorliegendem Falle, bei der Unzulässigkeit einer Ergänzung oder Verbesserung der Leistung, auf die Fehlerhaftigkeit nur einen Schadenanspruch stützt. Nicht allein, daß in solchen Fällen die neuere gemeinrechtliche Doktrin und Praxis überwiegend den Empfänger für beweispflichtig erachtet (Windscheid Pandekten § 321; v. Vangerow Pandekten-Lehrbuch, 7. Auflage, § 607): es hat auch im Gebiet des preußischen Rechts diese Auffassung in Theorie und Praxis vorherrschende Geltung erlangt, indem insbesondere der höchste Landesgerichtshof sich ihm angeschlossen hat (Heydemann Einleitung in das System des preußischen Civilrechts I S. 237, 238; Förster Theorie und Praxis des preuß. Civilrechts, 2. Auflage, B. I S. 461, 462; Präjudizien des OTr. Nr. 657, 978 und 1174; Entsch. B. 6 S. 56, B. 8 S. 229, B. 11 S. 190; Strieth. Arch. B. 12 S. 192, B. 21 S. 200).

Die Vorschriften der §§ 232 und 271 ALR I. 5, auf welchen die Entscheidung des Appellrichters zu beruhen scheint, sind dieselbe zu rechtfertigen nicht geeignet, weil sie zur Vermeidung eines Konflikts mit anderen Rechtsprinzipien keineswegs auch auf den Fall bezogen werden dürfen, in welchem der Empfänger nicht durch Zurückhaltung der Gegenleistung die gehörige Erfüllung zu erreichen bezweckt, sondern wegen Fehlerhaftigkeit der Leistung einen besonderen Gegenanspruch erhebt.

Noch weniger läßt sich in Zweifel ziehen, daß der rechtsirrthümliche Entscheidungsgrund zur Vernichtung des Appellurtels führen muß; denn keineswegs ist, wie Beklagte behauptet, nur eine (nicht wesentliche) Prozeß-Vorschrift verletzt, sondern es ist gegen einen Grundsatz des materiellen Rechts im Sinne des § 4 Nr. 1 der Verordnung v. 14. Dezbr. 33 verstoßen, zu welchen Grundsätzen auch diejenigen über Beweislast wenigstens dann gehören, wenn dieselben, wie in vorliegendem Falle, im engsten Zusammenhange mit den Rechtsnormen über kontraktliche Rechte und Pflichten stehen (Entsch. des preuß. OTr. B. 18 S. 126).

Das II. Erk. war demnach zu vernichten. — In der Sache selbst kann noch nicht erkannt werden.

Die beklagte Handlung hat die bestimmte, durch Beweis vertretene Behauptung aufgestellt, Kläger habe das Frachtgut in vertragswidriger Beschaffenheit abgeliefert, so daß der Minderwerth mehr als die eingeklagte Frachtforderung betrage. Diese gehörig substantiirte Behauptung ist vom Kläger bestritten und Gegenbeweis erboten. Die Beweise sind noch nicht erhoben, es muß daher die Beweisaufnahme nachgeholt und sodann anderweit in der Hauptsache sowie über den Kostenpunkt erkannt werden.

Nr. 39.

I. Senat. — Erkenntniß v. 9. Jan. 72. (V.)

C. L. Obricatis w. R. Metzling (Nr. 738 v. 71).

Preußen. **Nichtigkeitsbeschwerde.**

I. Instanz: Kommerz- und Admiralitäts-Kollegium Königsberg i. Pr.,
II. Instanz: Ostpreußisches Tribunal daselbst.

Handelsbrauch, Bedeutung einer vertragsmäßigen Zeitbestimmung.

1. Die Bestimmungen des HGB können durch Handelsgebräuche sowie durch das bürgerliche Landesrecht nicht Abänderungen erleiden.

HGB Art. 1; Konf.-Prot. Ausgabe v. Lutz, S. 13, 884.
Verfassung des deutschen Reichs Art. 2.
Endemann DHR § 8.
Puchelt Komm. zum HGB S. 3 Nr. 3 und 4, S. 7 Nr. 12.

2. Für die Bedeutung vertragsmäßiger Zeitbestimmungen ist bei Handelsgeschäften der Wortlaut nicht unbedingt entscheidend, vielmehr der (etwaige) örtliche Handelsbrauch regelmäßig maaßgebend.

HGB Art. 278, 279; vgl. oben Fall 36 S. 199.

3. Kommissorische Klausel (§ 33 ALR I. 20) oder Konventionalstrafe? (Unterscheidung im Einzelfalle).

Kläger fordert Herausgabe einer Kreisobligation über 300 Thlr., welche er dem Bekl. bei einem Handelsgeschäft zu Königsberg in Pr. als Vorschuß und zur Sicherheit gegeben hat. In dem Schlußschein, nach welchem er dem Bekl. 1200 Ctr. Roggen auf Ziel verkauft hat, war bestimmt:

„Wenn die Börsennotiz den geschlossenen Preis um 5 Sgr. per 80 Pfund Zollgewicht übersteigt, so ist Verkäufer verpflichtet, sofort einen neuen Einschuß von 300 Thlrn. Kreisobligationen oder 250 Thlrn. baar zu leisten, widrigenfalls Käufer das Geschäft als aufgehoben betrachten kann und ihm somit der geleistete Einschuß als Entschädigung rechtmäßig zufällt."

Die Börsennotiz vom 13. Juni 70 soll nun jene Preissteigerung enthalten haben, weshalb Beklagter am Tage darauf, weil die sofortige Erhöhung des Einschusses unterblieben war, brieflich vom Vertrage zurücktrat und die empfangene Kreisobligation für verfallen erklärte.

Der in 2 Instanzen abgewiesene Kläger erzielt beim OHG eine abändernde Entscheidung.

Gründe:

Die NktBschw. erscheint insofern begründet, als dem Appellrichter vorgeworfen wird, bei Beurtheilung des Vorbringens des Klägers:

> „nach den Handelsgebräuchen in Königsberg sei für „sofort" zu leistende Handlungen immer ein mäßiger Zeitraum und regelmäßig, namentlich in Fällen der vorliegenden Art, mindestens eine 24 bis 36stündige Frist zur Leistung zu gewähren"

den Art. 278 HGB durch Nichtanwendung, sowie den Art. 331 durch unpassende Anwendung verletzt zu haben.

Der Appellrichter erklärt das Vorbringen für unerheblich, indem er wörtlich ausführt:

„der kontraktlichen Bestimmung gegenüber, nach welcher der Zuschuß sofort geleistet werden sollte, ist die Ausführung, daß nach hiesigem Handelsgebrauch für sofort zu leistende Handlungen immer ein mäßiger Zeitraum und in Fällen, wie der vorliegende ein 24 bis 36stündiger zu gewähren, nicht durchgreifend, wenigstens nicht in dieser Allgemeinheit. Kläger hatte den Einschuß in baarem Gelde oder durch Hingabe von Kreditobligationen zu gewähren, und zwar sofort. Was unter dem Ausdruck: sofort zu verstehen ist, kann sprachlich nicht zweifelhaft sein. Eine Usance, durch welche an Stelle eines von den Kontrahenten durch Bezugnahme auf ein bestimmtes Ereigniß fixirten Erfüllungstages ein anderer gesetzt wird, ist nicht zulässig. Dies ergiebt sich aus Art. 331 HGB, welcher festsetzt, wie weit Abänderungen der unbestimmt gebliebenen Verabredungen über die Erfüllungszeit den Börsenordnungen vorbehalteu bleiben sollen. Dadurch ist die Wirksamkeit einer gar nicht einmal durch die Börsenordnung sanktionirten Usance in Fällen, da die Kontrahenten einen gehörig fixirten Erfüllungstag festgesetzt haben, ausgeschlossen."

Diese Ausführung läßt sich nicht anders als dahin verstehen:

das Vorbringen greife aus dem Grunde nicht durch, weil der aus dem Wortverstand des Ausdrucks: „sofort" sich ergebende Sinn nicht durch den behaupteten Handelsgebrauch alterirt werden könne, wie Art. 331 HGB ergebe.

Nun muß aber zunächst die Bezugnahme auf Art. 331 für eine verfehlte erachtet werden. Dieser Artikel ... bezweckt sichtbar nur, Abweichungen von den positiven Vorschriften der Art. 328 bis 330 durch die Börsenordnungen zuzulassen. Eine derartige Bestimmung mußte wegen des eingreifenden Prinzips des Art. 1 HGB — nach welchem den Bestimmungen des Handelsgesetzbuchs durch die Handelsgebräuche und das allgemeine bürgerliche Recht nicht derogirt werden soll — wenn nicht nöthig, doch mindestens räthlich erscheinen. Keineswegs ist durch Art. 331 aber auch nur angedeutet, bei Auslegung kontraktlicher Zeitbestimmungen sei, abweichend von den allgemeinen Interpretationsregeln des HGB, stets der Wortverstand ausschließlich entscheidend. Daß eine solche Ausnahme nicht beabsichtigt ist, stellen die Nürnberger Berathungs-Protokolle vollends außer Zweifel (S. 585, 1366).

Der Appellrichter hat daher den Art. 331 durch unpassende Anwendung verletzt, wenn er denselben, so wie geschehen, zur Rechtfertigung der Ansicht anruft: bei der Auslegung kontraktlicher Zeitbestimmungen dürfe, wenn der Wortverstand einen zweifellosen Sinn ergebe, zur Begründung eines anderen Verständnisses ein Handelsgebrauch nicht berücksichtigt werden. Diese Ansicht kann noch weniger in sich und nach allgemeinen Interpretationsregeln für richtig erachtet werden. Sie steht insbesondere im Widerspruch mit Art. 278 HGB, in welchem klar und bestimmt vorgeschrieben wird: bei der Auslegung von Handelsgeschäften sei der buchstäbliche Sinn oder der Wortsinn nicht unbedingt entscheidend, dieser vielmehr aufzugeben, wenn der erweisliche Wille der Kontrahenten auf einen anderen Sinn hinweise. Der Art. 278 ist vom Appellrichter durch die obige Ausführung um so zweifelloser verletzt, je weniger sich bestreiten läßt, daß wenn es mit dem vom Kläger behaupteten Handelsgebrauch seine Richtigkeit haben sollte, anzunehmen wäre, die Parteien hätten bei Abschluß des Vertrags v. 13. Mai 70 das Wort „sofort“ in dem jenem

Handelsgebrauch entsprechenden Sinne*) verstanden, zumal letzterer mit dem Wortverstand nicht einmal in direktem Widerspruch steht und nach den Feststellungen der Instanzrichter beide Parteien dem Königsberger Kaufmannsstande angehören, in Königsberg auch der Vertrag geschlossen ist und zu erfüllen war, endlich im Eingang desselben sogar ausdrücklich auf die in Königsberg bestehenden Handelsgebräuche hingewiesen wird.

Hienach muß das II. Urtel wegen Nichtanwendung des Art. 278 und wegen unpassender Anwendung des Art. 331 HGB vernichtet werden, ohne daß die übrigen Nichtigkeitsgründe einer Prüfung bedürfen.

In der Sache selbst kann noch nicht erkannt werden.

Dem Appellrichter ist darin beizutreten, daß die Klage verfehlt ist, insofern sie auf die Vorschriften über das Verbot der lex commissoria bei Pfandverträgen gestützt wird. Wenn der Vertrag v. 13. Mai 70 bestimmt, der vom Kläger gezahlte Einschuß falle dem Bekl. als Entschädigung zu, wenn der Börsenpreis eine bestimmte Höhe erreiche, Kläger nicht sofort einen neuen Einschuß leiste und Beklagter deshalb vom Vertrage abgehe: so ist das Verfallen des Einschusses nicht davon abhängig gemacht, daß die Schuld, für welche derselbe als Pfand gegeben worden, nicht rechtzeitig gezahlt werde (§ 33 ALR I. 20), vielmehr der Einschuß dem Bekl. als gewöhnliche Konventionalstrafe (§ 292 ALR I. 5) für den Fall zugesichert, daß Kläger durch Versäumung einer anderen kontraktlichen Pflicht (nämlich der Erhöhung des Einschusses) dem Bekl. Anlaß gebe, das Geschäft aufzurufen und sein Interesse geltend zu machen. Somit kann auch die zweifelhafte Frage auf sich beruhen, ob § 33 ALR I. 20 durch das Bundesgesetz v. 14. Nov. 67 (Bd.Ges.Bl. S. 159) aufgehoben sei (vgl. Entsch. des preuß. OTr. B. 65 S. 38).

* Vgl. Rspr. II S. 347 und oben Fall 36 S. 199.

Nicht minder unerheblich erscheinen die übrigen in der Klage zu deren Begründung enthaltenen An- und Ausführungen. Art. 310 HGB kann zur Rechtfertigung der Klage unmöglich dienen, weil seine Anwendbarkeit undenkbar erscheint, wenn ein zur Sicherheit gezahlter Einschuß dem Gläubiger in Folge einer giltigen Nebenabrede verfallen ist. Ebensowenig kommt, nach der unzweifelhaft richtigen Ausführung der Instanzrichter, Art. 356 dem Kläger wegen der völligen Verschiedenheit des darin behandelten Falles mit dem vorliegenden zu statten. Endlich ist (nach dem vom Bekl. beigebrachten, vom Kläger anerkannten Börsenbericht) als erwiesen anzusehen, daß am 13. Juni 70 der Börsenpreis, wie der Appellrichter zutreffend ausführt, den verabredeten Preis um 5 Sgr. à 80 Pfund überstieg, während Kläger zugestanden hat, daß Beklagter unter Bezugnahme auf diese Preissteigerung unterm 14. Juni 70 schriftlich vom Vertrage wegen unterbliebener Erhöhung des Einschusses zurückgetreten ist und den zuerst gezahlten Einschuß für verfallen erklärt hat.

Nun hat aber Kläger in II. Instanz noch zwei Thatsachen behauptet, welche seine Klage zu stützen geeignet sind.

Er behauptet nämlich, nach den Königsberger Handelsgebräuchen sei

1. für „sofort" zu leistende Handlungen immer ein mäßiger Zeitraum und regelmäßig, namentlich in Fällen der vorliegenden Art, mindestens eine 24 bis 36stündige Frist zur Leistung zu gewähren,
2. in den betreffenden Fällen bei Bezugnahme auf die Börsennotiz ausschließlich die Notiz in derjenigen Rubrik des amtlichen Börsenberichts, welcher überschrieben sei „bezahlt," zu verstehen.

Sollte die erste Behauptung richtig sein, so würde es, wie schon oben gezeigt ist, keinem Bedenken unterliegen, von der Annahme auszugehen, auch die Parteien hätten das Wort:

„sofort" in dem Sinne verstanden, daß dem Kläger zur Erhöhung des Einschusses eine „mäßige Frist bis zu 36 Stunden" zu gewähren sei. In diesem Sinne wäre daher auch die maaßgebende Vertragsbestimmung in Gemäßheit des Art. 278 HGB auszulegen. Unter der gedachten Voraussetzung würde folglich Beklagter ohne gerechtfertigten Anlaß vom Vertrage zurückgetreten sein und den Einschuß für verfallen erklärt haben. — Hat es mit der zweiten Behauptung seine Richtigkeit, so würde aus gleichen Gründen das Wort „Börsennotiz" im Vertrage v. 13. Mai 70 in dem, jenem vorgeblichen Handelsgebrauch entsprechenden Sinne zu verstehen sein, und da der vom Bekl. beigebrachte Börsenbericht in der entscheidenden Rubrik nicht ausgefüllt ist, sich ein gleiches Resultat ergeben. Die gedachten Behauptungen sind aber bestritten; es ist Beweis und Gegenbeweis erboten, aber nicht erhoben. Diese Beweiserhebung muß nachgeholt . . . werden. — Hierbei kommt noch ein anderer Umstand in Betracht. Beklagter behauptet, . . . Kläger habe sowohl am 13., als am 14. Juni 70 anerkannt, daß der Vertrag für aufgelöst und der Einschuß für verfallen zu betrachten sei. Auch auf diese, durch Beweis vertretene und bestrittene Behauptung, deren eventuelle Erheblichkeit nicht zweifelhaft sein kann, ist die nachträgliche Beweisaufnahme, bzw. Entscheidung zu erstrecken.

Nr. 40.

II. Senat. — Erkenntniß v. 10. Jan. 72. (Ref.)

J. G. Silber's Erben ·/. Saße (Nr. 539 v. 71).

Königreich Sachsen. **Weitere Berufung.**

I. Instanz: Handelsgericht im Bezirksgericht Leipzig,
II. Instanz: Appellationsgericht Leipzig.

Beweisführung durch Handelsbücher.

Kann ein Prokurist oder Geschäftsführer, wenn vom Prinzipal auf Rechnungslegung belangt, zur Rechtfertigung

seiner Rechnung sich auf die von ihm selbst geführten Handelsbücher berufen?

HGB Art. 28 ff., 888, 889.

Der Erblasser der Kläger hatte seinem Prokuristen dem jetzt Beklagten, testamentarisch die Fortführung seines Handelsgeschäfts unter der alten Firma gestattet, dabei jedoch bestimmt, daß Beklagter einstweilen bis zu einem bestimmten Tage die Geschäfte für Rechnung der Erben wahrnehmen solle. Dieser Verpflichtung ist Beklagter nachgekommen. Nunmehr auf Rechnungslegung belangt, hat er zum Beweise vieler (nur ganz allgemein von den Klägern bestrittener) Ausgabeposten sich auf die von ihm selbst während der Rechenschaftszeit geführten Handelsbücher bezogen. Kläger wollen jedoch die vom Gegner gemachten Bucheinträge nur bezüglich des Guthabens der Handlung gelten lassen. — Das OHG gab folgende

Entscheidung:

Die Beweiskraft der Handelsbücher ist eine Folge der gesetzlich anerkannten Verpflichtung zu deren ordnungsmäßiger Führung (Art. 28 HGB). Der Kaufmann darf Einträge in seine Handelsbücher zum Beweise für sich benutzen, wie er sie anderer Seits auch gegen sich gelten lassen muß (Art. 37), weil und soweit ihre ordnungsmäßige Führung die Vermuthung begründet, daß er der gesetzlichen Verbindlichkeit genügt habe, daß mithin aus den Einträgen seine Handelsgeschäfte und die Lage seines Vermögens vollständig und wahrheitsgetreu zu ersehen seien. Dies leidet keine Anwendung auf den Bekl., welcher die Bücher der Firma J. G. Silber während der Zeit vom Tode des vorigen Inhabers bis zum 30. Juni 63 nicht kraft gesetzlicher Verbindlichkeit, sondern in Folge des zwischen ihm und den klagenden Erben dieses Inhabers bestehenden Vertragsverhältnisses als deren Beauftragter und zwar keineswegs zu dem Zweck geführt hat, seine Handelsgeschäfte und Vermögenslage, sondern blos zu dem Behuf, um die Handelsgeschäfte und Vermögenslage seiner Prinzipale in der gesetzlich erforderlichen Maaße zu konstatiren. Von direkter und unmitelbarer Beziehung der Art. 34 und 35 HGB auf dieses Rechtsverhältniß ist daher abzusehen gewesen.

Allein die hieraus von der II. Instanz gezogene Schlußfolgerung: daß die vom Bekl. geführten Handelsbücher für den Zweck des Beweises, durch welchen Beklagter jetzt seine Geschäftsführung gegen die Einwendungen der Kläger zu rechtfertigen sucht, völlig werthlos seien, kann als richtig nicht anerkannt werden. Sie widerstreiten vor Allem der allgemeinen Anschauung und dem Geist des Vertrauens und guten Glaubens, von welchem der Verkehr in der Handelswelt beherrscht wird, deren er zum Bestehen und gedeihlichen Entwickeln gar nicht entrathen kann, und welche auch das HGB in seinen Vorschriften vielfach als leitenden Gesichtspunkt kundgiebt. Wie die materiell rechtlichen Bestimmungen in Art. 278, 279 und 317 hiefür in unzweideutiger Weise sprechen: so darf es auch nicht als eine singuläre, ausschließlich auf das Seeversicherungswesen beschränkte Disposition gelten, wenn die Art. 888 und 889 vorschreiben, daß als genügende Beläge für die Schaden-Berechnung im Allgemeinen solche anzusehen seien, „welche im Handelsverkehr namentlich wegen der Schwierigkeit der Beschaffung anderer Beweise nicht beanstandet zu werden pflegen", und daß den . . . weiterhin beispielsweise bezeichneten Urkunden auch im Falle eines Rechtsstreits in der Regel, und dafern nicht besondere Umstände Bedenken erregen, Beweiskraft beizulegen sei. Unverkennbar ist darin der Ausdruck einer Anschauung zu erblicken, welcher zwar durch das Bedürfniß gesetzlicher Regelung und Feststellung der Seeversicherungs-Verhältnisse zunächst veranlaßt und hervorgerufen, allein in seiner Tragweite nicht auf diesen Anlaß beschränkt ist, sondern einen Gedanken ausspricht, welcher in der Anerkennung der Bedürfnisse und Uebungen des Handelsverkehrs mit den Anschauungen des Letzteren wie mit dem Geist des Handelsrechts im Einklang steht, und welchem deshalb eine prinzipielle Bedeutung um so unbedenklicher beigelegt werden darf, als er auch anderweitigen Dispositionen des HGB, welche ein nach civilrechtlichen Grundsätzen zur Rechnungsablegung verpflichtendes Rechtsverhältniß betreffen (vgl. Art. 361, verbunden mit Art. 376 Abs. 2), unverkennbar zu Grunde liegt.

In gegenwärtigem Falle hatte Beklagter in Folge seiner Stellung als Prokurist das klägerische Handelsgeschäft während des in Rede stehenden Zeitraums zu leiten und demgemäß zugleich die Bücher desselben, d. h. die einzelnen Akte seiner geschäftlichen Thätigkeit in derjenigen Maaße schriftlich zu bekunden und zu fixiren, wie es der gesetzlichen Vorschrift gemäß zugleich im Interesse der Geschäftsinhaber geschehen mußte, um diesen Beweis und Belag für etwaige Ansprüche aus den für sie besorgten Geschäften zu sichern. Es liegt am Tage, zu welchen Konsequenzen es führen würde, wollte man den Bekl. für verbunden halten, im Bewußtsein seiner vertragsmäßigen Verantwortlichkeit gegenüber den Klägern für jeden der Tausende von geschäftlichen Akten, welche er auszuführen hatte, neben der Einzeichnung in die Handelsbücher auch noch besondere Beläge zu sammeln und als Beweisstücke für den Fall bereit zu halten, daß seine Auftraggeber sich mit seinen Einträgen in die Handelsbücher, deren sie sich gegen Dritte zum Beweise zu bedienen zweifellos berechtigt und gewillt waren, gerade ihm gegenüber nicht begnügen würden. Eine solche Anforderung würde, wie Beklagter mit Grund hervorhebt, in ihrer konsequenten Durchführung die Stellung eines kaufmännischen Geschäftsführers mit den umfassenden

Befugnissen des Bekl. zu einer geradezu unhaltbaren machen; sie ist mit der Gestaltung des Handelsverkehrs im wirklichen Geschäftsleben und mit der Wirksamkeit der Institutionen, welche das Letztere als unentbehrliche geschaffen hat, so unvereinbar, daß sie als begründet nicht anerkannt werden könnte, selbst wenn das HGB sie nicht so unzweideutig reprobirt hätte, als es dem oben Bemerkten zufolge wirklich der Fall ist. Eine Gefährdung des gesunden und soliden Geschäftslebens und insbesondere der rechtlichen Beziehungen des Geschäftsinhabers zu seinem Geschäfts- und Buchführer ist auch daraus allein nicht zu besorgen, wenn man dem Letzteren im Anhalt an die Worte des Art. 889 das Recht einräumt, auf die Einträge in die von ihm geführten Handelsbücher auch zu seinen Gunsten — in der Regel und sofern nicht besondere Umstände Bedenken erregen — sich beziehen zu dürfen. Wie bei Beurtheilung der Beweiskraft der Handelsbücher überhaupt (Art. 34), so auch in der hier fraglichen besonderen Richtung gewährt das richterliche Ermessen, geleitet durch die pflichtmäßige Erwägung aller Umstände und etwa vorliegenden Bedenken — nach Befinden unterstützt durch den Ausspruch Sachverständiger — einen ausreichenden Schutz der wahren Interessen Desjenigen, gegen welchen die Beweiskraft jener Einträge geltend gemacht wird.

Soviel nun aber diese Beurtheilung in gegenwärtigem Falle anlangt, beruht

1) die Meinung der Kläger, daß die vom Bekl. zum Beweise benutzten Silberschen Handlungsbücher (Hauptbuch, Wechseljournal, Cassabuch und Wechselstrazze) in ihren, ein Guthaben der Firma bekundenden, Einträgen Zugeständnisse enthalten, an welche Beklagter schlechterdings gebunden sei, in den die Firma belastenden Einträgen dagegen für den Beweis werthlos seien, auf einer unrichtigen Auffassung

des Wesens der kaufmännischen Buchführung. Sind auch die Bücher eines Handelsgeschäfts nicht formell als Urkunden einheitlichen Inhalts in demselben Sinne wie das, eine Mehrheit von rechtlichen Leistungen und Gegenleistungen eines Vertrages umfassende Schriftstück anzusehen: so stehen doch deren einzelne Einträge der Sache nach in einem durch die Regeln kaufmännischer Buchführung, wie durch den Zweck vollständiger Uebersicht über alle Operationen des Geschäfts bedingten inneren Zusammenhange, und es würde entschieden gegen die Absicht, in welcher diese Einträge gemacht werden, wie gegen jene Bestimmung der Buchführung überhaupt verstoßen, wollte man durch willkürliche Aufhebung dieses Zusammenhangs den einzelnen Einträgen eine an sich nicht beabsichtigte, veränderte Bedeutung verleihen, beispielweise bei einem begebenen Wechsel zwar die Vereinnahmung der empfangenen Valuta, nicht aber die Verausgabung des im Regreßfalle gewährten Remboursbetrags als Eintrag im Kassabuch gelten lassen. Es kann aber

2) in dem ganz allgemeinen, unmotivirten Verneinen von Buch-Einträgen seitens der Kläger ein Bedenken gegen deren Beweiskraft auch aus prozessualem Grunde nicht erblickt werden. Handelte Beklagter, indem er sich durch Führung des Silberschen Geschäfts und der Bücher desselben der Erfüllung einer den Klägern gesetzlich obliegenden Verbindlichkeit — wie er aktenkundiger Maaßen gethan hat — unterzog, innerhalb des ihm durch das Silbersche Testament wie durch den Willen der Kläger zugewiesenen Geschäftskreises: so ist der von den Letzteren in jenem Verneinen erhobene Einwand, er habe der ihm obliegenden Verpflichtung nicht genügt, unerheblich, weil dem liquiden Sachverhalt gegenüber unverständlich, sofern er nicht durch spezielle Hervorhebung derjenigen Punkte, in welchen dem Bekl. die Verletzung seiner Verbindlichkeiten zur Last fallen

und worin diese Verletzung bestehen soll, ausreichend begründet wird.

Nr. 41.

I. Senat. — Erkenntniß v. 12. Jan. 72. (B.Ref.)

Hertzog & Philippi ·/. G. Lehmann (Nr. 25 v. 72).

Königreich Sachsen. Beiderseitige weitere Berufung.

I. Instanz: Handelsgericht im Bezirksgericht Dresden,
II. Instanz: Appellationsgericht Dresden.

Stellung des Maklers.

1. Der Handelsmakler (HGB Art. 66 ff.) ist als Vermittler von Geschäftsabschlüssen nicht Repräsentant einer kontrahirenden Partei, vielmehr dem Vertragswillen der Kontrahenten nur als Zwischenträger dienstbar. Der Makler als solcher schließt nicht ab, sondern er bekundet den Abschluß.

2. Art. 81 HGB spricht ein allgemeines, auch für Privatmakler geltendes Prinzip aus.

3. Der Anerkenntniß-Vertrag (kgl. sächs. bürgerl. GB § 1397) schafft eine neue, selbständig wirksame Verbindlichkeit und unterscheidet sich dadurch wesentlich von einem (nur prozessualisch bedeutsamen) Zugeständniß.

Vgl. Rspr. II S. 354 ff., III S. 156.

In einer sächsischen Sache angenommen vom OHG laut folgender

Entscheidung:

Kläger geben dem Bekl., einem Börsenmakler, Schuld, bei Vermittelung eines Kaufs über eine Anzahl Dividendenscheine der Aktien-Gesellschaft Sächsische Maschinenfabrik zu Chemnitz, wider die Wahrheit als Stellvertreter des angeblichen Käufers sich ausgegeben zu haben. Sie nehmen an, daß Beklagter hienach verpflichtet gewesen, das Geschäft als ein für seine Person abgeschlossenes zu vertreten, und zwar dies ebenso

1) auf Grund unmittelbarer Gesetzesvorschrift im § 789 des kgl. sächs. bürgerl. GB, welche im Wesentlichen nur das wiedergiebt, was für das Handelsrecht Art. 298 Abs. 2 verbunden mit Art. 55 HGB bestimmt, — als

2) auf Grund der vom Bekl. gegen die Kläger nach deren Behauptung abgegebenen Erklärungen, in denen Letztere die Unterlage eines selbständigen Anerkenntnißvertrags finden.

Die I. Instanz hat den demgemäß formulirten Vertretungsanspruch zu 1) mit Rücksicht auf die Zugeständnisse des Bekl. für begründet und daher einer näheren Prüfung des Vorbringens unter 2) sich für überhoben erachtet. Dagegen hat die II. Instanz der von den Klägern in Anspruch genommenen, unmittelbaren gesetzlichen Verpflichtung des Bekl. die Anerkennung versagt, ihn jedoch als verpflichtet zum Eintritt in das Geschäft angesehen, wenn das zu 2 Angeführte in Wahrheit beruhen würde. Die Auffassung II. Instanz zu 1) ist gegenwärtig von den Klägern, die zu 2) vom Bekl. angefochten worden.

Präjudiziell erscheint die Beschwerde der Kläger, welche darzulegen suchen, daß Beklagter nach den Grundsätzen des falsus procurator zu beurtheilen sei. Dem konnte jedoch nicht beigetreten werden.

Der Makler als solcher ermittelt eine zum Geschäftsabschluß geneigte Person und überbringt die für diesen Zweck erforderlichen Erklärungen der Parteien. Er tritt aber nicht als Repräsentant der Partei, sondern nur als Zwischenträger auf.

Seine Dienstleistung ist rein faktischer Natur. Obwohl er den Konsens der einen Partei der anderen Partei übermittelt, erklärt er doch diesen Konsens nicht im Namen und als Stellvertreter der Partei (v. Hahn Komm. B. I S. 222, 223 der zweiten Ausgabe; Römisch in den

Annalen des O.App.Ger. Dresden, Alte Folge, VII S. 352 ff.; Anschütz und v. Völdernndorff Komm. I S. 462 ff.). Wird auf dem bezeichneten Wege die Uebereinstimmung des Willens der Betheiligten herbeigeführt, so gilt das Geschäft für abgeschlossen. Der Makler, als solcher, schließt jedoch nicht ab, sondern er bekundet nur den Abschluß.

Darüber nun, daß die in gegenwärtigem Falle vom Bekl. entwickelte Thätigkeit über den Kreis der dem Makler zukommenden Funktionen nicht hinausgegangen sei, kann ein erheblicher Zweifel nicht obwalten, wenn man das Parteivorbringen näher in's Auge faßt.

Kläger selbst charakterisiren im Eingang der Klage die gewerbliche Thätigkeit des Bekl. dahin, daß er Handelsgeschäfte, wie solche Art. 67 HGB den Handelsmaklern zuweist, zu vermitteln pflege. In vorliegendem Falle habe derselbe, nachdem Kläger ihn beauftragt, einen Abnehmer für 200 Stück Dividendenscheine der schon erwähnten Gesellschaft zum Preise von mindestens 13 Thlrn. pro Stück, per 31. Dezbr. 70 lieferbar, aufzusuchen, am 10. Dez. den Klägern mitgetheilt, der Banquier Victor Bl. sei bereit, die angebotenen 200 Stück Dividendenscheine zum Preise von 13¾ Thlrn. pro Stück am 31. Dez. 70 abzunehmen, und Beklagter wolle dieses Geschäft gegen eine Courtage von ½ Neugroschen pro Stück der zu liefernden Dividendenscheine vermitteln. Da Kläger damit sich einverstanden erklärt, sei ihnen vom Bekl. zum Zeichen und zur Bekundung des erfolgten Abschlusses des verabredeten Handels ein vom Bekl. eigenhändig unterschriebener Schlußschein übergeben und von den Klägern an- und in Empfang genommen worden.

Dieser Schlußschein enthält — den im Art. 72, verbunden mit Art. 73 Abs. 1 HGB gestellten Anforderungen entsprechend — die Namen der Kontrahenten, die Zeit des

Abschlusses, die Bezeichnung des Gegenstandes und die Bedingungen des Geschäfts.

Alles dies trifft überein mit dem gewöhnlichen Verlauf eines durch den Makler vermittelten Geschäfts.

Der Makler weist dem Verkaufslustigen einen Kaufsreflektanten zu, er konstatirt die Willensübereinstimmung beider Parteien und bekundet den Abschluß des Geschäfts durch die Schlußnote, von welcher er jeder Partei ein Exemplar zustellt.

Die Ausstellung dieser Note, ebenso wie das Ausbedingen einer Courtage, setzt außer Zweifel, daß Beklagter von der Annahme und Absicht ausgegangen ist, bei dem Geschäft nur innerhalb seiner Gewerbsthätigkeit als Makler sich zu betheiligen. Der Kläger eigene Sachdarlegung ergiebt, daß sie ebenfalls einer anderen Auffassung bei der Geschäftsberedung selbst sich nicht hingegeben haben können. Wie sie unter solchen Umständen gegenwärtig dazu kommen, den Bekl. aus dem Gesichtspunkt der fälschlich vorgegebenen Eigenschaft eines Stellvertreters des Victor Bl. für verantwortlich zu erklären, ist nicht abzusehen. Zwar hat Beklagter, wie er nicht bestreitet, bei der fraglichen Gelegenheit eines ihm vom Wechselsensal L. — als Demjenigen, der gegen ihn behauptet habe, vom Banquier Bl. zum Ankauf von 200 Stück Dividendenscheinen der angegebenen Art beauftragt zu sein — ertheilten Auftrags zur Verschaffung solcher Effekten gegen die Kläger ausdrücklich Erwähnung gethan. Auch beschreibt Beklagter allerdings die Richtung seiner Thätigkeit dahin, daß er mit den Klägern in dem ihm durch L. übertragenen Auftrag des Banquiers Bl. für diesen und lediglich in dessen Auftrag den der Klage beigefügten „Schlußschein geschlossen“ habe. Allein der hier erwähnte Auftrag involvirte nach den sonst aktenkundig vorliegenden Umständen kein Mandat zum Abschluß eines Geschäfts als Stellvertreter, sondern nur die Aufforderung zur Entfaltung seiner vermittelnden Thätigkeit als Makler.

Beklagter, indem er sich auf diesen Auftrag bezog, bezeichnete nur den historischen Anlaß zu dem von ihm vollzogenen Akt, offenbar mit dem Zweck der Begründung seiner Berechtigung, den Kauf als für Rechnung von Victor Bl. abgeschlossen betrachten zu dürfen. Er selbst schloß keineswegs für Bl. im Sinne einer von ihm behaupteten Stellvertretung desselben ab.

Die vorstehende thatsächliche Feststellung ist für die streitige Frage, ob Beklagter im Mangel eines entsprechenden Auftrags von Bl. persönlich für das Geschäft nach Art eines Mitkontrahenten verhaftet sei, als entscheidend zu betrachten. Die Gesetze, welche demjenigen, welcher aktuell beim Abschluß eines Geschäfts konkurrirt hat, eventuell die persönliche Verhaftung aus dem Geschäft auflegen (Art. 298 Abs. 2, verbunden mit Art. 55 HGB; § 789 des kgl. sächs. bürgerl. GB) reden nur von dem Bevollmächtigten, welcher in dieser Eigenschaft ein Geschäft abschließt, ohne Vollmacht erhalten zu haben.

Derselbe muß also ein Mandat vorgegeben haben, welches, wenn es bestand, ihn zum Abschluß im Namen des Mandanten, mithin zur Uebernahme der Stellvertretung ermächtigte. Die erwähnten Gesetzesbestimmungen sind mit Rücksicht auf die angedrohte Rechtsfolge exceptioneller Art und schließen daher eine extensive Interpretation in Bezug auf die von einem Makler vermittelten Geschäfte prinzipiell aus. — Eine ganz andere Frage ist es, ob und inwieweit der Makler, wenn ihn betreffs der angezeigten Thatsachen, aus welchen er den Konsens der einen Partei zum Nachtheil der anderen abgeleitet hat, ein Verschulden trifft, dafür zur Schadloshaltung der verletzten Partei verpflichtet sei. Diese Frage ist im Art. 81 HGB in Ansehung der amtlich bestellten Makler bejahend beantwortet. Und wenn auch nicht zweifelhaft sein kann, daß mittelst dieser Gesetzesvorschrift ein allgemeines, auch für Privatmakler geltendes Prinzip geschaffen worden ist,

vgl. v. Hahn Komm. S. 267; Goldschmidt Gutachten über den Entwurf des HGB S. 44 ff.:

so wird doch dadurch für die jetzige Klage nichts gewonnen; denn dieselbe entbehrt, wie bereits die vorige Instanz richtig hervorgehoben hat, nach dieser Seite jeder näheren, thatsächlichen Begründung. —

Es fragt sich daher nur, ob mit der II. Instanz davon ausgegangen werden darf, daß Kläger durch das obige Vorbringen unter 2) [S. 223] in ausreichender Weise auf das Zustandekommen eines Anerkenntnißvertrags Bezug genommen haben. Beklagter hat dies in allen Instanzen beharrlich bestritten. Und nicht mit Unrecht.

Wesentliche Voraussetzung für die Statuirung eines Anerkenntnißvertrags nach § 1397 des kgl. sächs. bürgerl. GB — mithin im Sinne eines selbständigen Klagefundaments, im Gegensatz zu einem bloßen außergerichtlichen Geständniß — ist die Erkennbarkeit der Absicht des Erklärenden, eine neue, selbständig wirksame Verbindlichkeit übernehmen zu wollen.

Von maaßgebender Bedeutung erscheint es in dieser Beziehung, daß Beklagter, obschon er den Klägern erklärt haben soll, daß er ihnen persönlich für die Erfüllung des abgeschlossenen Handels zu haften habe, — worin Kläger, unter Zustimmung der vorigen Instanz, den wesentlichen Ausdruck eines Anerkenntnisses finden — gleichwohl, wie Kläger selbst zugeben, wiederholt und (wie nicht anders anzunehmen) im Zusammenhang mit jener anerkennenden Erklärung den Klägern ausdrücklich bemerklich gemacht hat,

„wie er es auf die Klage ankommen lassen müsse, da er seinen Regreß an L. nehmen wolle."

Dieser Auslassung gegenüber läßt sich nicht annehmen, daß Beklagter, selbst wenn er sich in der ersterwähnten, von ihm bestrittenen Weise ausgesprochen haben sollte, die Absicht gehabt habe, neben der von ihm solchenfalls allerdings nicht bestrittenen gesetzlichen Rechtspflicht einen selbständigen neuen Verpflichtungsgrund zu schaffen. Vielmehr kann im Zweifel nur davon ausgegangen werden, Beklagter habe in Betreff des Bestehens jener angenommenen gesetzlichen Haftpflicht ein außergerichtliches Zugeständniß abgelegt, welches nach bekannten Rechten selbständiger obligatorischer Wirkung entbehrt.

War hienach mit der II. Instanz von den oben hervorgehobenen Streitfragen die unter 1) zu verneinen, konnte derselben aber andererseits in der Annahme nicht beigetreten werden, daß die Klage in dem unter 2) erwähnten Vorbringen einen ausreichenden Stützpunkt finde: so war das Suchen der Kläger seinem ganzen Umfange nach, wegen mangelnder Begründung, auf das Rechtsmittel des Beklagten in der angebrachten Art abzuweisen, wodurch das Rechtsmittel der Kläger, soweit es in Vorstehendem nicht bereits Widerlegung gefunden hat, von selbst sich erledigt.

Nr. 42.

II. Senat. — Erkenntniß v. 13. Januar 72. (Ref.)

Tr. Ludwig ·/. Richard-König (Nr. 29 v. 71).

Deutsches Konsulatsgebiet. **Revision.**

I. Instanz: Konsulatsgericht des nordd. Bundes zu Alexandrien,
II. Instanz: Appellationsgericht Stettin.

Handelsgesellschaft. Remunerations- und Entschädigungs-Anspruch eines Gesellschafters.

1. Ein Handelsgesellschafter hat für persönliche Leistungen, welche innerhalb des Kreises der Societätsgeschäfte liegen, keine Vergütung zu fordern.

HGB Art. 93, 102; Rspr. III S. 317, 353.

2. Bei offenbaren Vertragsverletzungen hat der über Schadenersatz-Ansprüche befindende Richter, wenn die Schadenersatzpflicht an sich außer Zweifel ist, bezüglich des Beweises des Schadenquantums nicht Schwierigkeiten zu erheben, welche durch die Sachlage nicht durchaus geboten sind.

Prozeßmaxime; vgl. Rspr. I S. 47, 73 u.

Die Parteien hatten in Alexandrien 1863 eine offene Handelsgesellschaft zum Zweck der Fabrikation von künstlichem Eis, Säuren ꝛc. errichtet. Diese Vereinigung ist 1865 aufgelöst worden. Kläger, französischer Staatsbürger, hat den Beklagten, einen Schutzgenossen des norddeutschen Bundes, bei dem deutschen Konsulatsgericht wegen Zahlung eines Verlustantheils belangt.

Beklagter machte Gegenansprüche geltend, über welche das OHG als Revisionsrichter nach dem HGB (vgl. Gesetz v. 29. Juni 65 § 16, Bd.Ges.Bl. v. 1867 S. 147) entschied.

Urtelsgründe:

Es muß dem Appellrichter darin beigepflichtet werden, daß die erhobene Klage an und für sich, soweit sie nicht durch die Einreden des Bekl. elidirt wird, begründet ist ... Eine kürzere als die 30 jährige Verjährung ist für den vorliegenden Fall nicht gegeben. Die Parteien haben ferner zwar ein Kompromiß geschlossen; auch fehlt es nicht ... an dem receptum, die von den Parteien ernannten beiden Schiedsrichter haben vielmehr unbestritten das Schiedsrichteramt übernommen und sind behufs Fällung des Schiedsspruchs zusammengetreten. Sie haben sich aber, darin stimmen wenigstens im Resultat die Behauptungen beider Parteien überein, über ihren Spruch nicht einigen können, und daran ist das Kompromiß gescheitert. Der Streit muß daher nunmehr auf dem Rechtswege ausgetragen werden.

Von Bedeutung ist der Einwand, daß Kläger seinerseits den Kontrakt nicht erfüllt und durch sein kontraktwidriges Verhalten dem Bekl. den in der Klagebeantwortung liquidirten Schaden zugefügt habe. Nach dem Societäts-Vertrage v. 14. Mai 63 hatte Beklagter die ganze technische Leitung der fraglichen Fabrik, die Konstruktion und Aufstellung der Apparate und die Besorgung der Eis-Fabrikation übernommen; wogegen Kläger die sämmtlichen kaufmännischen Geschäfte, namentlich den Ankauf der zur Fabrikation nöthigen Stoffe, den Verkauf des fabrizirten Eises und die Buchführung übernahm. Nach Behauptung des Bekl. soll nun Kläger diese von ihm übernommenen Pflichten überall nicht erfüllt, sich um das ganze Societätsgeschäft gar nicht bekümmert und dadurch den Bekl. in die Nothwendigkeit versetzt haben, neben seinen technischen Arbeiten zugleich die sämmtlichen vom Kläger übernommenen kaufmännischen Arbeiten zu besorgen. Hieraus leitet nun Beklagter einen doppelten, compensando geltend gemachten Anspruch her. Principaliter fordert er für seine kaufmännischen Leistungen diejenige Remuneration, welche ein Commis nach den damals allgemein üblichen Sätzen für diese Leistungen hätte beanspruchen können. Eventuell liquidirt Beklagter den Schaden, welcher der Societät dadurch erwachsen sei, daß er der technischen Leitung der Fabrik diejenige Zeit, welche er auf die kaufmännischen Arbeiten habe verwenden müssen, habe entziehen müssen, daß deshalb eine beträchtlich geringere Quantität Eis fabrizirt worden sei, als hätte fabrizirt werden können, wenn Kläger seine kontraktlichen Pflichten erfüllt und in Folge dessen Beklagter seine ganze Zeit und Thätigkeit der Fabrikation hätte widmen können, und daß demnach ein vom Bekl. zu 195822 Piastern berechneter Gewinn der Societät entgangen sei.

Der prinzipale Anspruch des Bekl. auf eine Remuneration für die geleisteten kaufmännischen Arbeiten muß mit dem Appellrichter für unbegründet erachtet werden. Wenn Beklagter, um ein möglichst günstiges Resultat des Societätsgeschäfts zu erzielen, bzw. dessen Verfall zu verhüten, auch die kontraktlich vom Kläger zu leistenden kaufmännischen Geschäfte auf sich genommen hat: so liegen diese seine Leistungen doch immerhin innerhalb des Kreises der Societätsgeschäfte; für solche Geschäfte kann aber der socius nach Art. 93 Abs. 3 Handels-Gesetz-Buchs eine Vergütung nicht fordern, wie bereits in einer früheren Entscheidung dieses Gerichtshofes (Rspr. III S. 353) ausgeführt worden ist. Es hätte dem Bekl. freigestanden, wegen des kontraktwidrigen Verhaltens des Klägers einen Commis zu engagiren und von diesem die dem Kläger kontraktlich obliegenden Geschäfte besorgen zu lassen; das Salair eines solchen Commis hätte dann als ein durch das kontraktwidrige Verhalten des Klägers erwachsener Kosten-Aufwand, als Schadenersatz, dem Kläger zur Last gelegt werden können. Für sich kann Beklagter aber die Remuneration eines Commis nicht liquidiren.

Was dagegen den eventuellen Entschädigungs-Anspruch betrifft, so können die Gründe, aus welchen der Appellrichter denselben, obwohl er die Schadenersatzpflicht des Klägers anerkennt, doch als unsubstantiirt verworfen hat, nicht für zutreffend erachtet werden. Der Appellrichter führt nämlich im Wesentlichen aus, daß Beklagter nach seinen eigenen Behauptungen den liquidirten entgangenen Gewinn selbst durch Versäumniß seiner eigenen kontraktlichen Verpflichtungen verschuldet habe; dabei ist aber doch nicht genügend gewürdigt, daß Kläger es ist, welcher durch sein kontraktwidriges Verhalten den Bekl. genöthigt hat, einen Theil seiner Zeit den technischen Geschäften zu entziehen, um noch größeren Schaden zu verhüten. Wenn Beklagter den Ausführungen des Appellrichters gemäß gehandelt, also seine ganze Zeit ausschließlich der Eisfabrikation gewidmet, sich um den Verkauf gar nicht bekümmert hätte: so wäre, wie in der Revisionsschrift richtig bemerkt wird, mehr Eis produzirt, aber sämmtliches produzirte Eis in kürzester Frist wieder geschmolzen. Beklagter hat ohne Zweifel im richtig verstandenen Interesse der Societät gehandelt, wenn er zwar weniger Eis produzirt, aber doch das wirklich produzirte Eis auch verkauft hat. Beklagter hätte zwar, wie bereits oben angedeutet worden, möglicherweise einen Commis engagiren können, um durch diesen die Geschäfte besorgen zu lassen; allein er behauptet, daß ein solcher geeigneter Commis in Alexandrien nicht zu bekommen gewesen und daß er zur Remunerirung eines Commis nicht die nöthigen Geldmittel gehabt habe. Dem hat Kläger — dessen Sache es gewesen wäre, die Möglichkeit der Abwendung des fraglichen Schaden durch Annahme eines Commis im Wege der Replik zu substantiiren — überall nicht widersprochen. Wenn der Appellrichter ferner (ohne nähere Ausführung) den Kausalnexus zwischen der gerügten Minder-Fabrikation von Eis und dem kontraktwidrigen Verhalten des Klägers vermißt: so kann ihm auch hierin nicht beigestimmt werden; der fragliche Kausalnexus ist vielmehr vom Bekl. überzeugend dargelegt und auch in den in dieser Instanz vom Bekl. produzirten Gutachten bereits bestätigt. Wenn endlich der Appellrichter bemängelt, daß Beklagter nicht einmal angegeben habe, wie viel Eis in Wirklichkeit von der Fabrik täglich produzirt sei: so ist übersehen worden, daß Beklagter sowohl die wirkliche Gesammt-Einnahme als den Verkaufs-Preis jedes Kilo angiebt, und daß sich danach die fabrizirte Quantität leicht berechnen läßt. Ueberhaupt ist es die Aufgabe des Richters, bei einer so flagranten Vertrags-Verletzung, wie der vorliegenden, wo die Schadenersatz-Pflicht an sich außer allem Zweifel liegt, bezüglich des Beweises des Schaden-Quantums nicht größere Schwierigkeiten zu erheben, als durch die Sachlage durchaus geboten ist. Die Behauptungen des Bekl. gewähren eine völlig ausreichende Unterlage für ein Beweis-Verfahren, und die zu erhebenden Gutachten werden, wie nicht zu bezweifeln, dem erkennenden Gericht genügendes Material gewähren, um eine entsprechende Entschädigungssumme arbitriren zu können. Die in dieser Instanz überreichten Gutachten haben sich auch bereits in einem dem Entschädigungsanspruch des Bekl. durchaus günstigen Sinne ausgesprochen. Die Sache muß daher zum Beweis-Verfahren über diesen Kompensations-Anspruch in die II. Instanz zurückgewiesen werden. Obwohl die betreffenden Behauptungen des Bekl. bereits in I. Instanz vorgebracht sind, so kann die Sache doch nicht zur I. Instanz zurückgewiesen werden, da der I. Richter die sämmtlichen bezüglichen Behauptungen des Bekl. theils als in contumaciam zugestanden, theils als durch die Bücher festgestellt angenommen, daher den Kompensationsanspruch bereits für liquid erachtet und demgemäß auf Abweisung der Klage erkannt hat. In II. Instanz hat sich nun die Sachlage insofern geändert, als Kläger die betr. Behauptungen des Bekl. ausdrücklich bestritten und seine Kontumaz purgirt hat . . .

Die in III. Instanz produzirten neuen Beweise*) — namentlich der Antrag auf Edition des Verkaufsbuchs, sowie die schon erwähnten Gutachten — müssen nach § 12 AGO I. 15 bei der Beweisaufnahme zweifellos berücksichtigt werden, soweit sie erheblich sind. Die in dieser Instanz vorgebrachten neuen Einreden können

* § 10 AGO I. 15 giebt die Regel, daß der Revisionsrichter auf neue, in den beiden Vorinstanzen gar nicht vorgekommene Thatsachen oder Beweismittel keine Entscheidung gründen darf. Als Ausnahme gilt nach § 11 Nr. 1 und § 12 a. a. O. der Fall, wenn über eine bereits vorgekommene, aber unerörtert gebliebene und vom Revisionsrichter erheblich gefundene Thatsache neue Beweismomente angebracht werden; vgl. C. F. Koch preuß. Civilprozeß § 355.

aber nach § 10 AGO I. 15 nicht berücksichtigt werden und bleiben daher unerörtert.

Nr. 43.

II. Senat. — Erkenntniß v. 13. Januar 72. (Ref.)

Wittwe Rückert ./. Moritz Linz, jetzt dessen Konkursmasse (Nr. 667 v. 71).

Preußen (Nassau). **Beiderseitige Revision.**

I. Instanz: Kreisgericht Wiesbaden,
II. Instanz: Appellationsgericht daselbst.

Rechtsmittel der Revision. Zurückweisung der Sache in eine Vorinstanz. — Schuldtilgung durch Wechsel. Wechselverjährung.

1. Nach der preuß. Verordnung v. 24. Juni 67 zieht das von einer Partei ergriffene Rechtsmittel der Revision die dem Gegner zuständige Nichtigkeitsbeschwerde nach sich. In solchem Falle braucht auch das Rechtsmittel des Gegners nur nach den für die Revision geltenden Bestimmungen eingeführt und gerechtfertigt zu werden.

Preuß. Verordnung v. 24. Juni 67 § 59, 62, 63, 79.

2. Im Geltungsbereich der preuß. Verordnung v. 24. Juni 67 unterliegt es dem Ermessen des höchsten Gerichtshofes, in welche Instanz die Sache behufs noch nothwendig befundener Ermittelungen ꝛc. zurückzuweisen ist.

Verordnung v. 24. Juni 67 § 60 Abs. 2, 66 Abs. 2. (Anders in Altpreußen nach § 8 AGO I. 15 und § 17 Abs. 1 der Verordnung v. 14. Dez. 33; vgl. übrigens vorher S. 233).

3. Eine Darlehnsschuld wird durch Hingeben von Wechseln nicht ohne Weiteres getilgt oder umgeschaffen (novirt).

Rspr. III S. 75 ff.

4. Die Verjährung der (direkten) Wechselklage beginnt mit Ablauf des im Wechsel bestimmten Verfalltages. Die

Bewilligung einer Zahlungsfrist schiebt den Anfangspunkt der Verjährung nicht hinaus.

DWO Art. **4** Nr. 4, **77, 100**; Rspr. III S. 305 n., IV S. 235.

Ebenso: Hartmann DWR S. 373 Nr. 7, S. 452.

5. **Für die Regreßklage des Wechselinhabers beginnt die (regelmäßig nur dreimonatige) Verjährungsfrist, falls die Protesterhebung erlassen worden ist, mit Ablauf der gesetzlichen Protestfrist.**

DWO Art. **41, 42, 50, 78, 98** Nr. 10.

Borchardt ADWO Zusatz 573 S. 358.

6. **Gemeinrechtlich ist es unstatthaft, auf die Einrede der Wechselverjährung im Voraus zu verzichten.**

Vgl. Borchardt ADWO Zusatz 575 S. 359 nebst n. 416. (Anders nach ALR, Rspr. I S. 308).

Neuendorf gab 1861 in Wiesbaden dem Bekl. Linz und einem (inzwischen zahlungsunfähig gewordenen) Prokurator Borgmann ein Darlehn von 7000 Gulden und empfing dabei verschiedene, von Linz ausgestellte Wechsel, deren Verfalltage sich auf die Jahre 1861 bis 70 vertheilen, da die Erstattung der geborgten Summe nach und nach in Raten erfolgten sollte. Zugleich verpflichteten die Darlehnsnehmer sich unterm 20. Febr. 61 schriftlich zu sofortiger Zahlung des ganzen dargeliehenen Betrages, falls einer der Wechsel nicht prompt zur Verfallzeit bezahlt werden würde. Neuendorf indossirte die Wechsel auf Rückert, welchem überdies alle Ansprüche aus dem Darlehn sowie aus den Wechseln förmlich cedirt wurden.

Die Wechsel sind theils getilgt, theils ausgeklagt, theils prolongirt worden, und am 17. Aug. 66 hat bezüglich der ganzen Restschuld ein Vergleich stattgefunden. Jetzt klagt — theils auf Grund der Wechsel, theils aus dem Darlehn — die Wittwe Rückert, als statutarische Leibzüchterin des Nachlasses ihres Ehemannes. In der Revisionsinstanz giebt das OHG folgende

Entscheidung:

I. Klägerin hat in II. Instanz ein günstigeres Erkenntniß, als in I. Instanz, erstritten; an sich steht ihr daher nach § 59 Nr. 2 der Verordnung v. 24. Juni 67 nicht die Revision, sondern nach § 62 daselbst nur die NktBschw. zu*). Da indeß Beklagter die ihm wegen Difformität der Urtel I. und II. Instanz zustehende Revision eingelegt hat, so zieht diese Revision die klägerische NktBschw. nach § 79 a. a. O. nach sich. Die Bestimmung des § 79 ist auch nicht so restriktiv aufzufassen, daß die NktBschw. nur in den Grenzen, in welchen sie eingeführt und durch Aufstellung von, dem § 63 entsprechenden Nichtigkeits-Angriffen gerechtfertigt worden, wie eine Revision zu behandeln wäre; es bedarf vielmehr, wenn die Voraussetzungen des § 79, wie hier unzweifelhaft der Fall ist, vorliegen, überall der Aufstellung von Nichtigkeitsgründen (§ 63), die nur eine leere und zwecklose Formalität sein würde, nicht; Klägerin durfte sich vielmehr einfach darauf beschränken, die Beschwerde nach den für die Revision geltenden Bestimmungen zu begründen. Beklagter rügt auch mit Unrecht, daß Klägerin die Revision nicht, wie geschehen, bedingt habe einlegen können; die Intention der Klägerin geht dahin, daß sie, falls auf die Revision des Bekl. ein konfirmatorisches Urtel ergeht, ihre Revision nicht weiter verfolgen, falls dagegen auf die Revision des Bekl. zu ihrem Nachtheil reformirt werden möchte, ihre Beschwerden aufrecht erhalten will; es ist völlig unerfindlich, was dieser Limitation der Beschwerden der Klägerin entgegen stehen sollte.

II. Es kann dem Appellrichter darin nur beigestimmt

* Vgl. oben Fall 12 S. 63; auch Rspr. II S 232.

werden, daß die Darlehnsklage an sich begründet ist. Beklagter hat zwar die produzirte Urkunde v. 20. Febr. 61 nicht anerkannt, sich dann aber selbst auf dieselbe berufen. Der Appellrichter durfte bei dieser Sachlage die Echtheit der Urkunde als zugestanden annehmen; Beklagter hat dieselbe in dieser Instanz auch speziell nicht mehr angefochten. Diese Urkunde und deren Inhalt ist auch in dem anerkannten Vergleich v. 17. Aug. 65 wiederholt v. Bekl. anerkannt. Es steht daher fest, daß Beklagter und der Prokurator Borgmann von Neuendorf ein verzinsliches Darlehn von 7000 Gulden unter solidarischer Haftbarkeit erhalten haben, und der eigentliche Streitpunkt ist nur, ob diese Darlehnsschuld dadurch alsbald getilgt worden ist, daß Bekagter dem Neuendorf eine große Anzahl von Tratten, welche er an die Ordre von Neuendorf auf Borgmann gezogen und welche Borgmann acceptirt hatte, zum Gesammtbetrage von 7000 Gulden am 20. Febr. 61 gegeben hat. An sich liegt nun zweifellos in der bloßen Hingabe der fraglichen Wechsel keine Tilgung der Darlehnsschuld; sie hatten nur den Zweck, dem Neuendorf eine größere Sicherheit dafür zu geben, daß er in den für die allmälige Rückzahlung des Darlehns bestimmten Terminen mit Abschneidung prozessualer Weitläufigkeiten im schleunigen Wechselverfahren zu seiner Befriedigung gelange. Eine Tilgung der Darlehnsschuld würde nur anzunehmen sein, wenn eine Novation oder eine Hingabe an Zahlungsstatt erweislich von den Paciscenten intendirt wäre. Das läßt sich aber aus dem Ausdruck der Urkunde v. 20. Febr. 61 „zur Tilgung der Darlehnssumme seien Wechsel ausgestellt 2c." um so weniger entnehmen, da die Annahme einer Tilgung der Darlehnsschuld unvereinbar ist mit der ferneren Bestimmung derselben Urkunde, daß wenn die Wechsel nicht pünktlich honorirt würden, auf Antrag des Darleihers die ganze noch nicht bezahlte

Summe auf einmal bezahlt werden solle. Beklagter will zwar dieser Bestimmung die Auslegung geben, daß im angegebenen Falle nicht der ganze Rest der Darlehnsschuld, sondern der Rest der Wechselschuld auf einmal gezahlt werden sollte. Diese Annahme wird aber dadurch ausgeschlossen, daß die einzelnen Wechsel verschiedene, bis in das Jahr 70 reichende Verfalltage hatten, und daß nicht davon die Rede sein konnte, bei Nicht-Honorirung der zunächst fällig gewordenen Wechsel die erst später fällig werdenden Wechselbeträge sofort als Wechselschuld geltend zu machen; diese Beträge konnten vielmehr nur als Darlehnsschuld gefordert werden. Daß dies die Intention war, ergiebt sich auch klar aus der Vergleichs-Urkunde v. 17. Aug. 66, in welcher der Inhalt der Urkunde v. 20. Febr. 61 in diesem Sinne interpretirt und anerkannt wird. Allerdings entsprach es der Intention der Paciscenten, daß Klägerin, wie auch in der vorliegenden Klage geschehen ist, zunächst aus den Wechseln ihre Befriedigung suchte; wenn aber Beklagter die Befriedigung der Klägerin auf diesem Wege dadurch vereitelte, daß er die, von den Richtern der vorigen Instanzen für begründet erachtete, Einrede der Verjährung vorschützte: so kann er, ohne dem Vorwurf des dolus zu verfallen, sich dem Anspruch auf Rückzahlung des Darlehns nicht widersetzen. Die Behauptung des Bekl., daß die Verjährung der Wechsel der Bezahlung derselben gleichzuachten sei, bedarf keiner Widerlegung.

III. Der Appellrichter hat die Einreden des Verzichts und der Kompensation verworfen, weil dieselben durch die, ein constitutum enthaltende, Urkunde v. 17. Aug. 66 ausgeschlossen würden.

Bezüglich des Verzichts tritt das OHG dem Appellrichter bei, daß ein solcher nicht anzunehmen sei.

Dagegen ist die Kompensationseinrede, gegründet auf Wechselansprüche gegen Neuendorf aus dem Jahre 63, für thatsächlich genügend substantiirt zu erachten. Diese Ansprüche konnte Beklagter — selbst wenn die Klage-Ansprüche, wie Klägerin behauptet, schon im Jahre 62 oder in der ersten Hälfte des Jahres 63 dem Rückert [Ehemann der Klägerin] cedirt sein sollten — auch dem Cessionar Rückert gegenüber geltend machen, da nicht behauptet ist, daß Rückert überhaupt, und namentlich vor Entstehung der fragl. Kompensationsansprüche, die Cession dem Bekl. denunzirt habe.

Hienach mußte Beweisaufnahme über die Kompensations-Einrede angeordnet und zu dem Ende die Sache an das Appellgericht zurückgewiesen werden.

Zwar ist die Kompensations-Einrede schon in der ersten Instanz vorgebracht, und nach § 8 AGO I. 15, sowie nach § 17 Abs. 1 der über das Nichtigkeitsverfahren in den altpreuß. Provinzen erlassenen Verordnung v. 14. Dez. 33 soll der höchste Gerichtshof die Sache behufs angeordneter neuer Ermittelungen an diejenige Instanz zurückweisen, in welcher die betr. Thatsache zuerst vorgebracht ist. Diese Bestimmung wurde auch unverändert in den Entwurf der Prozeß-Ordnung für die gemeinrechtlichen Bezirke Greifswald und Ehrenbreitenstein § 61 Abs. 2 und § 69 Abs. 2 (Justiz-Ministerialblatt von 1849 S. 79, 80) übernommen, ist aber in die demnächst am 21. Juli 49 emanirte Prozeßverordnung nicht aufgenommen, vielmehr durch die Bestimmung ersetzt worden, daß die Zurückweisung in die betreffende Instanz erfolgen solle. In dieser Gestalt ist die Bestimmung auch in die für die neuen preuß. Provinzen am 24. Juni 67 erlassene Prozeßverordnung übergegangen. Wie diese neuen Prozeßverordnungen dem Revisions- und insbesondere dem Nichtigkeits-Richter überhaupt ein freieres Ermessen, im Vergleich mit den altpreuß. Prozeßverordnungen, einräumten: so ist dem Ermessen desselben auch die Bestimmung der betreffenden Instanz überlassen worden.

Bei Ausübung dieses Ermessens kann aber der Umstand, in welcher Instanz das Faktum, worüber eine neue Ermittelung erfolgen soll, zuerst vorgebracht worden, überall nicht maaßgebend sein; vielmehr ergiebt sich als Regel aus der Natur der Sache, daß der Appellrichter statt des Urtels, welches in höchster Instanz als unrichtig oder nichtig aufgehoben wird, ein anderweites Urtel abzufassen hat, und daß eine Zurückweisung in die I. Instanz nur dann indizirt ist, wenn nach Lage der Sache auch der Appellrichter zu einer Remission an die I. Instanz berechtigt gewesen wäre, namentlich also wenn der I. Richter nur über einen Präjudizial-Punkt erkannt hat. Ein solcher Ausnahmefall liegt hier nicht vor. Daß der I. Richter über die Kompensations-Einrede noch keinen Beweis erhoben und nicht erkannt hat, hindert den Appellrichter nicht, diese Beweisaufnahme selbst zu veranlassen und dann über die Einrede zu entscheiden.

IV. Da hienach auf die Revision des Bekl. eine theilweise reformatoria erfolgt, so ist die Bedingung eingetreten, unter welcher Klägerin ihre Revision verfolgen zu wollen erklärt hat.

Es fragt sich daher, ob die Klage aus den Wechseln begründet ist. Hier ist, mit beiden Vorrichtern, der Einwand der Verjährung für durchgreifend zu erachten, jedoch mit Ausnahme der bereits ausgeklagten und rechtskräftig festgestellten Wechselansprüche, da diese Judikat-Forderung der kurzen Wechselverjährung nicht unterliegt [vgl. Rspr. III S. 284 ff.].

1. Die im Art. 100 DWO bestimmte dreijährige Verjährungsfrist war, von den in drei Eigen-Wechseln des Bekl. bestimmten Verfalltagen, deren letzter auf den 19. Juni 66 fiel, angerechnet, bei Zustellung der Klage (28. Juni 69) zweifellos abgelaufen.

Es fragt sich nur, ob der Anfangspunkt der Verjährung durch den Vertrag v. 17. Aug. 66 eine Aenderung erlitten hat. In diesem Vertrage hat Beklagter dem Rückert 1558 Gulden in 2 Terminen, von denen der erste am 1. Aug. 67 fällig wurde, zu zahlen versprochen, Rückert auf seine Mehrforderung verzichtet; für den Fall der Nichteinhaltung auch nur eines der Termine sollte aber der Verzicht aufgehoben sein und Rückert seine ursprünglichen Wechselansprüche wieder geltend machen dürfen.

Klägerin meint nun, daß da sie nach diesem Vertrage vor dem 1. Aug. 67 aus den fragl. Wechseln nicht habe klagen können, die dreijährige Verjährung auch erst vom 1. Aug. 67 an laufe (agere non valenti non currit praescriptio). Allein diese Argumentation ist hinfällig, weil durch jene Bestimmung des Vertrages v. 17. Aug. 66 dem Bekl. nur eine Zahlungsfrist gewährt, der Verfalltag des Wechsels, welchen Art. 100 DWO als Anfangspunkt der dreijährigen Verjährung bezeichnet, aber nicht geändert worden ist.

Eine Unterbrechung der Verjährung durch die in jenem Vertrage enthaltenen Anerkenntnisse konnte aber nach Art. 80 DWO nicht erfolgen.

2. Weitere Wechselforderungen sind Regreß-Ansprüche der Klägerin als Blanko-Indossatarin (Inhaberin) gegen den Bekl. als Trassanten aus Wechseln, welche Beklagter auf den Prokurator Borgmann als Trassaten und Acceptanten an die Ordre von Neuendorf als Remittenten und Blanko-Indossanten gezogen hat.

Hier ist unbestritten, daß seit dem Tage, an welchem Protest zu erheben gewesen wäre, bis zum Tage der Klagebehändigung die dreimonatige Verjährungsfrist (Art. 78 DWO) abgelaufen ist. Klägerin replizirt aber,

a) daß die Verjährung nach Art. 78 DWO mit dem Tage des erhobenen Protests zu laufen beginne, also, da in vorliegendem Falle ein Protest nicht erhoben worden, überall nicht zu laufen angefangen habe.

Die Protesterhebung ist deshalb unterblieben, weil in § 3 des Vertrages v. 17. Aug. 66 vereinbart ist, daß die hier fragl. Wechsel dem (zahlungsunfähigen) Trassaten und Acceptanten Borgmann nicht präsentirt und nicht protestirt werden sollten, daß Beklagter vielmehr sich verpflichte, die Wechselbeträge mit Zinsen an Rückert zu zahlen, und auf die Einrede, daß die Wechsel dem Borgmann nicht zeitig präsentirt und protestirt seien, verzichte. Es kann den Vorderrichtern darin nur beigepflichtet werden, daß die dreimonatige Verjährung von dem Tage an läuft, wo der Protest, wenn er nicht erlassen worden wäre, hätte erhoben werden müssen.

Die Ausführung, daß, wenn der Protest erlassen sei, die dreimonatige Verjährung gar nicht eintrete, bedarf einer ernstlichen Widerlegung nicht.

b) Im § 3 des Vertrages v. 17. Aug. 66 hat Beklagter für den (eingetretenen) Fall, daß er die im § 1 stipulirten Zahlungstermine nicht einhalte, die fragl. Wechselbeträge zu zahlen versprochen und dabei ausdrücklich auf die Einrede, daß „gegen ihn nicht zeitig die Wechsel-Regreßklage erhoben worden", verzichtet. Hierin liegt zweifellos ein vertragsmäßiger Verzicht auf die dreimonatige Verjährung der Regreßklage.

Dieser Verzicht muß aber für rechtsungiltig erachtet werden. Zwar steht Art. 80 DWO, welcher nur von der Unterbrechung der Wechselverjährung handelt, der Zulassung eines vertragsmäßigen Verzichts auf die Verjährungseinrede nicht entgegen (vgl. Rspr. I S. 308 ff.). Allein nach dem hier maaßgebenden gemeinen Recht kann ein solcher Verzicht nicht für zulässig erachtet werden. Zwar fehlt es nicht an einzelnen Stimmen, welche sich dafür ausgesprochen haben, daß nach gemeinem Recht ein solcher Verzicht als rechtsgiltig anzuerkennen sei (z. B. Unterholzner Verjährungslehre I S. 102; Urtel des OApp.Ger. Darmstadt, Seuffert's Archiv XV Nr. 157). Es ist auch anzuerkennen, daß eine ausdrückliche Bestimmung, welche solchen Verzicht ausschlösse, nicht existirt. Allein in der Doktrin ist die Annahme, daß ein Verzicht auf die Verjährung ungiltig sei, dergestalt überwiegend, daß dieselbe als communis opinio anzuerkennen ist. Da die Gründe dieser Annahme, daß nämlich das Institut der Verjährung aus Rücksichten des öffentlichen Wohls eingeführt sei und deshalb durch Privatverträge nicht geändert werden dürfe, in der That durchaus zutreffend sind: hat man kein Bedenken getragen, derselben auch in der Rechtsprechung zu folgen (vgl. v. Savigny System B. V S. 411 ff.; Windscheid Pandekten B. I § 106 am Ende; Sintenis Civilrecht B. I S. 297, § 31, IV; Puchta Pandekten § 89 n. d; v. Holzschuher Theorie und Kasuistik B. I S. 196, Fr. 50). Auch in mehreren der bedeutendsten neuen Gesetzgebungen (z. B. im österreichischen GB, Code civil, kgl. sächs. bürgerl. GB, dem hessischen Verjährungsgesetz) ist es für unzulässig erklärt, im Voraus auf die Verjährung zu verzichten. Das preuß. ALR endlich hat (Th. I Tit. 9 § 566, 567) den Verzicht zwar nicht gänzlich ausgeschlossen, aber doch an so erschwerende Formen geknüpft, daß dadurch die praktische Bedeutung des Verzichts auf Ausnahmefälle reduzirt ist.

Hienach bedarf es weiterer Erörterung bezüglich der Wechselansprüche nicht.

Nr. 44.

II. Senat. — Erkenntniß v. 13. Januar 72. (Z.)

Zapp & Co. ./. M. Seeger (Nr. 2 v. 72).

Preußen. **Wechselsache.** **Revision.**

I. Instanz: Kreisgericht Frankfurt a. O.,
II. Instanz: Appellationsgericht daselbst.

Wechsel. Zahlungsort.

Der Inhaber eines Blanco-Accepts darf bei dessen Ausfüllung den Zahlungsort nach der übereinstimmend kundgegebenen — obschon nicht ausdrücklich erklärten — Willensmeinung der Betheiligten bezeichnen.

DWO Art. 4 Nr. 8, 22, 23, 24, 81.

Der Klagewechsel ist vom Beklagten in blanco acceptirt worden und hat jetzt die Adresse: Herrn Moritz Seeger in Schwiebus, zahlbar in Frankfurt a/O. Auf Zahlung eines Restbetrags der Wechselsumme belangt, erhebt Beklagter u. a. den Einwand der Inkompetenz des Kreisgerichts Frankfurt, weil er (in Plagwitz bei Leipzig wohnend und Nicht-Preuße) persönlich dort nicht Recht zu nehmen habe, und der Vermerk „zahlbar in Frankfurt a/O." ohne sein Wissen und Willen nach der Acceptation auf den Wechsel gesetzt worden sei. Das genannte Gericht erklärte sich demgemäß für inkompetent und wies den Kläger „hierorts" ab. Der Appellrichter verwarf dagegen den gedachten Einwand. — Das OHG erkennt als Revisionsrichter bestätigend.

Gründe:

In Uebereinstimmung mit der Ausführung im Erk. des OHG v. 27. Juni 71 [Rspr. III S. 123] hat der Appellrichter angenommen, daß ein nach Acceptirung einer Tratte ohne Wissen und Willen des Acceptanten auf dieselbe gesetzter Domizil-Vermerk ungiltig ist. Er hat indeß in vorliegendem Falle aus den besonderen, obwaltenden Umständen die übereinstimmende Absicht der Parteien entnommen, daß das Blanko-Accept durch Zahlung der Wechsel-Valuta in Frankfurt a/O. eingelöst werden sollte, und daß daher Klägerin auch berechtigt gewesen, bei der Ausfüllung des Blanko-Accepts Frankfurt a/O. als Zahlungs-Ort zu bezeichnen. Dem ist beizutreten.

Es kann unerörtert bleiben, inwiefern beim Vorhandensein eines mit dem Domizil-Vermerk versehenen, im Uebrigen anerkannten Wechsels der Einwand der Inkompetenz, als ein von der Hauptsache trennbarer, nach § 5 der [preuß.] Verordnung v. 21. Juli 46 überhaupt zuzulassen wäre. Denn es kann ein Zweifel darüber nicht wohl obwalten, daß in der That von beiden Theilen übereinstimmend Frankfurt a/O., der Wohnsitz der Klägerin, als Zahlungs-Ort angesehen ist. Beklagter hat, nach seiner eigenen Darstellung in der Klagebeantwortung, von der Klägerin ein Darlehn von 6000 Thlrn. nachgesucht, und gegen Verpfändung einer Hypothek im Schwiebus-Züllichauer Kreise einen Kredit auf jene Höhe eröffnet erhalten; er hat dann der Klägerin das eingeklagte Blanko-Accept ausgestellt, damit sich dieselbe wegen ihrer Ansprüche zu geeigneter Zeit bezahlt mache; er hat ferner . . . auf seine ursprüngliche Darlehnsschuld von 6000 Thlrn. an Klägerin verschiedene Abzahlungen geleistet; er hat sodann gegenüber dem wiederholten Verlangen der Klägerin wegen Zahlung des Restes seiner Schuld dort und der Androhung, sich durch Ausfüllung des Blanko-Accepts bezahlt zu machen, nur um Frist gebeten. Er hat damit ganz unzweideutig Frankfurt a/O. als den Zahlungsort auch für diesen Rest anerkannt und kann nun nicht einwenden, daß die mit Rücksicht hierauf erfolgte, ihm angekündigte und im Uebrigen der ursprünglichen Verabredung vollkommen entsprechende Ausfüllung des Blanko-Accepts hinsichtlich des Domizil-

Vermerks ohne sein Wissen und seinen Willen geschehen wäre. Der darauf allein gegründete Einwand der Inkompetenz des Gerichts zu Frankfurt a/O. als des Zahlungs-Ortes ist daher vom Appellrichter mit Recht verworfen.

Nr. 45.

I. Senat. — Erkenntniß v. 16. Januar 72. (B.)

Röchling & Rentrop ./. W. Geßner (Nr. 647 v. 71).

Preußen. **Revision.**

I. Instanz: Gerichts-Deputation Unna,
II. Instanz: Appellationsgericht Hamm.

Handelskauf, Mittheilung einer Durchschnittsprobe. Beweislast des Verkäufers.

1. Welche Bedeutung hat beim Verkauf von Getreide die Mittheilung einer Durchschnittsprobe der Waare von Seiten des Verkäufers?

HGB Art. 279, 340; vgl. Rspr. III S. 135 ff.

2. Der Verkäufer, welcher auf Preiszahlung klagt, hat zu beweisen, daß er Handelsgut mittlerer Art und Güte geliefert habe.

HGB Art. 335; § 271 ALR I. 5.
Vgl. Rspr. II S. 90.

Entscheidung des OHG:

I. Die erste der richterlichen Prüfung sich darbietende Frage ist, ob besondere Verabredungen bezüglich der Qualität des zu liefernden Roggens getroffen waren, und welche.

Klägerin will nur verpflichtet gewesen sein, Handelsgut mittlerer Art und Güte zu liefern (Art. 335 HGB); während Beklagter behauptet, es sei nach Probe verkauft worden. Letztere Behauptung gründet sich einzig und allein auf die Thatsache, daß Klägerin mit Brief v. 7. April 71 eine Durchschnittsprobe des zu liefernden Roggens übersendete. Klägerin gab diese Probe, ohne daß Beklagter solche verlangt hätte, ganz aus freiem Antrieb, indem sie ohne weitere erläuternde Bemerkung einfach erklärte: „Durchschnittsprobe folgt anbei."

Bei dieser Sachlage läßt sich nicht annehmen, daß Klägerin sich mit der Sendung habe eine Verpflichtung auferlegen und ohne allen Grund den Vertrag dahin abändern wollen, daß „nach Probe" verkauft sei und sie nunmehr den Nachweis der Probemäßigkeit der Lieferung zu führen habe; vielmehr ist das Uebersenden der Durchschnittsprobe nur so aufzufassen, daß Klägerin den Bekl. vorläufig in Kenntniß setzen wollte, wie der Roggen im Durchschnitt beschaffen sein werde, den sie ihm als ungarischen Roggen mittlerer Art und Güte zu liefern habe.

Zu einem Kauf nach Probe (im strengen Sinne des Worts) war um so weniger Anlaß geboten, als Klägerin, wie sie dem Bekl. brieflich mittheilte, den Roggen an verschiedenen Orten und bei verschiedenen Personen zusammenkaufen mußte und sich also nicht wohl verpflichten konnte, einen genau der Probe entsprechenden Roggen zu liefern.

Uebrigens deutet schon der Ausdruck: „Durchschnittsprobe" genügend an, daß nicht gemeint war, es solle der Roggen in allen Theilen der Probe gleich sein.

Will man daher der Uebersendung der fragl. Probe überhaupt eine rechtliche Bedeutung einräumen, so kann diese höchstens darin bestehen, daß für die Frage, was man unter ungarischem Roggen von mittlerer Art und Güte zu verstehen habe, die Probe als Beweismoment in Betracht kommt und vom Bekl. als solches benutzt werden darf. Das Ergebniß der Beweisführung ist aber . . der Art, daß jeder bezügliche, auf die Probe sich stützende Einwand als beseitigt erscheinen muß.

II. Eine weitere Frage ist,

ob und wieweit Klägerin den ihr nach dem Gesetz (ALR I. 5 § 271; HGB Art. 335) obliegenden Beweis, Handelsgut mittlerer Art und Güte angeboten zu haben, geführt hat...

[Das OHG hat diese Frage aus rein thatsächlichen Gründen, mit dem Appellrichter, bejaht; nach dem Gutachten Sachverständiger war theilweise sogar vorzüglicher Roggen geliefert worden].

Nr. 46.

II. Senat. — Erkenntniß v. 20. Januar 72. (B.)

Wallmann ·. Luthy & Co. (Nr. 612 v. 71)

Preußen (Frankfurt). **Oberappellation.**

I. Instanz: Stadtgericht Frankfurt a./M.,
II. Instanz: Appellationsgericht daselbst.

Abrechnung und deren Anfechtung.

Das Ergebniß einer geschäftliche Beziehungen abschließenden und beiderseits anerkannten Rechnung kann durch die Behauptung, daß die stattgehabte Abrechnung auf unrichtigen Annahmen beruhe, nicht angefochten werden.

HGB Art. 294, vgl. Rspr. II S. 19, IV S. 247.

Die Parteien haben über ein Gesellschaftsverhältniß, welches unter ihnen bestanden hatte, Abrechnung gehalten. Die betreffende — vom Bekl. aufgemachte und dem Gegner übergebene — Rechnung ist am 31. Mai 66 von beiden Theilen anerkannt und durch Unterschrift genehmigt worden, wobei Beklagter vor seinem Namenszuge den Vermerk: „Irrthum vorbehalten" unter die Urkunde gesetzt hat. Jetzt macht Klägerin das für sie damals festgestellte Guthaben geltend, und Bekl. bestreitet dessen Richtigkeit.

Entscheidung des OHG:

Es steht unter den Parteien fest, daß das früher bestandene Sozietätsverhältniß mit dem 31. Mai 66 aufgehört und daß an diesem Tage eine Abrechnung stattgefunden hat. In derselben ist der der Klägerin zu Gute kommende Saldo auf 5244 Gulden festgestellt worden. Das Ergebniß dieser Berechnung, wofür klägerischer Seits auf eine Urkunde ... Bezug genommen wird, vermag Beklagter an sich nicht zu bestreiten.

Wenn Beklagter jetzt dennoch das Guthaben der Klägerin aus dieser Berechnung auf 4206 Gulden reduziren will, so geschieht dies nur, weil er sich berechtigt glaubt, von obiger Gesammtsumme den darin begriffenen Posten „Gewinnantheil: 1038 Gulden" in Abzug zu bringen, indem er die Behauptung aufstellt, daß das gemeinschaftlich geführte Geschäft einen Gewinn nicht abgeworfen habe. Es ist also an sich ein richtiger Ausgangspunkt der Beurtheilung, wenn man annimmt, daß Klägerin mit einem Guthaben v. 5244 Gulden aus dem mit dem 31. Mai 66 aufgelösten Sozietätsverhältniß geschieden ist, und sich dann fragt, mit welchem Recht Beklagter hierauf zunächst die erwähnten 1038 Gulden und dann weitere Gegenforderungsposten ... in Anrechnung zu bringen vermag.

Hier kommt nun zunächst in Betracht, daß wenn Beklagter (geständlich) mit der Klägerin abgerechnet und das Resultat der Abrechnung anerkannt hat, er diesem Anerkenntniß gegenüber nicht mit der einfachen Behauptung, daß die Abrechnung, als auf falschen Annahmen beruhend, unrichtig sei, auftreten kann. Dies gilt in gleichem Maaße vom Geschäftsgewinn wie von den angeblichen Ausgaben und Entschädigungsansprüchen des Bekl. Ueber alles dies erstreckte sich die Berechnung. Es muß daher auch im Resultat derselben enthalten sein, so lange Beklagter nicht einen untergelaufenen Irrthum oder Betrug behauptet [HGB Art. 294].

So steht also das Anerkenntniß des Bekl. an sich dem Versuch entgegen, aus dem mit der Berechnung v. 31. Mai 66 abgeschlossenen Sozietätsverhältniß nachträglich noch Ansprüche, die mit dem Resultat der Berechnung in Widerspruch stehen, geltend zu machen.

Nr. 47.

II. Senat. — Erkenntniß v. 20. Januar 72. (V.)

C. Domnowski . Konkursmasse der Handlung Möller & Schmidt (Nr. 678 v. 71.)

Preußen. **Nichtigkeitsbeschwerde.**

I. Instanz: Kommerz- und Admiralitäts-Kollegium Danzig,
II. Instanz: Appellationsgericht Marienwerder.

Zahlungseinstellung nach preuß. Konkursrecht.

Der Begriff der Zahlungseinstellung im Sinne der preuß. Konkurs-Ordnung v. 8. Mai 55 ist nicht dem kaufmännischen Sprachgebrauch entnommen, sondern vom Gesetz selbst neu geschaffen, mithin ein wesentlich rechtlicher.

Preuß. Konkurs-Ordnung v. 8. Mai 55 § 113 Abs. 2.
Ebenso: Erk. des II. Sen. v. 11. Mai 72 (Nachtrag S. 253).
Vgl. Rspr. I S. 294.

Entscheidung des OHG:

Die preuß. Konkurs-Ordnung v. 8. Mai 55 verordnet § 113 Abs. 2:

> Die Zahlungseinstellung ist vorhanden, wenn der Gemeinschuldner seine Zahlungsunfähigkeit selbst erklärt oder wegen Zahlungsunfähigkeit sein Geschäft schließt, oder wenn andere Umstände vorliegen, aus welchen erhellt, daß der Gemeinschuldner im Zustand der Zahlungsunfähigkeit sich befindet.

Hienach ist der Begriff „Zahlungseinstellung" (im Sinne der Konkursordnung) nicht dem kaufmännischen Sprachgebrauch entnommen, sondern vom Gesetz selbst neu geschaffen. Es setzt die Zahlungseinstellung Zahlungsunfähigkeit — das heißt: die Unfähigkeit des Gemeinschuldners, seine rechtlichen Zahlungsverpflichtungen zu erfüllen — voraus, und diese soll, wenn sie nicht vom Gemeinschuldner selbst erklärt worden ist, aus den Umständen geschlossen werden, von welchen letzteren das Gesetz nur einen, die Schließung des Geschäfts, speziell bezeichnet.

Demgemäß ist die Zahlungseinstellung kein sinnlich wahrnehmbares Faktum, sondern kann nur aus Handlungen oder Unterlassungen des Gemeinschuldners, bzw. aus seiner Geschäftslage gefolgert werden. Vom Gesetz festgestellt ist diese Folgerung lediglich für den Fall der eigenen Zahlungsunfähigkeits-Erklärung des Gemeinschuldners. In allen anderen Fällen kann nur mittelst konkreter Konklusionen beurtheilt werden: ob die Zahlungseinstellung für erfolgt anzunehmen. Aus obiger Gesetzesbestimmung in Verbindung mit den rechtlichen Wirkungen der Zahlungseinstellung (§ 99 ff. der Konkursordnung) ergiebt sich zugleich, daß die Zahlungseinstellung ihrer Natur nach als ein Rechtsakt bzw. ein Moment eines Rechtszustandes aufgefaßt, ihr Begriff also als wesentlich rechtlicher charakterisirt werden muß.

Mit vorstehenden Erwägungen und deren Resultaten aber hat der Appellrichter sich in Widerspruch gesetzt.

Im Konkurs der Handlung M. & S. ist durch Gerichts-Beschluß v. 10. März 70 der 10. Dez. 69 als Tag der Zahlungseinstellung bestimmt worden. Danach setzt der Appellrichter fest, daß der Kauf derjenigen Waaren, deren Preis den Gegenstand der Wiederklage bildet, erst nach der Zahlungseinstellung der Verkäuferin (der genannten Handlung) stattgefunden hat, und nimmt auf Grund der §§ 99, 100 der Konkurs-Ordnung mit Recht an, daß Wiederbeklagter den Preis der Waaren auf seine Forderung an die Gemeinschuldnerin nicht kompensiren kann, wenn er zur Zeit des Kaufs von jener Zahlungseinstellung Kenntniß hatte. Deshalb hat der Appellrichter den zum Beweise dessen zugeschobenen und vom Wiederbekl. — jedoch unter Protest gegen die Zulässigkeit — acceptirten Eid zum Erkenntniß gestellt und zwar in folgender Norm:

„Ich (Wiederbeklagter) schwöre 2c., daß ich zur Zeit des Kaufs der . . . Waaren von der Zahlungseinstellung der Handlung M. & S. nicht Kenntniß gehabt habe."

Dabei ist der Appellrichter nicht etwa von der Ansicht, daß der Begriff „Zahlungseinstellung" ein überhaupt oder doch in der Handelswelt allgemein verständlicher Rechtsbegriff sei — welche Ansicht übrigens für richtig nicht anzuerkennen wäre —, auch nicht von der Annahme ausgegangen, daß, indem die Gemeinschuldnerin selbst ihre Zahlungsunfähigkeit erklärt habe, es sich nur um die Wissenschaft des Wiederbekl. von diesem Akte handle; vielmehr wird von ihm auf die Behauptung des Wiederbekl., daß der bezügliche Eidesantrag wegen ungenügender thatsächlicher Substantiirung und weil ein Eid nur über Thatsachen deferirt werden könne, unzulässig sei, entgegnet:

„dieser Einwurf erschien nicht begründet; denn es handelt sich bei diesem Eidesantrage nicht etwa um ein Urtheil, eine Konklusion oder einen Rechtsbegriff, vielmehr um eine innere Thatsache und faktische Momente."

Daraus geht hervor, daß der Appellrichter einerseits die Unstatthaftigkeit der Eidesdelation über Urtheile und Rechtsbegriffe nicht verkennt, andererseits aber der Ansicht ist, daß der Begriff der „Zahlungseinstellung" kein rechtlicher sei, und daß die Wissenschaft von der Zahlungseinstellung eines Anderen auch nicht auf einem Urtheil, einer Konklusion, beruhe.

Beim Mangel eines Stützpunkts in der speziellen Sachlage läßt sich diese Ansicht nur auf eine Interpretation des § 113 der Konkurs-Ordnung zurückführen, welche nach dem Vorausbemerkten für eine durchaus unrichtige erklärt werden muß.

Demgemäß erscheint der in der NktBschw. dem Appellrichter gemachte Vorwurf: in Rücksicht auf die fragliche Eidesauferlegung die citirte Gesetzbestimmung durch mißverständliche Anwendung verletzt zu haben, zweifellos begründet, und es mußte, da von Leistung bzw. Nichtleistung des auferlegten Eides die Entscheidung abhängig gemacht ist, diese vernichtet werden; § 4 Nr. 1 der Verordnung v. 14. Dez. 33.

Nachtrag.

In der (ebenfalls Danziger) NktBschw.-Sache A. Haase ./. W. Arndt's Konkursverwalter (Nr. 257 v. 72) hat das Erk. des OHG II. Sen. v. 11. Mai 72 die Vernichtung des Appellurtels dahin begründet:

Der Appellrichter hat dem bekl. Konkurs-Verwalter einen Ignoranz-Eid auferlegt, daß dem Kläger zur Zeit des Erwerbs der streitigen Wechsel bekannt gewesen,

entweder daß der Gemeinschuldner bereits seine Zahlungen eingestellt hatte, oder daß derselbe bereits die Unzulänglichkeit seines Vermögens bei Gericht angezeigt hatte.

Im Schwörungsfall ist Kläger mit seinem Kompensationsanspruch aus § 97 Nr. 3 der Konkurs-Ordnung abgewiesen, andernfalls zur Kompensation des Betrages jener Wechsel auf Höhe seiner Schuld zugelassen.

Die Angriffe der NktBschw. richten sich gegen die Eidesnorm.

Es kann dahin gestellt bleiben, inwiefern eine Verletzung des dem Prozeßrecht angehörenden Satzes, daß Eide nicht über Urtheile abzuleisten sind, zur Vernichtung des angefochtenen Erk. führen würde. Jedenfalls hat der Appellrichter die Bestimmung im § 113 der Konkurs-Ordnung verletzt. Eine Zahlungseinstellung ist nach diesem § 113 dann vorhanden,

wenn der Gemeinschuldner seine Zahlungsunfähigkeit selbst erklärt, oder

wegen Zahlungsunfähigkeit sein Geschäft schließt, oder

wenn andere Umstände vorliegen, aus welchen erhellt, daß der Gemeinschuldner im Zustand der Zahlungsunfähigkeit sich befindet.

Die Einstellung der Zahlungen seitens eines Schuldners ist also im Sinne der Konkurs-Ordnung keineswegs eine einfache Thatsache, sondern ein Rechtsbegriff; erst aus bestimmten Thatsachen läßt sich der Schluß ziehen, ob eine Zahlungseinstellung im Sinne des Gesetzes vorliegt. So muß auch die Bestimmung im § 97 Nr. 3 der Konkurs-Ordnung aufgefaßt werden, wenn dort die Kompensation für unzulässig erklärt wird, sobald dem Cessionar zur Zeit der Cession bekannt war, daß der Gemeinschuldner bereits seine Zahlungen eingestellt hatte.

Indem der Appellrichter den Eid über die Kenntniß des Klägers davon, daß der Gemeinschuldner die Zahlungen eingestellt habe, dem Konkursverwalter auferlegt, ohne irgend zu erörtern oder auch nur anzudeuten, wodurch die Einstellung der Zahlung sich dokumentirt hat, läßt er ganz augenscheinlich jene Vorschrift im § 113 unbeachtet und betrachtet im Widerspruch mit letzterer den Begriff der Zahlungseinstellung als eine einfache, durch Eid der Partei festzustellende Thatsache.

Berührt dieser Verstoß direkt auch nur die erste Alternative des erkannten Eides, so wird dadurch doch auch die Entscheidung in der Hauptsache so wesentlich betroffen, daß es bei derselben nicht belassen werden kann.

Bei der damit eintretenden freien Beurtheilung kann es zunächst [nach Lage des Falles] nicht zweifelhaft sein, den Konkursverwalter zum Eide darüber zu verstatten, daß Kläger bei Erwerb der fraglichen Wechsel Kenntniß davon erhalten, daß der Gemeinschuldner seine Zahlungsunfähigkeit selbst erklärt, dem Gericht angezeigt hat ...

Es konnte sich demnach nur noch um die Norm dieses Eides handeln. Mit Recht hebt Kläger hervor, daß dem beklagten Konkursverwalter nicht füglich ein Eid darüber auferlegt werden kann, ob Kläger bei Erwerb der Wechsel von der Konkursanmeldung Kenntniß gehabt habe; es ist auch das keine Thatsache, sondern erst eine Schlußfolgerung, und widerspräche eine solche Eidesnorm dem Grundsatz des Prozeßrechts, daß Eide nur über Thatsachen zu schwören sind — Sachverständigen-Eide etwa ausgenommen. Der Konkursverwalter stützt seine generelle Behauptung, daß Kläger zur Zeit des Erwerbs der Wechsel von der Zahlungseinstellung bzw. Konkursanmeldung Kenntniß gehabt habe, vorzugsweise auf die Zeugen G. und A. Jener hat zur Sache nichts bekundet; es konnte der Eid daher nur über die von A. mit aller Bestimmtheit mitgetheilte, übrigens aber auch völlig ausreichende Thatsache normirt werden, daß der Gemeinschuldner dem Kläger selbst von der bei Gericht bewirkten Anzeige seiner Zahlungsunfähigkeit Mittheilung gemacht habe.

Die Folge der Ableistung dieses Eides ist die, vom Appellrichter erkannte, Zurückweisung des Klägers mit seinem Kompensations-Anspruch; wogegen im Falle der Eidesweigerung Kläger dann immer noch den vom I. Richter bereits festgestellten Eid zu leisten haben würde, daß ihm die fraglichen Wechsel nicht erst nach der Konkurseröffnung girirt worden.

Nr. 48.

II. Senat. — Erkenntniß v. 20. Januar 72. (V.)

Ad. Kohn & Co. ⁄. Fr. Wolff (Nr. 694 v. 71).

Rheinpreußen. **Kassationsrekurs.**

I. Instanz: Handelsgericht München-Gladbach,
II. Instanz: Appellationsgerichtshof zu Köln.

Handelskauf, Vertragsschluß durch Faktur und deren Annahme.

1. Auch im Handelsverkehr gilt Schweigen (ohne

Weiteres) regelmäßig nicht als Einwilligung oder Genehmigung.

Rspr. I S. 136, 323; IV S. 28.

2. Handelsüblich hat die Faktur, mit welcher verkaufte Waaren versendet werden, die Bestimmung, eine Feststellung der Vertragsmodalitäten in der Weise herbeizuführen, daß der Verkäufer auf geschäftsübliche Beachtung seiner in der Faktur sich aussprechenden Vorschläge und, falls seitens des Empfängers kein Widerspruch erfolgt, auf deren stillschweigende Genehmigung rechnen darf.

HGB Art. 279; vgl. Rspr. I S. 152, II S. 273, 339 ff., III S. 256, 261.

3. Dieser Handelsbrauch (Nr. 2) ist nicht auf den (wesentlich anders zu beurtheilenden) Fall auszudehnen, daß bereits eine vollständige Vereinbarung über das Kaufgeschäft stattgefunden hat und der Inhalt der Faktur dem Käufer die Zustimmung zu einer Wiederaufhebung oder Abänderung dieses Vertrages zumuthet.

Auf Grund der rheinischen bürgerl. Prozeß-Ordnung, nach deren Art. 420 in Handelssachen der Schuldner beim Gericht des Zahlungsorts Recht zu nehmen hat, ließ Klägerin, den Kaufpreis gelieferter Waaren fordernd, die beklagte Berliner Firma vor das Handelsgericht München-Gladbach laden; denn auf den Fakturen, mit welchen die betr. Waaren der Bekl. zugesendet worden, hatte sich der lithographirte Vermerk: „zahlbar hier (in München-Gladbach) per komptant in preuß. Courant" — mit einem handschriftlich beigefügten, die Fristen und Modalitäten der Preiszahlung regelnden Zusatz — befunden, und die so fakturirten Waaren waren ohne Widerspruch angenommen worden. Beklagte bestritt die Kompetenz des Handelsgerichts, welche jedoch von beiden rheinischen Instanzen anerkannt wurde. Das OHG hat das Appellurtel kassirt und die Sache in die II. Instanz zurückgewiesen, in Erwägung:

daß die streitige Kompetenz des Handelsgerichts München-Gladbach auf der Annahme beruht, daß der Wohnort des Gläubigers als Ort der Erfüllung anzusehen und hiedurch nach Art. 420 der rheinischen Civil-PO der Gerichtsstand daselbst begründet ist;

daß der Appellrichter jene Annahme an den Inhalt der übersendeten Fakturen in Verbindung mit der von ihm festgestellten Existenz eines unter den Kaufleuten bestehenden Gebrauchs knüpft, nach welchem die Fakturen über käuflich gelieferte Waaren bestimmt seien, die Modalitäten des Kaufvertrages schriftlich zu fixiren;

daß wenn der Appellrichter, während er diesen Gebrauch feststellte, die auf denselben bezüglichen Beweisanträge der Kassationsklägerin abgelehnt hat, dies auf Gründe prozessualer Natur zurückzuführen ist, keineswegs aber der Richter damit ausgesprochen hat, daß er die Giltigkeit der Handelsgebräuche nicht anerkennen oder dieselben nicht berücksichtigen wolle, weshalb mit Unrecht dieserhalb eine Rüge wegen Verletzung der Art. 1 und 279 HGB erhoben wird;

daß mit dem fraglichen Handelsgebrauch ersichtlich nicht eine Rechtsnorm in Betreff der Beweiskraft der Fakturen, sondern nur eine im Handelsverkehr übliche Verfahrungsweise, also ein thatsächliches, als Interpretationsmittel für die Erforschung des Willens der Parteien in Betracht kommendes Moment*), konstatirt wird; daß gleichwohl die Konsequenz, daß in Folge jenes Gebrauchs in vorliegendem Falle Käufer dafür erachtet werden müsse, der vom Verkäufer in der Faktur rücksichtlich des Zahlungsorts vorgeschlagenen Bedingung sich unterworfen zu haben nicht thatsächlicher Natur ist, nicht auf einer Erwägung der konkreten Umstände des Falles, sondern auf einem

* Vgl. Rspr. II S. 347, und oben S. 199, 210.

Schluß beruht, den der Appellhof selbst als eine Rechtsauffassung bezeichnet, für deren Rechtfertigung er sich auf seine eigene Rechtsprechung beruft;

daß zuzugeben ist, daß die Existenz des bezeugten Handelsgebrauchs vorausgesetzt, demselben in Bezug auf die Auslegung des Willens der Kontrahenten die Wirkung beigemessen werden kann, daß der die Waare mit der Faktur versendende und der letzteren ihrer handelsgebräuchlichen Nebenbestimmung gemäß sich bedienende Verkäufer auf die übliche Beachtung seiner die Feststellung der Bedingungen des Kaufgeschäfts bezweckenden Vorschläge und, im Falle dagegen kein Widerspruch erhoben wird, auf deren stillschweigende Genehmigung rechnen darf; daß dagegen aber auch in der gebrauchsmäßigen Bestimmung der Fakturen der Gebrauch seine naturgemäße Begrenzung findet, in dem Sinne, daß das Uebliche, welches als gewollt im Zweifel anzunehmen ist, in der Fixirung der bis dahin nicht feststehenden Modalitäten des Vertrages, für deren den einseitigen Vorschlägen des Verkäufers entsprechende Regulirung also noch Raum vorhanden ist, besteht; daß darüber hinaus die aus dem Gebrauch für die Bedeutung der Handlungen oder Unterlassungen der Parteien herzuleitende Vermuthung sich nicht erstreckt;

daß wenn der Handelsgebrauch dem die Waaren mit der Faktur empfangenden Käufer die Pflicht auferlegt, den Verkäufer darüber nicht in Ungewißheit zu lassen, ob er dessen Propositionen in Betreff der erst festzustellenden Modalitäten des Kaufgeschäfts genehmigt oder nicht, die Sachlage wesentlich eine andere wird, wenn die Bedingungen durch eine vorhergegangene Verabredung bereits festgestellt waren und der Inhalt der Faktur darauf hinausläuft, dem anderen Kontrahenten die Zustimmung zu einer Wiederaufhebung oder Abänderung des vorher geschlossenen, in seinen Modalitäten festgestellten Vertrages zuzumuthen; daß für die Beurtheilung des Verhaltens des Empfängers der Faktur einer solchen Zumuthung gegenüber der Handelsgebrauch nicht weiter maaßgebend ist, die Entscheidung vielmehr auf einem anderen Gebiet liegt und der allgemeine Grundsatz eintritt, kraft dessen aus dem Stillschweigen eine Genehmigung ohne Weiteres nicht gefolgert werden kann *), ein Grundsatz, der namentlich auch das Gebiet des Handelsrechts beherrscht und seinen positiven Ausdruck in den einzelnen Bestimmungen des von „Abschließung der Handelsgeschäfte" handelnden Abschnitts des HGB gefunden hat, insbesondere in den Art. 318 und 319, welchen das Prinzip, daß die Unterlassung der Erklärung auf einen Antrag als Ablehnung zu betrachten ist, zu Grunde liegt, und im Art. 323, welcher dadurch, daß er nur ausnahmsweise unter besonderen Voraussetzungen das Stillschweigen als Genehmigung gelten läßt, die Regel, nach welcher sonst ein Anderes gilt, bekräftigt;

daß der Appellrichter diese gesetzlichen Vorschriften verletzt, indem er lediglich auf Grund des angenommenen Handelsgebrauchs in der widerspruchslosen Annahme der Faktur die Genehmigung auch des, früheren Verabredungen widersprechenden Inhalts derselben findet, daß das angefochtene Urtel daher der Vernichtung unterliegt und es in der Sache selbst auf eine Würdigung der Beweisanträge der Kassationsklägerin in Betreff der der Uebersendung der Fakturen vorausgegangenen Verabredungen über das fragliche Kaufgeschäft ankommt.

* Vgl. Rspr. I S. 136, 323; II S. 75, III S. 261, IV S. 28.

Nr. 49.

II. Senat. — Erkenntniß v. 20. Januar 72. (Z.)

Meyer ./. Eheleute Zwicker (Nr. 778 v. 71).

Preußen (Hessen-Nassau). Nichtigkeitsbeschwerde.

I. Instanz: Kreisgericht Cassel,
II. Instanz: Appellationsgericht daselbst.

Darlehn, Beweis durch Schuldschein.

1. Gemeinrechtlich*) kann ein Gelddarlehn auch in der Weise gegeben werden, daß der Schuldner Werthpapiere empfängt und deren Geldwerth als Darlehnsbetrag annimmt (sog. contractus mohatrae).

L. 11 pr. Dig. 12, 1 (Ulpianus).

2. Die deutsche Gerichtspraxis gestattet gegen den Darlehnsschuldschein nach Ablauf der Frist, innerhalb welcher derselbe nichts beweist, einen Gegenbeweis, welcher jedoch rücksichtlich der Eidesdelation beschränkt ist. Dem Beweisführer darf nicht zugemuthet werden, das durch Urkunde bereits vollständig Bewiesene noch eidlich zu bekräftigen.

Puchta Pandekten § 305.
Gneist formelle Verträge S. 98.

Laut gerichtlich anerkannter Schuldurkunde v. 12. Juni 66 hat Beklagter von den Klägern ein baares Darlehn von 1000 Thlrn. erhalten, dessen Rückzahlung gefordert wird. Beklagter will den Schuldschein nur in der Erwartung, daß die Auszahlung der ihm versprochenen Darlehnssumme erfolgen werde, ausgestellt und den Klägern gegeben haben. Demnächst sind, da Kläger das erforderliche Geld nicht besaßen, Parteien (nach Behauptung des Bekl.) übereingekommen, daß Kläger dem Bekl. 10 Nordbahn-Obligationen geben sollten, Beklagter aber die Rückzahlung in gleichen Stücken oder in anderen Werthpapieren, deren Werth zur Zeit der Rückgabe dem empfangenen Geldwerth gleichkomme, zu leisten habe. Darauf will Beklagter 10 Stück

* Ebenso nach ALR I. 11 § 786, 795 und der Dekl. v. 4. April 11. Vgl. kgl. sächs. bürgerl. GB § 1067.

jener Obligationen welche zur Zeit einen Kurs v. 86 % gehabt, erhalten haben.

Parteien stritten, was bei diesem (durch Eid näher festzustellenden) Sachverhalt Kläger mit der Darlehnsklage fordern dürfe.

Entscheidung des OHG:

Der Appellrichter nimmt nicht — wie Beklagter darzustellen sucht — an, daß die Hingabe von 10 Stück Nordbahn-Obligationen ohne Weiteres zur Darlehnsklage auf 1000 Thlr. baar Geld berechtige. Der Appellrichter nimmt vielmehr an, daß die Hingabe eines Darlehns in baarem Gelde verabredet, und daß dieses pactum de mutuando durch Hingabe der fraglichen Nordbahn-Obligationen dergestalt habe erfüllt werden können, daß nach Intention der Parteien das in dem Werth der Obligationen geliehene Geld restituirt werden solle. Daß in solcher Art ein Geld-Darlehn gegeben werden könne, ergiebt die klare Vorschrift der L. 11 pr. Dig. 12, 1. . . . .

Erheblich ist der Angriff des Bekl., welcher die rechtliche Zulässigkeit eines Gegenbeweises gegen den von den Klägern produzirten Schuldschein nach Ablauf der zweijährigen Frist*), welche durch § 3 des kurhessischen Gesetzes v. 20. Dez. 40 auf 60 Tage herabgesetzt ist, zum Gegenstand hat. Es kann zugegeben werden, daß die betreffenden römisch-rechtlichen Bestimmungen**) die Annahme, daß nach Ablauf der zweijährigen Frist gegen einen über ein Darlehn ausgestellten Schuldschein ein Gegenbeweis gänzlich ausgeschlossen sei, als theoretisch begründet erscheinen lassen. Ebensowenig ist aber auch in Abrede zu stellen, daß eine nahezu einstimmige Praxis in Deutschland — welche eine entschiedene Billigkeits-Rücksicht zur

* Vgl. Windscheid Pandekten § 372, B. II S. 370 ff.; Puchta Pandekten § 305; Göschen Vorlesungen B. III § 477.

** Vgl. über deren Bedeutung den Nachtrag S. 263.

Grundlage hat, und indem sie einen Stützpunkt in einer Vorschrift des kanonischen Rechts (c. 20 X. de praescript.) zu finden glaubte, dem Kläger, welcher, obwohl er ein Darlehn erweislich nicht gegeben hatte, den Schuldschein und die allegirten römisch-rechtlichen Vorschriften zur Uebervortheilung des Bekl. auszubeuten unternahm, die rechtliche Hilfe zu solchem Gebahren versagte — den fraglichen Gegenbeweis zugelassen hat. Der Gerichtshof trägt kein Bedenken, dieser Praxis zu folgen. Der Gegenbeweis ist nur insofern beschränkt, als der durch eine Urkunde erbrachte Beweis nach allgemeinen prozessualen Grundsätzen durch Eidesdelation über das direkte Gegentheil dessen, was durch die Schrift beurkundet ist, nicht entkräftet, dem Beweisführer nicht zugemuthet werden kann, dasjenige, was er durch eine Urkunde bereits vollständig bewiesen hat, noch zu beeidigen ... Freilich kommt es im gegebenen Falle auf die baare Auszahlung der 1000 Thlr. nicht entscheidend an, es bleibt die Klage vielmehr auch dann begründet, wenn dem Bekl. 10 Nordbahn-Obligationen hingegeben worden, jedoch unter der Abrede, daß Beklagter 1000 Thlr. baar restituiren solle. Zur Elidirung der Klage würde nur die weitere, zum Eide verstellte, vom Beklagten behauptete Abrede dienen, daß Werthpapiere zu einem, dem Kurswerth der Nordbahn-Obligationen zur Zeit der Hingabe gleichkommenden Werth restituirt werden sollten. Ueber diese Abrede ist auch die Eidesdelation nicht für ausgeschlossen zu achten, da sie nicht das direkte Gegentheil dessen, was im Schuldschein verbrieft ist, sondern ein späteres Faktum, welches den Klageanspruch zu elidiren geeignet sein würde, enthält.

Zu gleichen Resultaten würde die Anwendung des Art. 295 HGB, wonach die Beweiskraft eines Schuldscheins an den Ablauf einer Zeitfrist nicht gebunden ist, führen. Da Beklagter in der Klagebeantwortung selbst anführt, daß er das fragliche Darlehn zur Verwendung in seinem Handelsgeschäft aufgenommen habe: so liegt anscheinend ein Handelsgeschäft (Art. 273, 274 HGB) vor. In der jetzigen prozessualen Lage der Sache mußte indeß die Entscheidung zunächst auf die gemeinrechtlichen Grundsätze gestützt werden, da die thatsächlichen Voraussetzungen der Anwendung der Art. 273, 274 nicht festgestellt sind, und im Appellurtel so wenig, wie in den Schriften dieser Instanz auf das HGB Bezug genommen ist.

Nachtrag (zu S. 261 n. **).

In der Lübecker Oberappell-Sache der Geschwister Philipp ./. Luetjens (Nr. 608 v. 71) sagt der II. Sen. des OHG im Erk. v. 24. Jan. 72:

Die eigenthümlichen Grundsätze des römischen Rechts über die nach Ablauf von 2 Jahren seit der Ausstellung eines Schuldscheins verjährende exceptio non numeratae pecuniae beziehen sich lediglich auf diejenige Einrede, welche darauf gerichtet ist, daß die Urkunde in Erwartung der darin als empfangen bescheinigten Leistung ausgestellt sei; vgl. Baehr Anerkennung rc., 2. Auflage S. 368 und Schlesinger Lehre von den Formalkontrakten S. 254. Denn der Grund dieses eigenthümlichen Rechtsschutzes ist wesentlich darin zu finden, daß erfahrungsmäßig dem Gläubiger die Schuldverschreibung vom Schuldner eingehändigt wird, bevor dieser das ihm zugesagte Darlehn ausgezahlt erhalten hat; vgl. Heise und Cropp, Abhandlungen B. I S. 343.

In vorliegendem Falle ist jedoch von den Bekl. keineswegs behauptet, daß die fraglichen Eigenwechsel (welche — weil eine Kündigungsklausel *), außerdem ein Zinsversprechen und die Bestellung eines Pfandrechts, enthaltend — nach Art. 4 des Lübecker Einf.-Ges. zur DWO v.

* Vgl. Rspr. II S. 286 und oben S. 70 Nr. III.

28. April 49 zu den Schuldverschreibungen gehören, die nicht unter die Wechselordnung fallen, sondern nach statutarischen und gemeinrechtlichen Grundsätzen zu beurtheilen sind) in jener Erwartung ausgestellt und dem Ph. [Gläubiger] behändigt, der Aussteller aber von Letzterem darin getäuscht sei. Vielmehr haben Beklagte nur behauptet, die Wechsel repräsentirten keine Schuld, da „sie dem Ph. nur gegeben seien, um ihn für etwa noch entstehende Obligi zu decken", auch Ph. eine Valuta für die Wechsel späterhin niemals bezahlt habe. Danach würde also die Ausstellung, Begebung und Hinnahme der Wechsel lediglich den Zweck gehabt haben, dem Ph. für etwaige Forderungen, welche er in Zukunft einmal gegen den Aussteller erwerben möchte, deren Existenz aber noch von der Willkür der Kontrahenten abhängig war, im Voraus eine Hypothek von älterem Datum zu verschaffen.... Der Beweis einer solchen Einrede ist aber auch nach Ablauf des für die exceptio non numeratae pecuniae gestatteten biennium unbedenklich zuzulassen, weil sie auf einem ganz verschiedenen Rechtsgrunde beruht; vgl. Gneist formelle Verträge S. 95, 96, Baehr Anerkennung S. 353, Windscheid Pandekten II § 372, Seuffert's Archiv XX Nr. 125.

Nr. 50.

II. Senat — Erkenntniß v. 20. Januar 72. (B.V.)

R Folger J. L. Isaac (Nr. 787 v. 71)

Preußen. Wechselsache. Nichtigkeitsbeschwerde.

I. Instanz: Kreisgericht Zielenzig,
II. Instanz: Appellationsgericht Frankfurt a./O.

Väterliche Gewalt in Preußen, Aufhören derselben. Arglist des Wechselklägers.

1. Ein volljähriger Sohn kann in Altpreußen dadurch aus der väterlichen Gewalt scheiden, daß er zu seinem Vater

als Handwerksgehilfe in ein vertragsmäßiges, ihm Unterkommen, Kost und Geldeinnahme sicherndes Verhältniß tritt.

ALR II. 2 § 212a, 213.

2. Wenn eine Wechselunterschrift nur gegen die Zusicherung gegeben worden ist, daß man nicht aus dem Wechsel belangt werden, vielmehr ein anderer Wechselverpflichteter (der Acceptant) die Wechselzahlung leisten werde: steht dann dem Betreffenden, falls er später auf Grund des Wechsels dennoch in Anspruch genommen wird, die (persönliche) Einrede einer Arglist des Wechselklägers zu?

DWO Art. 82; vgl. Rspr. I S. 193, II S. 142, III S. 75 ff., IV S. 68.

Vgl. Erk. des II. Senats v. 20. Jan. 72 in Sachen Nr. 24 und Nr. 41 v. 72, Nachtrag S. 270.

Als Wechselaussteller im Regreßwege belangt, wendet der (unstreitig) bereits 42 Jahre alte Beklagte ein:

1. er sei wechselunfähig, weil noch in väterlicher Gewalt befindlich,

2. Kläger handle arglistig und gegebener Zusicherung zuwider, wenn er die nur zu anderweitiger Benutzung erbetene Wechselunterschrift als eine den Beklagten ihm verpflichtende geltend mache.

Der I. Richter vermißt den Beweis des Aufhörens der väterlichen Gewalt über den Bekl., und weist deshalb den Kläger ab. Der Appellrichter dagegen verwirft beide Einreden des Bekl. und verurtheilt nach dem Klageantrage.

Als Nichtigkeitsrichter hat das OHG bezüglich des zweiten Einwandes das Appellurtel vernichtet, das I. Erk. aufgehoben und die Sache zu anderweitigem Verfahren in die I. Instanz zurückgewiesen.

Gründe:

1. In Anbetracht, daß Beklagter . . . — wie er selbst angegeben — „bei seinem Vater als Gehilfe in Lohn und Brod steht," hat der Appellrichter den Einwand [der Wechselunfähigkeit] verworfen, indem er ausführt:

nach § 212a ALR II. 2 sei ein großjähriger Sohn, welcher ein eigenes Gewerbe treibe, als entlassen aus der väterlichen Gewalt anzusehen, was, da der Ausdruck „eigenes Gewerbe“ mit „Erwerbszweig“ gleichbedeutend sei, bei dem 42jährigen Bekl. zutreffe, wenn er als Gehilfe in einem Geschäft, sei es das des Vaters oder eines Dritten — worin ein Unterschied nicht zu finden — gegen Lohn und Kost angenommen worden; damit habe der Vater zu erkennen gegeben, daß er die dem Bekl. zugedachte Ausbildung als vollendet angesehen und ihn auf eigener Hände Arbeit verwiesen habe.

Diese Argumentation steht im Einklang mit den vom preuß. OTr. zur Geltung gebrachten Grundsätzen über Aufhebung der väterlichen Gewalt. Namentlich hat dieser Gerichtshof im Erk. v. 26. Sept. 67 (Strieth. Arch. B. 68 S. 193) ausgesprochen:

> daß die ganze Lebensstellung eines großjährigen Menschen, dessen Vater noch lebt, das Aufhören der väterlichen Gewalt möglicher Weise in sich schließen kann.

Was insonderheit die Bestimmungen der §§ 212a und 213 ALR II. 2 anlangt, so sind dieselben vom OTr. im Präjudiz Nr. 2348 v. 4. Febr. 52 (Entsch. B. 22 S. 378) einer eingehenden Erörterung unterworfen, gemäß deren Resultats die Ausdrücke „Gewerbe“ und „Erwerbszweig“ im Sinne der citirten Gesetzesbestimmungen für gleichbedeutend zu erachten sind, und unter „Gewerbe“

> die von einer Person erwählte fortdauernde und gleichartige, gesetzlich erlaubte Beschäftigung, mit welcher sie ihren Unterhalt ohne väterliche Unterstützung zu erwerben Willens und fähig ist,

verstanden werden muß.

Nach dieser Gesetzesauslegung — deren Richtigkeit anzuzweifeln um so weniger Anlaß vorhanden ist, als sie (soweit bekannt) in der preuß. Gerichtspraxis fast allgemeine Anerkennung gefunden hat*) — unterliegt die Annahme keinem Bedenken, daß ein Mann, der im Alter von mehr als 40 Jahren eine Lebensstellung einnimmt, vermöge deren er für handwerksmäßige Leistungen Naturalverpflegung und Geldentschädigung zufolge Vertrages erhält, ein „Gewerbe" im Sinne der §§ 212a und 213 a. a. O. auch dann betreibt, wenn sein Verhältniß zum Arbeitsgeber das eines Handwerksgehilfen ist. Allerdings wird, wenn der Arbeitsgeber der eigene Vater ist, mit besonderer Rücksicht auf die Umstände des Falles zu prüfen sein, ob nicht etwa durch letztere die vorgedachte Annahme ausgeschlossen wird. Dergleichen Umstände sind aber bei den Akten des gegenwärtigen Rechtsstreits nicht bekannt. Anderer Seits ist darin, daß der Vater selbst seinen Sohn als Handwerksgehilfen beschäftigt, also sein Einverständniß mit dem von diesem gewählten Erwerbszweig kundgegeben hat, ein Moment zu erblicken, welches bei der Frage, ob ein Haussohn infolge seines Gewerbebetriebs aus der väterlichen Gewalt ausgeschieden sei, immerhin zu Gunsten der Bejahung der Frage einer Berücksichtigung werth erscheinen kann, selbst wenn der Ausführung im Erk. des kgl. OTr. zu Berlin v. 24. Jan. 65 (Strieth. Arch. B. 58 S. 117) beigetreten wird, wonach zur Entlassung eines großjährigen Sohnes aus der väterlichen Gewalt durch den Betrieb eines Gewerbes das Einverständniß des Vaters mit dem Gewerbebetrieb, wenn auch nur ein stillschweigendes, nicht einmal nothwendig ist.

Hienach ist in der eigenen Angabe des Bekl., daß er bei seinem Vater in Lohn und Brod stehe, das Zugeständniß eines Gewerbebetriebs im Sinne der angeführten Gesetzesbestimmungen zu finden ...

* Vgl. Rspr. IV S. 157.

Mit Recht hat daher der Appellrichter die Aufhebung der väterlichen Gewalt über den Bekl. für bereits erfolgt erachtet und demzufolge den vom Bekl. erhobenen Einwand der Wechselunfähigkeit verworfen.

2. Dahingegen kann dem Appellrichter in der Ausführung, daß die andere Einrede des Bekl. thatsächlich unbegründet sei, nicht beigepflichtet werden. Es hat nämlich Beklagter behauptet, vom Kläger zur Unterschrift des Klagewechsels dadurch verleitet worden zu sein, daß ihm Kläger gesagt habe, Beklagter solle nicht aus dem Wechsel haften, der Wechsel solle durch seine Unterschrift nur vervollständigt werden, damit er bei der Bank begeben werden könne; der Bezogene und Acceptant K. werde den Wechsel bezahlen.

Nach der Auffassung des Appellrichters beruhte diese Zusicherung des Klägers auf der Voraussetzung, daß K. den Wechsel einlösen werde. Es vermißt der Richter die Anführung von Thatsachen, aus denen entnommen werden könnte, daß Kläger vom Unvermögen des K. zur Einlösung des Wechsels überzeugt gewesen oder bei Abgabe der Versicherung, daß Beklagter nicht aus dem Wechsel haften solle, die Absicht gehabt habe, seinem Versprechen: zu bewirken, daß Beklagter aus dem Wechsel nicht werde belangt werden, nicht nachzukommen.

In Bezug hierauf kann zugegeben werden, daß die fragl. Erklärung an und für sich den Thatbestand des Betrugs oder einer betrüglichen Verleitung zur Ausstellung des Klagewechsels nicht enthält. Es kann auch dahin gestellt bleiben, ob Beklagter, wenn ein dritter Wechselinhaber ihn aus dem Wechsel in Anspruch genommen hätte, berechtigt gewesen sein würde, vom Kläger Befreiung von solchem Anspruch und ev. Schadloshaltung auf Grund der in Rede stehenden Erklärung des Klägers zu verlangen. Jedenfalls aber durfte, zufolge der letzteren, Beklagter darauf vertrauen, daß Kläger selbst ihn aus dem Wechsel nicht belangen werde. Wenn also jene Erklärung des Klägers der alleinige Bestimmungsgrund für die Ausstellung und Begebung des Klagewechsels gewesen sein sollte: so hat Kläger sich durch die Verfolgung seiner Wechselforderung eines Vertrauensbruchs schuldig gemacht. Selbst wenn Kläger die fragl. Erklärung in der Ueberzeugung, daß K. den Wechsel bezahlen werde, und sogar mit dem Willen abgegeben hat, entgegengesetzten Falles nicht Regreß zu nehmen: so liegt dennoch — unter obgedachter Voraussetzung — darin, daß er selbst nun doch die Wechselklage erhoben hat, die Benutzung eines im Bekl. erregten Irrthums, also ein dolus im civilrechtlichen Sinne, auf welchen sich Beklagter nach Art. 82 DWO zur Abwehr des Klageanspruchs berufen kann.

Für die Beantwortung der Frage, ob anzunehmen sei, daß die mehrerwähnte Erklärung des Klägers der ausschließliche Beweggrund auf Seiten des Bekl. gewesen, den Klagewechsel auszustellen und zu begeben, kommt in Betracht, daß Kläger seiner Seits sich auf ein Leugnen der Erklärung beschränkt und keinerlei Thatsachen, aus denen ein anderer Beweggrund des Bekl. gefolgert werden könnte, angeführt, namentlich nicht behauptet hat, daß Beklagter Valuta erhalten. Mit Rücksicht hierauf erscheint — wenn bewiesen wird, daß Kläger jene Erklärung abgegeben und daß Beklagter unmittelbar darauf den Wechsel ausgestellt, girirt und dem Kläger ausgehändigt hat (und dies muß als vom Bekl. behauptet angenommen werden) — der, als erforderlich bezeichnete Kausalnexus zwischen der Erklärung des Klägers und den Handlungen des Bekl. genügend dargethan.

Aus diesen Gründen war, in Anwendung des [preuß.] Gesetzes v. 20. März 54 § 3 die Sache, unter Aufhebung beider Vorerkenntnisse, in die I. Instanz zurückzuweisen zur

Aufnahme des über die mehrerwähnte Erklärung des Klägers angetretenen Beweises, wobei obige Andeutungen über Konstatirung jenes Kausalzusammenhangs zu berücksichtigen sind.

Nachtrag.

In den beiden, ebenfalls am 20. Jan. 72 vom II. Senat des OHG entschiedenen NktBschw.-Sachen der Geschwister Woeste ·/. W. Geyer (I. Instanz: Kreisgericht Lüdenscheid) war eingewendet worden, die eingeklagten Wechsel seien auf Ansuchen des Klägers nur zu dem Zweck ausgestellt worden, damit Kläger sich durch deren Weiterbegebung Geld verschaffe. Dies sei demnächst geschehen. Kläger habe aber keine Valuta für die Wechsel gegeben. Deshalb habe es sich — auch ohne besondere (in I. Instanz behauptete, aber vom Kläger eidlich verneinte) Abrede — von selbst verstanden, daß bei Verfall Kläger die Wechsel zu decken habe. Der Appellrichter fand diese Behauptungen der Bekl. nicht genügend zur Annahme eines dolosen Verhaltens des Klägers. Das OHG verwarf die NktBschw. der Bekl. aus folgenden

Gründen:

Der Appellrichter hat die von den Imploranten in Bezug genommenen Rechtsgrundsätze nicht verletzt. Da Behauptungen, durch welche die Grundlage der Wechselverbindlichkeit angefochten werden will, im Wechselprozeß nur dann als Einreden nach Art. 82 DWO zu dienen geeignet sind, wenn ihnen die Kraft einer exceptio doli generalis beigelegt werden kann (Urtel des OHG vom 6. Okt. 71, Rspr. IV S. 68), ein dolus aber in dem Umstande, daß der Remittent gegen den Trassanten eines Wechsels, für welchen er keine Valuta gegeben hat, Wechselregreß nimmt, für sich allein und ohne das Hinzutreten anderweiter Umstände nicht liegt (Protokolle der Nürnberger Konferenz Nr. LVIII), und da der Appellrichter in dem Vorbringen der Bekl. die Behauptung einer Verabredung, daß Woeste [Erblasser der Bekl.] aus seiner Unterschrift nicht verantwortlich gemacht werden solle, nicht gefunden hat: so kann in der angegriffenen Entscheidung weder eine Verletzung des Wesens der exceptio doli, noch der Art. 8 und 81 DWO erblickt werden, und hat auch der Appellrichter gegen Art. 82 der letzteren nicht gefehlt. Daß aber die Bestimmung des ALR Th. I Tit. 11 § 1040 hier nicht maaßgebend sein könne, ergiebt sich aus den so eben entwickelten wechselrechtlichen Grundsätzen gleichfalls. Es liegt daher überhaupt eine Nichtigkeit nicht vor.

Nr. 51.

II. Senat. — Erkenntniß v. 20. Januar 72. (B.)

A. Schönstadt ·|. M. Schönstadt's Erben (Nr. 5 v. 72).

Preußen. **Nichtigkeitsbeschwerde.**

I. Instanz: Kreisgericht Erfurt,
II. Instanz: Appellationsgericht Naumburg.

Ansprüche unter ehemaligen Handelsgesellschaftern.

Während schwebender Liquidation einer aufgelösten Handelsgesellschaft kann ein ehemaliger Gesellschafter (selbst der zum Liquidator bestellte und noch rechenschaftspflichtige) solche Ansprüche, welche er nach Auflösung der Societät aus eigenen Mitteln erworben, gegen seine früheren Mitgesellschafter selbständig geltend machen.

HGB Art. 93, 142, 144.

M. Schönstadt hatte in Gemeinschaft mit zwei Brüdern (darunter dem Beklagten Adolf Sch.) zu Berlin ein Produkten-Kommissionsgeschäft unter der Firma Gebrüder Sch. betrieben. Diese Handelsgesellschaft ward 1865 aufgelöst und der zum Liquidator bestellte M. Schönstadt starb 1868, ohne Rechenschaft abgelegt zu haben. Seine Erben fordern jetzt von einem ehemaligen Mitgesellschafter antheilige

Erstattung einer von ihnen an einen Gesellschaftsgläubiger geleisteten Schuldzahlung. Beklagter wird verurtheilt, seine NktBschw. verworfen.

Gründe:

Fest steht, daß die Kläger eine Schuld der Societät an W. N. im judikatmäßigen Betrage v. 2083 Thlrn. aus eigenen Mitteln zu dem Zweck gezahlt haben, um sich von der Gefahr einer zwangsweisen Beitreibung zu befreien.

Wenn nun in gegenwärtigem Falle der Appellrichter die Regreßklage gegen den Bekl. zugelassen hat, obwohl die Liquidation der ehemaligen Firma Gebrüder Sch. noch nicht beendigt war: so hat er dadurch den Art. 142 HGB nicht verletzt. Denn durch diesen Artikel ist nur bestimmt, daß die Liquidatoren die schließliche Auseinandersetzung unter den Gesellschaftern herbeizuführen haben, aber nicht gesagt, daß während der Liquidation die einzelnen ehemaligen socii, bzw. deren Erben solche Regreßansprüche, welche aus der von ihnen nach eingetretener Liquidation aus eigenen Mitteln geleisteten Zahlung einer Gesellschaftsschuld entstanden sind, gegen einander vor Gericht nicht nach allgemeinen Grundsätzen sollten geltend machen können. (Vgl. Art. 93 und 144 HGB). Wird eine solche Zahlung erst bei der schließlichen Auseinandersetzung im Liquidationsverfahren geltend gemacht, so richtet sich das Verhältniß, in welchem die einzelnen socii zu konkurriren haben, nach dem Ergebniß der Liquidation (vgl. von Hahn Komm. I S. 343); andernfalls haben dieselben pro rata ihrer Gesellschaftsantheile zu restituiren, vorbehaltlich der Abrechnung über die sonstigen gegenseitigen Ansprüche im Liquidationsverfahren (vgl. die Protokolle der Kommission zur Berathung des HGB S. 1002).

Ebenso wenig als den Art. 142 HGB hat der Appellrichter aber auch den Grundsatz verletzt, daß ein Liquidator (oder dessen Erbe) nicht befugt sein solle, einzelne Ansprüche aus dem Gesellschaftsbetrieb ohne gleichzeitige Rechnungslegung über die Geschäftsführung gegen die übrigen Gesellschafter geltend zu machen. Denn wenn ein solcher Grundsatz bestehen sollte, so würde derselbe vorliegend nicht zur Anwendung kommen können, da es sich nicht um einen Anspruch aus dem Gesellschaftsbetrieb, sondern um die Geltendmachung einer Forderung handelt, die mit dem Gegenstand *) der von den Klägern über die von ihrem Erblasser geleitete Liquidation etwa zu stellenden Rechnung außer allem rechtlichen Zusammenhang steht.

Nr. 52.

II. Senat. — Erkenntniß v. 20. Januar 72. (B.)

Brigg Pluto, Capitän Hemmer . Schoner Gloria Deo, Capitän Lange (Nr. 63 v. 72).

Hamburg. **Ober-Appellation.**

I. Instanz: Amtsgericht Ritzebüttel,
II. Instanz: Obergericht Hamburg.

Zusammenstoß von Seeschiffen. Klarhalten der Anker.

1. Jedes in Fahrt begriffene Seeschiff hat die Pflicht, „klare Anker“ (das heißt: seine Anker zum Gebrauch stets bereit) zu halten.

Kann sich der Schiffer damit entschuldigen, die Anker seien durch Vereisung der Kette unbrauchbar geworden?

Rspr. III S. 94; HGB Art. 451, 478.

2. Bei einem durch Fahrlässigkeit herbeigeführten Zusammenstoß von Seeschiffen kommt es auf die größere oder geringere Schwere des subjektiven Verschuldens nicht an.

Hamburger Gesetz v. 1. Mai 63 § 20 (Rspr. III S. 86).

Der mit Steinkohlen beladene Schoner „Gloria Deo“ lag, von England gekommen, am Abend des 25. Dezbr. 70 unterhalb Cuxhaven vor Anker, um wegen des im Strom

* Vgl. wegen der Unterscheidung des Gesellschaftsfonds vom Privatvermögen der Gesellschafter Rspr. I S. 131 f., 290 ff., 365, 379; IV S. 107.

befindlichen Treibeises und wegen Lootsenmangels die Helle des folgenden Morgens behufs Weiterfahrt auf Hamburg abzuwarten. Ohne Lootsen elbaufwärts gehend, näherte sich die Brigg Pluto der Gloria Deo, welche vorschrifts-mäßig ein Licht ausgehängt hatte, und rannte, vom Fluth-strom getrieben, auf dieselbe ein. Die Gloria Deo sank, durch den Zusammenstoß schwer beschädigt, alsbald und ging nebst Ladung ganz verloren.

Der Pluto wird nun wegen dieses verschuldeten Schiffs-zusammenstoßes vom Führer (und zugleich Rheder) der Gloria Deo auf Werthsersatz für Schiff, Fracht und Ladung belangt. Der I. Richter wies den Kläger ab, weil er kein Verschulden auf Seiten des Pluto annahm; der II. Richter (das Hamburger Obergericht) verurtheilte den Bekl.

Entscheidungsgründe des OHG:

Das vom Bekl. durch Oberappellation angefochtene Erk. konnte nur bestätigt werden.

I. Mit dem Obergericht ist ein Verschulden des Pluto darin zu finden, daß derselbe zur Zeit, als er durch die Strömung auf die Gloria Deo getrieben wurde, seine Anker — oder doch einen derselben — nicht fallen ließ. Sein Einwand, die Anker seien durch Vereisung der Kette unbrauchbar geworden, war nicht zu berücksichtigen.

Vom Bekl. wird nicht bestritten, könnte auch nicht mit einem Schein des Rechts bestritten werden, daß wenn es schon im Allgemeinen für jedes in Fahrt begriffene Schiff Pflicht ist, seine Anker zum Gebrauch stets in Be-reitschaft zu halten („klare Anker zu haben"), dies unter den Umständen des in Rede stehenden Vorgangs für den Pluto eine dringende Nothwendigkeit war. Nach den An-gaben des Bekl. ist der Pluto um die in Betracht kom-mende Zeit in Folge des schwach gewordenen Windes und des ihn umgebenden Treibeises steuerlos geworden und von dem Fluthstrom und andrängendem Eise in unwillkürlich eintretende Richtungen gebracht worden. Verhielt sich dies so, ließ sich also das Schiff weder durch Steuer noch durch Segel regieren: so leuchtet von selbst ein, daß die einzige Möglichkeit, das Schiff erforderlichen Falles unter die Disposition des Schiffers zu bringen, in der Benutzung der Anker lag.

Bestanden Gründe, welche es unrathsam erscheinen ließen, ohne Weiteres nach Eintritt des vorbemerkten unregelmäßigen und gefährdenden Zustands zu Anker zu gehen (was hier auf sich beruhen kann): so mußte wenigstens die Möglichkeit, jederzeit die Anker fallen zu lassen, gesichert werden. Dies war schon im eigenen Interesse nothwendig; es war aber unerläßlich in Berücksichtigung des Umstands, daß der Pluto mit anderen Schiffen in Beziehung kommen konnte, dann also die Möglichkeit haben mußte, der regellosen Fahrt des Schiffs sofort eine Hemmung entgegen zu setzen. Der Pluto befand sich damals auf einer stark befahrenen Wasserstraße, und jeden Augenblick konnte er im Dunkel der Nacht in die Nähe eines anderen fahrenden oder gleich ihm treibenden Schiffs oder auf ein vor Anker liegendes Schiff gerathen, wie er denn wirklich auf die vor Anker befindliche Gloria Deo gerathen ist.

Jedenfalls unter solchen Umständen mußte der Führer des Pluto seine Anker klar halten, und daß dies unmöglich gewesen, ist weder behauptet worden, noch könnte eine solche Behauptung Berücksichtigung finden. Man mag es für denkbar halten, daß zur Zeit schwerer See und scharfen Frostes Ankerketten so stark mit Eis bedeckt werden können, daß momentan ein gelöster schwerer Anker seine Kette in Bewegung zu bringen nicht im Stande ist; daß aber bei „schwachem Winde" und (wie nach der Verklarung des Pluto hier der Fall gewesen) „bei schlichtem, ruhigem Wasser" ein solcher Zustand eintreten oder — wenn er aus früherer Zeit vorhanden sein sollte — bei einiger Aufmerksamkeit nicht ohne Schwierigkeit vollständig beseitigt werden könne, das ist unbedenklich zu verneinen.

In vorliegendem Falle war überdies der Pluto kurz vor dem Unfall verankert gewesen, und alsbald nach demselben ist er wieder zu Anker gebracht worden. Unter diesen Umständen gelangt man zum Nachtheil des Bekl. zu folgender Auffassung: entweder ist auf dem Pluto der Versuch, zu Anker zu gehen, als man das Licht der Gloria Deo vor sich erblickte, gar nicht gemacht worden, und hierin (nicht etwa in der behaupteten, aber nicht vorhanden gewesenen, Vereisung der Kette) liegt der Grund, daß der Pluto nicht zum Stillstand gebracht wurde; oder das Vorhandensein der Vereisung, deren Existenz dem Schiffer nicht unbemerkt bleiben durfte und deren Nichtbeseitigung insbesondere unter den damaligen Verhältnissen ihm zum Vorwurf gereicht, bildet einen Grund, um Schiffer und Schiff für verantwortlich zu erklären.

Das Gutachten der [in I. Instanz] zu Rathe gezogenen nautischen Sachkundigen steht dem Obigen nicht entgegen . . . [Dieselben bemerken namentlich]:

„Das Eis kann nicht sehr gedrängt getrieben haben, sonst hätte die Gloria Deo nicht darin vor Anker liegen können". . . „Die Gloria Deo durfte hoffen, daß der Pluto auf die eine oder andere Art die Kollision vermeiden werde, was auch wol geschehen wäre, wenn der Pluto rechtzeitig den Anker hätte fallen lassen und zum Halten gekommen wäre".

Dieser letzten Beschränkung kann keine Bedeutung beigelegt werden. Es ist niemals in den Verhandlungen ein Zweifel darüber angeregt, auch ist vom Bekl. nicht einmal eventuell die Behauptung vorgebracht, daß die Unterlassung des Klarhaltens der Anker und das Nichtfallenlassen derselben (oder eines von ihnen) deshalb unerheblich gewesen sei, weil die Anker doch nicht gehalten haben würden, daß also die culpa, wenn sie stattgehabt hätte, eine culpa sine effectu gewesen wäre.

II. Auf die größere oder geringere Schwere des auf Seiten des Pluto stattgehabten subjektiven Verschuldens kommt es schon nach den hier maaßgebenden Prinzipien der aquilischen Klage*) nicht an.

Abgesehen von denselben auch deshalb nicht, weil das zur Verhütung von Schiffskollisionen erlassene Gesetz v. 1. Mai 63 — im Hinblick auf die durch das Zusammenstoßen von Schiffen herbeigeführten schweren Gefahren für Menschenleben und werthvolle Güter — eine strenge Behandlung der vorkommenden Fälle vorgeschrieben hat. Im § 20 jenes Gesetzes heißt es (vgl. Rspr. III S. 86):

„Nichts kann . . von den Folgen befreien, welche . . durch Vernachlässigung irgend einer . . gebotenen Vorsicht entstehen".

Die Anwendung dieser Vorschrift läßt die Verurtheilung des Bekl. hier ganz unbedenklich erscheinen.

Nr. 53.

I. Senat. — Erkenntniß v. 23. Januar 72. (V.)

Feuerversicherungs-Aktiengesellschaft Adler Schlegel & Co. (Nr. 612 v. 71).

Preußen. **Richtigkeitsbeschwerde.**

I. Instanz: Kreisgericht Berlin,
II. Instanz: Kammergericht daselbst.

Versicherungsvertrag. Form. Formfreiheit einseitiger Handelsgeschäfte.

1. Für alle diejenigen Versicherungs-Verträge, welche Handelsgeschäfte sind, bestehen in Preußen seit Einführung des HGB die landrechtlichen Formvorschriften nicht mehr)**

HGB Art. 1, 271 Nr. 3, 277, 317, 788;
preuß. Einf.Ges. v. 24. Juni 61 Art. 60, 61.

* Windscheid Pandekten § 455 Nr. 3, n. 12 (B. II S. 655).

** Der Satz gilt noch unbedenklicher, seitdem das HGB deutsches Reichsgesetz geworden nach dem Bd.Ges. v. 5. Juni 69, vgl. oben S. 280 f. und Fall 39 S. 210.

Aelteres Recht: § 2064 ALR II. 8.
Anders: Erk. des preuß. OTr. IV. Sen. v. 29. März 70, Entsch. B. 63 S. 286.

2. Die Formfreiheit aller Verträge in Handelssachen gilt auch für solche Rechtsgeschäfte, die nur einseitig Handelsgeschäfte sind.

HGB Art. 277, 317; vgl. 273, 274.
Rspr. I S. 207, 313; II S. 220 n.; III S. 282.

3. Jede Uebernahme einer Versicherung „gegen Prämie" ist, ohne Unterschied des Versicherungsgegenstandes, ein Handelsgeschäft, also auch die Uebernahme einer Versicherung unbeweglicher Sachen.

HGB Art. 271 Nr. 3, 275.
Ebenso: v. Hahn Komm. § 5 zu Art. 275, B. II S. 46; Anschütz und v. Völderndorff Komm. III S. 22, 56.

4. Theilung beantragter Versicherung unter zwei Versicherungsgesellschaften und stillschweigende Genehmigung des Versicherten.

HGB Art. 279; ALR I. 4 § 58, 59, 94.
Vgl. Rspr. II S. 273 Nr. 2, 339, 342; III S. 256 Nr. 1, 261.

5. § 2110 ALR II. 8, welcher für die bei Aushändigung der Police fällige Versicherungsprämie 12 % Verzugszinsen festsetzt, ist nur von der Gesammtprämie zu verstehen und bei periodischer Prämienzahlung höchstens auf die erste Prämienrate anwendbar.

Entscheidung des OHG:

Der Appellrichter gründet die Abweisung der auf Zahlung einer Versicherungsprämie nebst Zinsen gerichteten Klage lediglich darauf, daß bei Abschluß des streitigen Versicherungsgeschäfts nicht der Anforderung des § 2064 ALR II. 8 — nach welchem jeder Versicherungsvertrag, welcher zwischen preußischen Unterthanen oder in Preußen zwischen preußischen Unterthanen und Fremden geschlossen wird, bei Strafe der Ungiltigkeit schriftlich abgefaßt werden muß — genügt sei. Diese Gesetzesvorschrift sei, wie bereits das preuß. OTr. am 29. März 70 (Entsch. B. 63 S. 286) erkannt habe, durch Art. 271, 317 HGB und Art. 60, 61 des Einf.-Ges. zu Letzterem nicht außer Kraft gesetzt. Es habe sonach die Annahme der Police seitens der Bekl. nicht genügt, und für die Behauptung, daß Beklagte einen unterschriftlich vollzogenen Versicherungsantrag an Klägerin gestellt hätten, sei Letztere beweisfällig geblieben.

Dieser Auffassung konnte nicht beigetreten werden.

Es mag dahin gestellt bleiben, ob nicht sogar den Formvorschriften des ALR dadurch genügt wird, daß — beim Mangel einer (vom Gesetzbuch nur vorausgesetzten) der Vollziehung der Police vorangehenden schriftlichen, beiderseits vollzogenen Verabredung — der Versicherungsnehmer die vom Versicherer unterzeichnete Police gegen Zahlung der Prämie entgegennimmt;

vgl. ALR II. 8 § 2068, vgl. § 2066;
Koch Lehrbuch des preuß. PrivatR. II § 692 n. 21;
Förster Theorie und Praxis § 145 n. 29 ff.;
Strieth. Arch. B. 2 S. 54 [OTr. IV. Sen. Erk. v. 8. Apr. 51].
Motive zum preuß. Entwurf des HGB S. 182.

Denn diese Formvorschriften sind mit der Einführung des HGB für alle solche Versicherungsgeschäfte, welche Handelsgeschäfte sind, außer Kraft getreten.

Nach Art. 317 HGB ist bei Handelsgeschäften die Giltigkeit der Verträge durch schriftliche Abfassung oder andere Förmlichkeiten nicht bedingt, und Ausnahmen von dieser Regel finden nur insoweit statt, als sie im HGB selber enthalten sind. Zu den Handelsgeschäften aber zählt nach Art. 271 Nr. 3 HGB jede Uebernahme einer Versicherung gegen Prämie, ohne Unterschied des Versicherungsobjekts, somit auch die Uebernahme einer Versicherung von Immobilien gegen Feuersgefahr.

Goldschmidt Handbuch I S. 441, 518.

Eine Ausnahme von der prinzipiellen Formfreiheit der Handelsgeschäfte enthält hinsichtlich der Versicherungsgeschäfte das HGB nicht. Der entgegenstehende Vorschlag des preuß. Entwurfs Art. 330, 331, 605 ist hinsichtlich der Versicherung gegen die Gefahren der Seeschifffahrt durch Art. 788 HGB beseitigt (Prot. S. 2986, 3000, 4249) und hinsichtlich anderweitiger Versicherungsgeschäfte durch den Beschluß abgelehnt worden, es bei deren Aufzählung unter den Handelsgeschäften mit der Wirkung zu belassen, daß die allgemeinen Bestimmungen des vierten Buchs — Art. 271 bis 336, somit auch Art. 317 — auf sie zur Anwendung kommen. Prot. S. 5058;

Goldschmidt Handbuch I S. 340, 156 bis 158.

Wäre somit (wie der Appellrichter in Uebereinstimmung mit dem OTr. annimmt) durch Art. 60, 61 des preuß. Einf.-Ges. v. 24. Juni 61 für Versicherungsverträge dieser Art gleichwohl das Erforderniß schriftlicher Abfassung aufrecht erhalten worden: so hätte das Einführungsgesetz, entgegen der übereinstimmenden Erklärung sämmtlicher Gesetzgebungsfaktoren der preuß. Monarchie:

> Verhandlungen über die Entwürfe eines HGB und eines Einf.-Ges. zu demselben in beiden Häusern des Landtags im Jahre 61 (Berlin 1861, Decker), Regierungsmotive S. 250, 251; Bericht der Kommission des Hauses der Abgeordneten S. 429; Bericht der Kommission des Herrenhauses S. 512;

einer wichtigen Vorschrift des HGB ihre Geltung für Preußen entzogen.

Nach dem zur Zeit geltenden Recht könnte diese Frage auf sich beruhen. Denn nach dem Bundesgesetz v. 5. Juni 69 (Bd.-GesBl. S. 379) sind mit dem 1. Januar 70 alle bei oder nach Einführung des HGB im Wege der Landesgesetzgebung erlassenen und nicht in diesem Bundesgesetz ausdrücklich aufrecht erhaltenen Vorschriften außer

Kraft getreten, insofern sie eine Abänderung einer Bestimmung des HGB enthalten. Der Abschluß des hier streitigen Versicherungsvertrages fällt jedoch in den Anfang des Jahres 68, somit in eine Zeit, da das HGB im preuß. Staat nicht als Bundesgesetz, sondern nur als Landesgesetz galt und ein staatsrechtliches Hinderniß so wenig einer nachträglichen Abänderung, als einer nur theilweisen Einführung desselben im Wege stand*). Allein daß von dieser staatsrechtlichen Befugniß Gebrauch gemacht worden sei, bedürfte, zumal gegenüber dem ausgesprochenen Willen völlig unveränderter und unverkürzter Einführung des ganzen HGB, durchaus zweifelsfreier Beweise, während umgekehrt die Art. 60, 61 des Einf.-Ges. sogar das Gegentheil mit Sicherheit ergeben.

Art. 60 des Einf.-Ges. bezeichnet die durch Einführung des HGB aufgehobenen Gesetze. Aufgehoben sind: durch Art. 60 Nr. 1 die eigentlich handelsrechtlichen Abschnitte des ALR, nämlich § 475 bis 2464 Tit. 8 Th. II (Abschnitt 7 bis 15), auch soweit deren Inhalt mit dem HGB nicht im Widerspruch stehen sollte;

Verhandlungen über die Entwürfe 2c., Motive der Regierung S. 338;

Bericht der Kommission des Herrenhauses S. 540;

durch Art. 60 Nr. 2 in gleichem Maaße die beiden ersten Bücher des rheinischen HGB nebst gewissen Ergänzungsgesetzen; durch Art. 60 Nr. 3 endlich alle übrigen rein privathandelsrechtlichen Gesetze oder gesetzlichen Vorschriften, sofern dieselben nicht einen Gegenstand betreffen, hinsichtlich dessen das HGB auf Landesgesetze hinweist, oder sofern nicht die Fortdauer ihrer Geltung im Einführungsgesetz selber bestimmt ist. Ausgenommen von dieser Aufhebung des gesammten bisherigen preuß. Handelsrechts sind durch Nichtnennung die §§ 713 bis 1304 (Abschnitt 8 und 9)

* Vgl. Endemann DHR § 8 S 44.

Tit. 8 Th. II ALR, weil dieselben bereits durch Ges. v. 15. Febr. 50, betr. Einführung der DWO, außer Kraft gesetzt waren; ausdrücklich aber die §§ 1934 bis 2358 (Abschnitt 13) Tit. 8 Th. II ALR, insoweit dieselben sich nicht oder nicht lediglich „auf die Versicherung gegen die Gefahren der Seeschifffahrt" beziehen. Als Grund wird angegeben, daß „das HGB weder ein allgemeines Versicherungsrecht, noch spezielle Vorschriften über andere Arten von Versicherungen enthält;" Verhandlungen ꝛc., Motive der Regierung S. 341.

Man wollte somit das Versicherungsrecht (mit Ausnahme des im HGB speziell geregelten Seeassekuranzrechts) nicht lediglich der unsicheren Analogie, dem schwankenden Handelsgebrauch, der Beurtheilung nach allgemeinen Prinzipien überlassen, sondern dafür (bis zum Erlaß eines auch die übrigen Versicherungszweige umfassenden Gesetzes) an den noch anwendbaren gesetzlichen Bestimmungen des ALR festhalten, aber selbstverständlich nicht im Widerspruch mit allgemeinen, auch solche Versicherungsgeschäfte betreffenden Vorschriften des HGB. Diese, als das jüngere Recht, gingen, da Art. 1 des Einf.-Ges. dem ganzen Entwurf eines HGB ohne jede Ausnahme Gesetzeskraft verlieh, selbstverständlich auch den von der Aufhebung ausgenommenen Bestimmungen des ALR vor, soweit das Einf.-Ges. sie nicht ausdrücklich ausschloß.

Ueberdies aber will Art. 60 des Einf.-Ges. gar nicht die in Kraft gebliebenen, sondern die aufgehobenen Gesetze bezeichnen, und es ist hier nur die generelle Aufhebung des preuß. Handelsrechts, insbesondere der §§ 475 bis 2464 ALR II. 8, hinsichtlich des Versicherungsrechts eingeschränkt. Erst Art. 61 des Einf.-Ges. bezeichnet die trotz der Einführung des HGB, sowie trotz der Aufhebungsbestimmungen des Art. 60 in Kraft gebliebenen Gesetze. Zu diesen zählte er u. a. die Gesetze oder gesetzlichen Vorschriften, welche zum Gegenstand haben:

„die Versicherung, außer der Versicherung gegen die Gefahren der Seeschifffahrt.“

Aber es ist im Eingang des Art. 61 ausdrücklich festgesetzt, daß die nachfolgend genannten Gesetze in Kraft bleiben, „soweit nicht Bestimmungen des HGB entgegenstehen“. Daß diese Worte sich nicht auf alle im Art. 61 Nr. 1, 2, 3 aufgezählten Kategorien von Geschäften und Rechtsverhältnissen, insbesondere nicht auf Versicherungen beziehen, ist eine dem Wortlaut wie der erkennbaren Absicht des Gesetzgebers gleichmäßig zuwiderlaufende Einschränkung. Auch die Regierungsmotive bemerken ganz allgemein: „In Ansehung ihrer war das geltende Recht, insoweit nicht etwa eine Bestimmung des HGB direkt entgegensteht, unverändert beizubehalten“; Verhandlungen 2c., Motive der Regierung S. 342.

Wollte man aber aus den Eingangsworten des Art. 61: „ungeachtet der Vorschrift unter Nr. 3 des vorstehenden Artikels“ den Schluß ziehen, daß Art. 61 sich nicht auf die in §§ 1934 bis 2358 ALR II. 8 enthaltenen Vorschriften über die Versicherung, sondern nur auf die anderweitigen die Versicherung betreffenden Gesetze oder gesetzlichen Vorschriften beziehe, weil von ersteren nicht unter Nr. 3, sondern unter Nr. 1 des Art. 60 gesprochen wird: so würde darum noch keineswegs die weitere Folgerung gerechtfertigt sein, daß alle, nicht die Versicherung gegen Gefahr der Seeschifffahrt betreffenden Vorschriften der §§ 1934 bis 2358 ALR II. 8 auch dann in Kraft bleiben sollen, wenn sie mit den allgemeinen Vorschriften des HGB im Widerspruch stehen, da, wie gezeigt, schon Art. 60 des Einf.-Ges. das Gegentheil ergiebt.

Was nun insbesondere den offenbar gegen Art. 317 HGB hinsichtlich aller Versicherungsgeschäfte, welche Handelsgeschäfte sind, streitenden § 2064 ALR II. 8 anlangt: so führt zwar das preuß. Obertribunal aus, daß die Worte im Art. 61 des Einf.-Ges. „soweit nicht Bestimmungen des HGB entgegenstehen", auf diesen § 2064 schon darum nicht bezogen werden könnten, weil der § die alleinige, sehr bestimmt ausgesprochene Vorschrift enthalte, daß Versicherungsverträge der schriftlichen Abfassung bedürfen, und weil daher, wenn jene Worte sich auch auf die Art. 271 und 317 HGB beziehen sollten, nach welchen die Giltigkeit der Versicherungsverträge gegen Prämie von der schriftlichen Abfassung nicht abhängig ist, „in den Art. 60 und 61 die sich widersprechende Bestimmung enthalten sein würde, daß Versicherungsverträge (mit Ausnahme der Versicherungen gegen Seegefahr), weil jener § 2064 mit dieser Ausnahme in Kraft erhalten ist, der schriftlichen Abfassung bedürften, und zugleich, daß diese Verträge, weil der § 2064 mit den Art. 271 und 317 HGB im Widerspruch steht, der Schriftform nicht bedürften." — Allein zunächst giebt es auch gegenwärtig noch Versicherungsgeschäfte, welche nur unter besonderen Umständen Handelsgeschäfte sind, nämlich die Versicherungsgeschäfte auf Gegenseitigkeit*); sofern sie es nicht sind, unterliegen sie den Formvorschriften der Landesrechte. Sodann aber würde — sogar hinsichtlich derjenigen Versicherungsgeschäfte, welche Handelsgeschäfte sind — der dem Gesetzgeber imputirte Widerspruch nur in dem Falle vorliegen, wenn er den fragl. § 2064 unter den in Kraft gebliebenen Gesetzen ausdrücklich aufgeführt hätte. Dies ist aber so wenig der Fall, daß der Gesetzgeber nicht einmal den ganzen, das Versicherungsrecht umfassenden Abschnitt des ALR (von Seeversicherungen abgesehen) als in Kraft verbleibend bezeichnet, vielmehr nur von der allgemeinen Aufhebung des bisherigen preuß. Handelsrechts ausgenommen hat. Noch

* Vgl. Rspr. IV S. 385.

weniger hat er erklärt, daß jede einzelne darin enthaltene Vorschrift schlechthin in Kraft verbleibe; er hat vielmehr jede spezielle Aufzählung mit gutem Grunde vermieden, und der Wissenschaft und Praxis überlassen, für jeden einzelnen das Versicherungswesen betreffenden Rechtssatz zu prüfen, ob und wieweit derselbe mit dem jüngeren Recht des HGB noch verträglich sei, und er hat dieser Auffassung im Art. 61 sogar gesetzlichen Ausdruck verliehen.

Ist sonach durch Art. 317 in Verbindung mit Art. 271 Nr. 3 HGB die Formvorschrift des ALR Th. II Tit. 8 § 2064 für alle Versicherungsgeschäfte gegen Prämie beseitigt,

vgl. auch Keyßner, Ztschr. für Gesetzgebung ꝛc. B. V S. 172 ff.;
v. Kraewel, Centralorgan, Neue Folge B. VII S. 293 ff.; Ztschr für HR XIII S. 79, XV S. 612; Centralorgan, Neue Folge V S. 575:

so kann das Appellurtel auch nicht aus dem von der Bekl. angeführten Grunde aufrecht erhalten werden, daß Art. 271 Nr. 3 HGB nur die Uebernahme der Versicherung gegen Prämie zu den Handelsgeschäften zähle, daher der Versicherungsnehmer noch immer nur in Schriftform wirksam verpflichtet werde. Vielmehr bedarf auch das nur einseitige Handelsgeschäft auf keiner Seite der Schriftform oder sonstiger Förmlichkeit, da — nach Art. 277 HGB — die Bestimmungen des vierten Buchs auf beide Kontrahenten des auch nur einseitigen Handelsgeschäfts gleichmäßig anzuwenden sind, sofern nicht aus diesen Bestimmungen selbst sich ergiebt, daß ihre besonderen Festsetzungen sich nur auf denjenigen der beiden Kontrahenten beziehen, auf dessen Seite das Geschäft ein Handelsgeschäft ist, Art. 317 HGB aber nirgend zwischen nur einseitigen und beiderseitigen

Handelsgeschäften unterscheidet, diese Unterscheidung auch im Gange der Berathungen abgelehnt worden ist.

Vgl. Prot. S. 1313, 1314, 1358;
Goldschmidt Handbuch I S. 363 n. 6;
Strieth. Archiv B. 54. S. 39, B. 70 S. 66.

Es kommt daher nicht einmal in Betracht, daß das vorliegende Versicherungsgeschäft sich zugleich auf Seiten der Klägerin als Handelsgeschäft darstellt, da Beklagte, welche zu Schöneberg [bei Berlin] ein Brauereigeschäft betreiben, Kaufleute im Sinne des HGB (Art. 4 und 271 Nr. 1) sind, und die von ihnen genommene Versicherung ihrer Fabrikgebäude, Maschinen, Vorräthe ꝛc. als ein zum Betrieb ihres Handelsgewerbes gehöriger Vertrag erscheint:

HGB Art. 273, 274 [Rspr. IV S. 150, 156 n., 319];
Goldschmidt Handbuch S. 444, 518;
v. Hahn Komm. B. II S. 41;
Anschütz und v. Völderndorff Komm. II S. 26, 47;
Ztschr. für HR XV S. 618.

Hienach war das II. Urtel zu vernichten.

Für die Entscheidung in der Sache selbst kommen folgende Momente in Betracht.

Als feststehend ist zu erachten, daß ein auch nur mittelst zwei einseitiger Urkunden vollzogener schriftlicher Versicherungsvertrag zwischen den Parteien nicht zu Stande gekommen ist. Es ergiebt sich vielmehr, daß Bekl. unterm 16. Januar 68 lediglich an die in London und Edinburg domizilirte, zu Berlin durch ihren Generalagenten H. vertretene Feuer- und Lebens-Versicherungs-Gesellschaft North British and Mercantile einen Versicherungsantrag über Assekuranz ihrer Fabrikgebäude, Maschinen ꝛc. im angegebenen Versicherungswerth von 99824 Thlrn. gestellt haben, und daß demnächst ohne ersichtliche Mitwirkung der Bekl. die Versicherung der bezeichneten Gegenstände gegen Feuersgefahr im taxirten Versicherungswerth von 93500 Thlrn.

zur einen Hälfte von der North British and Mercantile, zur anderen Hälfte von der klagenden Gesellschaft (Adler) übernommen worden ist, nachdem der Generalagent der ersteren Gesellschaft die Uebernahme der ganzen Versicherung abgelehnt hatte. Es ist aber nicht behauptet, daß auch von dieser Ablehnung die Bekl. unterrichtet worden seien. Unter diesen Umständen waren Beklagte nicht verbunden, auf die Theilung der Versicherung oder auf die theilweise Uebernahme der Versicherung durch eine andere Besicherungsgesellschaft als diejenige, an welche ihr Versicherungsantrag gerichtet war, einzugehen; ihre Offerte war von der beantragten [!] Gesellschaft abgelehnt, und dagegen ihnen von der beantragten Gesellschaft einerseits und von der klagenden Gesellschaft andererseits proponirt, bei jeder derselben Versicherung zur Hälfte zu nehmen. Dieser Gegenvorschlag geschah in der Form, daß den Bekl. eine Police überreicht oder übersendet wurde, in welcher die klagende Gesellschaft als Versicherer zur einen Hälfte mit 46750 Thlrn., die North British and Mercantile als Versicherer zur anderen Hälfte mit gleichem Betrage bezeichnet waren, und es hat selbstverständlich dieser von der klagenden Gesellschaft ausgestellten Police eine zweite von der North British and Mercantile ausgestellte Police korrespondirt. Diese Police oder Policen brauchten Beklagte nicht anzunehmen, sie durften dieselben zurücksenden oder doch gegen jede Verpflichtung daraus sich verwahren. Dies aber haben sie nicht gethan. Sie haben vielmehr die Police oder Policen angenommen und behalten; sie haben gestattet, daß das Versicherungsschild des Adler an ihren Fabrikgebäuden angeheftet wurde und lange Zeit hindurch angeheftet blieb, sie haben die ganze Versicherungsprämie des ersten Versicherungsjahres gezahlt, endlich nach Verlauf von mehr als $^3/_4$ Jahr in einem an die klagende Gesellschaft gerichteten Schreiben v. 15. Dez. 68 nicht etwa die Unverbindlichkeit der Versicherung bei dieser behauptet, sondern erklärt, daß sie von der laut Police auf 5 Jahre geschlossenen Versicherung mit dem 16. Januar 69 — das heißt: mit Ablauf des ersten Versicherungsjahres — zurückträten. Diese Umstände lassen — auch abgesehen vom § 3 der (der Police inserirten) „Allgemeinen Versicherungsbedingungen":

„durch Annahme dieser Urkunden seitens des Versicherten wird sein Einverständniß mit dem ganzen Inhalt derselben . . . konstatirt" —

nach den allgemeinen Grundsätzen von der Perfektion der Verträge durch konkludente Handlungen, zumal im Handelsverkehr, keinen Zweifel, daß Beklagte die ihnen von beiden Versicherungsgesellschaften proponirte Theilung der Versicherung stillschweigend acceptirt haben und dadurch auch mit der klagenden Gesellschaft in den von dieser angebotenen Versicherungsvertrag eingetreten sind.

Art. 317, 279 HGB; ALR I. 4 § 58, 59, 94.

Die Behauptung aber, Beklagte hätten sich bei diesen Vorgängen in einem ihre Zustimmung ausschließenden Irrthum befunden, erscheint völlig haltlos.

Mag ihnen auch die Police nebst Versicherungsschild nicht direkt durch die jetzt klagende Gesellschaft zugegangen sein, und ist auch die erste Jahresprämie nicht direkt durch die Klägerin, sondern durch den General-Agenten der North British and Mercantile erhoben worden: so mußten doch Beklagte durch Einsicht der Police und des Versicherungsschildes sich sofort überzeugen, daß sie nicht (oder doch nicht allein) bei der North British and Mercantile versichert waren. Die weitere Behauptung, daß sie die Theilung der Versicherung nur als eine die North British and Mercantile und die klagende Gesellschaft unter einander angehende Art der Geschäftsmanipulation oder als Rückversicherung der Ersteren bei Letzterer betrachtet hätten, ist wenig wahrscheinlich, da der Inhalt der Police das klare Gegentheil ergab und der Brief v. 15. Dez. 68 deutlich entgegensteht. Die in der Duplik versuchte Motivirung dieses Schreibens aber, daß Beklagte die jetzt klagende Gesellschaft für identisch mit der North British and Mercantile erachtet hätten, und daß sie mit Letzterer einen neuen Versicherungsvertrag mit höherer Versicherungssumme hätten eingehen wollen, ist völlig unglaublich. Mindestens aber sind keinerlei Thatsachen angeführt, welche einen sicheren Schluß auf solchen, allerdings erheblichen Irrthum (ALR I. 4 § 76 bis 78) gestatten, und der anscheinend auch über die nackte Thatsache des Irrthums deferirte und ev. acceptirte Eid kann in dieser Allgemeinheit nicht zugelassen werden. Aus welchen sonstigen Gründen aber Beklagte bei der klagenden Gesellschaft nicht weiter versichert sein wollen, ist unerheblich, da sie einen gesetzlichen Aufhebungsgrund der bis 16. Januar 73 geschlossenen Versicherung nicht behauptet haben, ihre bloße (gleichviel ob begründete oder unbegründete) Abneigung zur Fortsetzung des Vertragsverhältnisses aber eine Lossagung von demselben nicht rechtfertigt. —

Hienach erscheint der Anspruch der Klägerin in der Hauptsache gerechtfertigt. Anlangend dagegen die geforderten Verzugszinsen zu 12 %, so bestimmt zwar ALR II. 8 § 2110:

> wird die Zahlung (der Prämie) verzögert, so kann der Säumige dazu binnen 30 Tagen nach der Zeichnung im Exekutivprozeß angehalten werden, und muß zugleich von der Prämie eins vom Hundert monatlich an Zinsen bezahlen;

und es kann dahin gestellt bleiben, ob dieser (im Allgemeinen durch Art. 60, 61 des Einf.-Ges. v. 24. Juni 61 aufrecht erhaltenen, den Vorschriften des HGB nicht widerstreitenden) Bestimmung Art. 14 des Einf.-Ges. entgegensteht, nach welcher die Höhe der gesetzlichen Zinsen, insbesondere auch der Verzugszinsen, „in allen Handelssachen“ sechs vom Hundert jährlich beträgt. Denn das ALR spricht lediglich von der „bei Aushändigung der Police“ fälligen Prämie, also nur von der Gesammtprämie oder allenfalls von der ersten Prämienrate bei periodischer Prämienzahlung. Der Gedanke ist: weil die nicht kreditirte Prämie sofort gegen Aushändigung der Police gezahlt werden soll, so ist die Nichtzahlung mit empfindlicher prozessualer und ungewöhnlicher Strafzinsverpflichtung bedroht, wie denn auch der Versicherer ein Vorzugsrecht im Konkurse genoß.

ALR II. 8 § 2067, 2109, 2110, 2112 bis 2115; AGO I. 50 § 384, 387.

Ob auch nur an die erste Rate einer periodischen Prämie gedacht ist, läßt sich nicht erkennen, zumal das ALR vorwiegend die Seeversicherung im Auge hat, bei welcher, wie noch gegenwärtig, nur Gesammtprämie, entrichtet zu werden pflegt (HGB Art. 816), und da zur Zeit der Abfassung des ALR auch bei mehrjähriger Versicherung gegen Feuersgefahr die einmalige Prämienzahlung im Voraus üblich war. Jedenfalls läßt der offenbar höchst singuläre Charakter dieser Vorschrift deren anloge Ausdehnung über den vom Gesetzgeber entschiedenen Fall, daß die Entrichtung der bei Aushändigung der Police baar zu zahlenden Prämie verzögert wird, um so weniger zu, als die Versicherungsgesellschaften an die unterlassene oder verzögerte Zahlung späterer Prämienraten anderweitige sehr erhebliche Rechtsnachtheile zu knüpfen pflegen,

Malß in der Ztschr. für HR VI S. 365 ff., XIII S. 81 ff,

und auch im § 3 der hier vorliegenden Police von dieser Befugniß Gebrauch gemacht ist.

Nr. 54.

I. Senat. — Erkenntniß v. 23. Januar 72. (D.)

A. Jacobson ./. Ländliche Feuer-Societät im Kreise Preuß. Holland (Nr. 672 v. 71).

Preußen. **Nichtigkeitsbeschwerde.**

I. Instanz: Gerichtsdeputation Preuß. Holland,
II. Instanz: Ostpreußisches Tribunal zu Königsberg.

Feuerversicherung. Verkauf des versicherten Gebäudes, Eintritt des Käufers in das Versicherungsverhältniß.

Beim Wechsel des Eigenthums an einem gegen Feuerschaden versicherten Gebäude tritt in Altpreußen der Erwerber regelmäßig ohne Weiteres in den laufenden Versicherungsvertrag ein, wenn nicht vertragsmäßig oder durch das Reglement der betreffenden Versicherungsgesellschaft etwas Anderes bestimmt worden ist.

ALR II. 8 § 2163, 1983.

Kläger hatte eine ländliche Hofstelle gekauft, deren Gebäude vom Vorbesitzer bei der bekl. Gesellschaft versichert worden waren. Demnächst sind die Gebäude abgebrannt, und Kläger fordert die Versicherungssumme, indem er durch Erwerb des Grundstücks ohne Weiteres in den Versicherungsvertrag eingetreten sein will. In zwei Instanzen abgewiesen, erwirkt er durch NktBschw. die Verurtheilung der Bekl.

Entscheidung des OHG.

Der Appellrichter stellt an die Spitze seiner Ausführung den Satz, daß der Anspruch des Vorbesitzers des Klägers aus dem mit der Bekl. geschlossenen Feuerversicherungsvertrage blos durch den Ankauf der versicherten Gebäude auf den Kläger nicht übergegangen sei. Er stützt diesen Satz durch die Erwägung, daß genannter Anspruch nicht zu den subjektivdinglichen Rechten gehöre und daß die Brandentschädigung kein Pertinenz des versicherten Grundstücks sei. Auch findet er das Gegentheil seiner Aufstellung in einer Bestimmung des preußischen Gesetzes, insbesondere im § 2163 ALR II. 8, nicht ausgesprochen.

Mag nun auch für das gemeine Recht die Ansicht annehmbar sein, daß eine Veräußerung des versicherten Gegenstandes nicht durch sich selber die Ansprüche des Veräußerers aus dem Versicherungsvertrage auf den Käufer überträgt,

> Archiv für civilistische Praxis B. 26 S. 201;
> Goldschmidt Ztschr. B. 8 S. 371 bis 373;
> Malß Ztschr. I S. 121:

so kann doch dieser Satz für das preußische Recht in Ansehung der Feuerversicherung nicht festgehalten werden.

Die Definition, welche das ALR II. 8 § 1934 von der Versicherung dahin giebt:

> bei einer Versicherung oder Assekuranz übernimmt der Versicherer gegen Erhaltung einer gewissen Abgabe oder Prämie die Vergütung des aus einer bestimmten Gefahr die versicherte Sache betreffenden Schaden,

enthält zwar keine Andeutung einer dinglichen Verbindung des Versicherungsanspruchs mit der „versicherten Sache.“ Allein mehrfache gesetzliche Bestimmungen haben doch auch den Charakter dieses Anspruchs als eines blos persönlichen des Versicherten getrübt.

Schon die Allg. Hypothekenordnung v. 20. Dez. 1783 bestimmte, daß die Feuer-Societäts-Beiträge gleich den übrigen orts- oder gegendüblichen „gemeinen Lasten des Guts“ in die zweite Rubrik des Hypothekenbuchs nicht einzutragen, weil dergleichen Lasten vom intabulirten „Werth des Guts“ bereits abgezogen seien. Andererseits verordnete sie die Eintragung der Versicherungssumme selber in derselben Weise wie die neuzugelegter Pertinenzien, nämlich in der I. Rubrik des Hypothekenbuchs unter dem „titulus possessionis.“

Hypotheken-Ordnung Tit. I § 48, 46, (35).

Uebereinstimmend hiermit gab die AGO von 1793 den Rückständen an Feuersocietätsbeiträgen gleich anderen allgemeinen Grundstückslasten im Konkurs über das Vermögen des Versicherten das Vorrecht der 2. Klasse; und sie schied von der Konkursmasse des Gemeinschuldners die Feuerentschädigungsgelder aus, gestattete auch in der Regel den persönlichen Gläubigern des Versicherten keine Beschlagnahme dieser Gelder, indem sie hervorhob, daß letztere „schlechterdings ihrer Bestimmung gemäß verwendet werden müßten."

AGO I. 50 § 359, 336; Tit. 29 § 18.

Auch verordnete das ALR, daß, wenn ein vom Feuer zerstörtes (städtisches) Gebäude vom bisherigen Eigenthümer nicht wieder errichtet und deshalb der Bauplatz in Folge eines besonders geordneten Verfahrens einem Dritten zur Wiederbebauung adjudizirt werde, die Brandentschädigung diesem, nicht aber dem bisherigen Eigenthümer zu Statten kommen solle.

ALR I. 8 § 59.

Es kann unentschieden bleiben, ob diese Bestimmungen genügen, um dem Anspruch auf Brandentschädigung die rechtliche Bedeutung eines Zubehörs (Pertinenz) des versicherten Gebäudes zu geben;

Plenarbeschluß des OTr. v. 5. Dezbr. 53 (Entsch. B. 27 S. 1; Justizministerial-Bl. v. 1854 S. 63);
Förster Theorie ꝛc., 2. Auflage B. II S. 398, B. I S. 110; —

von welcher Auffassung die neueren preußischen legislativen Arbeiten betreffs des Hypothekengläubiger ausgehen.

Ges. über Einführung von Grund- ꝛc. Büchern in Neuvorpommern ꝛc. v. 21. März 68 § 15 (Ges.-Sammlung S. 293);

Gesetzentwurf über den Eigenthumserwerb ꝛc. v. 8. Okt. 69 § 23 am Ende, § 24;

Gesetzentwurf über denselben Gegenstand v. 4. Nov. 71 § 26 und 27 (vgl. Annalen des O.App.Ger. Dresden, III S. 407)*).

Es kann gleicher Weise dahin gestellt bleiben, ob der Versuch, diesen Anspruch unter die subjektiv-dinglichen Rechte zu subsumiren, gelungen ist.

Vgl. Lasker in der deutschen Gerichtszeitung 1865 S. 133, 141, 145 (ALR I. 2 § 125, 128).

Aber der Zusammenhang jener Bestimmungen ergiebt, daß zur Zeit ihrer Emanation der Anspruch eines Gebäudebesitzers aus dem Versicherungsvertrage seinen übrigen persönlichen Forderungsrechten keineswegs gleichgestellt wurde. Im Gegentheil, es prävalirte der Gedanke, daß die Brandentschädigungsgelder weder von ihm noch von seinen Gläubigern beliebig verwendet werden dürften, sondern im öffentlichen Interesse ihrer eigentlichen Bestimmung zu erhalten seien. Sie wurden deshalb als werthbestimmend für das Grundstück selber behandelt und möglichst dem Grundstück gesichert.

Bei dieser Auffassung lag es nahe, überhaupt weniger die persönliche Natur des Versicherungsanspruchs, als seine Verbindung mit der versicherten Sache zur Geltung zu bringen. Dies war in allen den Fällen möglich, in denen angenommen werden konnte, daß der Assekuranzvertrag abseiten des Versicherers nicht mit Rücksicht auf die persönlichen Qualitäten des Versicherten, also auch nicht unter der Voraussetzung der Fortdauer seiner Stellung zur versicherten Sache eingegangen war. In der Regel ist diese Annahme bei der Feuerversicherung zulässig. Bei ihr

* Vgl. Gesetz über den Eigenthumserwerb ꝛc. der Grundstücke v. 5. Mai 72 § 30, 31 und neue Grundbuch-Ordnung v. 5. Mai 72 § 10 am Ende.

kommt es für die Uebernahme der Assekuranz wie für die Höhe der Prämie meist nicht sowohl auf die Person des Eigenthümers als auf die Qualität, Bestimmung, Lage der versicherten Sache an. Und die Persönlichkeit des Versicherten verliert vollends dann an Bedeutung, wenn, wie zur Zeit der Emanation des ALR nicht selten der Fall war, für Gebäude orts- oder bezirksweise Versicherungszwang besteht.

Wird dies festgehalten, so muß der § 2163 ALR II. 8 umfassender verstanden werden, als vom Appellrichter geschehen. Dieser § setzt fest:

> eine Veränderung in der Person des Eigenthümers der versicherten Sache ändert nichts in der Versicherung, wenn nicht damit zugleich eine Veränderung des Orts, der Aufsicht, der Art der Aufbewahrung oder der Nachbarschaft verbunden ist.

Daß dieser § nur von der Feuerversicherung handelt, ergeben die ihm vorangehenden sieben §§. — Seiner Fassung und seinem Sinne nach betrifft er alle Eigenthumsübergänge, also sowohl den Erbgang als die nothwendige und freiwillige Veräußerung. Schon hieraus ergiebt sich, daß es unzulässig ist, den Fortbestand der Versicherung nicht nur auf ihren objektiven Inhalt, sondern auch, wie der Appellrichter sagt, auf die Person des Versicherten zu beziehen. — Wäre wirklich für den Bestand dieser Versicherung die Persönlichkeit des Versicherten entscheidend, so müßte sie mit seinem Tode aufhören; und im Falle der Veräußerung der versicherten Sache könnte er das Recht aus dem Versicherungsvertrage nicht nur aus jenem Grunde, sondern insbesondere auch deshalb nicht übertragen, weil er der Regel nach nur sein Interesse an der Erhaltung des versicherten Objekts versichert hat, dies Interesse aber mit der Veräußerung erlischt; § 1983 a. a. O. Für beide Fälle nun hat der § 2163 das Entgegengesetzte bestimmt. Nach ihm geht sowohl im Falle der Singular- als der Universal-Succession Recht und Pflicht aus der Versicherung auf den Successor über, — vorausgesetzt natürlich, daß der Versicherungsvertrag Abweichendes nicht bestimmt und das Risiko des Versicherers in der angedeuteten Weise objektiv nicht erschwert wird. Denn soll — wie der § verordnet — im Fall der Veräußerung „in der Versicherung nichts geändert werden", hört andererseits der Veräußerer durch den Wegfall seines Interesses auf, Versicherter zu sein, und ist zugleich für die Fortdauer einer Versicherung die Existenz eines Versicherten nothwendig: so besagt jener §, daß mit der Veräußerung der versicherten Sache und durch dieselbe auf deren Erwerber auch das Recht aus der Versicherung ohne Weiteres und stillschweigend übertragen ist. Selbstverständlich kann diese Uebertragung auch durch ausdrückliche Cession bei der Veräußerung ausgesprochen*) werden; § 2280 ALR II. 8;

Förster a. a. O. II S. 399;

vgl. v. Vangerow Lehrbuch der Pandekten 7. Aufl. III S. 440.

Aber ohne die Ertheilung einer solchen Cession den Uebergang des Rechts aus der Versicheruug auf den Erwerber der versicherten Sache leugnen, heißt: die Vorschrift des § 2163 für den Fall der Singular-Succession elidiren, oder ihr den, mit dem Verbot der Wett- oder Glücks-Versicherung (§ 1983) unvereinbaren, Sinn beilegen, daß der Versicherte ungeachtet der Veräußerung der versicherten Sache Versicherter bleibe und deshalb durch die Veräußerung „in der Versicherung nichts geändert werde." Auch würde die Konsequenz dieser Ansicht in Verbindung mit dem Verbot der Doppelversicherung möglicher Weise zu dem Resultat

*) Vgl. oben Fall 18 S. 109.

führen, dem neuen Erwerber wegen der Fortdauer der alten Assekuranz die Versicherung seines Eigenthums zu untersagen.

Es ist hienach unrichtig, den § 2163 durch § 2280 a. a. O. zu beschränken. „Die Zahlung" — so verordnet letzterer — „muß an denjenigen geschehen, auf dessen Namen die Police lautet, oder dem sie von diesem cedirt worden ist." Es kann unerörtert bleiben, ob diese Vorschrift nur den Fall der Cession **nach** eingetretener Beschädigung voraussetzt, und ob sie, wie aus § 2281 hervorzugehen scheint, nicht die Frage des Uebergangs des Rechts aus dem Versicherungsvertrage, sondern nur die Legitimationsfrage betrifft.

Deutsche Gerichtszeitung a. a. O. S. 145.

Jedenfalls enthält sie eine generelle Regel betreffs aller Arten von Versicherungen, welche ihrerseits durch die Spezialvorschrift des § 2163 betreffs der Feuerversicherung ergänzt wird.

Der hier entwickelte Sinn des § 2163 ist keineswegs — wie behauptet worden — im deutschen Rechtsleben nicht zur Anerkennung gelangt,

— Goldschmidt Ztschr. B. 8 S. 372 —

sondern in zahlreichen Feuersocietätsreglements innerhalb des preußischen Staats wirksam geworden. Diese unter staatlicher Autorität erlassenen, unter staatlicher Kontrolle gehandhabten Reglements zahlreicher Bezirks- und Provinzial-Feuersocietäten enthalten in Ansehung der Gebäude-Versicherung — meistens ohne Versicherungszwang — von 1808 bis in die neueste Zeit fast alle die wörtliche Vorschrift:

„die Zahlung (der Versicherungssumme) geschieht in der Regel an den Versicherten, und darunter ist allemal der Eigenthümer des versicherten Gebäudes zu verstehen, dergestalt, daß im Falle, wenn das Eigenthum des Grundstücks . . . durch Veräußerung, Vererbung ꝛc. auf einen Anderen übergeht, damit zugleich alle aus dem Versicherungsvertrage entspringenden Rechte und Pflichten für übertragen geachtet werden."

Ges.-Sammlung v. 1808 S. 563; 1836 S. 62, 95; 1838 S. 111, 169, 215, 293, 326, 396, 463; 1840 S. 46; 1841 S. 269; 1842 S. 131, 158; 1843 S. 204; 1844 S. 352; 1845 S. 759; 1846 S. 182; 1852 S. 607, 637; 1853 S. 782, 987.

Vgl. Justizministerialbl. v. 1855 S. 313, 314.

Wenn in zweien oder dreien dieser Reglements hinzugefügt ist, daß „die Auszahlung selber nur an denjenigen erfolgen solle, der im Kataster als Versicherter vermerkt stehe", (1840 S. 46, 1842 S. 131): so ergiebt doch namentlich das Reglement v. 28. April 43, daß damit nur eine „Legitimation des rechtmäßigen Eigenthümers" intendirt ist.

Ges.-Sammlung v. 1843 S. 46.

Mögen nun auch die Police-Bedingungen der neuen Privat-Feuer-Versicherungsgesellschaften fast alle den „Wechsel des Eigenthümers für das Ende der Versicherung erklären,"

Malß in Goldschmidt's Ztschr. 8 S. 73:

so beherrscht doch, wie eben gezeigt, der entgegengesetzte Grundsatz — wenigstens in Ansehung der Gebäude-Versicherung — ein sehr bedeutendes Rechtsgebiet; und daß dem so ist,

daß also in Preußen zufolge des § 1983 und § 2163 a. a. O. die Veräußerung des feuerversicherten Gebäudes die Rechte aus der Versicherung ohne Weiteres auf den Käufer überträgt —

dieser Rechtssatz wurde, als die Plenarversammlung des preuß. OTr. am 5. Dezbr. 53 das Recht der Hypothekengläubiger auf die Feuerversicherungsgelder berieth, sowohl von den Vertheidigern als den Gegnern dieses Rechts als bestehend anerkannt.

Entsch. des OTr. B. 27 S. 1 ff.;
Justizministerialbl. 1854 S. 65 und 66.

Auf derselben Anschauung übrigens, aus welcher der § 2163 hervorgegangen, beruhen die Art. 343 und 378 (vgl. Art. 680) des sechsten Titels des preuß. Entwurfs eines HGB; und so wenig ist diese Anschauung dem Rechtsleben im übrigen Deutschland eine fremde, daß bei der Berathung des HGB (insbesondere des Abschnitts über die Seeversicherung) auf der Nürnberger Konferenz die vorgeschlagene Bestimmung:

im Zweifel wird vermuthet, daß in der Veräußerung des versicherten Gegenstandes die Uebertragung der Rechte aus der Versicherung begriffen sei,

nur durch den Stichentscheid des Präsidenten fiel.

vgl. Prot. (B. 7) S. 3640 bis 3653; (insbesondere 3650, 3651 und 3652)
(auch neues Archiv für HR von Voigt und Heinichen I. S. 423 bis 425; IV S. 218 n. 49a).

Ist nun auch zuzugeben, daß beim Erlaß der oben erwähnten Bestimmungen der Hypotheken-Ordnung und AGO, sowie der im § 2163 ALR II. 8 gegebenen Vorschrift zunächst an die damaligen öffentlichen, unter öffentlicher Autorität verwalteten oder kontrollirten Feuersocietäten, welche meistens auf Gegenseitigkeit, zum Theil auf Versicherungszwang beruhten, gedacht ist: so umfaßt doch namentlich der 13. Abschnitt jenes Titels des ALR keineswegs nur derartige Verbände; im Gegentheil giebt er die Normen für Feuerversicherungen aller Art, und die in den „Reglements" geordneten Rechtsverhältnisse der damaligen

Societäten waren ihm zwar Anhalt und mitunter Vorbild, nicht aber Schranke.

Hienach hat der Appellrichter — unter Verkennung des aus den §§ 2163 und 1983 resultirenden, von der NktVschw. dahin formulirten Rechtsgrundsatzes:

> daß beim Wechsel des Eigenthums an einem gegen Feuerschaden versicherten Gebäude der Erwerber von selbst in den laufenden Versicherungsvertrag eintritt, wenn der Vertrag mit dem Versicherer Abweichendes nicht bestimmt —

jene §§ verletzt, weshalb seine, zunächst auf der Nichtanwendung dieses Rechtssatzes beruhende Entscheidung zu vernichten war.

In der Sache selbst ergiebt sich die Entscheidung nach dem Bisherigen von selbst.

Das auf das Unvollkommenste redigirte Statut der Beklagten enthält zwar verschiedene Bestimmungen über den „Eintritt in die Gesellschaft", das „Ausscheiden aus der Societät" und den „Verlust der Vergütungsansprüche." Aber keiner dieser §§ erwähnt des Uebergangs des Eigenthums an den versicherten Gebäuden; keine Bestimmung dieser Statuten deutet an, daß dieselben (welche unverkennbar aus einer unkundigen Anlehnung an die erwähnten ostpreußischen Reglements entstanden, abweichend hievon) als Gegenstand der Versicherung nicht die Gebäude selbst, sondern das Interesse des jeweiligen Eigenthümers an ihrer Deckung gegen Feuersgefahr betrachtet hätten und deshalb zu der Vorstellung gelangt wären, der Wechsel des Eigenthümers könne auf den Bestand der Versicherung influiren. Fehlt ihnen aber eine von obigem Rechtssatz abweichende Bestimmung, so kommt dieser gegen die Beklagte zur Anwendung, ohne daß erörtert zu werden braucht, ob die vom Kläger (nicht in Folge einer Vorschrift des Statuts) dem Bezirkskommissar erstattete Anzeige von seinem Neuerwerb als der Gesellschaft gemacht anzusehen. Denn daß Kläger die von seinem Vorbesitzer versicherten Gebäude in der That erkauft und in Besitz genommen hat, darüber sind die Parteien einig, uud es handelt sich hier nicht um die Frage, ob die Beklagte Mangels einer gehörigen Anzeige oder Kenntniß vom Eigenthumsübergange befugt gewesen wäre, den Vorbesitzer des Klägers als den Versicherten zu behandeln.

Daß ein Totalschaden vorliegt und daß bei einem solchen in der Regel die versicherte Summe — ohne Neuermittelung des Werths des Abgebrannten — bezahlt werden muß, darüber herrscht unter den Parteien kein Streit. Aber die Beklagte glaubt dem Kläger die statutenmäßigen Brandgelder deshalb vorenthalten zu dürfen, weil derselbe die Gebäude seines Vorbesitzers ohne dessen Acker gekauft, mithin nur Anspruch auf die geringeren Brandgelder eines „Eigenkäthners" habe. Dieser Einwurf ist haltlos. Die Gebäude der Hofbesitzer und Gastwirthe sind im § 28 der Statuten (im Unterschied von denen der Käthner und Instleute) nur deshalb höher geschätzt, weil jene vermöge der größeren Wohlhabenheit ihrer Besitzer in dortiger Gegend werthvoller zu sein pflegen. Wesentlich ist nur der Werth des Gebäudes, und nur für dessen Veranschlagung ist der Stand des Besitzers ein Anhalt. Der bauliche Werth einer Hofstätte wird aber dadurch kein anderer, daß der Acker des Hofes von ihr getrennt wird. Am Wenigsten kann diese Trennung dann von Bedeutung sein, wenn nicht ein Käthner, sondern (wie hier) ein Bauer zu seinem Acker eine fremde Hofstätte kauft. — Ob die abgebrannten Gebäude, „wenn Kläger als Eigenthümer sie hätte versichern wollen", nur zu 2150 Thlrn. würden „angenommen" worden sein, ist unerheblich. Es genügt, daß sie bei der Versicherung seines Vorbesitzers zu 3000 Thlrn. angenommen sind, daß er in diese Versicherung eingetreten, und daß der Betrag, soviel konstirt, durch eine der statutenmäßigen Revisionen (§ 24) nicht gemindert ist.

Der Anspruch des Klägers erscheint hienach überall gerechtfertigt.

Nr. 55.

I. Senat. — Erkenntniß v. 23. Jan. 72. (B.)

Hahn ./. Wöller (Nr. 40 v. 72).

Preußen. Wechselsache. Nichtigkeitsbeschwerde.

I. Instanz: Kreisgericht Rotenburg,
II. Instanz: Appellationsgericht Cassel.

Klage des Indossatars, Einrede eines Procuragiro und der Arglist.

1. Bezüglich eines Voll-Indossaments bleibt die etwaige Vereinbarung, daß das in reiner Form gegebene Giro nur als Procuragiro gelten solle, im Verhältniß zu Dritten ohne Bedeutung: Dritten gegenüber erscheint der Indossatar immer als berechtigter Wechselgläubiger.

DWO Art. **10, 12, 17.**

Vgl. Rspr. I S. 100, 264; II S. 219 Nr. 3, 373 Nr. 4.

2. Beispiel arglistiger Wechselbegebung und der Wirksamkeit einer persönlichen Einrede des Wechselschuldners.

DWO Art. **82**, vgl. Rspr. I S. 57, 103 Nr. 2; II S. 374, III S. 374.

Entscheidung des OHG:

Der Appellrichter hat angenommen, daß

1. für die Wirkung des Indossaments gegen Dritte nur dessen auf dem Wechsel ersichtliche Fassung, nicht aber die Vertragsberedung der Betheiligten entscheidend sei, der Wechselbeklagte daher nicht gehört werden könne mit solchen Einwendungen, welche auf Grund der zwischen dem Indossanten und dem Indossatar getroffenen Verabredungen die volle Wirksamkeit des dem Letzteren zur Seite stehenden Indossaments bestreiten, daß dagegen

2. die Uebertragung des Wechsels auf den klagenden Indossatar, ist dieselbe in der erkennbaren Absicht erfolgt,

dem Bekl. die ihm gegen den Indossanten zustehenden Einreden abzuschneiden, eine beachtliche exceptio doli begründe.

Gegen die Auffassung unter 1 kämpft Beklagter [Acceptant], gegen die unter 2 Kläger an. Beide mit Unrecht.

1) Das OHG befolgt, im Einklang mit dem Ausspruch der Vorinstanzen, die Ansicht, daß im Verhältniß zu dritten Personen die Beredung, daß das in der eigentlichen Form ausgestellte Indossament nur als Prokuraindossament gelten solle, gar keine Bedeutung hat, der Indossatar vielmehr Dritten gegenüber — die Beredung mag gegangen sein, wohin sie wolle — immer als berechtigter Wechselgläubiger erscheint. Es beruht dies, wie bereits in früheren Fällen näher ausgeführt worden [Rspr. I S. 99 ff., 264 und oben Fall 10 S. 55], auf der Erwägung, daß für das reine Indossament ebensowohl, wie für das Procuraindossament in Art. 9 bis 17 DWO bestimmte Formen vorgeschrieben sind, durch deren Wahl der Indossant den Umfang der mit dem Indossament verbundenen Rechte bestimmt. Entscheidet er sich für das reine Indossament, so räumt er dem Indossatar dadurch in unzweideutiger Weise dem Wechselschuldner gegenüber die Stellung des eigentlichen Wechselgläubigers ein. Die Verabredung, daß das Indossament nur die Wirkung eines Procuraindossaments, haben solle, hat nur nach Innen, mithin blos im Verhältniß der Kontrahenten unter sich, Rechtswirkung. Bei Festhaltung dieser Ansicht — und der jetzige Fall bietet keinen Anlaß, davon zurückzutreten — ergiebt sich zugleich von selbst, daß die Einrede des Bekl., das den Kläger legitimirende, der Form nach als ein eigentliches Indossament sich darstellende Indossament sei in der That nur ein Procuraindossament gewesen, keine Berücksichtigung verdient. Er verkennt, daß Art. 17 DWO die Voraussetzung vorschreibt, deren Einhaltung erforderlich ist,

um dem Indossament nach Außen hin die Wirkung eines Procuraindossaments zu verleihen, und daß ferner Art. 82 zu Gunsten des Wechsel-Beklagten da keine Anwendung finden kann, wo Beklagter (ohne Vorhandensein der Voraussetzungen einer Arglist) die Einreden lediglich aus der Person des Indossanten herzuleiten versucht.

2) Beklagter hat sich in II. Instanz darauf bezogen, wie Kläger vor und bei Uebertragung des eingeklagten Wechsels ... in Erfahrung gebracht habe, daß der Indossant [zugleich Aussteller des an eigne Ordre gezogenen Wechsels] mit dem Bekl. verabredet, es solle von dem eingeklagten Wechsel kein Gebrauch gemacht werden, wenn sich die Schuld des Bekl. an jenen geringer als der Wechselbetrag herausstelle, daß in der That aber diese Schuld weniger betrage. Es kommt als entscheidend in Betracht, daß die Verabredung, von welcher Kläger bei Erwerbung des Wechsels Kunde erhalten haben soll, die Realisirung des Wechsels zum Gegenstand hatte, indem sie ein bedingtes pactum de non petendo enthielt. Setzte Indossant den Kläger in der behaupteten (durch Eid zu ermittelnden) Weise in Kenntniß, und ließ dieser gleichwohl den Wechsel auf sich übertragen: so kann über die Absicht des Klägers sowohl, wie seines Indossanten, mittelst des Indossaments dem Bekl. zustehende Einreden entziehen zu wollen, kein begründeter Zweifel obwalten. Ein solches Verhalten begründet gegen den Kläger den Vorwurf einer Betheiligung an dem dolus des Indossanten. Es gewährt dem Bekl. die exceptio doli, mit welcher derselbe in ihrer Richtung gegen den jetzigen Kläger nach Art. 82 DWO mit dem Erfolge gehört werden muß, daß das zwischen dem Bekl. und dem Indossanten des Klägers begründete Rechtsverhältniß auch gegen den Kläger gilt.

Nr. 56.

II. Senat. — Erkenntniß v. 24. Jan. 72. (B.)

Heinzelmann ./. Glenz (Nr. 90 v. 72).

Hessen. **Ober-Appellation.**

I. Instanz: Landgericht Michelstadt,
II. Instanz: Hofgericht Darmstadt.

Contocurrentverhältniß und Wechselregreßanspruch.

Ist beim Bestehen eines (eigentlichen) kaufmännischen Contocurrentverhältnisses unter den Parteien eine besondere Wechselregreßklage zulässig, nachdem die Rechnungsperiode, in welche der Anspruch fällt, bereits abgeschlossen und der daraus sich ergebende Saldo festgestellt worden?

HGB Art. 279, 291; DWO Art. 82.
Vgl. Rspr. I S. 373, II S. 141, III S. 202.

Sachverhalt und Entscheidung des OHG:

Die Parteien haben unbestritten in einem Contocurrentverhältniß dergestalt gestanden, daß Klägerin der Bekl. einen Acceptationskredit eröffnet hat, wogegen Beklagte zeitig Deckung zu gewähren hatte. Wie die ... Abschlüsse ergeben, bestanden unter den Parteien halbjährige Rechnungsperioden, so daß jedesmal am 1. Januar und am 1. Juli der Saldo gezogen wurde, [vgl. Rspr. I S. 341].

Am 1. Juli 71 blieb — nach dem von der Klägerin aufgestellten, der Bekl. übersendeten und von dieser nicht monirten Abschluß — zu Gunsten der Bekl. ein Saldo von 856 Gulden. In dem Abschluß ist unter dem Datum des 21. Juni als Sollposten der Wechsel-Regreßanspruch aufgeführt, welchen Klägerin im vorliegenden, am 12. Aug. 71 anhängig gemachten Prozeß zum Betrage von 532 Gulden gegen die Beklagte geltend macht. Der Klageanspruch rührt daher, daß Beklagte am 15. März 71 eine Tratte, zahlbar am 15. Juni 71, an eigene Ordre auf K. in M.

gezogen, bei B. in Frankfurt a./M. domizilirt und der Klägerin (zur Deckung) girirt hat, daß dieser Wechsel aber bei Verfall nicht honorirt worden und mit Protest auf die Klägerin zurückgekommen ist.

Die erhobene Klage ist vom Appellrichter mit Recht zurückgewiesen worden.

Es ist bereits im Urtel des OHG v. 6. Sept. 71 [Rspr. III S. 204 ff.] ausgeführt worden, daß die Entscheidung der Frage, ob bei bestehendem Contocurrentverhältniß ein einzelner [Wechselregreß-*)] Anspruch getrennt und mit besonderer Klage geltend gemacht werden könne, oder ob nur der am Schluß der jedesmaligen Rechnungsperiode verbliebene Saldo eingeklagt werden dürfe, durch das auf ausdrücklicher Abrede beruhende oder aus den obwaltenden Umständen zu entnehmende konkrete Vertragsverhältniß bestimmt werde. In vorliegendem Falle spricht nun der Umstand, daß Klägerin selbst den streitigen Regreßanspruch unter einem, vor dem Tage des Abschlusses der Rechnungsperiode liegenden Datum in den der Bekl. übersendeten Contoabschluß eingetragen hat, entscheidend dafür, daß dieser Regreßanspruch vom Contocurrentverhältniß, welches ja überhaupt nur Wechselansprüche und Deckungen dafür zum Gegenstand hatte, nach Intention der Kontrahenten nicht hat ausgeschlossen werden sollen, also nicht mit einer abgesonderten Klage geltend gemacht werden, sondern nur als Faktor für den am Ende der Rechnungsperiode zu ziehenden Saldo gelten soll.

Es kommt als weiterer entscheidender Grund hinzu, daß der eingeklagte Regreßanspruch bei der am 1. Juli 71 (mit einem zu Gunsten der Bekl. verbliebenen Saldo) statt-

* Für andere Ansprüche, sofern sie aus dem Geschäftskreise des Contocurrentverhältnisses hervorgegangen, besteht wol kein Zweifel; vgl. Rspr. I S. 374, III S. 206, 272.

gehabten Abrechnung bereits als Sollposten verrechnet und damit unter den Parteien definitiv erledigt ist. Klägerin macht hiergegen zwar geltend, daß in ihrer betr. Rechnung [nachträglich] unterm 3. Juli ein Sollposten von 1400 Gulden aufgeführt sei, welcher nicht nur den Saldo des Bekl. von 856 Gulden vollständig absorbire, sondern noch einen Ueberschuß von 534 Gulden zu Gunsten der Klägerin ergebe. Allein nachdem Klägerin selbst mit dem 1. Juli das Conto in angegebener Art abgeschlossen hat, kann aus dem Umstande, daß sie nach dem 1. Juli eine neue Forderung an die Beklagte erlangt hat, nicht das Recht hergeleitet werden, einen einzelnen Sollposten aus der mit dem 1. Januar begonnenen und mit dem 1. Juli abgeschlossenen Periode herauszugreifen und abgesondert geltend zu machen, sondern — wenn überhaupt — höchstens das Recht folgen, die neue Forderung, nach Abzug des Saldo von 856 Gulden, einzuklagen; zumal Klägerin nach dem vorliegenden Contoabschluß für den streitigen Regreßanspruch von 532 Gulden zur Zeit der Entstehung des letzteren bereits mehr als vollständig gedeckt war. Hiergegen sucht Klägerin zwar noch geltend zu machen, daß die Forderung von 1400 Gulden schon vor dem 1. Juli entstanden, also bei dem am 1. Juli zu ziehenden Saldo zu ihren Gunsten zu berücksichtigen gewesen sei ... Allein abgesehen davon, ob beim Bestreiten der behaupteten Thatsachen seitens der Bekl., insbesondere in diesem Urkundenprozeß, die Forderung der Klägerin zum Betrage von 1400 Gulden als in Wirklichkeit bereits vor dem 1. Juli entstanden angesehen werden könnte, steht dem Klageanspruch immer die Erwägung entgegen, daß Klägerin selbst in dem vorerwähnten Contoabschluß die Regreßforderung von 532 Gulden als einen der älteren Periode angehörenden Sollposten verrechnet, die 1400 Gulden aber als einen Sollposten der neuen Periode aufgeführt hat und diese von ihr selbst aufgemachte, von der Bekl. acceptirte Berechnung nicht mehr anfechten kann.

Der Umstand, daß Klägerin noch im Besitz des Wechsels über die fragl. Hauptsumme sich befindet, ist offenbar nicht geeignet, die rechtliche Wirkung der erfolgten Verrechnung aufzuheben.

Nr. 57.

I. Senat. — Erkenntniß v. 26. Januar 72. (Ref.)

Frau Barthel ./. Deutsche Lebens- rc. Versicherungsgesellschaft auf Gegenseitigkeit zu Potsdam (Nr. 44 v. 72).

Königreich Sachsen. **Weitere Berufung.**

I. Instanz: Handelsgericht im Bezirksgericht Leipzig,
II. Instanz: Appellationsgericht Leipzig.

Lebensversicherung. Anzeige früherer Krankheiten. Arglist des Versicherungsnehmers.

1. Ist bei Eingehung eines Lebensversicherungsvertrages der (zur Zeit gesunde) Versicherungsnehmer auch zur Angabe früherer Krankheiten verpflichtet?

Vertragsauslegung bezüglich der Rechtsfolgen einer Unterlassung solcher Angabe.

HGB Art 278, 279; vgl. Rspr. I S. 170 f., IV S. 345.

2. Der Satz, daß grobe Fahrlässigkeit (culpa lata, culpa dolo proxima) der Arglist (dem dolus) gleichstehe, gilt gemeinrechtlich zwar, wenn es sich um Verletzung bestehender Obligationen handelt, —

L. 226 Dig. 50, 16; L. 32 Dig. 16, 3; Puchta Pandekten § 265;
vgl. Rspr. II S. 9, III S. 243 —

aber nicht

a) wenn die Eingehung vertragsmäßiger Verbindlichkeiten in Frage steht,

(vgl. Rspr. IV S. 56 und oben Fall 28 S. 171)

b) im Falle einer actio (oder exceptio) doli.

Erk. des O.App.Ger. Lübeck in Seuffert's Archiv IX Nr. 144; Ihering Jahrbücher für Dogmatik rc. IV S. 12, n. 13.

Klägerin fordert die Summe, mit welcher das Leben ihres verstorbenen Ehemanns Barthel bei der bekl. Gesellschaft versichert gewesen ist. Beklagte wendet ein, der Versicherungsvertrag sei ungiltig, weil ihr bei dessen Eingehung frühere Krankheiten des Barthel verschwiegen worden.

Entscheidung des OHG:

Klägerin bestreitet die Relevanz der Einrede, indem sie von der Ansicht ausgeht, daß Beklagte den Ehemann der Klägerin auf Grund der nach der Anmeldung erfolgten ärztlichen Untersuchung für gesund und aufnahmefähig anerkannt habe, hienach aber Beklagte nur mit der (gegenwärtig gar nicht vorgebrachten) Einwendung, daß Barthel trotzdem zur Zeit der Anmeldung krank gewesen, nicht aber mit der Bezugnahme auf frühere Krankheitsfälle gehört werden könne, sofern letztere für den Bestand des eingegangenen Versicherungsvertrages einflußlos sich darstellen. Diese Auffassung ist eine völlig irrige. Für den Versicherer ist keineswegs blos die Aufklärung über den körperlichen Zustand des Versicherungsnehmers, wie er sich zur Zeit der Anmeldung desselben darstellt, sondern auch die Kenntniß der früheren Lebens- und Gesundheitsverhältnisse des Letzteren von entscheidender Wichtigkeit, weil sie unter Umständen für die Beurtheilung der Gefahr, welche der Versicherer übernimmt, von wesentlichem Einfluß sein können. Die kontrahirende Gesellschaft hat an der gewissenhaften Beantwortung der hiebei einschlagenden Fragen durch den Versicherungssuchenden jedenfalls deshalb ein nicht zu verkennendes Interesse, weil ihr dadurch die Möglichkeit gesichert wird, nach Befinden weitere Erkundigung über die Gesundheitsverhältnisse des Deklarirenden vor Abschluß des Versicherungsvertrags einzuziehen. Daß für diese Gesundheitsverhältnisse der Versicherungsgesellschaft gegenüber die ausschließliche und zugleich ausreichende Norm das Gutachten des von der Gesellschaft zugezogenen Arztes abgebe, läßt sich mit Grund nicht behaupten. Gegen eine solche Annahme kommt als entscheidend schon die Erwägung in Betracht, daß der untersuchende Arzt bei Gewinnung der Unterlagen seines Gutachtens zweifellos berechtigt ist, die bona fides des Untersuchten bezüglich der Beantwortung der ihm vorgelegten Fragen vorauszusetzen, keineswegs sich aber übersehen läßt, welche andere Richtung der Arzt seiner Untersuchung gegeben haben würde, hätte er Kunde von verschwiegenen früheren Krankheitszufällen gehabt. Aber auch abgesehen von dem Einfluß, welchen der untersuchende Arzt den älteren Krankheitserscheinungen mit Rücksicht auf den dermaligen Gesundheitszustand des Explorirten beizumessen für gut findet, bleibt selbstverständlich in jedem Einzelfalle der Versicherungsgesellschaft unbenommen, frühere Krankheitserscheinungen, dafern sie ihr gewissenhaft angezeigt worden, in den Bereich ihrer Kalkulation betreffs der Frage, ob und bzw. unter welchen Bedingungen die Versicherung übernommen werden soll, hineinzuziehen. Hat der Ehemann der Klägerin in dieser Beziehung Thatsachen solcher Art, wie sie von der Bekl. exceptivisch behauptet worden, verschwiegen, die von ihm erforderten Angaben mithin wahrheitswidrig bewirkt: so läßt sich nicht bezweifeln, daß es dabei nach verschiedenen Richtungen, deren Bedeutung in vollem Umfange natürlich erst bei der künftigen Definitive sich übersehen lassen wird, sich um Vorgänge handelt, welche für die Beurtheilung der von der Bekl. zu tragenden Gefahr im Sinne von § 15 des Geschäftsplans erheblich waren, deren unrichtige Anzeige also den Versicherungsnehmer (in dem von den vorigen Richtern vorausgesetzten Falle der Arglist) dem Präjudiz des Rechtsverlustes unterwirft.

Die von der Klägerin geltend gemachten Einwendungen gegen die vorigen Entscheidungen entbehren demnach aller Begründung.

Es entsteht jedoch die weitere, zweifellos zugleich im Bereich des eingewendeten Rechtsmittels gelegene Frage, ob die von den Vor-Instanzen gestellten Anforderungen an die Beweispflicht der Bekl., so weit reichen, als das durch die Sachlage begründete Interesse der Klägerin forbert. Und diese Frage ist zu Gunsten der Klägerin zu verneinen.

Nach § 15 des Geschäftsplans soll der Verlust u. a. dann eintreten, wenn in den statutenmäßig vom Versicherungsreflektanten auszufüllenden Formularen:

a) absichtlich unrichtige Aussagen gemacht worden sind, oder

b) etwas verschwiegen ist, was den Verband zur Nichtannahme der Versicherung hätte veranlassen können.

Beigefügt wird noch:

c) daß aus Irrthum veranlaßte unrichtige Aussagen nur einen theilweisen Verlust des Versicherten herbeiführen sollen.

Es kann nach dem Wortlaut dieser Bestimmung keinem Zweifel unterliegen, daß der — jetzt allein in Frage stehende — Verlust aller Rechte aus dem Versicherungs-Vertrage nur für den Fall angedroht ist, wenn der Versicherte absichtlich die Wahrheit unterdrückt hat, also wenn derselbe, legt man die obige Unterscheidung a und b zu Grunde, bei Ausfüllung der Formulare sich bewußt geworden ist, daß er entweder unrichtige Angaben bewirke oder wahre Thatsachen verschweige. Die erstere Alternative ergiebt sich ohne Weiteres aus der Fassung der Bestimmung unter a, — die zweite folgt mit Nothwendigkeit aus der Erwägung, daß das Verschweigen einer Thatsache deren Kenntniß voraussetzt; dies wird bestätigt durch den Zusatz unter c, der ganz allgemein für den Irrthum besondere Rechtsfolgen statuirt.

Hiemit stimmt es nun zwar überein, wenn der I. Richter (unter Beitritt des zweiten) der Bekl. die Beweisaufgabe stellt, darzuthun, daß die von ihr dem Ehemann der Klägerin schuldgegebene Verheimlichung gewisser Thatsachen aus böslicher Absicht entsprungen sei, worin der Ausspruch zu befinden, es müsse die Verschuldung des Ehemanns der Klägerin, solle sie den Rechtsverlust zur Folge haben, auf Absicht — dolus — beruhen (§ 121 sächs. bürgerl. GB). Die Vorderrichter irren jedoch, wenn sie den erwähnten Beweissatz durch den Zusatz modifiziren, daß schon der Nachweis einer der Arglist civilrechtlich gleichstehenden Nachlässigkeit — eines Mangels an Ueberlegung und an Anspannung des Gedächtnißvermögens, wie das Appellgericht sich ausdrückt — schlechthin zur Herbeiführung des Rechtsverlusts genüge. Es liegt in diesem, die Erläuterung der Beweisauflage enthaltenden und deshalb zweifellos an sich der Rechtskraft fähigen Ausspruch ebenso ein Abgehen von der zwischen dem Versicherer und dem Versicherungsnehmer geschaffenen, für das Rechtsverhältniß derselben an erster Stelle maaßgebenden vertragsmäßigen Grundlage, als eine durch die Sachlage nicht gerechtfertigte Anwendung des Rechtsgrundsatzes, daß die culpa lata dem dolus gleichgeachtet werde, — eines Grundsatzes, der im Sinne eines allgemeinen, das gesammte Rechtsgebiet beherrschenden Prinzips im sächs. bürgerl. GB keine Aufnahme gefunden hat, und der auch im gemeinen Recht richtiger Ansicht nach nur gilt, wenn es um Verletzung bestehender Obligationen sich handelt; während er keine Anwendung leidet in Verhältnissen, wo (wie hier) die Eingehung von Verbindlichkeiten in Frage steht, sowie in den Fällen der actio oder exceptio doli (vgl. Burchardi, Wiedereinsetzung in den vorigen Stand S. 288 n. 12 und die Citate oben S. 308 f. unter Nr. 2).

Eine ganz andere Frage ist, ob nicht auch in Verhältnissen letztgedachter Art aus einem Verhalten, welches in das Gebiet grober Fahrlässigkeit fällt, unter Umständen ein Beweisgrund für das Obwalten eines wirklichen dolus entnommen werden dürfe. Diese Frage bedarf im jetzigen Stadium des Prozesses, wo es nur auf die Konstituirung des Beweissatzes ankommt, keiner Erörterung.

Auf vorstehenden Erwägungen beruht die in theilweiser Beachtung des eingewendeten Rechtsmittels verfügte Beschränkung des Beweisthema.

Nr. 58.

II. Senat. — Erkenntniß v. 27. Januar 72. (V.Z.)

Keiser ./. Th. Altermann (Nr. 687 v. 71).

Preußen. **Nichtigkeitsbeschwerde.**

I. Instanz: Kreisgericht Borken,
II. Instanz: Appellationsgericht Münster.

Viehhandel, Wandelungsklage, Schadenersatz.

Bei dem nach ALR zu beurtheilenden Viehhandel hat, falls das Geschäft wegen Fehler des Thiers rückgängig wird, der Verkäufer, sofern ihm weder Arglist noch irgend ein Versehen zur Last fällt, keinen Schadenersatz — über Erstattung des Kaufpreises und gewisser Aufwendungen (Rspr. III S. 187) hinaus — zu leisten.

ALR I. 5 § 285—291, 317, 319, 320.
Vgl. Rspr. IV S. 205.

Beklagter hatte dem Kläger eine Kuh verkauft, welche lahmte; er soll beim Kaufgeschäft, als dieser Mangel sich bemerklich machte, versichert haben, das Lahmen sei vorübergehend und rühre nur von dem Auftreten auf einen Stein her.

Hinterher ergab sich, daß dieses Lahmen Folge der Zerreißung einer Muskel und Sehne, wahrscheinlich unheilbar und die Kuh daher zum Gehen unfähig war.

Deshalb verlangt und erstreitet Kläger Rückgängigmachung des Kaufgeschäfts; außerdem verlangte er Schadenersatz. In beiden Beziehungen ward Bekl. in zwei Instanzen verurtheilt, das OHG hat abändernd den Schadenersatzanspruch angebrachter Maaßen zurückgewiesen.

Gründe:

1. Der Appellrichter geht davon aus, daß zwar das Lahmen der dem Kläger verkauften Kuh beim Kauf sichtbar, dagegen nicht sichtbar gewesen, daß das Lahmen von der Zerreißung einer Muskel und Sehne herrühre, daß dieser Fehler wahrscheinlich nicht heilbar und die Kuh damit zum Gehen unfähig und zur Milchnutzung unbrauchbar sei . . .

Der Fehler wird also nicht in dem bloßen Lahmen, sondern in der äußerlich nicht erkennbaren Zerreißung einer Muskel und Sehne gefunden. Das Lahmen ist — nach der übrigens nicht unbegründeten, richterlichen Auffassung — nur eine unwesentlichere Folge jenes eigentlichen, die Kuh unbrauchbar machenden Fehlers, nicht der Fehler selbst. Diese Auffassuug beruht nicht [wie Implorant behauptet hatte] auf einer unrichtigen Auslegung des § 330 ALR I. 5, sondern ganz wesentlich auf einer Prüfung der vorliegenden thatsächlichen Verhältnisse . . . [In dieser Beziehung wird die NktBschw. nicht zutreffend befunden] . . .

2. Der zweite, Gesetzesverletzung rügende Angriff betrifft nur einen Theil der Entscheidung des vorigen Richters. Beklagter ist nämlich nicht blos zur Rückzahlung des Kaufgeldes, der Kosten der Untersuchung, der Kur und des Transports der Kuh (mit 50 Thlrn. 29 Sgr.), sondern auch zum Ersatz des etwa durch das Kaufgeschäft dem

Kläger verursachten, im Separatverfahren geltend zu machenden Schaden verurtheilt. Es sind das zwei, auch ihrem Grunde nach wesentlich verschiedene Ansprüche.

Nach § 319, 326 ALR I. 5 darf der Uebernehmer einer Sache vom Vertrage abgehen, wenn derselben die ausbedungenen oder vorausgesetzten Eigenschaften fehlen und der Geber diese nicht gewähren kann. Ueber Erstattung des dafür Gegebenen hinaus kann aber der Uebernehmer der Sache weiteren Schadenersatz nur beanspruchen auf Grund eines Versprechens oder vertretbaren Versehens des anderen Kontrahenten; § 320, 285 bis 291 daselbst. Zur Begründung eines solchen Schadenanspruchs gehört daher, da ein Versprechen unzweifelhaft nicht vorliegt, der Nachweis eines Versehens des Bekl. bei Abschluß oder Erfüllung des Vertrages...

Nun hat der Appellrichter nur geprüft, ob ein blos äußerer, in die Augen fallender Fehler vorliegt, oder ein nicht sichtbarer; er entscheidet sich für letztere Annahme und gründet dann, ohne zwischen den verschiedenen Ansprüchen zu unterscheiden, auf dieselben Momente den Anspruch auf Rückgabe des Kaufgelds 2c. und den auf Ersatz des etwa entstandenen weiteren Schaden. Er lehnt sogar die Beweisaufnahme darüber ab, daß Beklagter gewußt habe, das Lahmen der Kuh sei Folge eines unheilbaren Fehlers — was in Verbindung mit seiner Versicherung, daß das Lahmen nur vom Auftreten auf einen Stein herrühre, sogar auf ein doloses Verhalten hindeuten würde...

Insoweit also Beklagter auch zum Schadenersatz verurtheilt und die Feststellung des Schaden zum Separatum verwiesen ist, erscheint die NktBschw. begründet.

Anlangend die Sache selbst, so ist der Anspruch nicht in der Weise begründet, um jetzt schon auch nur über diese Verpflichtung des Bekl. im Allgemeinen zu erkennen. In der Klage spricht Kläger, neben den eingeklagten 50 Thlrn. 29 Sgr. nur noch vom Ersatz der Futterkosten und stellt dann seinen Antrag dahin, den Bekl. zu verurtheilen, ihm auch den demnächst besonders zu ermittelnden Schaden zu ersetzen. Es ist nicht klar, ob er den Anspruch wegen Schadenersatz auf Erstattung der Futterkosten hat beschränken wollen, und muß daher auch hier unerörtert bleiben, ob überhaupt und in wieweit etwa die Futterkosten mit den gezogenen Nutzungen zu verrechnen sein möchten.

In den §§ 285 bis 291, auf welche gerade der die Ersatzpflicht aussprechende § 320 ALR I. 5 verweist, wird von dem ganzen Interesse und wirklichen Schaden, in den §§ 2 ff. Th. I Tit. 6 von unmittelbarem, mittelbarem und zufälligem Schaden gesprochen und die Verpflichtung des Beschädigers zum Ersatz von dessen dolus oder den verschiedenen Graden der culpa abhängig gemacht. Es läßt sich somit diese Verpflichtung in solcher Allgemeinheit nicht beurtheilen und ohne die nöthigen Grundlagen und Grenzen, innerhalb deren sie sich bewegen soll, dem Bekl. nicht auferlegen. Der Anspruch auf Schadenersatz war daher als nicht gehörig begründet [angebrachter Maaßen] abzuweisen und dem Kläger zu überlassen, denselben anderweitig durch nähere Angabe des Schaden selbst und der Ersatzpflicht des Bekl. geltend zu machen.

Nr. 59.

II. Senat — Erkenntniß v. 27. Januar 72. (B.)

W. Ackermann ./. D. Vietinghoff (Nr. 43 v. 72).

Preußen. Wechselsache. Richtigkeitsbeschwerde.

I. Instanz: Kreisgericht Bochum,
II. Instanz: Appellationsgericht Hamm.

Interessirter Zeuge. Liquidität.

Nach altpreußischem Recht gehören zu den wesentlichen Prozeßvorschriften im Sinne der Verordnung v. 14. Dez. 33 § 4 Nr. 2 (Rspr. I S. 270, 398; II S. 119) nicht: die Bestimmungen

a) über Abhörung von Personen, welche bei der Streitsache ein Interesse haben, und über den ihren Aussagen beizulegenden Werth (AGO I Tit. 10 § 228, 229; Tit. 13 § 24),

vgl. Rspr. I S. 43, 81, 207; II S. 122, 225;

b) über Liquidstellung der Einreden des Wechsel-Beklagten (§ 7 des preuß. Einf.Ges. zur DWO v. 15. Febr. 50),

vgl. Rspr. I S. 59, 395; III S. 301 Nr. 6; IV S. 41.

Entscheidung des OHG:

1. Der vom Imploranten [wechselmäßig aus einem Accept verurtheilten Bekl.] als verletzt bezeichnete Satz,

daß interessirte Personen nicht als Zeuge vernommen werden dürfen (§ 228 Nr. 9 AGO I. 10),

ist kein Rechtsgrundsatz im Sinne der Verordnung v. 14. Dez. 33, sondern enthält, wie auch das beigefügte Allegat zu erkennen giebt, eine Prozeßvorschrift. Die Verletzung einer solchen Vorschrift könnte die Vernichtung indeß immer nur dann begründen, wenn sie zu den im § 5 jener Verordnung und im Art. 3 der Deklaration v. 6. April 39 aufgeführten wesentlichen gehörte. Implorant behauptet nun zwar auch Verletzung einer solchen, weil der Appellrichter der Zeugenaussage des Z. Beweiskraft beigelegt habe, obschon ihr dieselbe völlig mangle. Abgesehen indeß davon, daß dieser Angriff nicht durch nähere Bezeichnung des Gesetzes genügend substantiirt ist, erscheint der Angriff aus einem doppelten Grunde verfehlt. Der Appellrichter bemerkt selbst, daß Zeuge Z. als Aussteller des Wechsels und Girant interessirt sei, erklärt ihn aber gleichwohl nicht für ganz unglaubwürdig, weil — was nicht angefochten — der Wechsel ihm gegenüber präjudizirt sei, obgleich Kläger [Wechselinhaber] möglicher Weise aus Art. 83 DWO dennoch gegen ihn vorgehen könnte. Es wird dem Zeugen also mit Rücksicht auf die besanderen, hier obwaltenden Umstände wegen seines nur entfernteren Interesses nicht jeder Glaube abgesprochen seine Aussage kann daher auch ohne Verletzung des (vom Imploranten übrigens nicht bezeichneten) § 5 Nr. 10, c der Verordnung v. 14. Dez. 33 zur Verstärkung der anderen Gründe, aus denen der Richter auf einen Eid für Kläger erkannt hat, sehr wohl mit herangezogen werden. Das hat aber der Richter nur gethan; seine Entscheidung beruht daher nicht allein, ja nicht einmal vorzugsweise, auf der Aussage jenes Zeugen Z., sondern gerade umgekehrt hauptsächlich auf anderen Momenten. Der erhobene Angriff ist daher auch dieserhalb verfehlt.

2. Implorant behauptet ferner Verletzung der §§ 27, 29, 39 AGO I. 27 und des § 7 des Gesetzes v. 15. Febr. 50, betr. die Einführung der DWO. Alle diese Gesetze enthalten aber ebenfalls keine Rechtsgrundsätze, sondern nur Prozeßvorschriften über das Verfahren in Wechselsachen, daß nämlich überhaupt blos liquide Einreden zu berücksichtigen, andere aber zum Separatum zu verweisen sind. Zu den wesentlichen Prozeßvorschriften in dem oben angedeuteten Sinne gehören jene Vorschriften nicht, Implorant hat dies selbst nicht einmal behauptet. Der erhobene Vorwurf ist daher vollständig unbegründet.

Die weitere Ausführung in der NktBschw., daß durch die anderen Zeugenaussagen die Verstattung des Klägers zum Ignoranz-Eid über die Echtheit des Accepts nicht gerechtfertigt werde, könnte nur bei freier Beurtheilung in Betracht kommen, für das Nichtigkeitsverfahren*) ist sie werthlos.

* Vgl. Rspr. I S. 8, 195 n., 396 lit. c.; II S. 122 n.

Nr. 60.

I. Senat. — Erkenntniß v. 30. Januar 72. (Z.)

Stöckle ·/. Eheleute Voegele (Nr. 668 v. 71).

Baden. **Oberberufung.**

I. Instanz: Kreis- u. Hofger. Offenburg, Civilkammer,
II. Instanz: Kreis- u. Hofgericht Karlsruhe, App.-Sen.

Irrthum bezüglich des Vertragsgegenstandes. Betrug beim Vertragsschluß.

1. Nach französischem und badischem Recht bewirkt nur der vom Gegenkontrahenten, nicht der von einem Mitkontrahenten des Betrogenen, beim Vertragsschluß verübte Betrug eine Nichtigkeit des Vertrages.

Code civil Art. 1116, badisches Landrecht Satz 1116.

2. Die arglistigen Kunstgriffe (manoeuvres), welche nach Art. 1116 des Code civil (und des badischen Landrechts) den Thatbestand eines Betruges ausmachen, sind nicht auf positives Handeln zu beschränken, sondern begreifen auch Unterlassungen. (Vgl. oben S. 171).

3. Beim Kauf eines Geschäftsantheils ist die Unkenntniß von obwaltender Ueberschuldung des Geschäfts ein Irrthum, welcher nicht die Existenz und das Wesen der Sache (error in corpore), sondern nur eine Eigenschaft des Vertragsgegenstandes betrifft.

Badisches Landrecht Satz 1110, 1641 ff., 1693 ff.; vgl. Art. 119 HGB.

Entscheidung des OHG.

Unbestrittenermaaßen kam am 25. Februar 64 zwischen dem Kläger einerseits und dem Bekl. Hugo V. sowie dem Alfred V. andererseits ein Vertrag zu Stande, in welchem Kläger an jene Beiden „seinen Antheil“ an dem bisher unter der Firma Eduard St. & Co. von dem Kläger und [dessen Schwiegersohn] Alfred V. als offene Handelsgesellschaft betriebenen Fabrikgeschäft zu Offenburg überließ. Die Zahlungstermine des „Kaufschillings“ wurden festgesetzt, auch wurde der Gesellschaftsvertrag zwischen Kläger und Alfred B. für aufgelöst erklärt. Die Käufer übernahmen alle Aktiven und Passiven der aufgelösten Gesellschaft und verpflichteten sich, eine Zahl von einzeln aufgeführten Schulden bis zum 1. Juli 64 abzutragen, bzw. den Kläger davon zu befreien. Für alle diese Verbindlichkeiten übernahmen die beiden Käufer, sowie die mitbeklagte Ehefrau des Hugo B. mit dessen Ermächtigung die Sammtverbindlichkeit.

Mit der erhobenen Klage verlangt nun Kläger von den beklagten Eheleuten B. als Solidarschuldnern Bezahlung des in jenem Vertrage bedungenen Preises und Befreiung von den darin bezeichneten Schulden, soweit nicht das Eine und das Andere durch seither erfolgte Abschlagszahlungen eine Minderung erfahren hat.

Dagegen haben Beklagte die Einreden des Irrthums und des Betruges vorgetragen, auf deren Grund das Appellgericht die Klage abwies, und gegen dieses Urtel hat Kläger die Oberappellation ausgeführt.

Die wegen wesentlichen Irrthums versuchte Anfechtung des Vertrages wird auf die Behauptung gegründet, daß Kläger eine Forderung cedirt oder ein Recht übertragen habe, welche in Folge der Ueberschuldung der Handelsgesellschaft Eduard St. & Co. gar nicht vorhanden waren, was der Käufer Hugo B. und dessen Bürge, nämlich seine Ehefrau, nicht gewußt haben. Allein dieser Anfechtungsgrund erscheint nicht haltbar. Das badische Landrecht gestattet im Satz 1110 die Anfechtung eines Vertrages wegen eines (nicht die Person betreffenden) Irrthums nur dann, „wenn der Irrthum das Wesen der Sache oder die Eigenschaft des Vertrages angeht.“

Gegenstand des Vertrages war in vorliegendem Falle der Antheil an einem Gesellschaftsvermögen, und der Irrthum soll darin bestanden haben, daß dieser

Antheil, für welchen eine hohe Summe [29637 Gulden] als Gegenleistung bedungen worden, insofern völlig werthlos war, als die Gesellschaft überschuldet gewesen. Diese Ueberschuldung ist allerdings, mit dem Appellgericht, auf Grund des Ausspruchs von Sachverständigen, welche die Geschäftsbücher sorgfältig geprüft haben, umsomehr für festgestellt zu erachten, als der Gesellschafter Alfred B., welcher später das fragliche Fabrikgeschäft allein übernommen und fortgesetzt hat, bald nach jenem Vertrage, nämlich am 15. Nov. 65, in Gant gerathen ist, wobei sich eine hohe Ueberschuldung herausgestellt hat.

Gleichwohl spricht gegen einen Irrthum im Wesen der Sache (error in corpore) die Erwägung, daß der Gegenstand des Vertrages seiner juristischen Natur nach in einer bestimmten Quote an dem aktiven und passiven Vermögen der Gesellschaft bestand, mithin existirte, auch wenn Ueberschuldung vorlag, indem solche lediglich als ein Rechnungsresultat sich darstellt, auf welches nur Gewicht zu legen wäre, sofern über den Ueberschuß kontrahirt wäre, wie ihn Art. 119 HGB bezeichnet, als „dasjenige, was der Gesellschafter an Zinsen und an Gewinnantheilen zu fordern berechtigt ist und was ihm bei der Auseinandersetzung zukommt". Ein Vertrag der letzteren Art kann aber nach dem Wortlaut der Vertragsurkunde vom 25. Febr. 64 nicht angenommen werden.

Wenn man auch unterstellen muß, daß Beklagte bei Kenntniß der Ueberschuldung sich auf den Vertrag nicht eingelassen haben würden: so ist doch der diesfällige Irrthum nur als ein solcher über die Eigenschaft der Sache im Sinne von Landrecht, Satz 1641 ff. aufzufassen. Und selbst wenn man diese Gesetzesstellen an sich und ungeachtet der mangelnden Anrufung von Seiten der Bekl. für anwendbar erachten könnte: so würde ihnen dies nichts frommen, weil sie nach Landrecht Satz 1644, 1644a zwar zum

Rücktritt vom Vertrage berechtigt wären, aber nur gegen Rückgewähr der Sache, wozu sie sich nicht erboten haben, auch schwerlich im Stande sind.

Das Appellgericht hat in seinen Entscheidungsgründen außerdem noch die Landrechtssätze 1693 ff. zur Rechtfertigung seiner Zulassung der Einrede angeführt; allein dort ist, abgesehen von besonderen, hier mangelnden Vertragsbestimmungen, nur von der Haftbarkeit für die Existenz des übertragenen, unkörperlichen Rechts oder der übertragenen Forderung die Rede, und es ist oben gezeigt worden, daß das veräußerte Recht allerdings existirt hat. Demnach beruht die Hereinziehung jener Landrechtssätze auf einer irrigen Ansicht über das übertragene Recht, indem als solches der Ueberschuß im Sinne von HGB Art. 119 angenommen wird, was sich aus dem eben Gesagten widerlegt.

Sonach bedarf es nur noch der Prüfung, ob die Einrede des Betruges begründet sei. Zunächst ist hier die Bemerkung vorauszuschicken, daß zwar Kläger durch schwurgerichtliches Urtel von der wegen des gleichen Vorwurfs erhobenen Anklage des Betruges freigesprochen worden, dieses Urtel jedoch (nach badischer Strafprozeßordnung § 334 und nach § 18 des badischen Gesetzes über die privatrechtlichen Folgen von Verbrechen) für den bürgerlichen Richter nicht maaßgebend ist.

Die thatsächliche Grundlage der Betrugs-Einrede besteht im Wesentlichen darin, daß Beklagte beim Vertragsabschluß gemeint hätten, der verkaufte Antheil des Klägers sei dem bedungenen Kaufpreise seinem Werthe nach mindestens annähernd gleich, daß dies aber in Folge der Ueberschuldung der Gesellschaft ein Irrthum gewesen, und daß dieser Irrthum bei den Bekl. und deren Unterhändlern durch wissentlich unwahre Versicherungen, unter Benutzung falscher Buchführung und falscher Bilanzen, von Seiten des Alfred B. und des Klägers erzeugt worden.

Was nun das Verhalten des Mitkäufers Alfred B. betrifft, so kann dasselbe allein jene Einrede nicht rechtfertigen. Das badische Landrecht läßt nach Satz 1110, 1116 (verglichen mit 1111, der beim Zwange auch die Thätigkeit eines Dritten für genügend erklärt) darüber keinen Zweifel, daß der Vertrag nur dann wegen Betruges der Anfechtung unterliegt und nichtig ist, wenn der Betrug von einem der Kontrahenten verübt wird, nicht aber, wenn ein Dritter betrügt. Die Hauptstelle, Landrecht Satz 1116 drückt sich so aus:

> „Der Betrug wirkt Nichtigkeit des Vertrages, wenn ohne die von einer der Vertragspersonen gebrauchten Kunstgriffe die Andere den Vertrag nicht eingegangen sein würde."

Diese Fassung veranlaßt den Zweifel, ob, wenn auf einer Seite mehrere Kontrahenten stehen, auch der von einem Mitkontrahenten des Betrogenen verübte Betrug in Betracht komme oder nur jener von Seiten des Gegenkontrahenten. Allein nach dem Grunde des Gesetzes muß man letzteres annehmen, was auch darin eine Unterstützung findet, daß der Ausdruck „die Andere" auf das Verhältniß von Kontrahent und Gegenkontrahent hindeutet, und daß die Fassung im französischen Text (Code civil Art. 1116: „l'une des parties, l'autre partie") jedes Bedenken hebt.

Das Appellgericht hält aus einem anderen Grunde den Betrug von Seiten des B. für genügend, nämlich weil derselbe (wenn auch nicht formell, doch materiell) Gegenkontrahent gewesen sei. Es wird nämlich aus dem Gesellschaftsverhältniß zwischen dem Kläger und Alfred B. hergeleitet, daß die Veräußerung des Gesellschafts-Antheils des Klägers zugleich als eine Veräußerung von Seiten des B. erscheine. Dies widerlegt sich jedoch durch die Betrachtung, daß der Antheil des Klägers das Sonder- und ausschließliche Eigenthum desselben war, nur von ihm veräußert werden konnte und in der That auch nur dieser Antheil veräußert worden ist. Das Gesellschaftsverhältniß brachte nur mit sich, daß B. den Eintritt des neuen Gesellschafters genehmigen mußte, während die Veräußerung für sich nicht einmal eine solche Genehmigung erheischte, Art. 98, 119 HGB. Da B. den Antheil des Klägers miterwarb, so ist es umsomehr undenkbar, ihn zugleich als Veräußerer zu betrachten, als welcher er gleichsam mit sich selbst kontrahirt hätte.

Hienach ist lediglich die Entscheidung darüber maaßgebend, ob dem Kläger selbst ein Betrug im Sinne von Landrecht Satz 1116 zur Last fällt. Für die Bedeutung dieser Gesetzesstelle ist durch Wissenschaft und Praxis festgestellt, daß die „Kunstgriffe (manoeuvres)“ nicht auf ein positives Handeln beschränkt werden dürfen, sondern auch auf die begrifflich gleichstehenden Fälle von Unterlassung auszudehnen sind, wie auch die amtlichen Motive zu § 1 des Reichsstrafgesetzbuchs sagen, daß, wenn dieser Paragraph nur die „Handlung“ erwähnt, dieses Wort in seiner allgemeinen Bedeutung auch Unterlassungen mitumfaßt. Dahin ist nun ein Benehmen von der dem Kläger zur Last gelegten Art zu rechnen, indem Beklagte behaupten, daß Kläger jedenfalls die betrüglichen Handlungen seines Schwiegersohns und Gesellschafters Alfred B., sowie die dadurch hervorgerufene Täuschung der Bekl. gekannt, diese Täuschung nicht beseitigt, vielmehr unterhalten und dazu benutzt habe, um einen für ihn äußerst vortheilhaften und für jene sehr nachtheiligen Vertrag abzuschließen.

Hinsichtlich des Beweises erscheint die eidlich erhärtete Aussage des Alfred B. als Zeuge umsomehr beachtenswerth, als sich Kläger selbst auf ihn berufen hat. Durch diese Aussage, sowie durch das auf Grund der Handelsbücher erstattete Gutachten ist nun zunächst erwiesen, daß

B. die Handelsbücher absichtlich unrichtig geführt hat, daß namentlich, wie die Sachverständigen sich ausdrücken, durch die falsche Führung des Geheimbuchs das Geschäft „aufgeputzt" (zum Schein eines guten Geschäfts hinaufgeschraubt) werden sollte, und daß B. endlich sehr günstig lautende Bilanzen aufgestellt hat, die jeder thatsächlichen Grundlage entbehrten. Davon hat aber auch B. (nach eigener Angabe) bei Unterhandlung des Vertrages Gebrauch gemacht, indem er dem Unterhändler der Bekl. die falschen Bücher oder die darauf sich stützenden Bilanzen vorlegte, und indem er mit Brief v. 23. Nov. 63 an Beklagte das Geschäftsguthaben des Klägers pro 1. Januar 64 auf Grund des auf falschen Unterlagen beruhenden Buchauszuges zu 28037 Gulden angab, welche Summe unter Zuschlag der vom Kläger für seine „Mühwaltung" geforderten 1600 Gulden gerade dem im Vertrage v. 25. Februar 64 bedungenen Kaufpreise gleichkommt.

Daß dies namentlich für einen Kaufmann Kunstgriffe der schlimmsten Art sind, ist klar, und es mußte dadurch in den Bekl. die Meinung erweckt werden, daß das Geschäft ein blühendes sei und der geforderte Kaufpreis in richtigem Verhältniß zum buchmäßigen, d. h. richtigen Werthe des Antheils des Klägers stehe, während das Geschäft, wie schon oben gesagt wurde, damals bereits überschuldet gewesen ist.

Schon an sich ist nun nicht glaublich, daß der dem Handelsstande angehörige Kläger als Gesellschafter keine Kenntniß gehabt habe von dem schlechten Stande des Geschäfts, während er sich, wie B. sagt, durch den ersten Blick in das ihm natürlich zugängliche Geheimbuch davon überzeugen konnte.

Sodann nehmen aber auch die Sachverständigen eine solche Kenntniß an, und B. behauptet sie geradezu, weshalb dieselbe um so mehr als nachgewiesen erscheint, als nach

Versicherung des B. Kläger daran schuld war, daß während der ganzen Dauer ihres Geschäftsbetriebs kein Inventar errichtet worden ist; wodurch allein es möglich wurde, den wahren Stand des Geschäfts vor Anderen zu verheimlichen. Dadurch gewinnt der Umstand, daß (nach Angabe des B.) Kläger gegen die Bekl. das Geschäft als ein rentables sehr gelobt hat, eine höhere Bedeutung als jene der gewöhnlichen Anpreisungen der Waare, vielmehr liegt darin ein absichtliches Unterhalten des dem Kläger bekannten Irrthums.

Wenn auch nicht dargethan ist, daß Kläger von den täuschenden Handlungen des B. gegenüber dem Bekl. Hugo B. und dessen Unterhändler im Einzelnen genaue Kenntniß hatte: so konnte ihm doch nicht entgehen, daß der geforderte Kaufpreis sich auf die unrichtige Bilanz stützte, und hieraus mußte ihm klar werden, daß diese dem Bekl. kund gemacht war; wie er als Kaufmann sich gar nicht anders denken konnte, als daß vor dem Verkauf des Geschäfts eine Einsicht der Handelsbücher stattgefunden habe, von deren Unrichtigkeit er Kenntniß hatte.

Hieraus ist zu folgern, daß Kläger bei Abschluß des Vertrages die Ueberzeugung von einer Täuschung der Bekl. durch den für das Zustandekommen des Vertrages thätigen B. gehabt haben muß und gehabt hat, zumal da Kläger nicht etwa mit dem Vertragsprojekt überrascht wurde, sondern längere Zeit über seine Forderung unterhandelt und sogar die Vertragsurkunde gefertigt und eigenhändig geschrieben hat.

In Anwendung der durch badische bürgerl. Prozeß-Ordnung §§ 484, 583 Abs. 2 gestatteten Würdigung des Beweisergebnisses nach freier richterlicher Ueberzeugung ist demnach der Beweis der Einrede des Betruges als geführt anzusehen, und es ist von selbst klar, daß die Bekl. bei Kenntniß der wahren Sachlage das Geschäft nicht abgeschlossen hätten, also nur durch die Täuschungen verleitet worden sind, weshalb sie berechtigt sind, den Vertrag vom 25. Febr. 64 wegen Betruges anzufechten.

Die hiergegen vom Kläger vorgetragenen Repliken sind unerheblich. Denn die Behauptung der Genehmigung des Vertrages von Seiten der Bekl. durch spätere Handlungen ist schon deshalb hinfällig, weil sich jene Handlungen gar nicht auf den Vertrag v. 25. Febr. 64 bezogen, und weil zur Zeit ihrer Vornahme die Bekl. noch keine Kenntniß des gegen sie verübten Betruges hatten.

Wenn ferner ein Selbstverschulden der Bekl. geltend gemacht wird, so kommt solches nur beim Irrthum (Landrecht Satz 1148a) und nicht auch beim Betruge in Betracht; überdies sind die geschilderten Kunstgriffe von der Art, daß sie auch den Vorsichtigsten täuschen können.

Was endlich die Einwendung betrifft, daß die Einrede des Betruges sich nur auf das eigene Kaufgeschäft der Bekl., nicht auch auf deren gesammtverbindliche Bürgschaft für den Mitkäufer Alfred B. beziehe: so ist dies ganz unerheblich, denn es soll wegen des Betruges der ganze Vertrag, also auch die darin enthaltene Verbürgung vernichtet werden.

Soweit daher das angefochtene Erk. auf Grund der Einrede des Betruges den Kläger abgewiesen hat, ist solches für den Kläger nicht beschwerend, weshalb dasselbe zu bestätigen war.

Nr. 61.

I. Senat. — Erkenntniß v. 30. Januar 72. (B.)

J. Bernhardt ./. H. Rosendorff (Nr. 769 v. 71).

Preußen. **Nichtigkeitsbeschwerde.**

I. Instanz: Stadtgericht Berlin,

II. Instanz: Kammergericht daselbst.

Ankauf für gemeinschaftliche Rechnung.

Welche Wirkung hat die Vereinbarung, daß eine Waare für gemeinschaftliche Rechnung angekauft werden solle, für den Fall, daß Einer der Kontrahenten die Waare kauft, bezahlt und wieder verkauft?

HGB Art. 266, 267, 270.

Die Parteien haben zu Berlin im Septbr. 69 gemeinsam einen auf dem Steueramte lagernden Posten Mäntelstoffe besichtigt und sind dann übereingekommen, daß wenn Einer von ihnen die Waare ankaufen sollte, dies für gemeinschaftliche Rechnung zu geschehen habe. Im Oktober brachte Beklagter einen Theil der Stoffe für 800 Thlr. an sich, er hat dies dem Kläger alsbald mitgetheilt und von demselben (auf Grund angeblich erhaltener Zusage) vorschußweise Zahlung der ganzen Geschäftsunkosten mit 900 Thlrn. gefordert. Kläger hat kein Geld gegeben und Beklagter nunmehr das Geschäft allein gemacht. Kläger fordert nach diesen Vorgängen Rechnungslegung über den An- und Verkauf des Beklagten.

Entscheidung des OHG:

Der Hauptangriff der NktBschw. geht dahin, daß der Appellrichter mit Unrecht die ... Verabredung der Parteien als einen perfekten Vertrag über ein gemeinschaftlich zu unternehmendes Handelsgeschäft ansehe, da doch nur ein pactum de contrahenda societate vorliege, mithin nicht Rechnungslegung, sondern höchstens das Interesse gefordert werden könne; denn Beklagter habe nicht für gemeinschaftliche Rechnung gekauft, aus dem Vertrage über gemeinsamen Ankauf erwachse auch keinenfalls eine Verpflichtung zu gemeinsamem Verkauf. Somit soll der Appellrichter durch falsche Anwendung die Art. 266, 269, 270 HGB verletzt haben.

Der Angriff erscheint verfehlt.

Haben die Parteien sich dahin vereinigt, daß wenn Einer von ihnen die besprochene, bei N. N. käufliche

Waarenpost ankaufen sollte, dies für gemeinschaftliche Rechnung zu geschehen habe: so liegt eine Vereinigung vor, wie Art. 266 HGB sie voraussetzt und worüber der ganze zweite Titel des III. Buchs a. a. O. nähere Bestimmungen giebt, indem insbesondere Art. 266 die Vereinigung als einen der schriftlichen Form nicht bedürfenden, auch ohne sie bindenden Vertrag bezeichnet. Vorliegend war die Realisirung des Abkommens allerdings suspensiv bedingt, indem sie erst dann stattfinden sollte, wenn Einer der Kontrahenten wirklich kaufen würde. Diese Voraussetzung ist aber als eingetreten anzusehen und damit auch ihre verabredete rechtliche Wirkung. Namentlich konnte Beklagter diese Wirkung dadurch nicht abwenden und das Recht des Klägers beseitigen, daß er allein und nicht gemeinsam kaufte, zumal gerade dieser Kauf durch Einen von beiden Kontrahenten Gegenstand der Verabredung und die gedachte Voraussetzung war. Es erscheinen also die obigen Art. des HGB nicht verletzt. Wenn Beklagter erst in der Nichtigkeits-Instanz geltend zu machen sucht, die Vereinigung habe sich jedenfalls nicht auf den gemeinsamen Verkauf erstreckt: so kommt er damit zu spät, aber der Einwand ist auch grundlos; denn hat Beklagter die für gemeinsame Rechnung angeschaffte Waare einseitig verkauft, so kann er selbstredend dadurch die nach Art. 270 HGB ihm obliegende Verpflichtung zur Rechnungslegung nicht von sich abwenden, — auch liegt auf der Hand, daß beide Parteien bei dem verabredeten Ankauf den künftigen Verkauf im Auge hatten.

Der Appellrichter hat ferner thatsächlich (unangefochten) festgestellt, daß Verabredungen der Parteien über Beschaffung des nöthigen Kaufgeldes nicht stattgefunden haben ... Nach geschehenem Ankauf hat Beklagter den Kläger zur Zahlung seines Beitrags auffordern lassen, diese Zahlung ist jedoch bis dahin, als Kläger am 20. Okt. 69 in dessen Wohnung eintraf, nicht erfolgt.

Durch Eidweigerung des Klägers steht weiter fest, daß er an letzterem Tage (nachdem Tags zuvor die Zahlungs-Aufforderung an ihn ergangen war) sich beim Bekl. einfand und fragte, ob er bei dem Geschäft betheiligt sei, und darauf die Antwort erhielt: „Sie haben ja kein Geld dazu gegeben." Es ist also zu untersuchen, ob Kläger hiedurch seines (oben dargelegten) Theilnahmerechts verlustig wurde oder durch die Nichtzahlung seines Beitrags verlustig gegangen war. Gleichgiltig erscheint dabei, ob Kläger sich auf jene Antwort des Bekl. sofort entfernte — da er, wenn das beanspruchte Recht wirklich erworben war, desselben durch sein Schweigen auf die ablehnende Antwort nicht verlustig werden konnte —, oder ob er (wie der Appellrichter feststellt) sofort mit Klage drohte — da er, wenn er das beanspruchte Theilnahmerecht bereits verloren hatte, dasselbe durch die Klageandrohung nicht konserviren konnte.

Für die Erörterung der hienach allein noch offenen Frage ist festzuhalten, daß der, am 19. Okt. 69 auf der Leipziger Messe zur Zahlung seines Beitrags aufgeforderte, Kläger — als er am 20. Okt. beim Bekl. eintraf und durch seine gedachte Frage offenbar erfahren wollte, wie er mit dem Bekl. in Bezug auf das Geschäft stehe — nicht etwa vom Bekl. zur Zahlung des nach Art. 267 HGB ihn treffenden Beitrags (etwa bei Vermeidung des Ausschlusses vom Geschäft) aufgefordert wurde, sondern daß Beklagter sogleich die Theilnahme des Klägers gänzlich — damit also auch im Voraus jedes mögliche Anerbieten einer Zahlung — ablehnte, weil Kläger bis jetzt kein Geld dazu gegeben habe. Daß Beklagter hiezu in keiner Weise berechtigt war, zumal vorher eine Verabredung wegen Beschaffung des Kaufgeldes nicht stattgefunden, bedarf keiner Darlegung; und der Appellrichter, welcher auch . . . einen Verzicht des Klägers auf seine Rechte in dem Benehmen desselben nicht findet, hat dadurch den angeführten Art. 267 in keiner Weise verletzt, nach welcher Bestimmung Beklagter allerdings die Hälfte des Kaufpreises vom Kläger als Beitrag verlangen konnte. Dies wird bei der zu erwartenden Rechnungslegung seine Berücksichtigung finden müssen, bei der sich ergeben wird, inwieweit das Ankaufsgeld durch den beim Verkauf der Waare erzielten Erlös bereits gedeckt ist.

Nr. 62.

II. Senat. — Erkenntniß v. 31. Jan. 72. (B.)

Körber c. Keilmann (Nr. 790 v. 71).

Anhalt. **Ober-Leuterung.**

I. Instanz: Kreisgericht Bernburg,
II. Instanz: Juristenfakultät Jena, } für das Oberlandesgericht Dessau.
III. (Leuterungs-) Instanz: Juristenfakultät Berlin

Aufgelöste Handelsgesellschaft, Verjährung der Ansprüche an die Gesellschafter, solidarische Haftung der Gesellschafter. Unmöglichkeit der Erfüllung.

1. Art. 146 HGB setzt eine den Vorschriften des HGB gemäß erfolgende Auflösung der Handelsgesellschaft voraus, ist mithin unanwendbar auf Verhältnisse einer schon vor der Geltung des HGB aufgelösten, in das Handelsregister gar nicht eingetragen gewesenen Gesellschaft.

Ebenso: Erk. des preuß. OTr. IV. Sen. v. 20. Januar 71, Entsch. B. 65 S. 189 ff.,

2. Für die von einer Handelsgesellschaft als solcher, unter der Gesellschaftsfirma, eingegangenen Schuldverbindlichkeiten haften die einzelnen Gesellschafter solidarisch (HGB Art. 112). Dieser Satz galt gemeinrechtlich kraft Handelsgewohnheitsrechts schon vor dem HGB.

Vgl. Rspr. IV S. 234 Nr. 2.

3. Der Satz: „impossibilium nulla obligatio“ bezieht sich gemeinrechtlich nur auf objektiv unmögliche Leistungen;

bei einer subjektiv unmöglichen Leistung ist Anspruch auf das Interesse nicht ausgeschlossen.

Windscheid Pandekten § 315, B. II S. 187.

Die 1857 aufgelöste Handelsgesellschaft K. & G. (im Herzogthum Anhalt) ist dem Kläger aus einem 1855 namens ihrer, unter der Gesellschaftsfirma, geschlossenen Vertrage verpflichtet. Gegen einen früheren Theilhaber der Gesellschaft wird deshalb jetzt eine Interesseforderung geltend gemacht. Die aus Art. 146 HGB erhobene Einrede der Verjährung ist von der Juristenfakultät Jena für beachtlich erklärt worden, sofern die seit Einführung des HGB (in Anhalt-Bernburg, 1. Okt. 62) verlaufene Frist in Betracht komme; die in III. Instanz sprechende Juristenfakultät Berlin hat dagegen den Art. 146 auf Gesellschaften, die schon vor Geltung des HGB aufgelöst worden, überhaupt nicht für anwendbar erachtet.

Beklagter wollte ferner nicht für das Ganze, sondern nur antheilsweise (zur Hälfte) für die Gesellschaftsschuld haftbar sein. Auch machte er geltend, daß Vertragserfüllung unmöglich gewesen wäre.

Entscheidung des OHG:

I. Art. 146 HGB kann auf die vorliegende, bereits im Jahre 57, also längst vor Emanation des HGB aufgelöste, niemals in das Handelsregister eingetragen gewesene Handelsgesellschaft nicht angewendet werden. Derselbe setzt eine den Vorschriften des HGB gemäß erfolgende Auflösung der Gesellschaft voraus, und er konnte füglich eine kürzere Verjährungsfrist für die Klagen gegen die Theilhaber der aufgelösten Gesellschaft statuiren, weil die im HGB geregelte Liquidation eine Garantie für die Abwickelung der Verbindlichkeiten der Gesellschaft gewährt, welche bei den vor Emanation des HGB aufgelösten Handelsgesellschaften fehlte.

Die im Art. 146 statuirte Verjährung beginnt auch,

nach ausdrücklicher Vorschrift des Abs. 2, mit dem Tage, an welchem die Auflösung der Gesellschaft in das Handelsregister eingetragen ist. Es fehlt also bei den älteren, nicht eingetragenen Gesellschaften an dem gesetzlich bestimmten Anfangspunkt der kurzen Verjährung. Wenn der Appellrichter diesem gesetzlichen Anfangspunkt den Tag der Einführung des HGB substituirt, so liegt darin eine unstatthafte Rückanwendung eines über ein neu geregeltes Rechtsinstitut erlassenen, ohnehin singulären Gesetzes auf wesentlich verschiedene ältere Rechtsverhältnisse. Eine solche Verschiedenheit liegt namentlich auch darin, daß die Publizität des Handelsregisters es mit sich bringt, daß die darin eingetragene Auflösung der Handelsgesellschaft allgemein bekannt wird, oder daß doch jeder Betheiligte Kenntniß davon erlangen kann und eine Nachlässigkeit begeht, wenn er nicht innerhalb der gesetzlich bestimmten Frist seine Ansprüche gerichtlich geltend macht, was jedenfalls nicht in gleichem Maaße bezüglich der Gläubiger einer schon vor Emanation des HGB aufgelösten Gesellschaft behauptet werden kann.

II. Das Leuterungs-Urtel hat den Einwand [daß Beklagter nur zur Hälfte für die streitige Gesellschaftsschuld aufzukommen habe] vornehmlich deshalb verworfen, weil die den beiden Socien ... zunächst obliegenden Handlungen*) untheilbar seien und deshalb Beklagter auch für das Interesse solidarisch hafte. Der Gerichtshof muß Bedenken tragen, diesen Entscheidungsgrund zu approbiren.

Die Frage ist eine sehr bestrittene. Allerdings stehen der im angefochtenen Urtel adoptirten Ansicht bedeutende Autoritäten zur Seite; allein Windscheid (Pandekten § 299

* Die Gesellschaft hatte sich nämlich verbindlich gemacht, dafür aufzukommen, daß ein zwischen dem Kläger und einem Gewerken über dessen Grubenantheil abgeschlossener Kauf vom Gericht sowie von der Bergbehörde bestätigt werde. Diese Bestätigung ist nicht erfolgt, und Kläger fordert nun sein Interesse.

n. 7, B. II S. 148), welcher sich gleichfalls für dieselbe entscheidet, giebt zu, daß die herrschende Meinung dafür sei, daß für den eventuellen Interesseanspruch, dessen Gegenstand eine an sich theilbare Geldleistung ist, nur eine Haftung pro rata eintrete. — Die vorliegende Entscheidung hängt aber nicht davon ab, ob man die gedachte Kontroverse in der einen oder anderen Art entscheidet, da für die solidarische Haftbarkeit des Bekl. noch ein anderer Grund entscheidend ist.

Inhalts der Urkunde v. 18. Dez. 55 hat die Gesellschaftsfirma K. & G. dem Kläger eine ihr an die Gewerkschaft J. zustehende Forderung cedirt. Die cedirte Forderung rührte zweifellos aus einem Handelsgeschäft her; ihr Gegenstand war der Kaufpreis, welchen die Gewerkschaft für Waaren, die sie aus dem Handelsgeschäft jener Firma erhalten, verschuldete, und die Cession erfolgte zu theilweiser Deckung einer Wechselschuld, welche die Gesellschaftsfirma dem Kläger schuldig geworden war. Daß nun für solche, von einer Handels-Societät als solcher unter der Gesellschaftsfirma kontrahirte Schulden die Theilhaber an der Societät solidarisch haften, war schon vor Emanation des HGB durch Handelsgewohnheit sanktionirt.

III. Die vom Bekl. angerufene Regel: „impossibilium nulla obligatio“ bezieht sich nur auf objektiv unmögliche Leistungen. Zu diesen sind aber weder die Bestätigung des fragl. Grubenkaufvertrags, noch die Erwirkung dieser Bestätigung, bzw. die Bemühungen, um diese Bestätigung zu erwirken, zu rechnen. Es könnte höchstens eine subjektiv unmögliche Leistung angenommen werden, bei welcher die Leistung des Interesse keineswegs ausgeschlossen ist (Windscheid Pandekten § 315).

Nr. 63.

I. Senat. — Erkenntniß v. 2. Febr. 72. (V.)

J. Mayer ./. Schumacher & Harig (Nr. 775 v. 71).

Rheinhessen. **Kassationsrekurs.**

I. Instanz: Handelsgericht Mainz,
II. Instanz: Obergericht daselbst.

Vertragserfüllung, guter Glaube, höhere Gewalt.

1. Was als Vertragserfüllung zu gelten hat, bestimmt sich nach dem beim Vertragsschluß obwaltenden Willen der Kontrahenten und den dabei kundgegebenen Voraussetzungen.

HGB Art. 278.

2. Kann im Distanzhandel eine dem Vertrage nicht entsprechende Erfüllung durch guten Glauben des Verkäufers und durch Einwirkung höherer Gewalt gerechtfertigt werden?

Vgl. HGB Art. 345.

Laut Schlußnote v. 24. Januar 71 kaufte der in Worms wohnende Beklagte von der klagenden Mainzer Handlung 105 Faß Petroleum. Dabei ward bedungen:

„Die 105 Faß müssen mit dem am 23. Januar von Antwerpen abgehenden Spezialzuge verladen sein.“

35 Faß kamen am 27. Januar an und wurden von dem Bekl. angenommen. Die übrigen 70 Faß trafen erst am 6. Februar ein; Beklagter verweigerte deren Annahme, weil dieselben verspätet von Antwerpen abgesendet worden. Klägerin fordert den bedungenen Preis dieser 70 Faß nebst 6 % Verzugszinsen seit 6. Febr. 71. Sie will, auf Grund eines ihr die Verladung der Waare ankündigenden Telegramms, der Ueberzeugung gewesen sein, daß die ganze Waare am 23. Januar wirklich zur Verladung gekommen sei; es ist auch die ganze Sendung bereits am 21. Januar zur Beförderung mit dem am 23. Januar bestimmungs-

mäßig aus Antwerpen abgehenden Güterzuge angemeldet und eingeschrieben gewesen, jedoch wegen plötzlicher Unterbrechung der Spezialzüge durch die Kriegsereignisse nur ein Wagen (mit 35 Faß) beladen worden und am 23. Jan. abgegangen.

Der Appellrichter erachtete diese Umstände für erheblich. Das OHG hat anders entschieden.

Gründe:

Ueber den Wortlaut des zwischen den Parteien abgeschlossenen Vertrages besteht kein Streit ... Es kann sich also nur fragen, wie der in dieser Weise abgeschlossene Vertrag aufzufassen und welches seine rechtlichen Wirkungen seien. Was zunächst den Sinn der vorerwähnten Vertragsstipulation betrifft, so spricht das angefochtene Urtel in jenem Theil seiner Gründe, wo es die Behauptung einer Genehmigung der vertragswidrigen Absendung zurückweist, sich dahin aus:

> „es sei ausdrückliche Vertragsbedingung gewesen, daß die Waare mit dem am 23. Januar abgegangenen Spezialzuge verladen sein müsse, und es erscheine diese Stipulation um so mehr als eine wesentliche Vertragsabrede, weil damals notorisch das Petroleum in Folge des durch die Kriegsereignisse gestörten Transports gemangelt und so Beklagter ein besonderes Interesse gehabt habe, baldmöglichst in dessen Besitz zu gelangen."

In den Gründen, welche sich speziell auf die den Gegenstand des Kassationsrekurses bildende Beweisauflage beziehen, wird gesagt:

> „die Thatsache, daß die Waare am 21. Januar eingeschrieben gewesen, der wirkliche Abgang aber nur durch die Kriegsereignisse verhindert worden sei, bilde die dem Vertrage entsprechende Verladung."

Offenbar dürfen diese letzteren Worte nicht so gedeutet werden, als habe der Appellrichter im Widerspruch mit seiner früheren, in ganz klarer und bestimmter Weise gegebenen thatsächlichen Feststellung sagen wollen, nach dem Willen der Kontrahenten sei es keine wesentliche Vertragsabrede gewesen, daß die Waare mit dem am 23. Januar abgegangenen Spezialzuge verladen sein müsse; vielmehr lassen sie sich blos so auffassen, daß der Einfluß des guten Glaubens und der höheren Gewalt auf den Vollzug des bereits festgestellten Vertrages bestimmt werden sollte.

Der Appellrichter wollte erklären, mit Rücksicht auf besagte Umstände sei die Verladung, so wie sie nach Maaßgabe der in II. Instanz genommenen Beweisanträge stattgefunden haben sollte, als eine dem Vertrage entsprechende zu betrachten. Diese Ansicht ist nun aber rechtlich nicht haltbar, und mit Recht wird in der Kassationsschrift dem Appellrichter der Vorwurf gemacht, daß er die Rechtsgrundsätze bezüglich der Gefahr des Transports (Art. 345 HGB und Art. 1138 Code civil) sowie bezüglich der Wirkungen des guten Glaubens verkannt habe.

Es ist ins Auge zu fassen, daß bei Abschluß des Vertrages als Thatsache vorausgesetzt wurde, die verkaufte Waare sei bereits am Tage zuvor von Antwerpen abgegangen, und daß die Richtigkeit dieser Voraussetzung eine wesentliche Vertragsbedingung bildete.

Ohne diese Bedingung hätte, wie anzunehmen und im angefochtenen Urtel selbst angedeutet ist, Käuferin den Vertrag nicht abgeschlossen, hätte sie jedenfalls nicht um den vereinbarten Preis gekauft und nicht auf Festsetzung einer Lieferungszeit verzichtet. Ist nun richtig, daß nur eine bereits auf dem Transport befindliche Waare Gegenstand des Kaufs war, und hat Verkäuferin die Verpflichtung übernommen, eine solche Waare zu liefern: so genügte sie offenbar ihrer Vertragspflicht nicht, wenn sie eine Waare anbot, bei welcher diese Voraussetzung nicht zutraf; mithin durfte ihr der Einwand des nicht erfüllten Vertrages entgegengehalten werden.

Es beruht auf völliger Verkennung der maaßgebenden rechtlichen Grundsätze, wenn das angefochtene Urtel Werth darauf legt, daß

1) Verkäuferin sich im guten Glauben befunden habe, es sei die Waare bereits verladen und abgegangen, ferner

2) ohne Dazwischentreten einer höheren Gewalt dies auch wirklich geschehen sein würde.

Weder ein solcher guter Glaube noch der Eintritt einer höheren Gewalt können bewirken, daß die Natur der Vertragsbedingung sich ändere und an Stelle der eingegangenen Verpflichtung eine andere trete.

Bei Stipulationen, wie die vorliegende, müssen die nämlichen Grundsätze Maaß geben, wie in Fällen, wo eine Sache mit Zusicherung gewisser Eigenschaften verkauft worden ist.

Einleuchtend kann sich der Verkäufer nicht darauf berufen, daß er beim Verkauf wirklich der Meinung gewesen sei, die Sache habe die zugesicherten Eigenschaften, und ebensowenig kann er geltend machen, es trügen zufällige, vor dem Verkauf eingetretene Ereignisse die Schuld, wenn sie fehlten. Arg. Art. 1601 Code civil, vgl. auch Art. 1603, 1604, 1614 daselbst.

Insofern nun das angefochtene Urtel in seinen der klägerischen Handlung gemachten Beweisauflagen dem guten Glauben sowie dem Eintritt höherer Gewalt Wirkungen eingeräumt hat, welche ihnen rechtlich nicht zukommen: hat es die bezeichneten Bestimmungen der Gesetze verkannt und überhaupt die für die rechtlichen Wirkungen von Verträgen, insbesondere des Kaufvertrages, bestehenden Grundsätze verletzt und ist bezüglich der bezeichneten Entscheidung sowie bezüglich des davon nicht zu trennenden Kostenpunkts zu vernichten.

Nr. 64.

I. Senat. — Erkenntniß v. 2. Febr. 72. (Ref.)

Eckhardt ./. Niederrheinische Güter-Assekuranz-Gesellschaft zu Wesel (Nr. 80 v. 72).

Königreich Sachsen. **Weitere Berufung.**

I. Instanz: Handelsgericht im Bezirksgericht Leipzig,
II. Instanz: Appellationsgericht Leipzig.

Transportversicherung, Beweis des eingetretenen Schaden.

Bei einer gegen die Gefahren des Bahntransports genommenen Versicherung hat der Versicherte zu beweisen, daß die eingetretene Beschädigung objektiv im Bereich derjenigen Gefahren und Unfälle liegt, für welche die Versicherungs-Gesellschaft die Schadenersatzpflicht übernommen hat. Dies genügt, unter der Voraussetzung, daß das betreffende Frachtgut zur Beförderung überliefert worden ist.

HGB Art. 271 Nr. 3, vgl. Art. 824 Abs. 1, 886.
Vgl. Rspr. II S. 178.

Kläger hatte am 21. Juni 70 eine gußeiserne Fundamentalplatte — zu einer bei der bekl. Gesellschaft gegen die Gefahren des Bahntransports versicherten Gebläsemaschine gehörig — in Chemnitz auf den Bahnhof schaffen und zum Transport nach Prag aufgeben lassen. Die Platte wurde auf den zu ihrer Weiterbeförderung von der Bahnverwaltung bezeichneten Eisenbahnwagen verladen. Gleich darauf sprang ein Cylinder der Platte ab. Beklagte wird jetzt auf Ersatz dieses Schaden belangt.

Entscheidung des OHG:

Es fragt sich, ob der nach Angabe des Klägers eingetretene Unfall ein solcher ist, für welchen vertragsmäßig die beklagte Gesellschaft einzustehen hat. Die einschlagenden Vertragsbestimmungen sind folgende:

Nach § 27 der „Allg. Bedingungen“ wird die Eisenbahnversicherung geleistet:

a) zunächst nur für solche Schäden und Verluste, für welche nach dem Betriebsreglement der Aufgabestation die Eisenbahn aufzukommen hat; sodann aber auch

b) für denjenigen Schaden, der aus Ereignissen höherer Gewalt entsteht. Ausgenommen ist hiebei nach den Allg. Bedingungen § 2 der durch „Bruch“ entstehende Schade. — Zwischen den Parteien ist jedoch nachträglich vereinbart worden, daß die beklagte Gesellschaft auch

c) für Schäden durch Bruch an unverpackten Maschinentheilen haftet, soweit sie nicht beim „Auf- oder Abladen“ entstanden sind.

Ueber die Beweispflicht des Versicherten disponirt § 12 der Allg. Bedingungen. Der Versicherte soll den Beweis führen, daß einer der Unfälle oder Gefahren, wogegen die Versicherung geleistet ist, stattgefunden hat; ingleichen soll er die Verladung nachweisen.

So gewiß es ist, daß für die Entschädigungspflicht des Versicherers unter Umständen die Frage von Wichtigkeit erscheint, ob das Ereigniß, welches die Verletzung oder Vernichtung verursacht hat, in die Haftpflicht des Versicherers falle, und daß in keinem Falle der Versicherer für denjenigen Schaden haftet, welcher zwar nach dem Beginn der Obhut des Frachtführers eingetreten, der aber Folge einer fehlerhaften Beschaffenheit gewesen ist, in der sich die versicherte Sache schon zur Zeit der Transportübernahme seitens des Frachtführers befunden hat: so ergiebt sich hieraus doch nichts Entscheidendes für den Umfang der Beweispflicht des Versicherten.

Vielmehr ist nach allgemeinen Beweisregeln ebenso, wie nach dem Inhalt obiger Vertragsbestimmung, davon auszugehen, daß es genügt, wenn der Versicherte erweist, daß die eingetretene Beschädigung in den Bereich derjenigen Gefahren und Unfälle, für welche die Beklagte die Schadenersatzpflicht vertragsmäßig übernommen hat, fällt, und daß die allgemeine Voraussetzung der Haftpflicht: der Uebergang in die Gewahrsam des Frachtführers, vorhanden ist. Das Ereigniß, durch welches der beschädigende Erfolg herbeigeführt worden, kann in der Regel der Versicherte gar nicht kennen, weil die Waare eben nicht in seiner Innehabung sich befunden hat; jedenfalls braucht er es nicht zu kennen, da der Versicherer als solcher für die Gefahr zufälliger Ereignisse einzustehen übernommen hat. Der Schwerpunkt ruht darauf, ob objektiv die Beschädigung eine solche ist, für welche einzustehen dem Versicherer obliegt. Ist dies der Fall, so trifft die Last des Beweises der Behauptung, daß der Schade aus einer von ihm nicht zu vertretenden Thatsache entsprungen sei, den Versicherer — in ganz ähnlicher Weise, wie die Beweispflicht im Verhältniß zwischen dem Absender und Frachtführer nach Art. 395 HGB sich vertheilt. Hieraus folgt von selbst, daß eine Sachlage der Art, welche den Grund der an sich zu vertretenden Beschädigung mit Bestimmtheit nicht erkennen läßt, zum Nachtheil nicht des Versicherten, sondern des Versicherers gereicht. Denn er trägt die Gefahr seines Exkulpationsbeweises.

In vorliegendem Falle hat sich Kläger auf folgende Momente gestützt:

a) ungefähr 5 bis 10 Minuten nach vollendeter Beladung des Wagens sei ein mit der Platte verbunden gewesener gußeiserner Cylinder abgesprungen, während (wie Kläger selbst beifügt) die Maschine ruhig und ohne Berührung dagelegen habe;

b) der Guß der Platte an der Sprungstelle sei ein gesunder gewesen;

c) auf der Fahrt zur Bahn und beim Abladen vom Wagen sowie beim Aufladen auf den Eisenbahnwagen sei ein Bruch der Platte nicht erfolgt;

d) die Verladung der Platte auf den Eisenbahnwagen sei ordnungsmäßig und mit aller dabei zu beobachtenden Vorsicht geschehen.

Während die I. Instanz von der Ansicht ausgegangen ist, daß der Beweis der Thatsachen unter a) und c) genüge, hat die II. Instanz angenommen, daß in die Beweispflicht des Klägers die Behauptungen unter b), c) und d) fallen, die Behauptung unter a) aber als irrelevant sich darstelle. Es hängt dies zusammen mit den Anforderungen, welche die vorige Instanz an das Vorbringen des Klägers stellt, dem sie die Aufgabe zuweist, den Umstand in rechtliche Gewißheit zu setzen, daß der Zustand der Platte bis zum Moment, wann dieselbe in die vertragsmäßige Innehabung der Bahnverwaltung gelangt ist, ein solcher gewesen, welcher die Präsumtion rechtfertige, das Abspringen des Cylinders sei nicht durch Schuld des Klägers verursacht worden. Nach der oben dargelegten Auffassung gehört die Bezugnahme auf das Nichtvorhandensein einer Schuld des Klägers prinzipiell nicht zur Begründung der Klage, sie hat nur eventuell, sofern Beklagte ein Verschulden behauptet, die Natur replikatorischer Vertheidigung. Die Aufgabe des Klägers ist es zunächst nur, die Thatsache zu erweisen, daß das Frachtgut innerhalb des Zeitraums, für welchen Beklagte die Garantie für die Integrität der beschädigten Sache übernommen, eine Beschädigung erlitten habe. Die Beschädigung selbst beruht, wie die I. Instanz mit Recht angenommen hat, außer Zweifel. Für Schäden durch Bruch an unverpackten Maschinentheilen beim Bahntransport aber, soweit sie nicht beim Auf- und Abladen entstanden, hat Beklagte das vertragsmäßige Risiko übernommen. Es kann daher nur noch die Frage als entscheidend angesehen werden, ob einmal die Platte, als der Unfall sich ereignete, bereits aus der Innehabung des Klägers in die der Eisenbahn übergegangen gewesen, und sodann, ob sie bei diesem Uebergang in die Gewahrsam der Bahn noch unverletzt sich erwiesen habe. Denn ist überhaupt die Platte unversehrt in die custodia der Eisenbahn übergegangen, so kann in rechtlicher Beziehung darauf etwas nicht ankommen, wie lange diese custodia bereits gedauert, als der Unfall sich ereignete.

Die Beweislast kann mithin dadurch nicht geändert werden, daß in vorliegendem Falle Kläger selbst zugiebt, die Beschädigung sei kurze Zeit nach vollendeter Verladung erfolgt und er selbst vermöge einen bestimmten Grund für die Beschädigung nicht zu bezeichnen. Die hienach relevanten Behauptungen bilden den Inhalt der Einlassungspunkte. — Auf deren Darlegung ist daher, in Uebereinstimmung mit der Verfügung I. Instanz, die Beweisaufgabe des Klägers zu beschränken. Sofern Beklagte geltend machen zu können meint, daß aus der speziellen Modalität des Bruchs oder nach sonstigen begleitenden Umständen die Annahme sich rechtfertige, daß die Ursache der Beschädigung entweder auf ein Verschulden des Klägers oder — was dem gleich — seiner Leute, oder auf eine fehlerhafte Beschaffenheit der Platte selbst zurückzuführen sei: so fällt dies in das Gebiet des Gegenbeweises.

Nr. 65.

II. Senat. — Erkenntniß v. 3. Febr. 72. (B.)

D. Cohn ./. Fr. Huse (Nr. 706 v. 71).

Preußen. **Nichtigkeitsbeschwerde.**

I. Instanz: Gerichtsdeputation Neustadt-Eberswalde,
II. Instanz: Kammergericht zu Berlin.

Bürgschaft eines Kaufmanns.

1. Die Rechtsregel, daß die von einem Kaufmann ge-

schlossenen Verträge im Zweifel als Handelsgeschäfte anzusehen sind,

(Rspr. IV S. 150, 156 n., 164, 319)

findet auch auf Bürgschaften Anwendung,

HGB Art. 273 Abs. 1, 274, 281; vgl. Rspr. II S. 49.

2. Bürgschaftsleistung eines Kaufmanns ist daher regelmäßig formfrei.

HGB Art. 1, 317.

Die Nichtigkeitsbeschwerde des aus einer mündlichen Bürgschaftsleistung verurtheilten Beklagten wird vom OHG zurückgewiesen

in Erwägung:

daß nach der unangefochtenen Feststellung des Appellrichters der Bekl. Kaufmann ist, daß nach Art. 273 Abs. 1 und 274 Abs. 1 HGB alle einzelnen Geschäfte eines Kaufmanns, welche zum Betrieb seines Handelsgewerbes gehören, als Handelsgeschäfte anzusehen sind und die von einem Kaufmann geschlossenen Verträge im Zweifel als zum Betrieb des Handelsgewerbes gehörig gelten sollen,

daß hievon der Bürgschafts-Vertrag — wie bereits im Erk. v. 17. Febr. 71 [Rspr. II S. 49] näher dargethan ist — nach Art. 281 keine Ausnahme macht, und

daß in vorliegendem Falle keine Umstände festgestellt sind, welche der Beurtheilung der fragl. Bürgschaft als Handelsgeschäft entgegenständen;

in weiterer Erwägung,

daß demgemäß mit Recht und in voller Uebereinstimmung mit der Praxis des OHG (vgl. außer vorerwähntem Erk. noch die Urtel v. 13. Mai 71, 23. Septbr., 21. Okt. 71; Rspr. III S. 52, IV S. 156 n., S. 150) der Appellrichter auf das fragl. Bürgschaftsverhältniß die Bestimmungen über Handelsgeschäfte, einschließlich Art. 317 HGB, zur Anwendung gebracht, hiedurch also die vorstehend allegirten Art. des HGB nicht — wie in der NktBschw. behauptet wird — verletzt hat; sowie

daß § 203 ALR I. 14 [wonach jede Bürgschaftserklärung schriftlich abgegeben werden soll] gemäß Art. 1 HGB keine Anwendung finden konnte, und auf eine Prüfung der Erfordernisse der Art. 271, 272 daselbst nicht einzugehen ist, wenn (wie hier) ein Fall der Art. 273, 274 vorliegt, daraus aber folgt, daß auch die in diesen Beziehungen dem Appellrichter vom Imploranten gemachten Vorwürfe der Gesetzesverletzung für durchaus grundlos erachtet werden müssen.

Nr. 66.

I. Senat. — Erkenntniß v. 6. Februar 72. (B.)

H. Lepehne ./. L. Rosenthal & Co. (Nr. 736 v. 71.)

Preußen. **Nichtigkeitsbeschwerde.**

I. Instanz: Gerichtsdeputation Mehlauken,
II. Instanz: Ostpreuß. Tribunal zu Königsberg.

Hypotheken-Ausfall-Liquidation im Konkurs.

Nach altpreußischem Recht darf der Hypothekgläubiger, welcher seine Forderung gegen den Gemeinschuldner auch im Konkursverfahren angemeldet und der hierbei laufende Zinsen nicht zu beanspruchen hat, eine aus dem Kaufgeld des verpfändeten Grundstücks erhaltene theilweise Befriedigung zunächst auf sein Guthaben an Zinsen verrechnen, auch soweit die Konkursmasse dafür nicht haftet.

Preuß. Konkurs-Ordnung v. 8. Mai 55 § 12, 54, 57 ff., 83, 247.

In einer ostpreußischen Sache vom OHG angenommen aus folgenden

Gründen:

Der Streit, welcher sich unter den Parteien erhoben

hat, betrifft nach den Feststellungen der Vorrichter ausschließlich die Frage,

ob und inwiefern der Hypothekgläubiger, welcher zugleich als Konkursgläubiger aufgetreten ist, wenn er bei Vertheilung der Kaufgelder der zur Hypothek haftenden Immobilien einen Ausfall erlitten hat, das in Gemäßheit der im § 54 der Konkurs-Ordnung v. 8. Mai 55 vorgeschriebenen Berechnungsweise ihm auf die laufenden Zinsen Gezahlte bei der Liquidation des Ausfalls gegen die Konkursmasse als Zahlung auf das Kapital sich müsse anrechnen lassen.

Wird die Frage verneint, so kann noch weniger der Gemeinschuldner, dessen im § 12 a. a. O. nicht einmal gedacht ist (vgl. OTr. Erk. v. 5. Nov. 68, Entsch. B. 61 S. 446), — mag nun ein Accord geschlossen oder der Konkurs in anderer Art beendet sein — jene Anrechnung fordern.

Vom Appellrichter ist diese Frage verneint worden. Die Verneinung erscheint gerechtfertigt und der Vorwurf, es seien dadurch . . . [Gesetze] verletzt, unbegründet.

Nach § 12 der Konkursordnung wird durch die Konkurseröffnung für den Hypothek-Gläubiger der Zinslauf seiner Forderungen nicht gehemmt, soweit er die laufenden Zinsen aus den zur Hypothek haftenden Immobilien erhalten kann. Ferner werden nach § 57 bis 60 und 53 ff. a. a. O. aus den Kaufgeldern und Revenuen der verpfändeten Grundstücke seine Forderungen in folgender Reihenfolge bezahlt:

1) Kosten der Liquidation ꝛc.,
2) laufende Zinsen,
3) zweijährige Zinsrückstände,
4) das Kapital seiner Forderung;

welche Reihenfolge der nur theilweise befriedigte Gläubiger, selbst ohne diese Bestimmung, bei Abrechnung des Gezahlten auf diese verschiedenen Forderungen nach § 153, 154 ALR I. 16 im Wesentlichen würde festhalten dürfen. Sonach ist klar, daß wenn die Hebung mehr beträgt als die Kosten- und Zinsenliquidate, der erlittene Ausfall zunächst das Kapital trifft, folglich auch vorliegend der von der klagenden Handlung erlittene Ausfall von 1968 Thlrn. in der That Kapitalausfall ist.

Die Frage, ob die wegen dieses thatsächlichen Kapitalausfalls gegen den Bekl. aufgetretene Gläubigerin diejenigen Zahlungen, welche sie aus den Kaufgeldern der betr. Immobilien kraft ihres gesetzlichen Rechts auf ihre Forderung an laufenden Zinsen erhielt, als auf ihre Kapitalforderung gezahlt um deshalb anrechnen müsse, weil sie im Konkurse (nach § 12 der Konkursordnung) laufende Zinsen vom Bekl. nicht fordern darf, ist nach dem Wortlaut jener Bestimmungen vom Appellrichter zu Gunsten der Klägerin mit Recht verneint worden. Klägerin hat aus den gedachten Kaufgeldern an Zinsen überhaupt, und also auch dem Bekl. gegenüber, nur erhalten, was ihr gesetzlich zukam; was sie gegen den Bekl. als Kapitalausfall liquidirt, ist nach Inhalt der allegirten Gesetze, wie gezeigt, als Kapitalausfall zu betrachten und richtig berechnet.

Die Gründe, welche C. F. Koch (preuß. PrO., 5. Ausgabe S. 921 Anm. 25)*) geltend macht, um eine dem Wortsinn jener Gesetze widerstrebende Auslegung zu rechtfertigen, sind als zutreffend nicht anzuerkennen. Keineswegs verliert bei der dem Wortsinn folgenden Auslegung der § 12 der KonkO. seine Bedeutung; der theilweise ausgefallene Hypothekgläubiger darf bei der Konkursmasse nur ausgefallenes Kapital, nicht Ausfälle laufender Zinsen liquidiren, und wenn derselbe bei Geltendmachung des nach

* 6. Ausg. S. 1028, Anm. 25.

§ 39 a. a. O. ihm zustehenden Rechts sich „allen Bestimmungen, welche in Ansehung der Konkursgläubiger gegeben sind", unterwerfen muß: so folgt daraus eben nur, daß er seine Liquidation gemäß dem schon allegirten § 83 a. a. O. aufstellen muß, also namentlich laufende Zinsen nicht fordern darf. Wenn aber von Koch die Meinung aufgestellt wird, es brauchten die Konkursgläubiger die vielleicht beträchtliche Summe, welche der Hypothekgläubiger an laufenden Zinsen aus seinem Pfande erzielt habe, sich nicht um deshalb entziehen zu lassen, weil er sich eine werthlose Hypothek habe verschreiben lassen: so ist im Gegentheil jedes Recht der Konkursgläubiger zu bestreiten, dem Hypothekgläubiger, dessen Hypothek durch irgend welche ungünstige Umstände so im Werth herabgesunken ist, daß er nur die laufenden Zinsen seiner Forderung erlangte und mit dem Kapital ganz oder theilweise ausfiel, diesen geringen Werth noch dadurch zu schmälern, daß sie nun die Abrechnung desjenigen, was als laufende Zinsen gezahlt und empfangen ist, auf das bei der Konkursmasse liquidirte Kapital verlangen. Hiezu tritt folgende Erwägung: Wie erwähnt, darf der Hypothekgläubiger nach § 39, 83 a. a. O. seine Forderung — bei diesfälligem persönlichem Anspruch an den Gemeinschuldner — gegen die gemeinschaftliche Konkursmasse geltend machen, und es ist damit die Möglichkeit gegeben, daß er mit dieser Forderung in den Grenzen des § 83 a. a. O., also mit Kapital und Zinsrückständen aus der Zeit vor der Konkurseröffnung, ganz oder theilweise befriedigt wird, bevor es zur Subhastation der verpfändeten Immobilien und zur Vertheilung der Kaufgelder kommt. Für diesen Fall, daß nun hinterher der Hypothekgläubiger bei der Kaufgeldervertheilung der subhastirten Grundstücke ganz oder theilweise zur Hebung kam, hat der Gesetzgeber Bestimmungen gegeben, wonach der gemeinschaftlichen Konkursmasse das, was aus ihr dem Hypothekgläubiger auf seine Forderung gezahlt ist, aus der Kaufgeldermasse erstattet wird. Diese Bestimmungen finden sich für die Hypothekgläubiger im § 247 (über die Motive vgl. Goltdammer, Kommentar und Materialien zur Konkursordnung, 2. Ausgabe S. 412).

§ 247 der Konkurs-Ordnung bestimmt:

A) „Wenn Gläubiger, welchen ein Realrecht an Grundstücken zusteht, zugleich als Konkursgläubiger aufgetreten sind, so werden dieselben bei den Vertheilungen an die Konkursgläubiger, welche vor Vertheilung der Grundstücksmasse stattfinden, mit ihrer ganzen Forderung — § 83 — (also ohne laufende Zinsen) angesetzt und wegen des darauf fallenden Antheils nach den Vorschriften der § 244 bis 246 befriedigt.

Bei der späteren Vertheilung der Grundstücksmasse werden die Realgläubiger ebenfalls mit ihrer ganzen Forderung — § 60 — (hier also mit den laufenden Zinsen) angesetzt. Jedoch wird den Realgläubigern, welche hier mit ihrer ganzen Forderung zur Hebung kommen, der aus der Masse der Konkursgläubiger an sie gezahlte Betrag abgezogen und dieser Masse überwiesen."

Soweit bietet die Sache weder Schwierigkeiten, noch Zweifel. Das bei der Gemeinmasse nach § 83 a. a. O. ohne laufende Zinsen liquidirte und etwa voll ausgezahlte Kapital des Hypothekgläubigers wird bei der Grundstücksmasse nach § 60 a. a. O. mit laufenden Zinsen liquidirt, kommt zur vollen Hebung und die Gemeinmasse zieht an seiner Stelle den ihm bereits gezahlten Kapitalsbetrag ein.

B) „In Ansehung derjenigen Realgläubiger, welche in der Grundstücksmasse theilweise ausfallen, wird berechnet, mit welchem Antheil die ausgefallene Summe bei der Vertheilung an die Konkursgläubiger, an Stelle der angesetzten ganzen Forderung, zur Hebung gekommen sein würde; was der Gläubiger mehr, als diesen Antheil, aus der Masse der Konkursgläubiger empfangen hat, wird ihm von dem Betrage, mit welchem seine Forderung bei der Grundstücksmasse zur Hebung kommt, abgezogen und der Masse der Konkursgläubiger überwiesen."

Die hier erwähnte „ausgefallene Summe" ist unzweifelhaft diejenige, welche bei der gesetzlich nach § 54 a. a. O. erfolgten Vertheilung der Kaufgelder nicht mehr zur Hebung gekommen ist, also falls die dort Nr. 1 bis 3 aufgezählten Posten 2c. zur Hebung gelangten, die nicht zur Hebung gelangten Kapitalsbeträge; und es soll berechnet werden, wie viel von diesem ausgefallenen Betrage bei Vertheilung an die Konkursgläubiger „an Stelle der dort angesetzten ganzen Forderung" — d. h. also an Stelle dieser, bei Vertheilung der Konkursmasse (mithin nach § 83) angesetzten Forderung — zur Hebung gekommen sein würde. Sollte nun diese Berechnung so angelegt werden, daß von der bei der Grundstücksmasse ausgefallenen Summe die zur Perzeption gelangten laufenden Zinsen als auf das Kapital gezahlt in Abzug gebracht werden sollen: so würde man für diesen Sinn in den erwähnten gesetzlichen Bestimmungen schwerlich irgend einen Ausdruck finden, und doch wäre gerade hier der Ort für eine derartige Anordnung des Gesetzes gewesen, welche nach der bisherigen Darlegung in der That abnorm und den übrigen gesetzlichen Bestimmungen sowie der natürlichen Billigkeit widersprechend erscheinen würde. Der innere Grund dieser Bestimmungen ist doch einleuchtend nur der, daß der Gläubiger, soweit er aus der Gemeinmasse seine Befriedigung erhalten hat und erhalten durfte, dieselbe nicht zum zweiten Male bei Vertheilung der Immobiliarmasse nehmen darf. Dies aber kann, ohne ganz spezielle ausdrückliche gesetzliche Anordnung, niemals dahin führen, daß die Konkursmasse, welche nach ihrem Aktivbestande oder akkordmäßig einen Theil des Kapitalausfalls des Hypothekgläubigers zu tragen hat, berechtigt sein sollte, Zahlungen, welche nicht von ihr geleistet sind, sondern welche dem Gläubiger kraft seines gesetzlichen Rechts auf laufende Zinsen aus den ihm zur Hypothek haftenden Grundstücken gezahlt sind, als auf sein Kapital bezahlt zu betrachten, daher vom Kapitalausfall in Abrechnung zu bringen und auf diese Weise ihm wieder zu entziehen, was ihm den gesetzlichen Vorschriften entsprechend und nicht von ihr, sondern kraft seiner Hypothekenrechte aus der Immobiliarmasse gezahlt worden ist.

Nr. 67.

I. Senat. — Erkenntniß v. 6. Febr. 72. (B.)

A. Lentz ./. Fr. A. Neumann & Co. (Nr 787 v. 71).

Preußen. **Nichtigkeitsbeschwerde.**

I. Instanz: Kreisgericht Stettin,
II. Instanz: Appellationsgericht daselbst.

Handelskauf, Fixgeschäft.

Bezüglich der Annahme, ob ein Handelskauf als ein sogen. Fixgeschäft (im Sinne des Art. 357 HGB) zu gelten habe, neigt die preußische Praxis noch vielfach dazu, der festen Bestimmung einer Lieferungszeit eine übermäßige Bedeutung beizulegen. Zur Erläuterung der in unserer Rechtsprechung bereits mehrfach (I S. 110, 397; II S. 79; III S. 351, 369; IV S. 177, 202 Nr. 2; V S. 12) hervorgehobenen Grundsätze, welche hierin das OHG konsequent festhält, geben wir deshalb noch folgende

Entscheidung:

Die Nichtigkeitsbeschwerde richtet sich zunächst gegen die Annahme des Appellrichters, daß das fragliche Lieferungsgeschäft ein Fixgeschäft gewesen sei. In dieser Annahme wird eine Verletzung des Art. 357 HGB erblickt.

Bei Würdigung dieses Beschwerdepunkts ist nicht außer Betracht zu lassen, daß der Begriff des Fixgeschäfts nicht nach bestimmt und scharf hervortretenden Merkmalen vom

Gesetz festgestellt werden wollte, sondern daß dabei wesentlich auch den Umständen des Falles und der aus denselben erkennbaren Absicht der Kontrahenten Rechnung getragen werden soll. — Soweit nun aber der Richter, ohne im Wesentlichen den Sinn des Gesetzes zu verkennen, seine Ueberzeugung vom Vorhandensein eines Fixgeschäfts blos aus thatsächlichen*) Erwägungen der bezeichneten Art gewonnen hat, kann von Verletzung eines Rechtsgrundsatzes nicht so die Rede sein, daß sich seine Entscheidung im Wege der Nichtigkeitsbeschwerde anfechten ließe.

Was nun den vorliegenden Fall betrifft, so lautet der zwischen den Parteien abgeschlossene Vertrag dahin, daß die klägerische Handlung sich im Oktober 69 verpflichtete, dem Beklagten eine Quantität Bretter theils sofort, den Rest aber im Frühjahr 70 zu liefern.

Der Wortlaut dieses Vertrages ist nun allerdings keineswegs der Art, daß aus demselben die Absicht, ein Fixgeschäft zu schließen, zu folgern wäre; allein er schließt auch die Möglichkeit, daß die Absicht der Kontrahenten auf ein Geschäft dieser Art gerichtet gewesen sei, nicht aus. Faßt man nun eines Theils die Erklärungen, welche die Parteien, namentlich aber Beklagter und jetziger Implorant, im Prozeß abgaben, anderen Theils die Gründe der Erkenntnisse beider Instanzen ins Auge: so muß man die Ansicht gewinnen, daß der Appellrichter wesentlich auf Grund jener Erklärungen, und aus denselben die Absicht der Kontrahenten folgernd, zur Annahme, daß ein Fixgeschäft vorliege, gelangt sei.

Bereits in der Klagebeantwortung hatte Beklagter wiederholt und mit Nachdruck geltend gemacht, daß die ganze Lieferung spätestens im Frühjahr 70 zu bethätigen gewesen sei, was (wie unbestritten) beim Holzhandel in der fraglichen Gegend gleichbedeutend ist mit „spätestens am

* Vgl. Rspr. I S. 8, 188, 195 n., 197 n., 319, 395 ff.; III S. 167.

20. Juli 70." In Verbindung hiemit steht die weitere Bemerkung, daß er im Vertrauen auf pünktliche Erfüllung bereits weitere Lieferungsverträge abgeschlossen gehabt hätte.

In der Duplik erklärt er noch entschiedener, Klägerin sei am 11. Juli nicht mehr befugt gewesen, vom Vertrage zurückzutreten, denn weil dieser im Frühjahr zu erfüllen gewesen, habe er am 11. Juli schon als unerfüllbar erscheinen müssen.

Da nun auch die klagende Handlung den Behauptungen des Bekl., soweit diese auf Voraussetzung eines Fixgeschäfts gerichtet waren, nicht entgegentrat: so durfte das Gericht I. Instanz die Thatsache, daß ein solches Geschäft beabsichtigt gewesen sei, den im Prozeß abgegebenen Parteierklärungen entnehmen und hat dies offenbar auch ausgedrückt, indem es mit kurzen Gründen auf das Bestehen eines Fixgeschäfts hinwies. Dieser Auffassung des I. Richters, obgleich aus derselben nachtheilige Folgerungen für ihn abgeleitet wurden, trat Beklagter in II. Instanz nicht entgegen; es hatte also der Appellrichter noch weniger Anlaß als der I. Richter, das Bestehen eines Fixgeschäfts in Zweifel zu ziehen, und wenn er in seinen Gründen sich einfach dahin aussprach: „da die Waare binnen einer festbestimmten Frist bis Ende Frühjahr 70, also bis zum 20. Juli 70, geliefert werden sollte, komme Art. 357 HGB zur Anwendung": so muß angenommen werden, daß er den Beweis für die Natur des Geschäfts nicht blos in dem nackten Wortlaut des Vertrages, sondern wesentlich in der durch die Erklärungen und das Verhalten der Parteien im Prozeß sich bekundenden Absicht der Kontrahenten gefunden habe. Hieraus folgt aber, daß seine diesfällige Entscheidung gegen einen Rechtsgrundsatz, insbesondere gegen Art. 357 HGB, nicht verstoßen kann; es erscheint mithin die bezügliche Beschwerde nicht gerechtfertigt.

Nr. 68.

I. Senat. — Erkenntniß v. 6. Februar 72. (B.)

Kismanowski ./. Sikorski (Nr. 79 v. 72).

Preußen. **Nichtigkeitsbeschwerde.**

I. Instanz: Kreisgericht Lobsens,
II. Instanz: Appellationsgericht Bromberg.

Domizilwechsel.

Zum Begriff eines Domizilwechsels gehört wesentlich, daß ein vom Wohnort des Bezogenen verschiedener Zahlungsort bestimmt worden ist. Bloße Angabe einer anderen Person, bei welcher gezahlt werden soll, genügt nicht.

DWO Art. 4 Nr. 8, 24, 43; vgl. Rspr. II S. 131, 374.

Entscheidung des OHG:

Der [an eigene Ordre gezogene Klage-] Wechsel trägt unter der vollständigen Adresse des Trassanten —

„Herrn A. Kismanowski zu Sadke" —

die Worte: „zahlbar bei Herrn Kaufmann Matuczewski."

Der Appellrichter betrachtet diesen Wechsel nicht als domizilirt, weil er einen vom bezeichneten Wohnort des Bezogenen verschiedenen Zahlungsort nicht angebe, dieser Wohnort daher als Zahlungsort anzusehen sei; während die NktBschw. geltend macht, es liege ein Domizilwechsel vor, welcher jedoch Mangels Angabe des Zahlungsorts nichtig sei, und der Appellrichter habe, indem er dies verkannt, die Art. 4 und 43 DWO verletzt.

Offenbar ist jedoch die appellrichterliche Entscheidung vollkommen begründet.

Ein domizilirter Wechsel ist nach Art. 24 DWO ein solcher, in welchem ein vom Wohnort des Bezogenen verschiedener Zahlungsort angegeben ist.

Diese Voraussetzung trifft in vorliegendem Falle nicht zu; denn nirgend findet sich auf dem Wechsel die Angabe, daß an einen anderen Orte, als dem Wohnort des Trassaten, die Zahlung zu geschehen habe. Die bloße Angabe, daß bei einer anderen Person zu zahlen sei, reicht nicht hin, um einen Domizilwechsel zu begründen; wie denn überhaupt ein innerer Widerspruch darin liegt, von einem Domizilwechsel, bei welchem das Domizil nicht angegeben worden, zu sprechen.

Wollte Implorant etwa behaupten, es sei aus den Worten: „zahlbar bei . . . Matuczewski" die Vermuthung zu schöpfen, daß ein Domizilwechsel bezweckt gewesen: so ist zu bemerken, daß der Wechsel ein Formalakt ist, es somit nicht auf Vermuthungen ankommen kann, vielmehr einzig und allein auf den Inhalt des Wechsels [Rspr. I S. 49, 51, 80; II S. 377, IV S. 40 Nr. 2, 352]. So, wie der Wechsel lautet, kann er als Domizilwechsel nicht gelten, und hieraus folgt — gemäß Art. 4 Nr. 8 DWO — von selbst, daß der angegebene Wohnort des Bezogenen als Zahlungsort zu gelten hat.

Nr. 69.

I. Senat. — Erkenntniß v. 9. Februar 72. (Ref.)

i Boß & Delius ·/. Göldner (Nr. 105 v. 72).

Königreich Sachsen. **Weitere Berufung.**

I. Instanz: Handelsgericht im Bezirksgericht Zwickau,
II. Instanz: Appellationsgericht Zwickau.

Befugnisse des Agenten, Dispositionsstellung.

1. Die Bestellung zum Handlungsbevollmächtigten im Sinne des Art. 47 HGB setzt ein bestehendes Dienstverhältniß des Betreffenden zum Prinzipal voraus.

Rspr. I S. 174; Endemann DHR § 29 Nr. I.

2. Der zum Abschluß von Geschäften ermächtigte Agent einer Firma ist regelmäßig auch zur Entgegen-

nahme von Dispositionsstellungen in Bezug auf die von ihm gemachten Geschäfte für befugt zu erachten.

HGB Art. 279, 298.

Entscheidung des OHG:

Es handelt sich um die Dispositionsstellung vom 1. Juli 70. Ueber ihre Rechtzeitigkeit ist kein Streit. Die obwaltende Differenz bezieht sich auf Voraussetzungen, unter denen sie, obwohl gegen die Kläger unmittelbar nicht erfolgt, gegen dieselben Rechtswirkung äußern könne. Beklagter stützt sich nämlich lediglich auf eine gegen den Kaufmann H., welcher als Unterbeauftragter der Kläger das Kaufgeschäft zu Stande gebracht, abgegebene Bemängelungserklärung. Sein Sohn Ernst G. — so behauptet Beklagter — habe in seinem Auftrage diesem Kaufmann H. eröffnet, die Wolle falle nicht nach Muster aus, und Beklagter nehme sie deshalb nicht an, da er sie nicht brauchen könne. Auf Ermittelung dieser exceptivischen Behauptung ist der von I. Instanz dem Bekl. zuerkannte Relateid gerichtet. Dieselbe hat angenommen, daß jene Anzeige (ihre thatsächliche Begründung vorausgesetzt) als geeignet angesehen werden dürfe, die durch das stillschweigende Behalten der Waare an sich begründete Präsumtion der Billigung auszuschließen. Diesen Rechtserfolg anzuerkennen, hat die II. Instanz deshalb Bedenken getragen, weil nach den eigenen Angaben des Bekl. jener H. selbständiger Kaufmann und nicht im Dienst der Kläger angestellt gewesen sei, der Umfang seiner Vollmacht sich daher nicht nach Art. 47, sondern nach Art. 298 HGB normire, von diesem Gesichtspunkt aus aber sich nicht annehmen lasse, daß in dem Auftrage zum Abschluß eines Kaufs oder auch einer Reihe von Kaufsgeschäften der Auftrag zur Annahme von Dispositionsstellungen enthalten sei. Die II. Instanz hat hienach für erforderlich erachtet, daß (außer der vorerwähnten Thatsache erfolgter Anzeige von der Mangelhaftigkeit der Waare an

H.) noch folgende, vom Bekl. gleichfalls aufgestellte Behauptung durch Beweis in Rechtsgewißheit gesetzt werde:

> daß H. noch am 1. oder doch am 2. Juli 70 . . . jene Erklärung an R. F. in Leipzig befördert habe, welcher von den Klägern mit ihrer allseitigen Vertretung in Sachsen beauftragt sei.

Mit Recht fordert Beklagter Herstellung der erstrichterlichen Entscheidung. Richtig ist zwar, daß die vorige Instanz — der nicht bestrittenen Thatsache gegenüber, daß H. in einem Dienstverhältniß zu der klagenden Handlung zur entscheidenden Zeit nicht gestanden hat — die Anwendung des im Art. 47 HGB betreffs des Umfangs der Vollmacht aufgestellten Interpretationsgrundsatzes für unstatthaft erklärt. Daß dieser Art. ein bestehendes Dienstverhältniß voraussetzt, hat das OHG schon in einem früheren Falle dargelegt; (Rspr. I S. 174). Die Stellung des H. zu den Klägern normirte sich sonach lediglich nach der Vorschrift im Art. 298 HGB. Aus der Unzulässigkeit unmittelbarer Anwendung der im Art. 47 aufgestellten Präsumtion folgt jedoch nicht ohne Weiteres die Unzulässigkeit der in Handelssachen allenthalben gebotenen Erforschung der Willensabsicht, welche nach der Verkehrssitte (Art. 278, 279 HGB; vgl. Rspr. II S. 347, V S. 199, 210, 257) in der Bestellung eines Vertreters zum Abschluß bestimmter Geschäfte thatsächlich zum Ausdruck gelangt. Nun kann selbst von diesem Standpunkt aus zwar unbedenklich zugegeben werden, daß ein solcher Vertreter im Zweifel nicht für ermächtigt angesehen werden darf, Dispositionsstellung in dem Sinne anzunehmen, daß ihm die Entschließung darüber zukomme, ob das eingegangene Geschäft zu redressiren sei, mit anderen Worten: daß ihm die Genehmigung der faktisch erfolgten Dispositionsstellung zustehe. Diese Genehmigung involvirt einen Verfügungsakt, der im Mangel eines Spezialauftrags nur dem Prinzipal selbst oder Denjenigen, die er im Allgemeinen als seine Repräsentanten bezeichnet hat, zukommt. Eine andere Frage ist aber, ob der nicht blos zur Aufsammlung von Offerten und deren Uebermittelung, sondern zum Abschluß von Geschäften berufene Agent — denn als solcher stellt sich der mehrgedachte H. nach dem unbestrittenen Sachverhalt dar — nicht wenigstens zur Entgegennahme der seine Geschäftsabschlüsse betreffenden Dispositionsstellungen mit rechtsverbindlicher Wirkung für sein Haus für befugt zu achten sei. Sofern es sich einerseits um die Vertretungsbefugniß eines solchen Agenten handelt, dem (wie hier) von einem im Auslande domizilirenden Hause die Ermächtigung eingeräumt worden, für selbiges an einem bestimmten Orte Geschäftsabschlüsse zu Stande zu bringen, und sofern andererseits der Agent selbst die von den Geschäftskunden des Orts ihm notifizirte Dispositionsstellung unbeanstandet entgegennimmt: kann die soeben aufgeworfene Frage nach der den Geschäftsverkehr beherrschenden Sitte nur bejaht werden. Offenbar würde es gegen Treue und Glauben verstoßen, wollte ein solches Handlungshaus seinen Vertreter, an den es das kaufmännische Publikum eines Orts zur Beredung der Vertragsbedingungen und zum Abschluß der Geschäfte selbst gewiesen hat, in der ihm beigelegten Eigenschaft eines Repräsentanten dann nicht mehr anerkennen, wenn, im engsten Anschluß an die Geschäftsberedung, der Mitkontrahent Ausstellungen gegen ihn über die erfolgte Geschäftserfüllung erhebt, Ausstellungen, welche lediglich bezwecken, der Annahme entgegenzutreten, Käufer sei mit der Modalität der versuchten Vertragserfüllung einverstanden.

Von der Judikatur sowohl, als in der Literatur ist diese Befugniß des mit Verkaufsauftrag versehenen Agenten bereits mehrfach anerkannt worden.

Erk. des O.App.Ger. Dresden, Annalen alte Folge B. VIII S. 479;

Erk. des H.App.Ger. Nürnberg in Busch's Arch. B. IX S. 307;
Wolf in demselben Archiv B. XV S. 322;
Gareis das Stellen zur Disposition S. 90 ff.

Gleichgiltig ist hierbei, ob der in vorgedachter Weise Bevollmächtigte sein Haus von der ihm gegenüber erfolgten Bemängelung rechtzeitig in Kenntniß gesetzt hat. Falls er es unterließ, so hat er, sich dadurch der Verantwortlichkeit seinem Hause gegenüber ausgesetzt; den Mitkontrahenten treffen die Folgen dieser Unterlassung nicht. Dies führt zur Herstellung des in I. Instanz erkannten Eides.

Nr. 70.

II. Senat. — Erkenntniß v. 10. Februar 72. (Ref.)

R. Gottschu ·/. Gebr. Ehrenbaum (Nr. 712 v. 71).

Preußen. **Revision.**

I. Instanz: Gerichts-Deputation Schwedt a./O.,
II. Instanz: Kammergericht zu Berlin.

Beschaffenheit der Waare, örtlicher Sprachgebrauch.

Was ist Prima Umblatt Uckermärker Tabak?

HGB Art. 278, 279.

Im Sommer 66 bestellte Kläger (Tabaksfabrikant zu Berlin) in Schwedt bei der bekl. Handlung 10 Ballen 65er „Prima Umblatt" Uckermärker Tabak. Unterm 31. Okt. 66 stellte Beklagte den Tabak, als bei ihr lagernd, dem Kläger zur Verfügung, und Anfangs Dezbr. wurde ein Ballen nach Berlin gesendet. Kläger hat sofort die Annahme der Waare verweigert, weil dieselbe eine geringere, als die beim Ankauf vorausgesetzte Qualität darstelle. Nach Abhörung von acht, in vielen Punkten einander widersprechenden Sachverständigen ernannte der Appellrichter einen Obmann; Kläger vereitelte jedoch eine Prüfung der Waare durch diesen, indem er die Vorlegung des ihm zugegangenen Ballens verweigerte. Nunmehr erkannte der Appellrichter, abweichend vom I. Urtel, auf Abweisung des Klägers. Das OHG hat, unter Aufhebung des II. Urtels, die Sache in die II. Instanz zurückgewiesen.

Gründe:

Die Widersprüche in den abgegebenen Gutachten und der Streit der Parteien ... haben ihren Grund weniger in der Beschaffenheit des Tabaks in dem übersendeten Ballen, als vielmehr hauptsächlich darin, daß zur Zeit nicht feststeht, was überhaupt im Geschäftsverkehr unter „Prima Umblatt" zu verstehen ist und was insbesondere in vorliegendem Falle die Parteien darunter verstanden haben. Zur Beantwortung dieser präjudiziellen Frage und der weiteren Frage, ob Tabak durch Verpackung und Lagerung während mehrerer Jahre an Qualität verliert, bedurfte es (zunächst wenigstens) nicht der Besichtigung des Ballens durch den Obmann, und insofern ist denn auch die Weigerung des Klägers, dem Obmann den Ballen vorzuzeigen, für die Entscheidung unerheblich; wenigstens können an dieselbe nicht die Folgen geknüpft werden, welche der Apellrichter daran geknüpft hat.

Bei Vernehmung der Sachverständigen ist nicht daran gedacht, daß über die Beschaffenheit von Prima Umblatt verschiedene Ansichten bestehen können, und es ist deshalb offenbar unterlassen, dieselben vor allen Dingen zu befragen, was sie selbst darunter verstehen. Es ist davon selbst da Abstand genommen, als [der Sachverständige] A auf die ihm besonders vorgelegte Frage des Mandatars der Bekl. es für möglich erklärte, daß nach Schwedter Gebrauch solcher Tabak als Prima Umblatt verkauft werde. Hienach und nach der Aussage des Sch. gewinnt es nun aber den Anschein, als wenn jedenfalls zwischen Berlin und Schwedt, den Wohnorten der Parteien, über den Begriff:

„Prima Umblatt" in der That eine Differenz obwaltet; denn gerade die beiden Schwedter Sachverständigen M. und Sch. erklären den Tabak für Prima Umblatt, und Sch. bezieht sich dabei noch ganz besonders auf dortige Usance.

Kläger hat nun aber bei der Bekl. in Schwedt Uckermärker Tabak, Prima Umblatt bestellt; Beklagte hat sich zur Lieferung solchen Tabaks verpflichtet, Schwedt war auch der Ablieferungsort, und es muß bei einem etwa entstehenden Zweifel entscheidend sein, was dort unter Prima Umblatt verstanden wird, vgl. §§ 253, 256 Tit. 5, § 69 Tit. 4 Thl. I ALR.

Kläger selbst scheint dies auch anzuerkennen. Denn zur Rechtfertigung seines Antrages, statt des [vom Appellrichter gewählten] Kaufmanns v. L. einen Anderen als Obmann zu vernehmen, hebt er besonders hervor, daß Letzterer 20 Jahre in Schwedt gewohnt und daher genaue Kenntniß der dortigen Tabake habe. Seine Protestation gegen Vernehmung des v. L. wird auf ganz andere Gründe gestützt.

Zur Vernehmung eines eigentlichen Obmanns lag somit zur Zeit noch kein Bedürfniß vor. Die Sachverständigen sind über den Grund ihrer angedeuteten Widersprüche theils gar nicht, theils nicht so vernommen, wie § 60 AGO I. 14 voraussetzt. Es muß daher ihre nochmalige, sorgfältigere Vernehmung darüber erfolgen, was überhaupt unter Prima Umblatt und Einlage zu verstehen, ob und inwieweit darüber an verschiedenen Orten — insbesondere Berlin und Schwedt — unter Geschäftsleuten beim Waarenverkehr abweichende Ansichten herrschen, was insbesondere am Lieferungsort Schwedt darunter verstanden wird, ob und inwieweit die Jahrgänge (und namentlich der von 1865) darauf Einfluß äußern, ob und inwieweit durch Verpackung und Lagerung (im Allgemeinen und in vorliegendem Falle) während mehrerer Jahre die Beschaffenheit von Umblatt geändert werden kann und geändert ist, wieviel geringerer Tabak eventuell dem Umblatt beigemischt sein kann, ohne daß dieses die Beschaffenheit von Prima Umblatt verliert, und schließlich, ob nach Schwedter Usance der vorliegende Tabak im Dezbr. 66 für Prima Umblatt angesehen werden mußte.

Erst wenn sich nach solcher wiederholter, sorgfältigerer Abhörung der Sachverständigen — sei es einzelner oder aller — unlösbare Widersprüche in ihren Aussprüchen herausstellen und die angedeutete Streitfrage sich nicht lösen läßt, wird anderweit zu erwägen sein, ob und inwieweit es noch der Vernehmung eines Obmanns überhaupt bedarf.

Nr. 71.

II. Senat. — Erkenntniß v. 10. Febr. 72. (B.)

F. W. Johannssohn ./. F. Schindler (Nr. 780 v. 71).

Preußen. **Revision.**

I. Instanz: Kommerz- u. Admiralitäts-Kollegium zu Königsberg i./P.,
II. Instanz: Ostpreußisches Tribunal daselbst.

Handelskauf, Nachfrist, Theillieferung.

1. Im Falle des Art. 356 HGB bedarf es der Gewährung einer Nachfrist nicht, wenn der zur Erfüllung Aufgeforderte die Gegenerklärung abgegeben hat, er wolle oder könne die vertragsmäßige Erfüllung nicht leisten.

Rspr. II S. 2 n.; IV S. 59, 124 Nr 1, a.

2. Zur Annahme einer Theilleistung ist der Gläubiger, auch wenn die Vertragserfüllung dem Gegenstande nach theilbar ist, nur verbunden, falls der betreffende Vertrag oder sonstige besondere Rechtsgründe dazu verpflichten.

HGB Art. 278, 342 Abs. 3, 346 Abs. 1, 359.

Sachverhalt und Entscheidung des OHG:

Das Recht des Klägers, von dem [ohne bestimmte Lieferungsfrist über 12000 Gewehre abgeschlossenen] Geschäft zurückzutreten und die von ihm auf das Kaufgeld gezahlten 1200 Thlr. nebst Zinsen zurückzufordern, erscheint durch den Verzug des beklagten Verkäufers begründet.

Beklagter ist in Verzug gesetzt worden durch die im Sept. 69 persönlich vom Kläger an ihn gerichtete Aufforderung, zu erfüllen. Allerdings hatte Kläger im Briefe v. 2. August 69 dringend Erstreckung der Abnahmefrist bis Ende September verlangt, und nach Aussage eines Zeugen erfolgte jene Aufforderung zur Erfüllung schon im Anfang September. Allein Beklagter war auf das frühere Verlangen des Klägers nicht eingegangen, indem er es in seiner Antwort vom 9. August (auf den Brief des Klägers vom 2. August) ganz mit Stillschweigen überging.

So blieb es denn bei dem ursprünglichen Vertrage, und da derselbe eine Lieferungszeit überall nicht bestimmte, war der Kläger berechtigt, die Lieferung zu verlangen, wann er wollte [HGB Art. 326]. Auch aus den sonstigen Verhandlungen unter den Parteien ist gegen den unveränderten Bestand des abgeschlossenen Vertrages ein Bedenken nicht zu entnehmen . . .

Hienach war der Kläger befugt, wie er gethan hat, den Bekl. im Anfang September zur Erfüllung des Vertrages aufzufordern, und mußte Beklagter dieser Aufforderung in Gemäßheit des Vertrages entsprechen.

Beklagter bestreitet dies in der That auch nicht, er macht dagegen nur geltend, es sei ihm die im Art. 356 HGB vorgeschriebene Frist zur Nachholung des Versäumten nicht gewährt worden. Diese Einwendung ist aber nicht begründet. Denn die Gewährung einer Nachlieferungsfrist an den säumigen Kontrahenten ist jedenfalls dann nicht zu begehren, wenn der zur Erfüllung Aufgeforderte auf diese Aufforderung erklärt, er wolle oder er könne die kontraktmäßige Erfüllung nicht leisten. Daß dieser Fall hier vorliegt, wird zunächst durch den Zeugen A. bestätigt. Dieser sagt aus: Kläger habe (im Anfang Sept. 69) den Bekl. in seiner Gegenwart zur Lieferung der bedungenen 12000 Gewehre aufgefordert ... Beklagter habe nach ausweichenden Antworten angegeben, daß seine Lieferanten die Lieferung zurückgezogen hätten, und auf die Bemerkung, daß diese Verbindung wieder angeknüpft werden könne, gemeint, daß dies sehr ungewiß und unsicher sei und daß er keine Versprechungen in dieser Richtung machen könne. Nach diesen Erörterungen habe Beklagter weiter erklärt, daß er hier (in Königsberg) keine 12000 Gewehre habe, daß er dem Kläger aber vielleicht 4000 Stück zur Verfügung stellen könne.

Zwar sagt hier Beklagter zunächst nur, daß er in Königsberg keine 12000 Gewehre habe; allein seine unmittelbar vorangehenden Aeußerungen und der Umstand, daß Beklagter, welchem die Wahl des Lieferungsorts (ein deutscher oder belgischer Hafen) zustand, sich nicht bereit erklärte, anderswo zu liefern, und daß er überall sich darüber nicht aussprach, wo er die Gewehre habe und liefern wolle, lassen nur die Auslegung seiner Erklärung zu: Er könne jetzt überhaupt die 12000 Gewehre nicht liefern. Hiezu kommt, daß Beklagter die Richtigkeit der Aussage des Zeugen A. im weiteren Verlauf des Prozesses selbst nicht beanstandet.

Hienach muß als erwiesen angenommen werden, daß Beklagter auf die Mahnung des Klägers eingeräumt hat, er könne höchstens 4000 Gewehre liefern. In dieser Erklärung liegt das Bekenntniß, den Vertrag nur theilweise erfüllen zu können. Da auch in dem Falle, wenn die Erfüllung des Vertrages dem Gegenstande nach theilbar ist, ein Kontrahent nur dann verpflichtet ist, eine theilweise

Leistung anzunehmen, wenn ihn der abgeschlossene Vertrag oder sonstige rechtliche Gründe hiezu verpflichten, vorliegend aber eine solche Verpflichtung für den Kläger nach dem Wortlaut des Vertrages nicht besteht: so liegt in dem Zugeständniß des Beklagten, nur theilweise erfüllen zu können, die Erklärung, daß er seinen kontraktlichen Verpflichtungen zu genügen nicht im Stande sei. Mithin war Kläger berechtigt, ohne daß überhaupt die Gewährung einer Nachfrist zur Frage kam, vom Vertrage abzugehen. Dem steht auch nicht der Art. 359 HGB entgegen. Allerdings wird in diesem Artikel bestimmt, daß, wenn die Erfüllung des Vertrages auf beiden Seiten theilbar ist, nur ein theilweises Abgehen des einen Kontrahenten von dem Vertrage statthaft sein soll; aber es wird dies davon abhängig gemacht, daß der säumige Kontrahent einen Theil des Vertrages bereits erfüllt habe, mithin daß diese Erfüllung von dem Nichtsäumigen angenommen worden sei. Keineswegs hat Art. 359 den Rechtssatz aufstellen wollen, daß bei Theilbarkeit des zu leistenden Gegenstandes der eine Kontrahent verpflichtet sei, eine theilweise Erfüllung seitens des anderen Kontrahenten sich ohne rechtliche Verpflichtung gefallen zu lassen.

Nr. 72.

II. Senat. — Erkenntniß v. 10. Febr. 72. (B.)

M. Reinert, jetzt dessen Wittwe ./. J. Graefner (Rep. 11 v. 72).

Preußen. **Revision.**

I. Instanz: Stadtgericht Berlin,
II. Instanz: Kammergericht daselbst.

Gesellschaftsverhältniß, Rechnungslegung.

1. In Gesellschaftsverhältnissen steht der Anspruch auf Rechnungsablegung jedem einzelnen Gesellschafter gegen den geschäftsführenden Genossen zu.

HGB Art. 270; vgl. Rspr. III S. 265 ff., IV S. 78.

2. Sind Klagen blos auf Anerkennung eines rechtlichen Vorgangs, ohne Forderung einer entsprechenden Leistung, statthaft?

Am 15. Juli 70 hatten die Parteien sich mit einem Dritten vertragsmäßig verbunden, für die mobilen deutschen Truppen eine Pferdelieferung zu übernehmen. Beklagter war Buch- und Kassenführer der Gesellschaft.

Am 26. Juli 70 hat Kläger vom Bekl. 1000 Thaler aus der Gesellschaftskasse erhalten und am Tage darauf fünf Pferde, zum Gesammtpreise von 1073 Thalern, zu Gesellschaftszwecken geliefert. Ueber die ausgelegten 1073 Thaler hat Kläger quittirt. Derselbe will jedoch blos 73 Thlr. baar erhalten und mit dem Bekl. verabredet haben, daß die übrigen 1000 Thlr. mit jenen zuvor vom Kläger erhobenen Geldern kompensirt werden sollten. Die Schlußrechnung des Bekl. hat, bei Belastung des Klägers mit erhobenen 1073 Thlrn., diesen (angeblichen) Vorgang unberücksichtigt gelassen. Kläger fordert deshalb die Verurtheilung des Bekl. zu einer Anerkennung,

> daß dem Kläger auf die Pferdelieferung nur 73 Thlr. gezahlt, der Ueberrest von 1000 Thlrn. aber, wie angegeben, durch Kompensation ausgeglichen worden.

Der Bekl. wendete vorweg ein, daß Kläger nicht ihn allein, sondern sämmtliche Gesellschafter hätte belangen sollen.

Entscheidung des OHG:

Die vom Bekl. ergriffene Revision ist nicht begründet. Sie stützt sich darauf, daß es sich in vorliegendem Prozeß in Wirklichkeit um Rektifizirung der Buchführung der Gesellschaft handle, welche präjudiziell sein solle für die Auseinandersetzung unter den Gesellschaftern, und sie folgert daraus, daß nothwendig die sämmtlichen Socien hätten in den Prozeß gesetzt werden müssen. Sodann macht die

Revisionsschrift geltend, das Petitum, für sich allein betrachtet, sei überhaupt nicht geeignet, der richterlichen Entscheidung unterbreitet zu werden, weil nur die Richtigkeit einer Thatsache anerkannt werden solle, ohne daß eine rechtliche Folgerung daran geknüpft werde. Bringe man dagegen das Petitum mit dem Inhalt der Klage in Verbindung, so zeige sich deutlich, daß ein Streit darüber obwalte, ob Kläger 1000 Thlr. zur gemeinschaftlichen Kasse verschulde oder nicht. Bei Entscheidung dieser Frage seien die übrigen Socien wesentlich mitinteressirt.

Beide Prämissen der Revisionsschrift sind richtig; aber die aus ihnen gezogene Folgerung, daß die vorliegende Klage abzuweisen sei, weil Beklagter nicht der rechte Verklagte sei, ist unrichtig.

1) Daraus, daß die Buchführung des Beklagten präjudiziell ist für die Auseinandersetzung unter den Gesellschaftern und daß ein Streit darüber obwaltet, ob Kläger 1000 Thlr. zur gemeinschaftlichen Kasse verschulde, folgt durchaus nicht, daß überhaupt nur sämmtliche Gesellschafter und unter keinen Umständen Beklagter allein verklagt werden könne.

So würde es sich allerdings verhalten, wenn Kläger in vorliegendem Prozeß Zahlung der ihm nach seiner Behauptung noch zu Gute kommenden 1000 Thlr. forderte; allein darauf geht sein Verlangen in diesem Prozeß gar nicht.

Dieses geht ausschließlich auf Anerkennung eines rechtlichen Vorgangs zwischen dem Kläger und dem Bekl., nämlich eines Vertrags über die Tilgung der Schuld des Klägers, welchen Kläger mit dem Bekl. in dessen Eigenschaft als Kassen- und Buchführer der Gesellschaft geschlossen haben will. Läßt man überhaupt eine Klage blos auf Anerkennung eines rechtlichen Vorgangs und nicht Klagen blos auf Leistungen zu: so ist die vorliegende

Klage vollkommen begründet und kann gegen Niemand anders, als gegen den Bekl., angestellt werden. Daß ihr letzter praktischer Zweck die Verwirklichung einer Forderung des Klägers gegen sämmtliche Gesellschafter ist, macht eine Klage gegen den Bekl. nicht unstatthaft; es giebt Klagen, welche einen gegen eine andere Person später zu erhebenden Anspruch vorbereiten sollen, und es ist nicht zu behaupten, daß solche vorbereitende Klagen nur gegen Denjenigen angestellt werden dürfen, gegen welchen der letztere Anspruch zu erheben ist.

Ueberdies giebt es eine Reihe von Ansprüchen, welche gerade nur gegen Einen von mehreren Gesellschaftern geltend gemacht werden können, obgleich sie aus dem Gesellschafts-Verhältniß herrühren, wie der Anspruch auf das, was ein Gesellschafter für die Gesellschaft oder aus Mitteln der Gesellschaft erworben hat, der Anspruch auf Ersatz des Schaden, den ein Gesellschafter schuldhafter Weise der Gesellschaft zugefügt hat, und insbesondere der Anspruch auf Rechnungsablegung. Und zwar kann diesen letzteren Anspruch jeder einzelne Gesellschafter gegen den geschäftsführenden Gesellschafter geltend machen, wie für den Fall der Vereinigung zu Handelsgeschäften für gemeinsame Rechnung im Art. 270 HGB noch ausdrücklich bestimmt ist.

Gerade dieser letztere Fall liegt hier vor. Es handelt sich hier um das Verlangen eines Gesellschafters gegen einen anderen Gesellschafter, der Kasse und Rechnung der Gesellschaft geführt hat, auf bessere Auskunft über einen den Ersteren betreffenden Posten der Gesellschafts-Rechnung, also auf Rechnungs-Ablegung dem Kläger gegenüber.

2) Uebrigens erscheint die Klage auch noch von einem anderen Gesichtspunkt aus begründet.

Der vorliegende Rechtsstreit dreht sich um die Tilgung der Schuld des Klägers aus dem Darlehn, welches ihm

Beklagter aus der Gesellschafts-Kasse vorschußweise gegeben hat.

Die Gewährung von Darlehnen gehörte nicht zu den im Bereich der Gesellschaft liegenden Geschäften, insbesondere ist der Beklagte (in Beihalt des § 2 des Gesellschafts-Vertrages) bei der Hingabe des Vorschusses an den Kläger nicht ohne Weiteres als Bevollmächtigter der Gesellschafter anzusehen. Somit erscheint auch Kläger bei diesem Geschäft der Gesellschaft gegenüber als Dritter, und das Darlehn, welches ihm Beklagter gab, als Geschäft, welches einer der Gesellschafter mit einem Dritten geschlossen hat. Aus einem solchen Geschäft wird aber bei einer Vereinigung zu Handelsgeschäften für gemeinsame Rechnung nach Art. 269 HGB der Gesellschafter dem Dritten gegenüber allein berechtigt und verpflichtet. Aus dem Darlehn wurde somit Beklagter allein berechtigt; daher war auch der Akt der Tilgung desselben ein rechtlicher Vorgang, der allein zwischen ihm und dem Kläger eintrat,] eine rechtliche Beziehung auf die Gesellschaft nicht hatte. Mit Grund ist daher die Klage aus dem die Hingabe des Vorschusses betreffenden Rechtsverhältniß gegen den Bekl. allein gerichtet worden.

Nr. 73.

I. Senat. — Erkenntniß v. 13. Febr. 72. (V.)

F. Schmidt ./. Preußische Feuerversicherungs-Aktiengesellschaft zu Berlin (Nr. 695 v. 71).

Preußen (Schleswig-Holstein). Nichtigkeitsbeschwerde.

I. Instanz: Kreisgericht Kiel,
II. Instanz: Appellationsgericht daselbst.

Versicherungsvertrag, Zustandekommen. Verwirkung der Vertragsrechte. Versicherungswerth, Feststellung.

1. Nach heutigem gemeinem Recht erzeugen Willens-

Erklärungen Dritter gegen einen (offenkundigen) Stellvertreter sofort Rechtswirkungen zu Gunsten des Vertretenen.

Windscheid Pandekten § 73, 74 (B. I S. 169 ff.), Puchta Pandekten § 52, 53.

Ebenso nach HGB Art. 52, 58, 114, 298.

2. Kann der Spezialagent einer Versicherungsgesellschaft dieser gegenüber — namentlich in Bezug auf Prolongation eines Versicherungsvertrages und auf Prämienzahlung — auch als Beauftragter des Versicherungsnehmers, bzw. Versicherten wirksam thätig werden?

Erörterung, wann in solchem Falle die Prolongation einer Versicherung giltig zu Stande gekommen sei.

3. Welche Bedeutung hat die übliche Bestimmung der „Allgemeinen Versicherungs-Bedingungen," daß die Versicherung erst durch die gehörig geleistete Prämienzahlung giltig werde?

Das OHG faßt diese Klausel als eine in der Regel resolutiv wirkende lex commissoria: Der Versicherer übernimmt die Gefahr nur unter der Bedingung, daß die Prämie rechtzeitig gezahlt werde; der Versicherte aber verletzt durch Nichtzahlung der Prämie eine ihm aus dem perfekten, beiderseits bindenden Vertrage obliegende Kontraktspflicht.

4. Zur Verwirkung des Anspruchs aus einer gegen Brandschaden genommenen Versicherung genügt regelmäßig die nackte Thatsache einer ohne Wissen und Zuthun des Versicherten eingetretenen Erhöhung der Feuergefährlichkeit nicht.

HGB Art. 817, 818, 820, 821

Vgl. Rspr. I S. 92, 160; II S. 95; IV S. 345, 377.

5. Ist die Versicherungssumme als eine vereinbarte Taxe des Versicherungswerths anzusehen?

HGB Art. 797.

Vgl. Endemann Ztschr. für HR IX S. 541 ff., X S. 247 ff.

Nach der herrschenden Assekuranzpraxis, welche in den üblichen „Versicherungsbedingungen" ihren Ausdruck findet, bezeichnet die vereinbarte Versicherungssumme nur die äußerste Grenze der Ersatzpflicht, ohne den Versicherten des Beweises des Versicherungswerths zu überheben.

6. Der gegen Brandschaden Versicherte hat nach eingetretenem Unfall Ersatz des Neuanschaffungswerths, unter Abrechnung des Werths der Abnutzung, zu beanspruchen.

HGB Art. 790, 799, 803.

7. Bezüglich eidlicher Bekräftigung des Schadenbetrages durch den Versicherten hat der erkennende Richter ein freieres Ermessen, als gewöhnlich.

HGB Art. 888.

Vgl. Rspr. I S. 73 u., III S. 353, V S. 229.

Der Nagelschmied Schmidt zu Nortorf hatte unterm 24. Okt. 68 seine Habe auf ein Jahr bei der bekl. Gesellschaft versichert. Er suchte im Oktober 69 eine Prolongation nach, hatte aber weder Prolongationsschein noch neue Police empfangen, auch über die ursprüngliche Versicherungszeit hinaus Prämienzahlung nicht geleistet, als am 4. Nov. 69 eine (auf Höhe von 240 Thalern) mitversicherte Spieluhr durch Feuer bis zur Werthlosigkeit beschädigt wurde. Die Uhr stand in einem Nachbarhause des Zimmergesellen H. Reimers. Der 240 Thlr. begehrenden Klage des Schmidt wurden verschiedene Einwendungen entgegengesetzt.

In I. Instanz ward die Beklagte, falls Kläger mehrere Eide leiste, verurtheilt; der Appellrichter aber wies den Kläger ab.

Entscheidung des OHG:

I. Der Appellrichter stützt sein abweisendes Urtel nicht auf § 3 der Versicherungsbedingungen — mindestens ist dies nicht sicher erkennbar —, sondern lediglich auf die allgemeinen Rechtsgrundsätze von der Perfektion der Versicherungsverträge. Er erachtet es zwar nicht gerade für erforderlich, daß die Police oder der Prolongationsschein dem Versicherungsnehmer wirklich zugegangen sei, vielmehr für genügend, daß die Versicherungsgesellschaft durch ihren Vertreter — hier den Generalagenten v. H. — dem Antragsteller gegenüber ihre Genehmigung des Antrags ausspreche; eine Genehmigung lediglich dem Spezialagenten der Gesellschaft gegenüber genüge dagegen mindestens in dem Falle nicht, daß dem Agenten nicht auch die ausgefertigte Police übersendet sei, und es sei völlig unerheblich, ob der Spezialagent sich gegen den Antragsteller verpflichtet habe, die Prolongation der Versicherung zu besorgen.

Hiedurch hat allerdings, wie Implorant mit Recht rügt, der Appellrichter den Rechtsgrundsatz, daß nach heutigem Recht Willenserklärungen Dritter an einen (offenen) Stellvertreter sofort Rechtswirkungen zu Gunsten des Vertretenen erzeugen, durch Nichtanwendung verletzt. Nach der thatsächlichen Feststellung des Appellrichters ist der Antrag auf Prolongation der Versicherung durch Vermittelung des Agenten B. an den Generalagenten v. H. gelangt, und Letzterer hat durch Schreiben v. 3. Nov. 69 dem Agenten B. mitgetheilt, daß er die Police für den Kläger ausgefertigt habe und solche nächstens senden werde. Kläger hat ferner behauptet und unter Beweis gestellt, daß Agent B. ihm zugesichert habe, die Prolongation der Police zu besorgen und die Prämie auszulegen. Wollte man nun auch aus dem Ausdruck „Vermittelung" schließen, daß der Appellrichter auf Grund des erwiesenen Thatbestands die Betheiligung des Agenten B. an Bewerkstelligung der Vertragserneuerung als die Thätigkeit eines bloßen Vermittlers angesehen habe — wofür übrigens dieser Ausdruck in Verbindung mit den sonstigen Entscheidungsgründen des Appellrichters keinen Anhalt gewährt —: so würde doch die noch streitige, vom Appellrichter für unerheblich erachtete Thatsache, daß B. dem Kläger zugesichert habe, die Prolongation der Police zu besorgen, mit dieser Auffassung unverträglich sein. Wer mir zusichert, in meinem Interesse meine Geschäfte Dritten gegenüber zu besorgen, ist mein Beauftragter, und sofern er sich als solcher dem Dritten gegenüber geriren darf und gerirt, mein Vertreter. Ob er in meinem Namen auftritt, ist unerheblich, sofern die Umstände deutlich zu erkennen geben, daß er für mich handeln wolle. Mit der Ermächtigung aber eines Spezialagenten, an seine Gesellschaft Prolongationsanträge zu stellen, verbindet sich selbstverständlich die weitere Ermächtigung, deren zustimmende oder ablehnende Erklärung entgegenzunehmen*). Der Uebernahme solcher Aufträge des Versicherungsnehmers und dessen Vertretung durch den Spezialagenten steht das Verhältniß des Letzteren zur Versicherungsgesellschaft nicht im Wege, liegt vielmehr in deren Interesse. Weiß daher das zum Abschluß von Versicherungsverträgen berechtigte Organ der Versicherungsgesellschaft — hier deren Generalagent v. H. —, daß ihr Spezialagent im Auftrage des Versicherungsnehmers den Antrag auf Prolongation der Versicherung gestellt hat (wie hier ... unbedenklich angenommen werden muß und anscheinend auch vom Appellrichter nicht bezweifelt wird), tritt somit der Spezialagent seiner Versicherungs-Gesellschaft erkennbar als Vertreter des Versicherungsnehmers gegenüber: so ergiebt sich nothwendig, daß die Erklärung des Generalagenten, er genehmige den Antrag und habe die Police bzw. den Prolongationsschein ausgefertigt, bereits in dem Augenblick den formlos giltigen Versicherungsvertrag**) zwischen Antragsteller und Versicherungsgesellschaft perfizirt, in welchem sie behufs Absendung an den Spezialagenten abgegeben ist, sofern nicht etwa vor

* Vgl. Schliemann, Ztschr. für das gesammte HR B. XVI S. 26 ff.

** HGB Art. 271 Nr. 3, 277, 317; vgl. oben S. 277 ff.

oder gleichzeitig mit der Annahmeerklärung eine Widerrufs-Erklärung bei dem Agenten eingegangen ist.

HGB Art. 317, 321, 320 Absatz 2;
Ztschr. für HR B. XV S. 611, 610.

Es ist ungegründet und würde, wie mit allgemeinen Rechtsprinzipien, so mit den Anforderungen des Verkehrs in schneidendem Widerspruch stehen, wollte man auf einen vollständigen, alle Elemente des Versicherungsvertrages enthaltenden Antrag, somit auf einen bloßen Prolongationsantrag unter den bisherigen Bedingungen, mehr als ein bloßes „Ja" und dessen Erklärung an den erkennbar mit der Besorgung der Versicherung vom Antragsteller beauftragten Agenten zur Perfizirung des Vertrages verlangen. Allerdings steht in solchem Falle der Spezialagent seiner Versicherungsgesellschaft in doppelter Eigenschaft gegenüber: einmal als Vertreter des Versicherungsnehmers, sodann als Beauftragter der Gesellschaft. Die Versicherungsgesellschaft kann diese Eigenschaften bei Erklärung ihrer Zustimmung sondern, indem sie dem Agenten ihre Zustimmung lediglich in seiner Eigenschaft als Agent, nicht in seiner Eigenschaft als Vertreter des Antragstellers erklärt. In diesem Falle würde erst mit der Anzeige des Agenten an den Antragsteller der Vertrag zur Perfektion gelangen. Allein sofern die Versicherungsgesellschaft diese Sonderung unterlassen hat, muß sie sich gefallen lassen, daß ihre Erklärung gegenüber dem Agenten als Erklärung an den Antragsteller behandelt wird.

II. Unterliegt somit das Appellurtel der Vernichtung, so vermögen auch bei freier Erwägung die Umstände des Falles eine Abweisung des Klägers wegen unterbliebenen Abschlusses des Versicherungsvertrages nicht zu rechtfertigen. Zunächst ist deutlich erkennbar, daß die beklagte Gesellschaft, bzw. der dieselbe vertretende Generalagent v. H., wie zugestandenermaßen der Spezialagent B. — wenn auch nicht die Entschädigungspflicht der Gesellschaft, doch — den Abschluß bzw. die Prolongation des Versicherungsvertrags unzweideutig als erfolgt anerkannt hat. Der Brief des Generalagenten v. H. an den Spezialagenten B. v. 3. Nov. 69 lautet an der bezüglichen Stelle:

> „Für Schmidt [Kläger] habe ich eine neue Police ausgestellt, da ich die alte nicht mehr prolongiren konnte, weil der Monat schon abgeschlossen war. Ich habe natürlich aber nur Prolongationskosten dafür berechnet und sende sie Ihnen ehestens. Dieses ist doch wohl die Meinung gewesen und Herr Schmidt gedenkt nicht etwa auszuscheiden."

Die edirte neue, die Nummer 940 tragende, mit der alten durchaus gleichlautende, auf die Zeit v. 2. Nov. 69 bis dahin 70 lautende Police ist unterm 2. Nov. 69 vom Generalagenten unterzeichnet, und es fehlt ihr lediglich der Quittungsvermerk des Spezialagenten über die geleistete Prämienzahlung. Der Generalagent hat sich, obwohl er diese Police noch in Händen hatte, auf die Nachricht von dem am 4. Nov. 69 ereigneten Brande nach Nortorf begeben, hat sich mit Kläger in Unterhandlungen wegen Entschädigung eingelassen, hat noch am 18. Febr. 70 ein Sachverständigenprotokoll behufs Schätzung des Schaden „zu Police 940" aufgenommen und die Zahlung der Versicherungssumme wiederholt nicht wegen fehlenden Versicherungsvertrages, sondern lediglich „auf Grund der §§ 4, 5 der Versicherungsbedingungen", bzw. wegen „falscher Deklaration" verweigert. Im Schreiben vom 6. Nov. 69 erklärt er ferner Namens seiner Gesellschaft, daß dieselbe „die Versicherung Ihres beweglichen Eigenthums gegen Feuersgefahr nicht länger zu übernehmen gewillt ist, daß demnach Police Nr. 940 — falls dieselbe überall als in Kraft getreten zu betrachten ist — hiermit als erloschen anzusehen ist." Durch den Zusatz „falls … zu betrachten ist" wird allerdings das Anerkenntniß, daß bis dahin ein die Gesellschaft bindender Versicherungsvertrag bestanden habe, ausgeschlossen, allein daß damit die Perfektion des Versicherungsvertrags auch nur eventuell habe geleugnet werden sollen, ist nicht ersichtlich, da die Unverbindlichkeit des Vertrages sehr wohl auch in unrichtiger Deklaration ihren Grund haben konnte.

Endlich steht auch § 3 der „Allgemeinen Versicherungsbedingungen" dem Kläger nicht entgegen.

Daß die Perfektion des Versicherungsvertrags, zuwider dem Art. 317 HGB, von der Aushändigung der Police an den Versicherungsnehmer abhängen solle, bestimmt derselbe nicht, sondern,

1) daß die Verpflichtung der Gesellschaft gegen den Versicherten sich lediglich nach dem Inhalt der Police, bzw. des Prolongationsscheins, sowie der dazu etwa ertheilten Nachträge bestimmt; — weitere Rechte aber, als die durch Police Nr. 940 bestimmten, nimmt Kläger nicht in Anspruch, und es kann daher unerörtert bleiben, ob diese Bestimmung dem Versicherungsnehmer dann entgegen stehen würde, wenn zwar sein Versicherungsantrag acceptirt, aber die Police noch nicht ausgefertigt worden wäre;

2) daß die Versicherung erst durch die gehörig geleistete Prämienzahlung giltig wird, (die folgenden Bestimmungen beziehen sich auf den nicht vorliegenden Fall einer laufenden mehrjährigen Versicherung),

3) daß der Versicherte verpflichtet ist, die Prämie ohne Aufforderung an den betreffenden Agenten in dessen Domizil zu bezahlen, und die Gesellschaft nicht gehalten ist, dieselbe einzufordern.

Nun steht fest, daß Kläger die Versicherungsprämie für die mit dem 2. Nov. 69 beginnende neue Versicherung nicht bezahlt hat, daß ferner der Spezialagent B. in Nor=

torf, an welchen die Prämie zu entrichten war, sich zur Zeit des Brandes, am 4. Nov., noch nicht im Besitz der neuen Police Nr. 940 und der dazu gehörigen Prämien-Quittung befunden hat; endlich hat Kläger behauptet (und darüber soll der ihm referirte Eid entscheiden), daß der Spezialagent B. es übernommen habe, die Prämie für ihn auszulegen. Diese Behauptung erachtet der I. Richter für erheblich, weil darin ein Verzicht des Agenten auf die sofortige Prämienzahlung liegen würde und ein solcher Verzicht das Präjudiz des § 2 der Versicherungsbedingungen ausschließe. Der I. Richter führt weiter aus, daß zu solcher Zusicherung der mit der Erhebung der Prämiengelder betraute Agent als Vertreter der Gesellschaft innerhalb seines Geschäftskreises befugt sei, und daß, wenn der Generalagent der Gesellschaft durch seine geschäftlichen Dispositionen es veranlaßte, daß die Prämienzahlung des Klägers sich verzögerte, der Gesellschaft die Einrede aus § 3 der Bedingungen nicht zustehe.

In dieser Deduktion sind verschiedene Gesichtspunkte kombinirt, deren Sonderung geboten erscheint. Ob nämlich, hinsichtlich der Rechte des Versicherten gegen die Gesellschaft, mit der Zahlung der Versicherungsprämie an den zur Erhebung befugten Agenten deren Kreditirung durch den Agenten oder deren Verrechnung mit dem Agenten oder dessen Verzicht gleichzuachten sei, kann hier unerörtert bleiben, da ein solcher Fall nicht vorliegt. Denn Kläger behauptet, daß der Agent B. sich verpflichtet habe, „die Prämie auszulegen, also selber an die Versicherungs-Gesellschaft zu zahlen.“ Freilich erinnert sich der Agent B. einer solcher Uebereinkunft nicht, erklärt vielmehr: „Eine Auslegung solcher Prämie kommt, wie ich dies verstehe, überhaupt nicht vor, da die Versicherten die Prämien zahlen, sobald ich ihnen die Police oder den Prolongationsschein bringe und ich mit der Gesellschaft über die empfangenen Gelder Abrechnung hatte." Allein, wäre diese Behauptung erheblich, so müßte der darüber referirte Eid abgenommen werden. Indessen ist dieser Eid [im I. Urtel dem Kläger] nur alternativ neben dem Erfüllungseide über die Zusicherung des Agenten hinsichtlich der Prolongation der Police auferlegt und durch diese alternative Eidesauflage ist nicht Kläger, welcher sich bei dem I. Urtel beruhigt, sondern Beklagte, welche gegen dasselbe appellirt hat, beschwert. Es steht somit der Streichung dieser Eidesauflage nichts entgegen, und dieselbe mußte ausgesprochen werden, weil einerseits durch diesen Eid nicht erwiesen wird, daß der Agent B. vom Kläger beauftragt war, die Prolongation der Versicherung zu besorgen, anderen Theils die Thatsache, welche durch ihn erwiesen werden soll, unter den vorliegenden Umständen unerheblich erscheint.

Es ist eine dreifache Auffassung des § 3 der Versicherungsbedingungen möglich. Nach der einen wird erst durch die Zahlung der Prämie der Versicherungsvertrag perfekt; nach der zweiten ist zwar der Versicherungsnehmer schon früher gebunden, aber der Versicherer wird erst durch Zahlung und Annahme der Prämie gebunden; nach der dritten ist der Versicherungsvertrag zu Gunsten und zu Lasten beider Theile perfekt und bindend, sobald dieselben über alle wesentlichen Punkte des Vertrages einig sind, der Versicherer darf sich jedoch einseitig vom Vertrage lossagen oder hört sogar ipso jure auf, gebunden zu sein, sofern die Prämie nicht rechtzeitig gezahlt wird.

Der ersten Auffassung widerstreitet schon der Wortlaut der Versicherungsbedingungen: Nicht der Versicherungsvertrag wird durch die gehörig geleistete Prämienzahlung perfekt, sondern „die Versicherung" — d. h. die Verpflichtung des Versicherers — „giltig." Sie widerspricht auch dem Interesse der Versicherungsgesellschaften, da sie den Versicherungsnehmer berechtigen würde, durch Weigerung der Prämienzahlung die Perfektion des Vertrages zu verhindern oder dessen Auflösung herbeizuführen, kann daher nicht in diesem Sinne gemeint sein.

Verträglicher mit dem Wortlaut der Versicherungsbedingungen wäre die zweite Auffassung. Allein sie widerstreitet einmal der Natur des Versicherungsvertrages als eines unbedingten Konsensualvertrages, welcher nicht erst durch Leistung des einen oder des anderen Theiles, sondern schon durch Willensübereinstimmung zum Abschluß gelangt; zugleich der Natur des zweiseitigen Vertrages, da der Versicherer durch Weigerung der Prämienannahme die Perfektion des Vertrages vereiteln oder dessen Auflösung herbeiführen könnte. Solche Ungleichheit der Vertragsrechte, ein negotium claudicans, ist zwar rechtlich möglich, kann jedoch nur bei unzweideutiger gesetzlicher Vorschrift oder Uebereinkunft angenommen werden.

Mit dem Zweck des Versicherungsvertrages, wie mit dem berechtigten Interesse des Versicherers, ist nur die letzte Auffassung vereinbar. Der Versicherer will die Prämie nicht kreditiren. Er übernimmt die Gefahr nur unter der Bedingung, daß die Prämie rechtzeitig gezahlt werde; wird diese Zahlung unterlassen, so will er an den Vertrag nicht gebunden sein. Bringen es die Umstände mit sich, z. B. bei Versicherungsverträgen unter Entfernten, daß der Versicherungsvertrag perfekt wird, bevor die Möglichkeit der Prämienzahlung vorhanden ist: so wird die nothwendige Kreditirung der Prämie rückwärts rückgängig gemacht und der Versicherer von jeder Verpflichtung frei, sobald die mögliche Zahlung unterlassen wird. Nichtzahlung der Prämie ist hienach eine Verletzung der dem Versicherungsnehmer aus dem perfekten, beiderseits bindenden Vertrage obliegenden Vertragspflicht und befugt, verpflichtet aber nicht den Versicherer, sich einseitig von dem Vertrage loszusagen. So aufgefaßt, hat die betreffende, übliche Klausel die Bedeutung einer in der Regel resolutiv bedingenden lex commissoria. Hiemit stimmen vollkommen die Sätze 2 und 3 des Absatz 2 hinsichtlich der Jahresprämien einer laufenden mehrjährigen Versicherung überein: „mit Ablauf der für diese geltenden vierzehntägigen Respektfrist tritt die Versicherung hinsichtlich der Rechte des Versicherten sofort außer Kraft, die Gesellschaft dagegen ist befugt, die Prämie gerichtlich beizutreiben, oder mittelst Verweigerung der Annahme der späterhin angebotenen Prämienzahlung den Vertrag aufzuheben. In allen Fällen tritt die Entschädigungspflicht der Gesellschaft erst mit Entgegennahme der Prämie und nur hinsichtlich der nach diesem Zeitpunkt sich ereignenden Schäden wieder in Kraft." Nur der eine Unterschied besteht, daß die lex commissoria hinsichtlich der ersten oder einzigen Prämie eine suspensiv bedingende Wirkung haben kann, hinsichtlich der späteren Prämienraten einer mehrjährigen Versicherung überall nur eine resolutiv bedingende Wirkung zu haben vermag.

War sonach der Versicherungsvertrag perfekt und nur entweder die Prämienzahlung Bedingung der Entstehung der Ansprüche gegen den Versicherer oder aber deren Unterlassung Bedingung für die Verwirkung dieser Ansprüche, so muß auf die Gründe dieser Unterlassung zurückgegangen werden. Unzweifelhaft aber braucht der Versicherungsnehmer die Prämie nur gegen Aushändigung von Police und Prämienquittung zu entrichten; HGB Art. 816 Abs. 1. Daß er dazu bereit war, ist nirgend in Abrede gestellt, wohl aber steht fest, daß der Generalagent der beklagten Gesellschaft die neu ausgefertigte Police nebst Prämienquittung dem Lokalagenten einzusenden unterlassen hatte. Er hat also selber den Eintritt der etwa für die Entschädigungspflicht der Gesellschaft gesetzten Suspensiv-Bedingung oder aber diejenige Handlung des Klägers, durch welche der Eintritt der Resolutivbedingung abgewendet werden konnte, verhindert, und ist damit die Gesellschaft des Rechts verlustig gegangen, sich wegen Nichtzahlung der Prämie von dem Vertrage loszusagen.

L 4 § 4 Dig. 18, 3: offerre eum debere, si vult se legis commissoriae postestate solvere; quodsi non habet, cui offerat, posse esse securum.

L. 8 Dig. 18, 3; L. 161 Dig. 50, 17; L. 14, 24 Dig. 35, 1.

III. Anlangend die auf §§ 4, 5, 6 der Versicherungsbedingungen gestützten Einwendungen der Bekl., so ist [u. a.] behauptet, daß Kläger um deswillen jeden Anspruch verwirkt habe, weil in dem Nachbarhause, wo die versicherte Spieluhr sich befand und das Feuer ausgebrochen ist, H. Reimers längere Zeit vor dem Brande Tischlerei betrieben und Kläger darum gewußt habe. Es mag dahin gestellt bleiben, ob etwa Reimers gegenüber seinem Versicherer zur Anzeige der getroffenen, wenngleich nur vorübergehenden, Einrichtungen verbunden gewesen wäre. Denn unter allen Umständen zieht nicht schon die nackte Thatsache der Vermehrung der Feuergefährlichkeit — somit der objektive Thatbestand der erhöhten oder veränderten Gefahr — den Verlust der Versicherungsansprüche nach sich, wie mit einem gewissen Anschein aus § 5 der Versicherungsbedingungen gefolgert werden könnte. Vielmehr kann eine ohne jedes Zuthun und Wissen des Versicherten eintretende Erhöhung der Feuersgefahr lediglich auf Rechnung des Versicherers gehen. Dies entspricht nicht nur den allgemeinen Grundsätzen des Versicherungsrechts:

HGB Art. 817, 818, 820, 821;

Kübel in Malß Ztschr. für Versicherungsrecht II S. 33 ff.;

Wolff daselbst S 355 ff.;
v. Lichtenfels, über einige Fragen des Binnenversicherungsrechts S. 53 ff., 34—37;
Malß, Ztschr. für HR B. XIII S. 112 ff.;

sondern auch den Versicherungsbedingungen der beklagten Gesellschaft. Denn im § 12 wird unter der Ueberschrift „Präjudiz" bestimmt: „Wenn der Versicherte eine der ihm nach §§ 3, 4, 5, 6, 9 und 11 obliegenden Pflichten nicht vollständig erfüllt ..: so verliert er jeden Anspruch auf Entschädigung." Von einer dem Versicherten obliegenden „Pflicht" ist aber im § 5 der Versicherungsbedingungen ungeachtet der Ueberschrift: „Pflichten des Versicherten während der Dauer der Versicherung" anscheinend nicht die Rede; entweder also heben sich §§ 5 und 12 gegenseitig auf, oder es muß § 5 so ausgelegt werden, daß sein Inhalt seiner Ueberschrift und dem allgemeinen § 12 der Versicherungsbedingungen entspricht; letzteres um so mehr, als dem Versicherer, von welchem die Fassung des Vertrages ausgegangen ist, jede zweideutige und dunkle Bestimmung schadet*). Beklagte hätte somit mindestens behaupten und unter Beweis stellen müssen, daß H. Reimers in seinem Hause Einrichtungen getroffen oder Handlungen vorgenommen habe, durch welche für die dort stehende Spieluhr des Klägers die Feuergefährlichkeit vermehrt wurde, und daß Kläger hievon eine so ausreichende Kenntniß erlangte, daß er die erhöhte Feuersgefahr zu erkennen vermochte. Nur in diesem Falle wäre er zur Anzeige an die Versicherungsgesellschaft verpflichtet gewesen, und nur durch Unterlassung solcher Anzeige konnte er seinen Anspruch verwirken.

Nun hat Beklagte nur behauptet, daß Reimers längere Zeit vor dem Brande in dem Raum, welcher sich unter der, zur Aufbewahrung der Uhr dienenden Kammer befand,

* Ripr. IV S. 345.

Tischlerei betrieben, nämlich dort an einer Hobelbank gearbeitet, mithin Spähne, kleine Holztheile und sonstige zu diesen Arbeiten gehörige feuergefährliche Sachen daselbst gelagert, auch wiederholt geleimt habe. Sie hat zum Beweise dafür sich auf noch zu benennende, aber nicht benannte Zeugen und Sachverständige, sowie auf die Untersuchungsakten wider Schmidt berufen und eventuell dem Kläger den Eid deferirt. In II. Instanz hat sie auf . . . Sachverständige darüber sich berufen, daß ein auch nur zeitweiser Betrieb von Tischlerarbeit in dem fraglichen Raum genügt habe, um die Gesellschaft von der Entschädigungspflicht zu befreien. Diese letztere Behauptung kann durch Sachverständige nicht dargethan werden, gehört vielmehr ausschließlich dem Bereich richterlicher Entscheidung an. Die Untersuchungsakten aber gegen Schmidt sind nicht „Urkunden" im Sinne des § 17, 28 der Verordnung v. 24. Juni 67, daher ohne nähere Bezeichnung der darin enthaltenen Beweismittel zur Beweisantretung ungeeignet. Endlich für den Eidesantrag reichen die wirklich aufgestellten Behauptungen nicht aus. Denn behauptet ist nur, daß Reimers an einer Hobelbank gearbeitet und wiederholt geleimt habe, und nur *gefolgert* ist, daß er Spähne, kleine Holztheile und sonstige feuergefährliche Sachen im betr. Raum gelagert habe. Diese Folgerung ist unschlüssig, Kläger daher nicht verbunden, die gar nicht aufgestellte Behauptung eidlich abzulehnen, da sehr wohl das Arbeiten an einer Hobelbank wie das Leimen ohne Hinzutritt solcher feuergefährlicher Umstände, unter Anwendung aller erforderlichen Vorsichtsmaaßregeln, stattfinden kann.

IV. Was endlich den *Umfang des Schadenersatzes* angeht, so hat der I. Richter allerdings mit Unrecht in der einseitigen Erklärung des Versicherungsnehmers über den Werth der Spieluhr und in der Vereinbarung über eine dieser Werthangabe entsprechende Versicherungssumme eine „beiderseits acceptirte Schätzung“ gefunden, welche bis auf den Beweis ihrer Unrichtigkeit zwischen den Parteien maaßgebend sei. Nur wenn der „Versicherungswerth“ durch „Vereinbarung“ der Parteien auf eine bestimmte Summe festgestellt wird, ist diese Taxe unter den Parteien maaßgebend, sofern nicht der Versicherer die Ueberſetzung der Taxe nachweist; HGB Art. 797.

Solche taxirte Policen sind jedoch in der Binnenversicherung nicht üblich und bedürfen unzweideutiger Uebereinkunft. Die auch in der Doktrin und Rechtsprechung, sowie in neueren Gesetzentwürfen hin und wieder vertretene Ansicht, daß die Versicherungssumme im Zweifel als vereinbarte Taxe des Versicherungswerths aufzufassen sei, widerstreitet namentlich bei der Feuerversicherung dem gegenwärtigen Stande der Assekuranzpraxis, welche in den üblichen Versicherungsbedingungen ihren Ausdruck findet. Nach diesen bezeichnet die vereinbarte Versicherungssumme nur die äußerste Grenze der Ersatzpflicht, ohne den Versicherten des Beweises des Versicherungswerths, d. h. seines Interesses zur Zeit der Versicherung, sowie nach eingetretenem Unfall zu überheben.

Malß, Betrachtungen S. 53 ff.;
Derselbe in der Ztschr. für HR B. VI S. 380 ff., XIII S. 452 ff.;
Kübel Ztschr. von Malß I S. 387 ff.;
v. Gerber deutsches Privatrecht § 202 n. 9 (10. Auflage);
O.App.Ger. Dresden, Ztschr. von Malß II S. 296.

Demgemäß bestimmt § 8 der vorliegenden Versicherungs-Bedingungen:

Die Gesellschaft ist berechtigt, eine jede auf den Werth sowie den Schaden und dessen Ursachen bezügliche Untersuchung, Vernehmung oder Abschätzung eintreten zu lassen und über die Angaben des Versicherten Beläge und sonstige Beweise aller Art, die er liefern kann, zu fordern. **Die Versicherung selbst begründet weder einen Beweis noch eine Vermuthung für das Vorhandensein und den Werth der versicherten Gegenstände zur Zeit des Unfalls;**

daher auch die Nachweisung des Versicherten „mit speziellen Werthsangaben" versehen sein muß (§ 10).

Hienach lag es allerdings dem Kläger ob, den Beweis der Schadenshöhe, somit des Werths der versicherten Spieluhr zur Zeit des Brandes und inwieweit durch den Brand eine Werthminderung eingetreten sei, darzuthun.

Diesen Beweis hat er jedoch bis zum Erfüllungseid geführt. Er hat behauptet, daß der Werth der Spieluhr auf Höhe der Versicherungssumme anzunehmen sei, weil die Ueberbleibsel ganz werthlos seien, und zu diesem Behuf sich auf die Taxation eines Uhrmachers O. berufen; dieser O. aber soll von beiden Theilen zum Zweck der Taxation gemeinschaftlich **gewählt** und sollen dieselben übereingekommen sein, sich dessen Ausspruch unterwerfen zu wollen. Beklagte hat hierauf erwidert, . . . es habe sich hier überhaupt nur um eine der Gesellschaft wünschenswerthe ungefähre Ermittelung des Werths der verbrannten Spieluhr durch einen Sachverständigen gehandelt, an welcher Prozedur sich zu betheiligen oder nicht zu betheiligen, dem Kläger völlig überlassen worden.

Damit ist allerdings in Abrede gestellt, daß ein **Kompromiß** auf den Ausspruch des O. von den Parteien geschlossen war, keineswegs aber, daß dieselben dahin **übereingekommen** sind, daß O. die Schätzung vornehmen solle. Steht dies aber fest, so muß nach § 9, 10 der Versicherungsbedingungen Beklagte diese Taxe gegen sich gelten lassen, wenngleich O. nicht als Schiedsrichter (arbiter), sondern als bloßer Schätzer (arbitrator) zu betrachten ist [Rspr. II S. 332 ff.].

Nach § 9, 10 der Versicherungsbedingungen wird der Betrag des Schaden unter Ausschließung des Rechtsweges durch Abschätzung von 2 Sachverständigen und eventuell eines Obmanns mit verbindlicher Kraft für beide Parteien und auf gemeinschaftliche Kosten festgestellt. Selbstverständlich steht nichts entgegen, daß die Parteien sich über den gleichen Sachverständigen einigen, womit dann die Ernennung des zweiten und eventuell des Obmanns wegfällt. Nun ist, wie Beklagte selber angiebt, ein (von ihr nicht vorgelegtes) Ernennungsprotokoll über die Wahl des O. zum Sachverständigen aufgenommen worden; das produzirte Gutachten des O. ist in der bei Taxationen üblichen Form abgegeben und trägt die Bezeichnung „Police Nr. 940, Sachverständigenprotokoll." Nichts spricht dafür, daß diese, 3½ Monate nach dem Brande erfolgte, Taxation eine nur vorläufige und nicht die durch § 9, 10 der Versicherungsbedingungen vorgeschriebene definitive Abschätzung gewesen sei.

O. hat bekundet, daß die Ueberreste der Spieluhr eigentlich gar keinen Werth, höchstens den als Brennholz haben; ferner, daß diese Uhr vor einer mit derselben vorgenommenen Reparatur einen Werth von etwa 160 Thlrn., nach der Reparatur von ebensoviel, plus der nicht 80 Thlr. erreichenden Reparaturkosten, gehabt habe; daß eine neue Uhr derart bedeutend mehr koste; daß die Reparatur vor etwa 6 oder 7 Jahren vorgenommen sei und daß in der Zwischenzeit bis zum Brande allerdings durch Alter und Abnutzung der Werth der Uhr wiederum auf den Betrag vor der Reparatur, somit auf etwa 160 Thlr. herabgesunken sein könne.

Hienach würde der Versicherungswerth der Spieluhr auf mindestens 160 Thlr. anzunehmen sein, und es ist sehr wohl möglich, daß derselbe 240 Thlr. erreicht, ja, unter dem Gesichtspunkt des Anschaffungswerths, überstiegen hat. Sache der Bekl. war es, Umstände anzuführen, aus welchen eine Werthsminderung derselben, gegen ihren ursprünglichen, der Versicherungssumme von 240 Thlrn. mindestens nahe kommenden Werth sich ergiebt. Dies hat sie unterlassen, und die in II. Instanz von ihr vorgeschlagenen Sachverständigen sollen nicht sowohl den Minderwerth der Uhr, als, was nach Obigem unerheblich ist, das übliche Verfahren bei Brandtaxationen begutachten.

Da nun von der durch Kläger eventuell verlangten nochmaligen Vernehmung des O. keine weitere Aufklärung zu erwarten steht, andererseits Kläger befugt ist, Ersatz des Neuanschaffungswerths unter Abrechnung des Werths der Abnutzung zu verlangen:

vgl. HGB Art. 790, 799, 803;
Schweizer, Entwurf eines HGB Art. 328;
(Dresdener) Entwurf eines allgemeinen Deutschen Gesetzes über Schuldverhältnisse Art. 897, 913;
Malß in dessen Ztschr. I S. 10 ff.;
Kübel daselbst II S. 62 ff., I S. 379 ff.;

und da demselben ein strikter Beweis dieses Werths nicht zuzumuthen ist (HGB Art. 888*), vielmehr auch unter solchen Umständen, wo ein juramentum in litem nicht statthaft erscheint, die eidliche Bekräftigung der Schadenhöhe nach richterlichem Ermessen auferlegt werden darf:

Urtel des O.App.Ger. Lübeck v. 23. Sept. 53 (Jurisprudenz des O.App.Ger. in bürgerlichen Rechtssachen aus Lübeck, herausgegeben von Wunderlich, I S. 317 ff.),
Ztschr. für HR B. XIV S. 620 ff., 623 ff.;

da ferner dem Kläger, welcher sich zu diesem Eide erboten hat, aktenmäßig keine Verdachtsgründe entgegenstehen, end-

* Vgl. oben S. 218.

lich das Gesetz, betreffend das Beweisverfahren für Holstein, v. 14. Juli 63 einerseits den Richter anweist, nach seiner aus dem ganzen Inbegriff der Verhandlungen und Beweise geschöpften Ueberzeugung zu beurtheilen, ob und inwieweit eine streitige Thatsache bewiesen ist (§ 27), andererseits denselben ermächtigt, wenn, außer den Fällen der Zulässigkeit des Schätzungseides, das Vorhandensein eines Schaden, dessen Betrag nach den in der Sache liegenden Gründen durch die gewöhnlichen Beweismittel nicht oder nur mit unverhältnißmäßigen Schwierigkeiten nachgewiesen werden kann, und außerdem die Verpflichtung des Prozeßgegners zur Erstattung dieses Schaden feststeht, den Umständen und der Billigkeit gemäß die Größe der Entschädigung zu bestimmen, oder aber seine Schätzung von einem Eide der die Entschädigung in Anspruch nehmenden Partei abhängig zu machen (§ 25): so war dem Kläger der Eid über den behaupteten Versicherungswerth, soweit solcher die als feststehend zu erachtende Summe von 160 Thlrn. übersteigt, aufzuerlegen.

Nr. 74.

II. Senat. — Erkenntniß v. 14. Febr. 72. (Ref.)

Schulz Ernst Arnoldi's Söhne (Nr 755 v. 71).

Sachsen-Gotha. **Ober-Appellation.**

I. Instanz: Stadtgericht Gotha,
II. Instanz: Appellationsgericht Eisenach.

Handelsgesellschaft als Schuldnerin, bzw. Gläubigerin eines Socius.

1. Das Gesellschaftsvermögen einer Handelsgesellschaft bildet einen für sich bestehenden Vermögensinbegriff.

HGB Art. 111, 119, 122, 126, 130—133.

2. In Folge der Eigenart und Selbständigkeit des Gesellschaftsvermögens kann ein einzelner Gesellschafter Gläubiger oder Schuldner der Gesellschaft als solcher sein.

Entscheidung des OHG:

Die Ansicht des Appellrichters,

daß Forderungen eines Gesellschafters an die (in Konkurs verfallene) Gesellschaft nicht als Passiva der Konkursmasse der Gesellschaft in Anrechnung zu bringen seien, „weil die Theilhaber an einer Firma nicht in der Lage seien, zu dieser Firma, das hieße: zu sich selbst, in obligatorischem Verhältniß zu stehen,"

kann als richtig nicht anerkannt werden.

Es stützt sich diese Ansicht darauf, daß eine Handelsfirma kein von ihren Trägern völlig verschiedenes selbständiges Rechtssubjekt*) darstelle. Das ist richtig, rechtfertigt aber nicht die Folgerung.

Bei dieser läßt der Appellrichter die Eigenart des Gesellschafts-Vermögens unberücksichtigt, nach welcher letzteres — sowohl im Rechtsverhältniß der Gesellschafter unter einander, als auch in dem der Gesellschaft zu Dritten — einen für sich bestehenden Vermögensinbegriff bildet. In Ansehung der offenen Handelsgesellschaft folgt dies aus den Artt. 91, 93, 95, 97, 106 bis 109, 111, 113, 114, 119 bis 123 (Nr. 1), 126, 130 bis 133 HGB [vgl. Rspr. I S. 131 f., 290 ff., 365 Nr. 1, 379]. Der einzelne Socius kann sonach allerdings Gläubiger und Schuldner der Societät als solcher sein.

Daß solche vermögensrechtliche Trennung zwischen den Gesellschaftern und der Gesellschaft selbst im Falle des Konkurses der Letzteren fortbesteht, ergiebt sich mit Evidenz namentlich aus der Separations-Befugniß und Verpflichtung der Gesellschaftsgläubiger nach Art. 122 HGB und aus dem ebendaselbst für die Landesgesetze gemachten Vorbehalt der Bestimmung, ob und wieweit den Privatgläubigern der Gesellschaft ein Absonderungsrecht

*) Vgl. Endemann DHR § 35, II (S. 171), HGB Art. 112 und Rspr. I. S. 347.

in Bezug auf das Privatvermögen derselben zustehen solle. Das HGB unterscheidet demnach auch im Konkurs zwischen Gesellschaftsvermögen — dem Vermögen der Gesellschaft — und dem als „Privatvermögen“ bezeichneten Vermögen der Gesellschafter. Gerade im Konkurs erscheint diese Unterscheidung von besonderer Wichtigkeit. Ihr gemäß sind die Geldforderungen und Schulden aus dem Rechtsverhältniß zwischen der Gesellschaft und den Gesellschaftern als — beziehungsweise — Aktiva und Passiva, gleich den Forderungen dritter Personen, zu behandeln und dementsprechend zur Konstituirung der Masse im Konkurs der Gesellschaft sowie, wenn zugleich gegen die Gesellschafter der Konkurs eingeleitet (wie in gegenwärtigem Falle auf Grund des betr. Einf.-Ges. zum HGB geschehen) ist, zur Konstituirung der bezüglichen Konkursmassen in Rechnung zu bringen. Die Forderung eines Gesellschafters an die Gesellschaft bildet in solchem Falle ein Activum der Konkursmasse des Ersteren, dagegen ein Passivum der Konkursmasse der Gesellschaft und umgekehrt.

Vgl. v. Hahn Komm. zu Art. 122, IV § 12 ff. (B. I S. 306 ff.).

Es läßt sich kaum annehmen, daß der Appellrichter bei seiner gegentheiligen Ansicht verblieben wäre, wenn er den Fall einer vom Ober-Appellanten einem Fremden ertheilten Cession seiner Forderungen supponirt hätte . . .

Sach-Register.

A.

B.

C.

D.

E.

F.

G.

H.

J.

K.

L.

M.

N.

O.

P.

R.

S.

T.

U.

V.

W.

Z.

Druck von Bär & Hermann in Leipzig.

Berichtigungen und Druckfehler.

In unserem I. Bande wolle man S. 103 den letzten Satz der Nr. 2 dahin berichtigen:

Die Absicht beider Theile, mittels des Indossaments dem Schuldner eine zuständige Einrede zu entziehen, liegt nämlich ꝛc.

Demnächst beliebe man im III. Bande

a) S. 266 Zeile 7 von unten hinzuzufügen:
(NB. Rspr. IV S. 78 Nr. 1);

b) S. 351 in der letzten Zeile zu lesen:
24. Febr. (statt 16. März) und
Nr. 774 v. 71 (statt 102 v. 72).

Die betr. Entscheidung wird im VI. Bande der Rspr. unter Nr. 14 mitgetheilt werden, die vorallegirte v. 2. Dez. 71 ist Nr. 9 S. 50 dieses V. Bandes. —

Im IV. Bande wolle man

a) S. 234 Zeile 3 von unten: II S. 232 (statt 132) und

b) S. 352 in der Note: II. S. 84, 377 (statt 286) lesen, auch im Sachregister S. 393

c) unter „**Kauf**" den Gedankenstrich vor „Fixgeschäft" streichen, aber

d) unter „Kommittent" einen abschließenden Gedankenstrich hinter die Seitenzahl 28 setzen. —

In diesem V. Bande endlich wolle man lesen:

S. 208 Zeile 1: Frachtvertrag,
daselbst Zeile 17: Entscheidungsgrund,
S. 273 am Schluß der Note (hinter IV S. 207 hinzuzufügen): V S. 389,
S. 314 Zeile 23: Auffassung.

FSC
www.fsc.org
MIX
Papier | Fördert gute Waldnutzung
FSC® C083411

Kolibri 360 GmbH
Ferdinand-Jühlke-Straße 7
99095 Erfurt, Deutschland
produktsicherheit@kolibri360.de